"中等职业教育'十三五'规划教材"
编辑委员会

主　任：杨四清
副主任：曹海涛　黄飞奇
编　委：(按姓氏笔画顺序)
　　　　　曹海涛　陈小领　韩　笑
　　　　　葛倩辉　侯留军　黄飞奇
　　　　　贾艳华　康筱君　李良正
　　　　　李希燕　李　鑫　李鑫燕
　　　　　李志娟　卢华东　卢彦民
　　　　　王梦琦　王新兵　魏关政
　　　　　张志勇　赵铁生　周　雷

中等职业教育"十三五"规划教材

历 史

主　编　曹海涛　刘治国
副主编　卢彦民　李　鑫
　　　　李良正　陈小领

河南大学出版社
HENAN UNIVERSITY PRESS
·郑州·

图书在版编目(CIP)数据

历史/曹海涛,刘治国主编. —郑州:河南大学出版社,2016.8(2019.8重印)
ISBN 978-7-5649-2560-4

Ⅰ.①历… Ⅱ.①曹… ②刘… Ⅲ.①历史课－中等专业学校－教材 Ⅳ.①G634.511

中国版本图书馆 CIP 数据核字(2016)第 209270 号

责任编辑　薛巧玲　周　湛
责任校对　田肖红
封面设计　马　龙

出　版	河南大学出版社		
	地址:郑州市郑东新区商务外环中华大厦2401号	邮编:450046	
	电话:0371－86059752	网址:www.hupress.com	
排　版	郑州市今日文教印制有限公司		
印　刷	河南育翼鑫印务有限公司		
版　次	2016年8月第1版	印　次	2019年8月第3次印刷
开　本	889mm×1194mm　1/16	印　张	21.75
字　数	658千字	定　价	49.80元

(本书如有印装质量问题,请与河南大学出版社营销部联系调换)

前　言

"读史使人明鉴",历史学科作为人文学科之一,是学生中学阶段最基础的课程,它的地位是其他学科无法替代的。加强历史教育有利于培养学生的爱国情操,有利于提高学生的人文素养,有利于学生树立正确的人生观、价值观和世界观,有利于培养学生的思维能力,提高他们的认知能力。可以说,加强历史教育是人全面发展的需要。

随着社会对人才需求的不断变化,我国现有的中等职业教育正以全新的姿态,向着更高的方向迈进。中等职业学校培养的不仅仅是生产、服务、管理的一线人才,也应该是一个能够理性思考问题、分析问题和正确判断是非的具有浓厚人文气息的"人"。历史教育作为人文教育的重要载体,正在受到中等职业学校越来越多的重视。

本教材是为了适应我国中等职业学校对人才培养的需要,为了提高中等职业学校历史学科的教学质量而组织专门人员编写的。它经过了充分的调查、研究和论证,力求贯彻中等职业学校的培养目标,适应中等职业学校的教学实际,努力提高中等职业学校学生的文化素养,为同学们的进一步学习和工作打下良好的基础。

本教材呈献在同学们面前的是一部人类社会的发展史,内容包括中国的和外国的,涉及古代、近代、现代不同的历史时期。在编写过程中,我们结合历史学科的特点和学生的认知规律,采用了通史体例和专题模式相结合的办法进行编写:整体框架采用通史体例,按时间顺序,按章节进行编写,但在某一个历史阶段中,我们又采取专题模式,对相关课题进行总结概述。另外,为了扩大同学们的知识面,加深对某一历史事件、历史人物和社会影响深远的重要思想的认知和理解,我们在世界史部分安排了三方面的辅助教材,供同学们阅读。

本教材立足中等职业学校学生的实际,尽量做到知识的系统性和丰富性,采用简洁明了、通俗易懂的语言和灵活多样的形式来提高同学们的学习积极性。例如,设置了"导读""史海泛舟""练习与探究"等栏目,并与图片、表格等相结合,既为同学们创造了轻松的学习环境,又能引导同学们在学习的过程中去思考、体验和感悟,使同学们的分析、判断、概括能力有大的提高。

但是,由于时间仓促,编者水平有限,书中疏漏与不当之处在所难免,敬请广大读者不吝赐教、批评指正。

编者
2016 年 6 月

目 录

上篇 中国历史

中国古代史

第一章 祖国历史的开篇——先秦 ………………………………………………………（ 3 ）

　　第一节　从蒙昧走向文明 ……………………………………………………………（ 3 ）

　　第二节　春秋战国时期的社会经济和社会变革 ……………………………………（10）

第二章 封建大一统时期——秦汉 ………………………………………………………（15）

　　第一节　秦朝的统治 …………………………………………………………………（15）

　　第二节　两汉的统治及政治经济制度 ………………………………………………（17）

第三章 封建国家的分裂和民族融合 ……………………………………………………（22）

　　第一节　三国、两晋、南北朝政权的更替 …………………………………………（22）

　　第二节　民族大融合 …………………………………………………………………（24）

第四章 封建社会的繁荣——隋唐 ………………………………………………………（26）

　　第一节　短暂的隋朝和唐朝的开国 …………………………………………………（26）

　　第二节　唐朝的盛世和后期的政局 …………………………………………………（28）

第五章 民族融合的进一步加强和封建经济的继续发展 ………………………………（32）

　　第一节　五代、辽、宋、夏、金的政治 ……………………………………………（32）

　　第二节　五代、辽、宋、夏、金的民族关系 ………………………………………（34）

　　第三节　元朝——统一多民族国家的建立 …………………………………………（36）

第六章 统一多民族国家的进一步发展和封建社会由盛而衰——明清（鸦片战争前） ……（38）

　　第一节　明朝的政治 …………………………………………………………………（38）

　　第二节　清朝的建立和专制主义中央集权的强化 …………………………………（40）

第七章　中国古代的传统文化与主流思想 …… （43）

  第一节　春秋战国百家争鸣和儒家思想的形成 …… （43）
  第二节　汉朝"罢黜百家,独尊儒术" …… （45）
  第三节　宋明理学和明、清之交的思想 …… （48）

第八章　中国古代的对外交往 …… （53）

  第一节　秦、汉、唐、宋的对外交往 …… （53）
  第二节　元、明、清的对外交往 …… （58）

第九章　中国古代发达的科技成就,瑰丽的文学、史学和艺术 …… （62）

  第一节　发达的科技成就 …… （62）
  第二节　瑰丽的文学、史学和戏剧 …… （66）
  第三节　璀璨的书画、乐舞和雕塑 …… （71）

第十章　中国古代独具魅力的社会风貌 …… （76）

  第一节　丰富多彩的古代服饰与美食 …… （76）
  第二节　风格多样的古代民居和发达的交通 …… （79）
  第三节　独具一格的宗教文化和风俗节令 …… （85）

中国近代史

第十一章　近代西方第一次工业革命对中国的冲击 …… （90）

  第一节　鸦片战争 …… （90）
  第二节　洋务运动和民族工业的艰难起步 …… （94）

第十二章　近代西方第二次工业革命对中国文明的冲击 …… （98）

  第一节　甲午中日战争 …… （98）
  第二节　戊戌变法 …… （101）
  第三节　八国联军侵华战争 …… （105）
  第四节　辛亥革命和民族工业的艰难发展 …… （108）
  第五节　袁世凯与北洋军阀的统治 …… （113）

第十三章　中国特色的新民主主义革命道路 …… （116）

  第一节　五四运动和中国共产党的诞生 …… （116）
  第二节　"打倒军阀、除列强"的国民大革命 …… （118）
  第三节　土地革命和中国工农红军长征 …… （121）
  第四节　中华民族的抗日战争 …… （125）
  第五节　解放战争 …… （127）

目录

第十四章 近代社会生活习俗的变迁	(133)
第一节　物质生活和社会习俗	(133)
第二节　交通和通讯	(136)

中国现代史

第十五章 从新民主主义革命向社会主义革命过渡	(141)
第一节　中华人民共和国的成立	(141)
第二节　巩固人民政权的斗争	(144)
第三节　第一个五年计划的实施	(147)
第十六章　社会主义革命和建设时期	(154)
第一节　全面建设时期	(154)
第二节　"文化大革命"的十年	(158)
第三节　社会主义建设新时期	(162)
第十七章　新中国的外交	(167)
第一节　建国初期的外交	(167)
第二节　新时期的外交	(172)
第十八章　社会主义时期文化的发展和社会生活的巨变	(176)
第一节　文化科技和教育事业	(176)
第二节　经济腾飞与生活巨变	(183)

下篇　世界历史

农业文明时代

第一章　古代希腊（公元前8世纪—公元前4世纪）	(189)
第二章　古代罗马法律	(195)

工业文明时代·西方资本主义的兴起

第三章　新航路的开辟和早期殖民扩张	(198)
第四章　英国君主立宪制的形成	(203)
第五章　美国共和政体的形成	(206)
第六章　人文主义的发展	(209)

工业文明时代·工业革命时代的西方

第七章　第一次工业革命 …………………………………………………………（216）

第八章　法德民主政体的建立 ……………………………………………………（221）

第九章　马克思主义的诞生及巴黎公社 …………………………………………（225）

第十章　第二次工业革命 …………………………………………………………（229）

第十一章　第一次世界大战与凡尔赛—华盛顿体系 ……………………………（233）

第十二章　工业革命时期的西方文明 ……………………………………………（239）

信息革命时代

第十三章　第一个社会主义国家 …………………………………………………（248）

第十四章　1929—1933年大危机和罗斯福新政 …………………………………（254）

第十五章　第二次世界大战 ………………………………………………………（259）

第十六章　二战后的两极格局 ……………………………………………………（271）

第十七章　战后资本主义世界经济体系的形成 …………………………………（275）

第十八章　二战后苏联的改革 ……………………………………………………（280）

第十九章　两极解体到一超多强 …………………………………………………（283）

第二十章　世界经济的区域集团化和全球化趋势 ………………………………（288）

第二十一章　二战后的科技文化 …………………………………………………（292）

世界历史专题

第二十二章　重大改革 ……………………………………………………………（298）

第二十三章　民主思想 ……………………………………………………………（311）

第二十四章　历史人物 ……………………………………………………………（320）

上 篇

中国历史

中国古代史

第一章 祖国历史的开篇——先秦

导读 中华民族历史源远流长。距今170万年前,在我们祖国的大地上已经有了早期人类的足迹。经过长期的历史进化,我国成为世界上最早进入农耕文明的国家之一。夏朝的建立标志着我国奴隶社会的开端,商朝是我国奴隶社会的鼎盛时期,西周的分封制和宗法制对后世影响巨大。东周时期是我国历史上的春秋和战国时期,是奴隶社会向封建社会过渡的时期。经过春秋和战国的争霸斗争,我国向着统一的趋势发展。战国时期,秦国经过商鞅变法,国力日渐强盛,终于在公元前221年统一了六国,建立起我国历史上第一个统一的中央集权的封建国家——秦朝。

第一节 从蒙昧走向文明

一、中国境内的原始人类

我们伟大的祖国,幅员辽阔,历史悠久,是世界文明古国,人类的发源地之一。中华民族的祖先从远古时代起就在华夏大地上劳动、繁衍、生息,他们的足迹由南至北遍布神州。

人类的起源距今已有300万年的历史。科学研究解开了人类起源的奥秘:人类是从一种古猿进化而来的。从距今大约170万年起,到一二十万年左右,原始先民已经在我国境内的许多地方繁衍生息。在我国,北起辽宁,南抵云南,西至陕西,东到山东,都有原始人类遗迹的发现,其中具有代表性的是处于旧石器时代的云南元谋人、陕西蓝田人、北京人、山顶洞人。目前所知,生存年代最早的是170万年前的元谋人,遗存化石残骸最多的、最具有代表意义的是北京人。

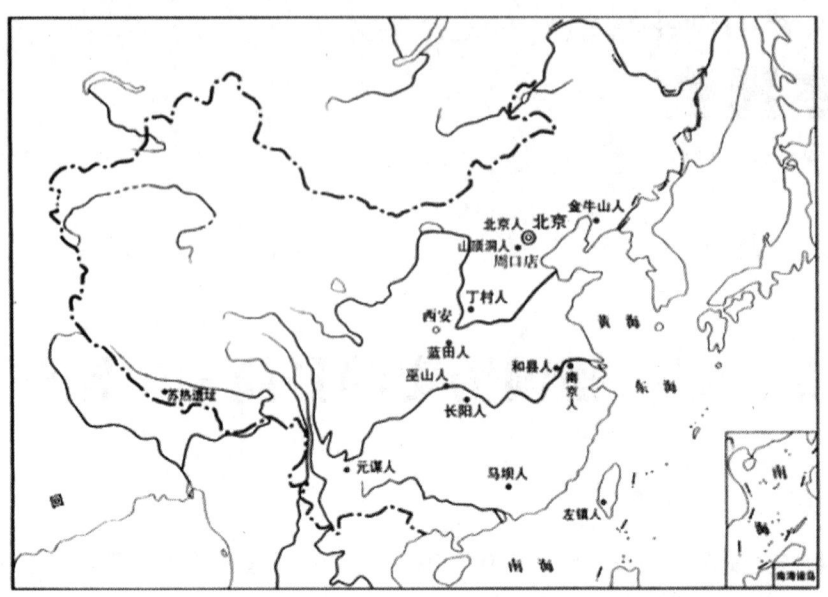

我国境内重要的原始人类化石和遗址分布图

【史海泛舟】

元谋人

1965年5月,中国考古学家在云南省元谋县上那蚌村附近发现了两颗人类门齿化石和一些粗糙的石器,还发现了一些炭屑和烧骨,据古地磁断代,年代为距今170万年。元谋人是中国西南地区旧石器时代早期的人类,是迄今所知中国境内年代最早的直立人。

北京人

北京人生活在大约70万年至20万年前,居住在北京周口店附近的龙骨山洞穴里,他们在那里过着采集和狩猎的生活。北京人的头部仍保留不少原始特征——额骨低平、眉骨粗壮、嘴巴前伸,很像猿猴,但是他们能够直立行走,双臂运用自如。他们的上肢进化得比头部快,说明劳动在从猿到人的进化过程中起着重要作用。

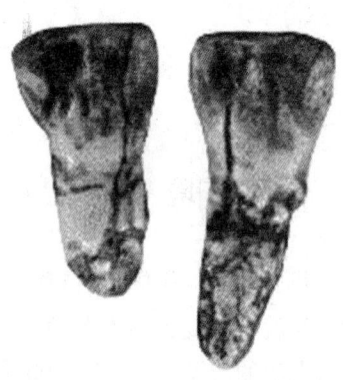

元谋人牙齿

贾兰坡发掘北京人化石

北京人学会了用石器打制成简单的工具。使用打制石器的时代,考古学上称为"旧石器时代"。北京人还懂得了使用火,火可以用来取暖照明、抵御猛兽侵袭,还可以用来烤熟兽肉。熟食的食用有利于人类体质和智力的发展,使他们摆脱茹毛饮血的生活,最终和动物区分开来。

北京人头盖骨模型和复原胸像

1937年,由于日本全面发动了侵华战争,周口店的发掘工作被迫中断。1941年,经当时国民政府批准,决定将"北京人"化石移交给即将离开北京的美国海军陆战队,转移到美国。同年12月5日,该部队所乘火车驶往秦皇岛。随后珍珠港事件爆发,日本军队俘虏了北京、天津等处的美国兵,"北京人"化石从此下落不明。

山顶洞人

1930年,在北京西南周口店龙骨山顶部的山洞里,发现了距今约18000年的人类遗存,即山顶洞人。山顶洞人生活在旧石器时代晚期,他们的模样和现代人基本一样。山顶洞人用的还是打制石器,但有的制作很精细。他们懂得钻孔技术,会制造骨针缝制兽皮衣服。他们已经有了审美意识,还会用有钻孔的兽骨、兽牙、石珠、海蚶(hān)壳做装饰品。同时,山顶洞人已懂得人工取火,靠采集植物、打猎、捕鱼获取食物。山顶洞人按母亲的血缘关系组成氏族,共同劳动,共享食物。

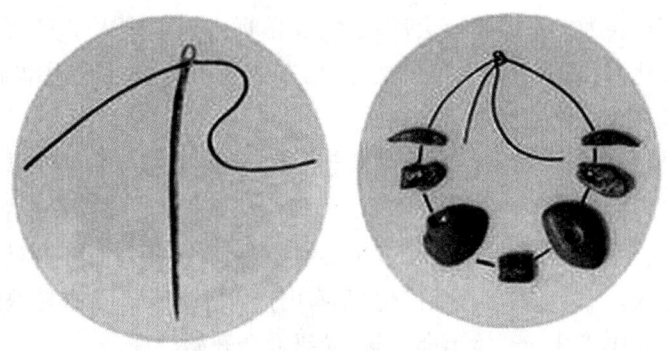

山顶洞人的骨针和饰品

二、半坡文化和河姆渡文化

从山顶洞人开始进入氏族公社。半坡文化和河姆渡文化是母系氏族繁荣阶段的代表。

在距今约8000年前后,生活在黄河中下游地区的原始先民开始步入原始农耕时代。陕西西安半坡遗址发现的原始聚落遗址,是北方农耕文化的代表。那时候黄河中下游地区土地肥沃,气候温暖,适宜粟、黍等旱地作物的生长。半坡人学会了喂养家畜和种植庄稼。我国是世界上最早种植粟的国家之一。他们有了比较稳定的食物来源,不必像过去那样四处奔波,开始过上了定居或半定居的生活,生活条件有了很大的改善。

半坡人鱼纹彩陶盆

位于长江下游的浙江余姚河姆渡遗址是南方原始农耕文化的代表。距今约7000年前后,这里土地肥沃、气候温暖,适宜水稻作物的种植。河姆渡人种植水稻说明我国是世界上最早栽培水稻的国家之一。河姆渡人饲养猪、狗等家畜,驾船和使用多种工具捕鱼,还掌握了一些原始的纺织技术并且能造杆栏式房屋。

当时南北的先民都学会制作磨制石器和陶器。考古学上称使用磨制石器的时代为"新石器时代"。

河姆渡遗址出土的骨耜　　　　　河姆渡遗址出土的稻谷

由于农业和手工业的进一步发展,男子在生产中的作用越来越大,社会中心自然发生偏移。约5500年至4000年前,母系氏族社会为父系氏族社会所取代,我国远古人类进入了父系氏族社会,从此,男权的时代开始了。后期仰韶文化、黄河下游的大汶口文化、山东的龙山文化、长江中游的大溪文化和下游的良渚文化等均属于父系氏族社会文化的代表。

在父系氏族社会中,男性的财产权和社会地位高于女性,家庭婚姻关系也由母系氏族社会的"从妻居"改变为"从夫居",子女自然不再属于母系氏族的成员而成为父系氏族的成员,成为父亲财产的继承者。在父系氏族社会中,随着社会生产力的发展和劳动成果的有所剩余,一些人能够占有他人的劳动成果并利用已占有的劳动财富役使他人。于是,贫富现象出现,私有财产开始萌芽。贫富悬殊的变化是阶级产生的基础,到父系氏族社会的后期,氏族社会开始走向瓦解,阶级社会开始出现。

三、黄帝、炎帝和尧舜禹的禅让

农耕文明时期,早期人类开始向适宜耕作的地方转移并且定居下来。随着生活方式的变化,他们告别洞穴,搭建住所,形成原始聚落。随着原始聚落的分化组合,原始部落出现。

相传在距今约5000年前,黄河流域分布着许多部落。其中炎帝部落和黄帝部落最为强大,他们之间世代互通婚姻,关系密切,同由西北发展到中原并结为炎黄联盟。不久,炎黄部落与以蚩尤为首领的东方部落发生冲突,双方大战于涿鹿之野,蚩尤战败被杀,部落成员退到南方。此后,中原的部落推举黄帝为部落联盟的首领。黄帝的后代不断发展壮大,逐渐成为华夏族的主干。黄帝被尊称为中华民族的人文始祖。

【史海泛舟】

相传黄帝建宫室,制作衣裳,发明舟车,为后世的衣食住行奠定了基础。他的妻子嫘祖发明了养蚕缫丝,他的下属仓颉发明了文字,伶伦编出了乐谱,等等。这些神话传说反映了后人对华夏始祖黄帝的尊敬。至今海外华人自豪地称自己为"炎黄子孙"。

画像砖黄帝像

汉代画像砖黄帝战蚩尤

相传继黄帝之后,我国的黄河流域出现了三位德才兼备的部落联盟首领:尧、舜、禹。他们地位显要,有一定的权势;他们都有高尚的品质,深受百姓爱戴。尧生活简朴,克己爱民;舜宽厚待人,以身作则;禹领导人们治理洪水,与群众同甘共苦,在外十三年,三过家门不入。传说尧年老时,召开部落联盟会议,推荐继承人,大家推举舜。舜年老时,以同样的方法把位置传给了治水有功的禹。这种以原始民主方式推荐首领的方法,史称"禅让"。

尧舜画像

大禹画像

随着社会生产的发展,部落联盟内部发生了财富和地位的分化。在禹的晚年,大家推举伯益为部落联盟首领的继承人。但禹死后,他的儿子启夺取了权位,建立了夏朝。从此,王位世袭制代替了"禅让制","家天下"代替了"公天下"。从此,我国漫长的原始社会结束,奴隶社会开始。

【史海泛舟】

大道之行也,天下为公,选贤与能,讲信修睦。故人不独亲其亲,不独子其子,使老有所终,壮有所用,幼有所长,矜、寡、孤、独、废疾者皆有所养,男有分,女有归。货恶其弃于地也,不必藏于己;力恶其不出于身也,不必为己。是故谋闭而不兴,盗窃乱贼而不作,故外户而不闭。是谓大同。

今大道既隐,天下为家。各亲其亲,各子其子,货、力为己。大人世及以为礼,城郭沟池以为固。礼义以为纪,以正君臣,以笃父子,以睦兄弟,以和夫妇,以设制度,以立田里,以贤勇知,以功为己。故谋用是作,而兵由此起。

——《礼记·礼运》

四、夏商西周时期的社会

1. 夏商的王位世袭

约公元前 2070 年,大禹的儿子启即位后建立了我国历史上第一个奴隶制王朝——夏朝,中国历史开始由原始社会进入奴隶社会。夏朝的建立标志着我国早期国家的产生。夏朝的统治中心在今天的河南西部和山西南部一带。它修筑城堡,建设宫殿,建立起了政府机构,组建了军队并制定了刑法,设置了监狱。夏朝经历了 400 多年。最后一任国王桀统治残暴,他大肆建造宫殿,征发民众,强迫他们服役,造成平民和奴隶们的反抗,最终导致其灭亡。

【史海泛舟】

最早的宫殿遗址——偃师二里头遗址

有关夏朝,流传至今的史料十分匮乏,有些学者对历史上是否有夏朝存在质疑。1899 年甲骨文的发现和 1928 年安阳殷墟的发掘,证实了殷商的存在。对《史记·殷本纪》的肯定,必然引出《史记·夏本纪》也为信史的认识。由此,20 世纪 50 年代考古界提出了夏文化探索的课题。1959 年夏,我国著名考古学家徐旭生先生率队在豫西进行"夏墟"调查时,发现了二里头遗址,从此拉开了夏文化探索的序幕。二里头文化遗址位于河南偃师市二里头村,距今大约 3800 – 3500 年,相当于中国历史上的夏、商时期,属探索中国夏朝文化的重要遗址。1960 年考古学家在遗址的上层发现一处规模宏大的宫殿基址,为中国迄今发现的最早的宫殿建筑遗址。这一发现为研究华夏文明的渊源、国家的兴起及其特点、城市的起源、王都建设、王宫定制等提供了最原始的研究资料,具有重要的考古价值。二里头文化遗址被学术界公认为我国最引人瞩目的古文化遗址之一。

夏朝衰败时,位于黄河下游的商国强大起来。商国国君汤看到桀失去民心,遂联络周边小国,起兵攻夏,于约公元前 1600 年灭夏建商。商朝是我国历史上第一个有出土文字证实的王朝。由于水患和政治动乱,商朝多次迁都,一直到商王盘庚将都城迁到殷(今河南安阳附近),都城才稳定下来。从此商朝国力日益强盛,成为当时世界上的大国。

商朝是处于奴隶制的鼎盛时期,奴隶主贵族是统治阶级,形成了庞大的官僚统治机构和军队。商代贵族以血缘关系为纽带,实行宗法制,各个宗族都是政治实体。奴隶主对奴隶既可以买卖,也可以随意杀死;奴隶主死后还要由奴隶殉葬,从商朝帝王显贵们的陵墓中可以看到,殉葬的奴隶少则几十人,多则上千人。奴隶还常常被作为祭祀祖先和神灵的"人牲"。奴隶反抗奴隶主的斗争,构成了商朝社会阶级关系的特点。商朝政治的另一特点是王权与神权相结合,商王朝的一切政治事务都通过占卜进行决策,以占卜理解天命,主宰国政。

商朝后期政治混乱,最后一个王,纣王,也是有名的暴君,他建造豪华宫殿园林,供自己享用,还创制炮烙【一种酷刑,把铜柱子放在熊熊燃烧的炭火上,强迫受刑者在上面行走,受刑者站不住就掉到炭火中活活烧死】之刑,镇压人民,造成各地反抗不断。

公元前 1046 年,周武王率领周军和周围部落发起对商的进攻。这时商的军事主力尚在东方征伐夷人。商纣王临时凑集人马在都城郊外牧野(今河南卫辉)与周激战,结果兵败自杀。商灭亡后,周武王建立周朝,定都镐京(今陕西西安),史称西周。

2. 西周的分封制和宗法制

为了对被征服地区进行有效的统治,周武王实行了"分土列侯",即分封制。他把土地、人口和对封地内的控制权分别授予王族、功臣、谋士和古代先圣后裔,把他们分封到各地做诸侯,建立诸侯国,以拱卫周王室,史称"封建亲戚,以蕃(藩)屏周"。这里所说的"封建",是封邦建国的意思。西周初年分封的诸侯大多数是同姓王族,他们多被分封到重要地区。

分封制规定,诸侯必须服从周天子的命令,要对周天子履行镇守疆土、随从作战、交纳贡赋和朝觐述职的义务。同时,诸侯在自己的封地内又对卿大夫实行再分封。卿大夫在自己领地内又对士进行再分封。卿大夫和士也要向各自的分封者承担作战、纳贡等义务。这样层层分封下去,形成了统治阶级内部森严的"天子—诸侯—卿大夫—士"等级制度。在分封制下,周天子具有至高无上的权威,国家政权也逐渐由松散趋向严密。同时,西周通过分封制,不但巩固了对广大被征服地区的统治而且不断扩展了它的势力和影响,密切了同周边少数民族的关系,从而也推动了边远地区的经济文化的发展,使西周成为强盛的东方大国。

西周分封示意图

宗法制是西周巩固分封制的重要手段。宗法制是按照父系血缘宗族关系分配政治权利,维护政治联系。其特点是嫡长子继承制和其余诸子分封制。在宗法制度下,宗族分为大宗和小宗。周天子由嫡长子世代继承,为全天下的大宗,政治上的共主。其余诸子分封为诸侯,诸侯国附属于周王室为小宗,在本国则为大宗,其爵位也由嫡长子继承。诸侯的其余诸子被封为卿大夫,他们相对诸侯是小宗,但在本领地为大宗,其地位也由嫡长子继承,其他诸子则被封为士。士对卿大夫是小宗,而在本家为大宗。大宗统领小宗,小宗必须服从大宗。西周宗法制下的大宗和小宗是一种等级从属关系,它巧妙地将政权和族权结合起来,成为巩固分封制和加强奴隶主贵族统治的有效工具。

3. 井田制

夏、商、西周时期,一切土地属于国家。王把土地层层分封,受封者世代享用,但是不可以转让和买卖;同时要向王缴纳贡税。庶民和奴隶在贵族土地上耕种,遭受残酷的剥削和奴役。那时的耕地十分规整,成方块状,形同"井"字,被称为"井田",这种土地国有制度称为"井田制"。

井田制是奴隶社会的土地国有制,所有权属于王,所谓"普天之下,莫非王土"。诸侯臣下只有使用权而无所有权。井田制是奴隶社会的经济基础,这种制度适应并促进了生产力发展。随着春秋时期铁器牛

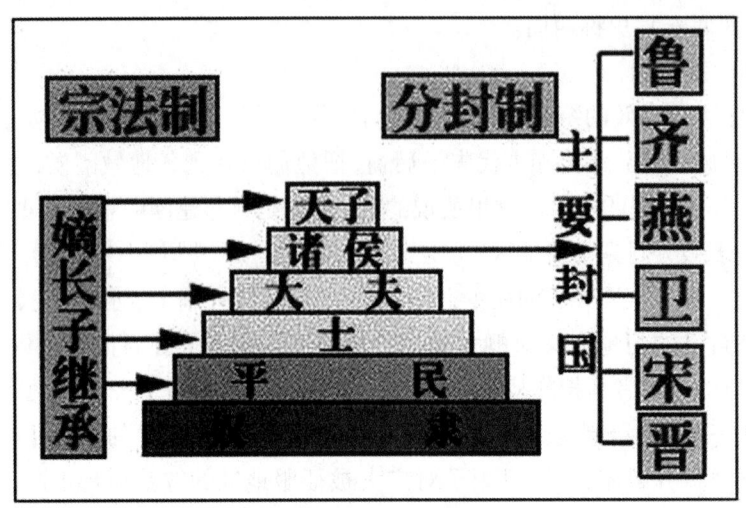

西周宗法制与分封制示意图

耕的使用,大量井田之外的荒地得以开垦成为私田,奴隶主破坏井田制,井田制开始瓦解。

西周传 11 世 12 王,历时 270 多年。到周幽王时,国势衰败,政局混乱,又逢连年天灾,人民流离失所。周幽王听信谗言,废除太子和王后,导致太子外祖父申侯联合犬戎攻破镐京,幽王被杀,西周灭亡。

第二节 春秋战国时期的社会经济和社会变革

一、春秋战国时期的纷争

周幽王死后,周平王即位,面对镐京残破不堪的现状,遂于公元前 770 年将都城迁到洛邑(今河南洛阳东北),史称东周。东周分为春秋【鲁国的编年体史书《春秋》记载了公元前 8 世纪至公元前 5 世纪的历史,后人称这一段历史为"春秋"时期】和战国时期。从公元前 770 年到公元前 476 年,为春秋时期。从公元前 475 开始,我国历史进入到封建社会。春秋时期是奴隶社会瓦解的时期,战国时期是封建社会形成时期。这一时期,诸侯争霸,战争频繁。

周王室东迁后,势力一落千丈。王畿之地只剩下了洛阳周围的二百来里。诸侯不再听从天子命令,不再朝觐和纳贡。各诸侯国为了控制更多的土地和人口,相互之间进行了频繁的兼并争霸战争。

公元前 7 世纪前期,齐桓公用管仲为相,在经济、政治、军事领域厉行改革,很快成为东方强国。齐桓公采用管仲的意见,打出"尊王攘夷"的旗号,即在尊重周王室的名义下,团结其他诸侯,抗击威胁中原的周边少数民族,还出兵阻挡北上的南方强国楚,在诸侯国中树立了威信。后来,齐桓公召集诸侯国在葵丘会盟,周王室也派人参加,正式承认了齐桓公的霸主地位。

齐桓公死后,齐国衰微。晋文公和楚庄王先后称霸中原,相互争夺两国之间较小的诸侯国。公元前 7 世纪后期,晋国经城濮之战打败楚国,大会诸侯。晋文公成为中原霸主。公元前 6 世纪初,楚军大败晋军,楚王称霸中原。春秋晚期,吴越先后在南方称霸,吴王阖闾和越王勾践是春秋后期的霸主。

【史海泛舟】

(楚庄王)遂至洛,观兵与周郊。周定王使王孙满劳楚王。楚王问鼎小大轻重,对曰:"在德不在鼎。"庄子:"子无阻九鼎,楚国折钩之喙,足以为九鼎。"

——《史记》

【史海泛舟】

阖闾九年(公元前506年),吴王阖闾率师大败楚军,仅10天即进入楚国国都郢(今湖北省江陵县北),开创了春秋时期攻占大国都城的先例。翌年,阖闾亲自出征,大败越军。阖闾十一年(前504),再次伐楚,迫使楚国迁都于鄀(今湖北省宜城东南)。

公元前494年,吴王夫差进攻越国,围困越王勾践于会稽(今浙江绍兴),迫使越国屈服。接着又打败齐军。公元前482年,在黄池(今河南封丘附近)与诸侯会盟,争得了霸权。越王勾践自被吴国打败后卧薪尝胆,立志报仇,经过几十年努力,转弱为强,灭了吴国。勾践乘势北进,与齐、晋等诸侯会盟于徐(今山东滕县),成为霸主。

春秋后期至战国前期,不少诸侯国内的卿大夫逐渐取代国君掌握了大权。公元前403年,晋国的韩、赵、魏三家瓜分了晋国。后来齐国大夫田氏又取代姜氏,被周王封为诸侯。三家分晋和田氏代齐,形成了战国七雄【七雄指齐、楚、燕、韩、赵、魏、秦七个强盛的诸侯国】争霸的格局。战国时期,诸侯国之间的争霸兼并战争更为频繁,政治格局变化更为快速无常。

公元前3世纪以后,东方各国衰落下去,秦国崛起,无敌于天下。公元前260年,秦赵长平之战,赵军大败,被俘虏坑杀40多万。这是战国兼并战争中规模最大、杀伤最多的一次战役。从此,秦国的国力大幅度超越于同时代各国,极大地加速了秦国统一中国的进程。

春秋战国无义战,但是,通过战争和频繁的经济文化交流为后来秦国建立统一的多民族国家奠定了基础。

二、春秋战国时期的社会经济

1. 铁制农具的使用和牛耕

我国铁制农具的使用可以一直追溯到西周晚期。春秋战国时期,冶铸水平提高,铁制农具代替了过去的石制、骨制、青铜制等农具,出现了铁犁和牛耕为代表的耕作方式,极大提高了当时的农业生产效率。铁制农具的使用是我国农业技术史上划时代的重大变革,标志着我国社会生产力的显著提高。

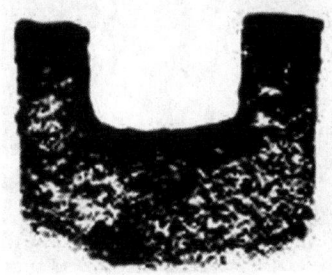
春秋时期的铁锸

春秋时期穿有鼻环的牛尊

战国时期铁口犁

春秋后期,牛耕开始出现;战国中后期,铁犁用于牛耕。从东北到中原再到湖广,铁犁牛耕的使用地区相当辽阔。牛耕的出现成为农用动力的一次革命。在此基础上,精耕细作的农业生产模式逐步确立,构成了古代中国农耕经济的基本特点。

春秋战国时期的水利灌溉事业也有很大发展。那时中原地区已经普遍使用桔槔【一种原始的汲水工具。它是在一根竖立的架子上加上一根细长的杠杆,当中是支点,末端悬挂一个重物,前段悬挂水桶。一起一落,汲水可以省力。当人把水桶放入水中打满水以后,由于杠杆末端的重力作用,便能轻易把水提拉至所需处】来灌溉农田。春秋时期的楚相孙叔敖修的芍陂、战国时期秦国蜀守李冰修的都江堰、战国时期西门豹在魏国修筑的西门豹渠、水工郑国在秦修的郑国渠等水利工程都促进了农业的发展。

桔槔石刻图

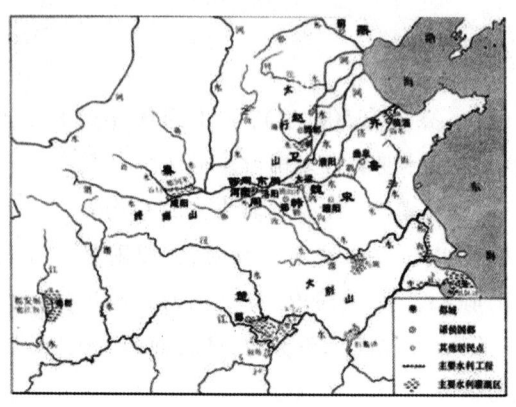
战国时期水利工程图

【史海泛舟】

都 江 堰

都江堰位于成都平原西部的岷江上,在今四川省都江堰市。公元前3世纪,秦国蜀郡守李冰父子在前人治水的基础上,带领民众完成了这项综合性的防洪灌溉水利工程。岷江从山口流入平原,流速骤减,易淤易决,经常泛滥,又常因缺水引发旱灾。都江堰建成后,可控制岷江激流,既利排洪,又"可行舟,有余则用浸灌"。都江堰灌溉农田达300万亩。从此,成都平原"水旱从人,不知饥馑,时无荒年,谓之天府"。2000多年来,都江堰在防洪、灌溉、运输方面一直发挥着巨大作用。

2. 手工业的发展

春秋战国时期,冶铸业有了划时代的发展,我国人民创造的铸铁柔化处理技术【铸铁柔化处理技术是指将铸铁件进行技术处理,使铸件钢化,更加坚韧耐用。西方到公元14世纪才使用铸铁而掌握铸铁柔化处理技术,更晚至1722年以后】,是世界冶铁史上的一大成就,比欧美早两千年以上。

春秋战国时期,青铜铸造、加工工艺有了很大的发展,莲鹤方壶是春秋中期的珍品。那时出现的金银错新技术【金银错新技术是指在铜器表面镶嵌金银丝,构成文字或图案】和雕铸技术的发展使青铜器更为精致美轮。

战国时期漆工艺也有了新成就,已经出现采用夹苎技术的精巧漆业。纺织业取得了新进展,长沙楚墓出土的战国麻衣布残片,纤维相当细密。

1923年在河南新郑出土的莲鹤方壶

春秋战国时期的酿酒业有了较大的发展。商周时,酿酒业就已经很发达了。春秋时人们用曲造酒,这是我国古代酿酒技术的重要发明。煮盐业同样进步较大,山西的池盐、山东的海盐和四川的井盐都已开发。

由于手工业技术的发展,战国时期出现了有关手工工艺的专著《考工记》。它记述了齐国官营手工业各个工种的设计规范和制造工艺,不但在我国工程技术发展史上有重要地位,在当时世界上也是独一无二的。

3. 商业和城市

商品经济在原始社会末期就已经出现。中国的商业兴起于先秦时期。商建立前,其祖先就开始做生意。西周建立后,商代遗民继续经商为生,形成固定的职业,后世就将做生意的人称为"商人"。

春秋战国时期,商业发达,各地的土特产品相互交流。在中原市场上可以买到南方的象牙、北方的马、东方的玉。各地出现许多商品市场和大商人。战国时期各国铸造流通的铜币各异,有铲形币、刀币、蚁鼻币、圆形方孔币等。货币的丰富反映了商业较过去发达。商品经济的发展也促进了封建城市的繁荣,如齐国的临淄、赵国的邯郸、魏国大梁、楚国的郢等都聚集很多人口。

【史海泛舟】

春秋战国时期的大商人

陶朱公:春秋末期人,即助越王勾践灭吴的范蠡。他能根据市场的供求关系,判断价格的涨落并指出了气候变化对农业的影响、农业对市场的影响。《史记》中载"累十九年三致金财聚巨万"。

子贡:春秋卫国人,孔子高徒,经商致富的能人。

白圭:战国初期周人,最早的经商理论大师。"人弃我取,人取我与"是他首创的经商名言。

吕不韦:战国时期大商人,史载"往来贩贱卖贵,家累千金"。后结识秦流亡公子并资助其回国即位,成功实现由商从政的历史性转变。

4. 由公田到私田

春秋战国时期,由于铁器的使用和牛耕的逐步推广,大量荒地被开垦出来,出现了井田制公田以外的私田。私田主人控制私田产品,不缴纳给国君,而且改变了对耕田者的剥削方式。这样,耕地的人就转变为封建农民,私田主人成为封建地主,农民向地主缴纳地租,封建土地所有制的剥削方式开始出现。

三、春秋战国时期的社会变革

春秋战国时期,各诸侯国先后变法。东方的齐、晋、鲁等诸侯国通过改革,使封建土地所有制得以确立。如齐国管仲的"相地而衰征",即根据土地多少和田质好坏征收赋税;鲁国的"初税亩"则规定不论公田、私田,都要由国家按照田亩的实有数目收税。

战国时期,奴隶主的土地所有制已经被封建土地私有制所代替。新兴地主的经济和政治势力越来越大,和原奴隶主贵族的顽固势力的矛盾也越来越深,纷纷要求在政治上进行改革,废除奴隶主的贵族特权,发展封建经济,建立地主阶级的统治。同时,各国为在争霸中占据优势,积极推进改革。魏国的李悝变法、楚国的吴起变法、秦国的商鞅变法最为有名。一些杰出的地主阶级政治家,顺应时代的潮流,推行变法运动,促进了社会的进步,终于促成封建制度的确立。

【史海泛舟】

李悝在政治上主张废止世袭贵族特权,选贤任能,赏罚严明;经济上主要实行尽地力、平籴法,极大地促进了魏国农业生产的发展。为了进一步实行变法,巩固变法成果,著成《法经》一书,以法律的形式肯定和保护变法,固定封建法权。在当时便对其他各国震动很大,从而引发了中国历史上第一次轰轰烈烈的变法运动,为奴隶制向封建制的过渡铺平了道路。

商鞅(约前395—前338)

李悝(前455—前395)

秦孝公时的商鞅变法较为彻底,影响最为深远。公元前356年,秦孝公任用商鞅为左庶长,商鞅开始了第一次变法。这次变法的主要内容有:第一,"令民为什伍",实行连坐法;第二,重农抑商,奖励耕织,发展小农私有制;第三,奖励军功,按功受爵,贵族无军功不再受爵;第四,"燔诗书而明法令"。几年后,商鞅又进行了第二次变法:统一秦国的度量衡;废封建,行县制,实行中央集权制度;"为田开阡陌封疆",废除井田制,以法律形式确立土地私有制度。

虽然商鞅实行的严刑峻法和文化高压政策对后来有消极影响,但是仍然无法掩盖他的光辉。商鞅变法废除了奴隶主贵族的世袭特权,促进了封建经济的发展,加强了新兴地主阶级的中央集权制度。商鞅变法后,秦国逐步强盛起来,为后来秦统一六国奠定了基础。

练习与探究

1. 西周实行的宗法制在秦汉以后仍有重大影响,其中主要表现是_____。　　(　　)
   A. 嫡长子继承制　　　　　　　　　　B. 反复出现的分封制
   C. 三纲五常的伦理制　　　　　　　　D. 传统的宗祖观念

2. 春秋时期,一些强大的诸侯国往往打出"尊王攘夷"的旗号,其实质是_____。　　(　　)
   A. 维护国王权威　　　　　　　　　　B. 借机争夺霸主地位
   C. 避免相互兼并　　　　　　　　　　D. 对付外族侵扰

3. 西周的分封制和宗法制有什么内在关系?

第二章 封建大一统时期——秦汉

导读 秦汉时期是我国封建社会初步发展时期。商鞅变法以后,秦国势力大增,具备了统一六国的条件。经过多年的战争,公元前221年,秦统一了六国,建立了中国历史上第一个统一的中央集权的封建国家。秦统一以后,建立了中央集权的封建制度,对后世影响深远。秦又采取了一些措施巩固了自己的统治。秦朝统治的残暴导致农民起义的爆发,最终"秦二世而亡"。刘邦建立西汉以后,吸取秦朝统治教训,实行与民休息的政策,出现了"文景之治"。汉武帝时,国力强盛,采取了许多措施加强中央集权。西汉后期,政局混乱。外戚王莽篡汉自立,导致西汉灭亡。东汉建立以后,汉光武帝励精图治,出现了"光武中兴"的局面。两汉时期,我国的农业、手工业、商业都有很大发展,出现了长安、洛阳等著名大都市。

第一节 秦朝的统治

一、秦的统一

经过商鞅变法,秦国的经济得到发展,军队战斗力不断加强,发展成为战国后期最富强的封建国家。战国时期,随着铁制工具的推广,社会生产力得到迅速发展,各民族、区域之间的联系进一步加强。自长平之战以后,东方各国再也无力抵挡秦军的强大攻势。春秋战国长期战乱,给社会经济、人民生活带来了巨大灾难,人民渴望统一。秦王嬴政即位以后,广泛搜罗人才,部署统一全国的战略和策略。从公元前230年至前221年,秦国陆续灭掉东方六国,建立起我国历史上第一个统一的中央集权的封建国家——秦朝,定都咸阳。此后,秦又统一了越族地区,加强了对西南地区的统治,击退匈奴,取得河套地区,修筑长城,形成了中国历史上幅员辽阔的统一的多民族国家。

秦灭六国形势图

秦始皇(前259—前210)

【史海泛舟】

秦王嬴政使用许多能干的人,如李斯、蒙恬、尉缭、王翦等。李斯原来是楚国的一个布衣,被秦王拜为客卿。蒙恬一家都受到重用,蒙恬统率着30多万大军,为秦守卫北方,秦王对他十分"尊宠"。尉缭是当时的军事家,当嬴政发现这位出色军事人才时,竟然放下国王架子,"衣服、食饮与缭同",后来任命他统管全国军事。王剪是秦国名将,嬴政因未采纳王剪的意见,用人失当,伐楚失败,就亲自赶到王剪家,当面检讨,再三请求他率兵伐楚。

秦朝疆域,东临大海,西到陇西,南临南海,北抵长城,在这个范围之内生活着两千多万人。

秦的统一具有划时代的历史意义。它结束了春秋战国以来诸侯割据称雄的战乱局面,符合历史发展的要求,为我国统一多民族国家的建立和发展奠定了基础,同时为各族人民的安定生活和相互交往提供了有利条件,符合各族人民的共同愿望。

二、中央集权统治的建立

为了适应新的统一形势,加强封建统治,秦朝创立了一套封建专制主义的中央集权制度。最高统治者称皇帝,至高无上,总揽全国军政大权。中央政府设丞相、太尉、御史大夫,分管行政、军事和监察,最后由皇帝决断。

【史海泛舟】

秦王统一六国后,踌躇满志,自以为功德无量,令群臣商议国君的称号,臣下李斯等认为,秦王的功业超过古代的三皇五帝,秦王把"皇"与"帝"连在一起,称"皇帝",并自称"始皇帝",后代称为二世、三世皇帝,以至千世万世,幻想秦朝统治万世无穷。君臣议定,以后皇帝自称为"朕",表示皇帝身份的高贵。

春秋时代,地方组织也逐渐有郡县制。秦统一后,在全国全面推行郡县制,分天下为36郡,郡下设县。郡设郡守、郡尉、郡监(监御史)。郡守,为一郡最高行政长官,掌全郡政务,直接受中央政府节制;郡尉,辅佐郡守,掌管全郡军事;郡监,掌监察工作。郡下设县,县下设乡、里等基层行政组织。丞相、御史大夫、太尉和诸卿以及郡县长官均由皇帝任免。

秦朝这套从中央到地方的统治机构有明确的职责分工,既相互配合,又彼此牵制,统治机构的最高统治权掌握在皇帝一人手中,确保了封建地主专制统治。这套金字塔般统治机构的建立,标志着封建专制主义中央集权制度进一步强化。

秦朝颁布通行全国的秦律并严格执行。

三、秦朝巩固统一的措施

土地私有,按亩纳税。秦始皇时,让百姓自己申报土地,载于户籍,国家以户籍征发赋税和徭役。这成为封建国家统治人民的根本经济制度。

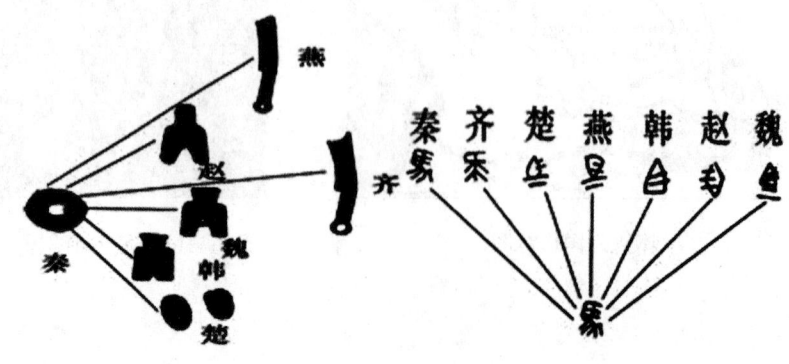

秦统一货币、文字

统一度量衡、文字、货币。战国时期,各国的货币、度量衡和文字的差别很大,影响各地的经济文化交流。秦灭六国以后,秦始皇规定在全国统一使用圆形方孔铜钱;同时,统一度量衡,对尺寸、升斗、斤两做出整齐划一的规定。秦朝还统一文字,把小篆作为全国规范文字,废除原来六国的文字,后来又推广笔画更为简单的隶书。

"焚书坑儒"。为了加强思想控制,秦始皇接受李斯的建议,发布禁书令,规定除政府外,民间只准保留有关医药、占卜和种植的书,其他书都烧掉;以后再有谈论儒家诗书的都要判处死刑。他又把暗中批评的一些儒生在咸阳活埋,这就是历史上所称的"焚书坑儒"。

【史海泛舟】

公元前213年,秦始皇在咸阳宫设宴,大臣们纷纷歌功颂德,儒生淳于越却说秦始皇应效法古代,恢复分封制。丞相李斯不同意他的意见并借题发挥,认为儒生借古非今,惑乱百姓。他把这一切归罪为儒生读书的缘故,建议秦始皇下焚书令。第二年,又有一批儒生批评秦始皇天性刚暴,贪于权势,滥施刑罚。秦始皇大怒,认为这是谣言惑众,下令大肆搜捕,把抓到的儒生460多人全部活埋。

北筑长城和开发南疆。为了安定北边,维护国家的统一,秦始皇对北方匈奴的不断进扰采取积极防御的策略。他命令大将蒙恬大举反击匈奴,夺取河套地区并把内地民众移民到那里垦田戍边。后来又让蒙恬负责,修筑起了北起临洮、东到辽东的城防,蜿蜒万余里,用来抵御匈奴,这就是闻名中外的"万里长城"。宏伟的长城是我国古代劳动人民智慧和独创性的象征。秦始皇还派兵统一了东南、岭南等地区,开发那里的经济,兴修灵渠,沟通了长江水系和珠江水系,为中原与岭南地区的经济文化交流提供了有利条件。

四、秦的灭亡

秦始皇统治时期,徭役繁重,赋税沉重,刑罚严酷,加上土地兼并严重,社会矛盾十分尖锐。秦始皇死后,秦二世更加昏庸残暴,终于引发了农民大起义。

公元前209年,陈胜、吴广率领900多名戍卒在大泽乡发动了中国历史上第一次大规模的农民起义。起义军以"伐无道,诛暴秦"为口号,迅速发展壮大,不久在陈建立张楚政权。第二年,农民军在秦军进攻下遭到挫折,吴广、陈胜先后被部下所杀。此后,项羽、刘邦继续进行反秦斗争。公元前207年,项羽在巨鹿之战中消灭了秦军主力。公元前206年,刘邦攻占秦朝都城咸阳,宣告了秦王朝的覆灭。

陈胜、吴广发动的中国历史上第一次农民战争,用武力推翻了秦的残暴统治,沉重打击了封建地主阶级,迫使后来的汉初统治者采取一些休养生息的政策。陈胜、吴广的首创精神为历代农民树立了榜样。他们高呼的"王侯将相,宁有种乎"表现出不向命运屈服的大无畏的斗争精神。

第二节 两汉的统治及政治经济制度

一、文景之治

秦灭亡以后,刘邦和项羽进行了长达四年的争夺统治权的斗争,史称"楚汉之争"。公元前202年,刘邦战胜项羽,建立汉朝,国号汉,定都长安,史称西汉。刘邦就是汉高祖。

汉初,社会经济衰弱,朝廷推崇黄老治术,采取"轻徭薄赋""与民休息"的政策。汉高祖及其后的汉文帝、汉景帝等吸取秦灭亡的教训,减轻农民的徭役和劳役等负担,注重发展农业生产。

汉文帝、汉景帝在位时,重视农业生产,奖励努力耕作的农民,劝诫百官关心农桑,多次减免农业赋税。开放山林川泽,鼓励农民进行副业生产,活跃商业市场。他们提倡节俭,反对奢靡,俭省开支。他们改革法律,减轻刑罚。文帝时废除了秦朝的株连制度,用笞刑取代伤残肢体的肉刑;景帝时又继续减轻刑罚,各级官吏亦断狱从轻。

【史海泛舟】

文帝穿的衣服质地比较粗糙,他宠爱的夫人也不能穿拖地的长裙,帐上不许绣花。一次文帝想建一座露台,经计算要花费大量的钱。他说:"这些钱相当于中等百姓十户的家产,我继承先帝的宫室,还感到惭愧,还要建什么露台呢?"

随着生产日渐得到恢复并且迅速发展,汉朝的物质基础大大增强,人民的生活水平得到了很大程度的提升,汉朝出现了多年未有的稳定富裕的景象,这种治世,史称"文景之治"。文景之治是封建社会的第一个盛世。

二、汉武帝的大一统

汉武帝即位以后,西汉经济发展,国家实力相当雄厚,有条件加强中央集权。同时,国家也存在土地兼并、商贾膨胀、边境不宁等问题。在此情况下,汉武帝采取了一系列措施加强中央集权。

政治上,汉武帝设立"中朝",选用一些亲信侍从如尚书、常侍等组成宫中的决策班子,加强皇权。改革选官制度,大量选拔人才,重视官吏的考核和任免。加强对各封国的控制,接受主父偃的建议,下令允许诸王将自己的封地分给子弟,建立较小的侯国。同时,汉武帝用派御史的方式对地方的豪强、官吏进行监督。

经济上,改革币制,铸造五铢钱,作为流通全国的法定货币;实行盐铁专营;平抑物价,征收工商业者的营业税和财产税等。

军事上,出兵匈奴,改变了汉朝与匈奴关系中的被动局面;进军南越,设置南海等九郡。

汉武帝(前156—前87)

文化上,"罢黜百家,独尊儒术"。汉武帝接受董仲舒的建议,把儒家学说作为封建社会的正统思想,提倡大一统。汉武帝还创建了中央太学与地方郡国学两级官学,确立了中国封建官学制度。尊儒的同时,他还崇尚法制。尊儒尚法是他实行统治的根本思想。

汉武帝是一位具有雄才大略的封建皇帝,在他的大一统之下,专制主义中央集权空前加强,西汉统治达到鼎盛。

西汉后期,重用外戚和宦官,政局混乱,国家权力削弱。公元9年,外戚王莽自立为帝,改国号为新,西汉灭亡。

三、东汉的统治

王莽代汉建新朝之后,颁布一系列新政。然而,王莽的新政不符合实际,特别是触动了大豪强与许多上层官僚的既得利益,遭到激烈的反对与排斥,社会矛盾激化。王莽政权很快被推翻。公元25年,参加过农民起义的西汉皇族刘秀称帝,定都洛阳,史称东汉,刘秀就是光武帝。

东汉初年,经济凋敝,社会动荡。刘秀采取安抚的统治方法,以"柔道"治天下。

政治方面,对开国的武将给予优厚待遇,但不给实权。重用节操高尚、熟悉典故而又有治国之才的文臣;扩大尚书台的权力,加强监察御史制度,集军权于中央,进一步加强中央专制集权。

经济方面,多次颁布释放奴婢和禁止残害奴婢的诏令;恢复西汉三十税一的田租制度;鼓励流民回乡开荒种地;裁撤地方官衙,削减官吏,复员军队,让大批劳动力回乡从事农业生产。

经光武帝多年努力,社会安定下来,经济得到恢复,户口增加,史称"光武中兴"。

东汉明帝、章帝在位时期,秉承刘秀遗规,对外戚勋臣严加防范;屡下诏招抚流民,赈济鳏寡孤独和贫民;修治汴渠,消除西汉平帝以来的河汴灾害;经营西域,再断匈奴右臂,复置西域都护府和戊己校尉,号称"明章之治"。在汉章帝后期,外戚日益跋扈,汉和帝继位后扫灭外戚,亲政后使东汉国力达到极盛,时人称之为"永元之隆"。

汉光武帝(前5—公元57)

184年爆发黄巾起义,朝廷令各州郡自行募兵,将起义基本平定,却导致地方豪强拥兵自重。公元188年,改部分刺史为州牧,使刺史成了一州军政的长吏、太守的上级,州郡县三级行政建制自此形成。州牧的设立和州刺史权力的提升埋下了汉末军阀割据的祸根。

190年,董卓之乱又起,自此汉廷大权旁落,揭开了东汉末年军阀混战的序幕,东汉政府名存实亡。

四、两汉的经济发展

两汉大一统局面下,社会经济迅速发展。农业、手工业和商业都取得了很大成就,为后世封建经济的发展奠定了基础。

●农业的发展

农具得到改进,牛耕得到推广。铁农具式样增多,使用广泛,西域和珠江流域都用上了中原传去的铁农具,铁犁上安装了翻土碎土的犁壁。这比欧洲早一千多年。西汉赵过发明了播种耧车,一天能播一顷地。在政府的倡导下,二牛抬杠式牛耕方法到东汉已经推广到珠江流域。更为方便的一牛挽耕法,也开始出现。

汉代牛耕图

水利事业发展,农耕区域扩大,地区特色明显。黄河流域以营建灌溉渠系为主,著名的工程如白渠、六辅渠等。江淮、汉江之间以修天然陂池为主;东南以排水筑堤、变湿淤地为良田为主;西北则主要利用雪水或地下水,修筑水利工程坎儿井。针对黄河泛滥,汉武帝、汉明帝等都进行大规模的黄河治理,取得了良好的效果。全国耕地面积扩大,西汉时期达八百多万顷。

麦稻种植的推广。两汉时期,农作物麦和稻得到推广种植,也成为主要粮食作物。北方主要种植小麦,南方普遍种植水稻。东汉有了双季稻。汉水流域还出现了稻麦轮作的种植方法,一年两熟。

耕作、管理技术进步较快。西汉时期,在干旱地区推广代田法,每亩增产一斛以上。人们还学会了水稻育种、移植技术。

农学研究取得了可喜成就。我国现存的最早的农书《氾胜之书》里有关于农作物栽培的论述。《四民月令》中关于农事活动安排和农业生产技术的内容,反映出西汉和东汉的农业生产状况。

【史海泛舟】

《四民月令》是东汉后期叙述一年例行农事活动的专门著作,描述了古代汉族社会的农业运作状况,书中提及的经济运作,也为中国经济史研究提供了第一手资料。该书是东汉尚书崔寔模仿古时月令所著的农业著作,成书于2世纪中期,叙述田庄从正月直到十二月中的农业活动,对古时谷类、瓜菜的种植时令和栽种方法有所详述,也介绍了当时的纺绩、织染和酿造、制药等手工业,对中国古代汉族农学的发展颇有影响。

● **手工业的发展**

两汉的手工业规模大、分工细、工艺精,突出的成就有纺织业、冶铸业、制漆业、煮盐业、造船业。

两汉时期,丝织业水平很高,能织出锦、绣、罗、纱等许多品种的丝绸。西汉的长安和临淄有全国最重要的官营纺织业。东汉时期,桑麻种植扩大,丝织业和麻织业发展迅速。新疆地区已经种植棉花,有了棉纺织业。羊毛也成为纺织原料。两汉时期,会稽地区出产的葛布是当时著名的越布,汉光武帝时被列为贡品。东汉的马钧还发明了高效率的织绫机。

两汉的冶铸业包括冶铁和冶铜,规模都很大。西汉时,冶炼工序集中,设备齐全。煤成为冶铁燃料,人们还发明了淬火技术,铁的冶炼已经达到一个新的发展高度,铁器的使用已经相当广泛。东汉时期,杜诗发明了水排,用风力鼓风冶铁。水力鼓风冶铁的发明是冶炼技术的一大进步,欧洲直到12世纪才开始使用。宛、巩是当时有名的冶铁中心。在炼钢方面,东汉低温炼钢技术已经发明并很快得到推广;铸铁脱碳成钢技术和"百炼钢"技术得以发明,在世界冶金史上占领先地位。冶铜厂和铸铜作坊遍及全国,著名的有广汉、蜀郡等。

煮盐是秦汉时期重要的手工业。汉代利用的盐分为池盐、海盐、井盐。汉武帝时期实行盐铁专营,反映了盐在当时的社会生活中占重要地位。

秦汉造船业也发展迅速。汉代水军拥有用途不同、种类多样的舰船,其中楼船高达十余丈。汉代发明了橹、舵和布帆,还有锚的使用。这些都表明汉代航运技术的成熟。

此外,两汉的制漆业也有了很大的发展。东汉的蔡伦发明了造纸术,推动了造纸业的发展。

● **商业和城市的发展繁荣**

两汉农业和手工业的发展促进了商业的繁荣。西汉初期,虽然对商人有所限制,但是国家的统一、经济的恢复发展、山泽禁令的放驰为商业的发展繁荣创造了条件。西汉商业经营范围很广,粮食、油盐、牛马、果类、皮革、水产等几十种商品都在市场上出现。"富商大贾,周流天下"。东汉时期,商人更为活跃,商业更加兴盛。商品种类更多,铁器制品大量出现,市场上的日常生活用品更加多样,特别是纸成了价格低廉的商品以后,笔、墨、砚以及手抄书籍大量出现。另外,东汉时期高利贷活跃。"辜榷"作为商业交易中包揽政府买卖的独占行为在西汉末年出现,在东汉很有市场。东汉还和周边少数民族互通商市,还同中亚等国开展海外贸易。

商业的发展带来了城市的繁荣。西汉时期,京师长安是全国政治、经济、文化中心,城内商业繁荣,人口众多。除长安外,洛阳、临淄、邯郸、宛(南阳)、成都都是著名的大都市。洛阳水陆交通方便。临淄丝织业发达,人口密集,是齐鲁的中心。邯郸是黄河以北的商业中心。宛是南北交通要道,冶铁业发达。成都手工业,特别是蜀锦全国驰名。

东汉时期,洛阳发展成为全国最大的都市,班固的《东都赋》和张衡的《东京赋》都描写了帝都洛阳的壮观和雄伟。长安虽非都城,但仍然是西北贸易的集散地。另外,东汉时期的南阳、成都、邯郸依然保持着往日的繁荣。

练习与探究

1. 秦朝短短十几年便土崩瓦解的主要原因在于_____。（ ）
   A. 阶级矛盾的激化　　　　　　　　　　B. 中央与地方的矛盾的激化
   C. 民族矛盾的激化　　　　　　　　　　D. 统治阶级内部争斗的激化

2. 西汉武帝建元五年，增置五经博士，元朔五年创办太学，为五经博士置弟子员五十人。宣帝时，五经博士增至十二人。到东汉质帝时，太学已多至三万人。太学大量扩充的社会根源是_____。
   （ ）
   A. 中央集权制度最终完善　　　　　　　B. 儒家思想得到广泛传播
   C. 儒家政治势力日益膨胀　　　　　　　D. 儒学教育取得发展进步

3. 如何评价秦始皇？

第三章　封建国家的分裂和民族融合

导读　东汉时期豪强地主势力的发展和中央政局的混乱导致了东汉末年的社会大动乱。经过长期战乱兼并，剩下曹操、刘备、孙权三大政治军事集团，最终导致三国鼎立局面的形成。蜀国和吴国势力衰弱，最终西晋重新统一了全国。西晋王朝的统治没能持续多久，中国便进入南北朝时期。由于战争和民族迁徙，中国出现了各民族的大融合。

第一节　三国、两晋、南北朝政权的更替

一、三国鼎立的形成

东汉末年，爆发了黄巾起义。黄巾起义沉重打击了东汉王朝的统治。黄巾军主力被镇压后，各地出现很多割据一方的军阀，他们为争权夺地，彼此长期混战，使社会生产遭到严重破坏，人口大量减少。经过近十年的混战与兼并，全国大的割据势力剩下了孙策（占据江东）、刘表（占据荆州）、刘璋（占据益州）等六七股势力，其中势力最大的是占据中原地区的袁绍和曹操。占据河南一带的曹操，招募流亡农民垦荒，组织兵士耕田，实力不断增强。那时河北一带战乱较少，人口众多，粮食丰足，盘踞在那里的袁绍势力很大，想消灭曹操。

公元200年，袁绍率十万大军进攻曹军，主力直逼曹军所在地官渡。曹军只有三四万人，双方交战互有胜负。后来，曹操采纳谋士的计策，袭击袁军屯粮处，火烧全部粮草，曹军趁机进攻，大败袁军，袁绍带领数百骑兵狼狈逃回河北。

官渡之战是我国历史上一场著名的以少胜多的战役。曹操打败袁绍主力后，陆续消灭袁绍的残余力量，又陆续消灭一些军阀，基本上统一了北方。

公元208年，曹操率领二十多万大军南下，想要统一南北。那时候，长江中下游一带有两个军阀的势力有所发展。一个是依附于荆州割据势力的刘备，请来有才能的诸葛亮辅佐他；一个是割据江东的孙权，统治比较稳固。经诸葛亮、周瑜等说服，孙权同意联合刘备抗曹，双方组成五万人的孙刘联军，用火攻的办法，在赤壁大败曹军。

经过赤壁之战，曹操退回黄河流域一带。孙权在长江中下游的势力得到巩固，刘备乘机占领湖北、湖南的大部分地区，又向西进占四川。220年，曹操的儿子曹丕废掉汉献帝，自称皇帝，国号魏，定都洛阳，东汉结束。第二年刘备在成都称帝，国号汉，史称蜀。222年，孙权称王，国号吴，后定都建业。三国鼎立的局面形成。

三国的统治者都注意发展生产。魏国修建许多水利工程，北方的生产明显恢复和发展起来。蜀国的丝织业兴旺，蜀锦行销三国。吴国造船业发达，促进了海上交通的发展。吴国船队曾到达夷洲，加强内地和台湾地区的联系。

二、西晋的短暂统一

曹魏后期,政治日益腐败,阶级矛盾越来越尖锐。与此同时,统治阶级内部出现了以曹爽为首和以司马懿为首的两个集团的对立和斗争。公元249年,司马懿乘机在洛阳发动政变,夺取了朝中大权。公元260年,司马昭另立曹奂为帝,政权完全为司马氏所控制。公元263年,司马昭发动灭蜀汉之战,蜀汉后主刘禅不战出降,蜀汉灭亡。公元266年,曹魏皇帝曹奂禅位于司马炎,改元泰始,是为晋武帝。公元280年,晋军攻占建业,孙吴灭亡,结束了三国鼎立的分裂局面,重新统一。

西晋统一后,中央机构上承曹魏,地方实行州、郡、县三级行政制度。为了加强中央特别是司马皇室对地方的控制,西晋在地方上推行分封制度。西晋分封制度并未实现晋武帝巩固司马氏政权的初衷,封王们结纳封国内的士族人士,引用在西晋士族制度确立以后难以仕进的寒族士人,形成一个个与中央政权相背离的政治集团并凭借其王国军队争取自己的利益。

西晋统一后,司马炎以洛阳为中心,在全国采取了一系列措施,逐步使百姓摆脱了战乱之苦,使国家走上了发展之路。特别是晋武帝司马炎在政治、经济上采取了许多措施,使社会经济得到很大的恢复和发展,但是好景不长,西晋皇室逐步腐朽。世家大族则贪暴恣肆,奢侈成风。公元290年晋武帝去世。之后,统治集团内部矛盾愈演愈烈,终于爆发了"八王之乱"。八王之乱后西晋元气大伤,内迁的诸民族乘机举兵,大量百姓与世族开始南渡。公元316年,西晋被前赵所灭,北方从此进入民族政权并立时期。

三、南北朝政权的更替

西晋灭亡后,北方陷入大混乱局面。公元350年氐族人苻洪占据关中,称三秦王,公元376年,前秦统一北方。淝水之战后,原先归附前秦的其他民族纷纷乘机独立,黄河以北又陷入分裂的状态。前秦崩溃后,北方先后建立了北魏、东魏、西魏、北齐和北周五朝,合称北朝。北魏立国后,经过拓跋珪、拓跋嗣及拓跋焘的经营,最后于公元439年统一北方,进入南北朝时期。北周大定元年(公元581年)二月,周静帝帝位禅让于杨坚,即隋文帝,建立隋朝,北朝结束。

北朝结束了我国从八王之乱起将近150年的中原混战的局面。后世的隋唐两朝都继承了北朝,他们的开国皇帝们的祖先都是北朝贵族并且又从军事和政治制度等各个领域沿袭北朝并加以发展和创新。可以说,北朝奠定了隋唐盛世和民族大融合的基础。

西晋灭亡后,公元317年司马睿在建康称帝,改元建武,史称东晋。公元420年,东晋权臣刘裕逼迫晋恭帝司马德文禅位于他,刘宋建立,南朝开始。继公元420年东晋灭亡后,在中国南方地区相继出现了宋、齐、梁、陈4个汉人政权,与鲜卑人在北方建立的北魏、东魏(北齐)、西魏(北周)等政权对峙。

南朝各代的存在时间都较短,其中最长的不过59年(刘宋),最短的仅23年(萧齐),是中国历史上朝代更迭较快的一段时间。南朝继承了东晋的疆土,其范围为中国南方——秦岭、淮河以南地区。其中刘宋最大,北疆达到黄河;南陈最小,只有江陵以东、长江以南的狭小国土。公元589年,隋灭南陈,南朝结束。

南北朝是一个战事频仍、同时英雄辈出的时代,也是一个各民族融合的高潮时期,中华民族在这个时期经历了一个重要的发展阶段。

第二节 民族大融合

一、少数民族的内迁

东汉以来,分布在西、北边疆的少数民族已陆续向内地迁徙。光武帝刘秀打破西汉边民严禁内迁的铁律后,边民逐渐内迁。大量游牧民族因此以各种方式迁入,充实边郡。

西晋时期,大量游牧部落内迁。内迁的主要少数民族有匈奴、羯、氐、羌以及鲜卑五族,史称为"五胡"。他们居住在今天的甘肃、陕西、山西、河北、辽宁南部的广大地区。在汉族的长期影响下,逐步由游牧生活向定居的农业生活过渡。他们遭到西晋统治者的残酷剥削和压迫,他们不但要交税,还要当兵,甚至被掠夺为奴婢。不少人破产后沦为流民。虽然他们与汉族人民有了日益增多的联系,但是还保留着自己的语言、习惯和部落组织。西晋末年,战乱频繁,中原人口锐减,少数民族内迁速度加快。

十六国时期,少数民族彼此攻战,北方经济、文化遭到严重破坏,人民流离失所,但是在彼此攻战中,各族贵族割据势力削弱,原有的民族布局被打乱,各民族差异逐渐缩小,向着民族融合的方向发展。

二、北魏孝文帝改革

4世纪后期,我国东北地区鲜卑族的一支强大起来,建立了北魏。北魏依靠强大的骑兵部队,长驱直入中原,迅速吞并北方地区的几个割据政权,公元439年,统一黄河流域。

北魏孝文帝时期,吏治混乱,财政困难,北部受到游牧民族的武力威胁。同时由于各族人民长期生活在一起,日常的接触和长期的交往,在生产技术和生活习俗上相互影响,民族融合已经成为趋势。在这种历史条件下,北魏进行了一系列的改革,主要内容包括:

第一,整顿吏治,制定俸禄制度,加大反贪力度,力图杜绝官吏贪赃枉法。以三长制取代宗主督护制,采用邻、里、党乡官组织,抑制地方豪强荫庇大量户口。

第二,推行均田制和新租调制度。对各类人等都有详尽的授田规定。这项措施有利于农业的恢复和发展,保证了赋税收入和徭役征发。

第三,迁都洛阳。为了便于学习和接受汉族先进文化,进一步加强对黄河流域的统治,公元494年,拓跋宏把国都从平城(今山西大同市)迁到洛阳。

【史海泛舟】

孝文帝怕大臣们反对迁都的主张,先提出要大规模进攻南齐。有一次上朝,他把这个打算提了出来,大臣纷纷反对,最激烈的是任城王拓跋澄。孝文帝很恼火说:"国家是我的国家,你想阻挠我用兵吗?"拓跋澄反驳说:"国家虽然是陛下的,但我是国家的大臣,明知用兵危险,哪能不讲。"孝文帝想了一下,就宣布退朝,回到宫里,再单独召见拓跋澄,跟他说:"老实告诉你,刚才我向你发火,是为了吓唬大家。我真正的意思是觉得平城不是个用武的地方,不适宜改革政治。现在我要移风易俗,非得迁都不行。这回我出兵伐齐,实际上是想借这个机会,带领文武官员迁都中原,你看怎么样?"拓跋澄恍然大悟,马上同意魏孝文帝的主张。

第四,学习汉文化。迁都洛阳后,魏孝文帝仿照汉族的典章制度和生活方式,提倡鲜卑人说汉话,以消除民族间交往的语言障碍;改鲜卑复姓为汉姓;禁穿胡服,改穿汉服;提倡与汉人通婚等。

北魏孝文帝是我国历史上有作为的政治家、改革家。他顺应历史发展潮流,锐意改革,取得了重大成就。北魏孝文帝改革后,北方社会经济有了明显发展,大大加速了北魏政权的封建化进程,对北魏社会政治生活乃至整个中国历史产生了深远的影响。北魏孝文帝改革不仅缓和了民族矛盾,更促进了民族的大融合,为结束长期分裂局面、重新走向国家统一奠定了基础。

三、民族大融合的出现

东汉末年以来,不断迁居中原的少数民族,经过与汉族四百年左右的通婚杂居,相互学习,到北朝末年,胡汉差异逐渐消失,实现了民族大融合。那时候少数民族学习汉族文化,实质上是促进他们的封建化。民族的融合为隋唐时期的统一准备了条件。

【史海泛舟】

北朝后期,少数民族在语言、服饰、习俗习惯和民族心理等方面吸收了汉族文化,汉族也吸收了胡服、胡乐、胡舞等少数民族文化。

南北朝后期,一位南朝官员来到洛阳,看到北方民族融合后的繁荣局面,感慨地说:"我们一直认为长江以北全是粗野落后的夷狄。到这里一看,才明白北方礼貌周全,人才济济。衣冠士族,尽在中原。"

魏晋南北朝时期,我国南方、西北等地也不同程度地出现了民族融合的现象。蜀国诸葛亮注意改善同西南各地区少数民族的关系,积极发展当地经济,加速了西南少数民族的封建化。吴国征服、招降和笼络越族,越族和汉族的生产方式已经差别不大。大批中原人南迁,更在客观上促进了民族融合的进程。

练习与探究

1. 三国时期各国统治者都力图打破当时的均衡局面,这表明_____。( )
   A. 统一仍然是当时历史发展趋势   B. 统治者竭力维护割据局面
   C. 各国内部混乱,无法完成统一   D. 当时南方力量正在超过北方
2. 北魏孝文帝改革的根本目的是_____。( )
   A. 恢复和发展北方的经济   B. 接受汉族的先进文化
   C. 加速北方少数民族封建化的进程   D. 加强对黄河流域各族人民的统治
3. 为什么说魏孝文帝是我国著名的政治家、改革家?

第四章　封建社会的繁荣——隋唐

导读　在经历了魏晋南北朝长期的分裂之后,隋文帝杨坚顺应历史发展的趋势,再次实现了封建国家的大一统,我国封建社会进入了空前繁荣时期。由于隋炀帝杨广横征暴敛、穷兵黩武,从而造成了隋朝的短命而亡。唐初统治者吸取隋亡的教训,励精图治,采取了一系列巩固统治和发展经济的措施,出现了"贞观之治""开元盛世",历史步入良性发展的轨道。但唐朝的繁盛冲昏了唐玄宗的头脑,孕育了唐中叶的一系列变乱,使唐由盛转衰。唐末农民战争的爆发,瓦解了唐的统治,最后被藩镇所灭。

第一节　短暂的隋朝和唐朝的开国

一、隋朝的统一

北周末年,外戚杨坚掌握政权。公元581年,他夺取北周政权,建立隋朝,定都长安。杨坚就是隋文帝。公元589年,隋军南下,灭掉了南朝最后一个朝代陈,南北重归统一。隋朝上承南北朝下启唐朝大一统王朝,它的统一结束了自西晋末年以来长达近300年的分裂局面,有利于国家统一、安定和社会发展。

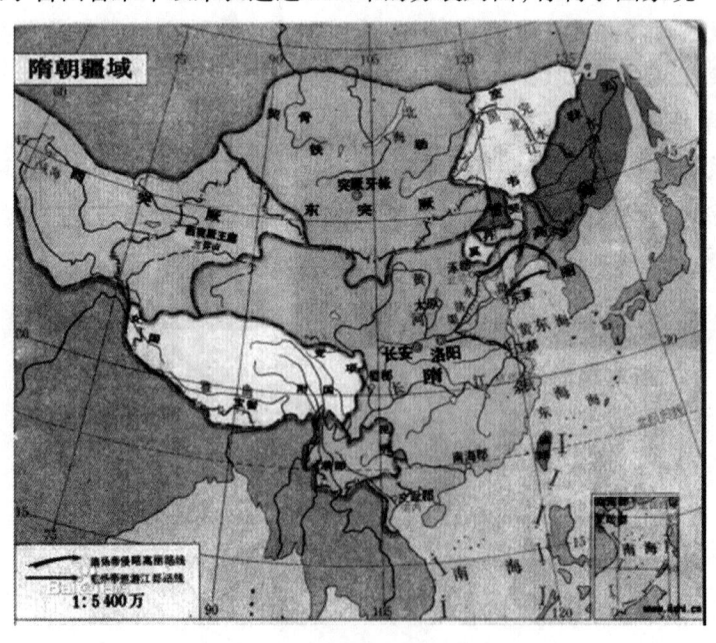

隋朝的疆域图

【史海泛舟】

隋朝统一的原因主要有:首先,魏晋南北朝后期,各族人民共同生活,互相融合,南北统一条件成熟。其次,北方农业得到恢复与发展,为隋朝的统一奠定了经济基础。第三,隋文帝加强军队建设,做好渡江作战的准备。第四,陈朝君臣生活腐化,政治腐败,军队纪律松弛,不堪一击。

隋文帝统一中国后,一面躬行俭朴,一面采取了许多有利于巩固政权的措施。政治上,任用官员不限门第,唯才是举,通过考试以取士;宽简刑法,删减前代的酷刑,制定隋律,使刑律简要。经济方面,仿北魏的均田制,实行均田法,减免赋役,轻徭薄赋,与民休息;广设仓库,开凿广通渠,自大兴引渭水至潼关,以利关东漕运。文化方面,文帝大力提倡文教,广求图书。军事方面,隋立国后,统一南北,派兵攻打突厥,使突厥分为东西两部。

上述措施的推行,隋在文帝统治的最初二十多年间,政治清明,人口增加,府库充实,外患不生,社会呈现了一片繁荣,历史上称为"开皇之治"。开皇时期是隋朝的极盛时期。

二、营建东都和开通大运河

隋炀帝统治以后,加大建设力度。他让宇文恺营造东都洛阳城,使洛阳再次成为国际性大都市。

为什么要营建东都呢?隋炀帝在诏书中说得明白,是因为洛阳地势险要,位置适中,交通方便,在经济、政治上都有重要意义。从政治上看,洛阳便于对关东和江南地区的控制。从经济上看,当时关中物资不足以供应统一后隋朝中央政府机构的需求。早在开皇年间,关中一遇荒年,文帝就不得不率大小官员,就食洛阳。

东都建成以后,隋炀帝调大批王侯世家、富商大贾、工艺户迁入东都,使东都洛阳的工商业迅速繁荣起来。

为了加强南北交通,转运物资,巩固对全国的统治,隋炀帝从605年到610年,开通了一条纵贯南北的大运河。运河以洛阳为中心,北起涿郡,南到余杭,全长2500多公里,大运河连通了海河、黄河、淮河、长江和钱塘江五大河流,是古代世界上最长的运河。通航以后,不仅成为南北政治、经济、文化联系的纽带,也成为沟通亚洲内陆"丝绸之路"和海上"丝绸之路"的枢纽。此后,历代王朝对运河不断疏浚和改造,使它持续发挥着贯通南北动脉的作用。

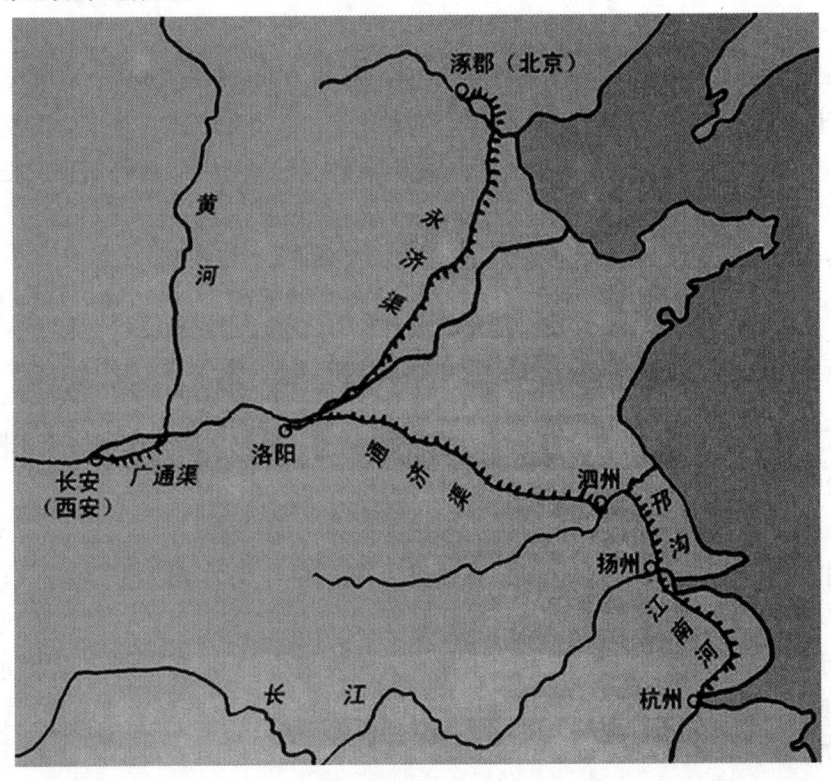

隋朝大运河示意图

三、隋朝的灭亡和唐朝的开国

隋炀帝在位后,连年大兴土木,对外不断用兵,繁重的徭役、兵役,民不聊生。隋炀帝好大喜功,三次进攻高句丽,在全国征兵百余万人,死亡过半。营造东都洛阳时,他兴建豪华宫殿,花费巨大的人力、物力。他还采用严刑酷法,隋律规定,凡有反抗朝廷者皆斩。

隋炀帝的残暴给人民带来巨大灾祸,加之自然灾害,各地人民纷纷举兵反抗,形成了声势浩大的全国性的农民起义。611年,山东长白山农民首先起义,各地纷纷响应。其中最主要的是翟让、李密领导的瓦岗军。在起义迅速扩大的同时,隋统治集团内部发生分裂,许多地方官吏豪强也乘势起兵反隋,纷纷割据一方。618年,隋炀帝在江都被部将所杀,隋朝灭亡。

在隋末农民起义风起云涌之际,贵族李渊父子,于晋阳起兵,势力迅速发展。617年,李渊父子率领军队攻入长安。618年,李渊称帝,即唐高祖,国号唐,建都长安。唐高祖派兵击败各地起义军和割据势力,几年后几乎统一了全国。

第二节 唐朝的盛世和后期的政局

一、唐朝盛世的出现

唐高祖退位以后,626年李世民即位,李世民就是唐太宗,年号为"贞观"。

唐太宗吸取隋亡教训,经常和臣下议论历代兴亡,注重以隋亡为戒,反复强调"存百姓"的思想,励精图治。

在政治方面:一是他知人善任,虚怀纳谏。他令群臣"广开耳目,求访贤哲"。他用人不避仇怨,不拘门第、民族,兼收并用,"量才受职"。因此,贞观一朝,人才济济。贤相有房玄龄、杜如晦,名将有李靖等,著名的谏臣有魏征等。二是革新政治。贞观时期,在隋制基础上,进一步革新、完善制度。他要求臣下按法律办事。

在经济方面:轻徭薄赋,劝课农桑。贞观时期,多次减免赋税,兴修水利。

唐太宗在位时,政治清明,社会稳定,经济发展,国力逐渐强盛,百姓生活有所改善,史称"贞观之治"。

武则天时期,重视发展农业生产,能破格任用人才,注重发展科举制度。为广揽人才,她创立"自荐"求官制度,许多有才能的庶人被破格录用,如名相狄仁杰、姚崇等。武则天作为中国历史上唯一的女皇帝,当权半个世纪,社会经济继续发展,国力不断强盛。

唐玄宗在位前期,拨乱反正,以道家清静无为思想为指导,力图改革,励精图治。

政治上,任用姚崇、宋璟等贤相,裁撤冗员,整顿吏治,使得唐中期的朝政趋于稳定。经济上,制订新的经济措施打击豪门士族,解放劳动力;改革食封贵族制度,以增加政府财政收入,减轻人民负担;兴修水利,重视农业生产。军事上,对兵制进行改革,在边境地区大力发展屯田,提高军队战斗力,收复故土,在西域设置安西四镇节度经略使。对外关系上,实行和解的民族政策,使国家得到进一步统一,为国内的稳定繁荣创造了外部条件。

为了打击过度膨胀的佛教势力,唐玄宗对佛教实行限制政策,下令淘汰僧尼、禁止新建佛寺,甚至禁止贵族官僚与僧尼交往。

由于唐玄宗采取了一系列积极的措施,加上广大人民的辛勤劳动,使得大唐天下大治,开元年间,吏治清明,政局稳定,经济发展,教育文化繁荣,成为唐朝的鼎盛时期,史称"开元之治"。

二、安史之乱

唐玄宗前期尚能励精图治,到了后期,"渐肆奢欲,怠于政事",每日与杨贵妃饮酒作乐,宠信奸臣李林甫、杨国忠,政治黑暗。

军事上,举措失当。玄宗年间,为了加强边防,在边境重地增置军镇,长官叫节度使。节度使兵力不断扩大,有的节度使兼管几个边镇,这就出现了外重内轻的局面。同时,唐朝中央的兵士多是市井之徒,不能作战;地方的兵器大都腐朽,不能使用,致使战斗力非常低。

【史海泛舟】

随着唐太宗、唐高宗等在位期间屡次开疆拓土,先后平定辽东,东、西突厥,吐谷浑等地区,使唐朝成为一个地域极为辽阔的国家。同时,为了加强中央对边疆的控制、巩固边防和统理异族,唐玄宗于开元十年在边地设10个兵镇,由9个节度使和1个经略使管理。

这种每以数州为一镇的节度使不单管理军事,而且兼任按察使、安抚使、支度使等职,拥有了辖区内的行政、财政、人民户口、土地等大权,这就使得原来为一方之长的州刺史变为其部属。节度使因而雄踞一方,尾大不掉,成为唐皇室隐忧。

经济社会方面,玄宗后期,土地兼并不断发生,均田制难以实施,农民受到沉重剥削和压迫,国内矛盾尖锐。

755年12月,身兼范阳、平卢、河东三节度使的安禄山趁唐朝内部空虚腐败,以讨伐杨国忠为名,和史思明发动叛乱。安禄山在范阳起兵叛乱,揭开了地方割据势力与中央政府争夺全国最高统治权的序幕。

叛军很快攻下洛阳、长安,唐玄宗仓皇逃往成都。叛军攻下长安后,公元756年7月,太子李亨在灵武即位,史称肃宗。唐肃宗任用大将郭子仪、李光弼率兵平叛,同时借用回纥兵帮助,先后于公元757年6月、10月收复西京长安、东京洛阳。战争期间,先后称帝的安禄山、史思明被杀,内部的争斗削弱了叛军的力量。叛军到处烧杀抢掠,也遭到军民的顽强抗击。763年唐军最后打败叛军。这场持续八年的战争,史称"安史之乱"。

安史之乱使社会遭到了一次大浩劫,它破坏了北方的经济,百姓流离失所,商旅断绝,人口锐减。洛阳周围几百里内,不少州县成为废墟。安史之乱削弱了中央集权,参加平叛的唐将拥兵自重,独霸一方,不服管教。同时,经过安史之乱,唐王朝也失去了对周边地区少数民族的控制。安禄山乱兵一起,唐王朝将陇右、河西、朔方一带重兵皆调遣内地,造成边防空虚,西边吐蕃乘机而入,尽得陇右、河西走廊,安西四镇随之全部丧失。此后,吐蕃进一步深入,唐政权连长安城也保不稳了。唐王朝内忧外患,朝不保夕。总之,安史之乱严重削弱唐朝的统治力量,使唐王朝自盛而衰,一蹶不振,此后实际上统一的中央王朝已经无力再控制地方,安史余党在北方形成藩镇割据之势。

三、藩镇割据、宦官专权和朋党之争

安史之乱以后,唐朝增设了许多节度使。安史降将大都被委任为节度使;平叛有功的将领不少也升任为节度使。他们名义上是唐朝的藩镇,实际上是割据势力。这样就形成了藩镇林立的局面。藩镇的特点是:政治上有自主权。自己任免官吏、管辖州县;节度使的位置传给儿子或部将,不受中央委派。经济上有财权。军事上拥有强悍武装,将士世代相承,待遇优厚。

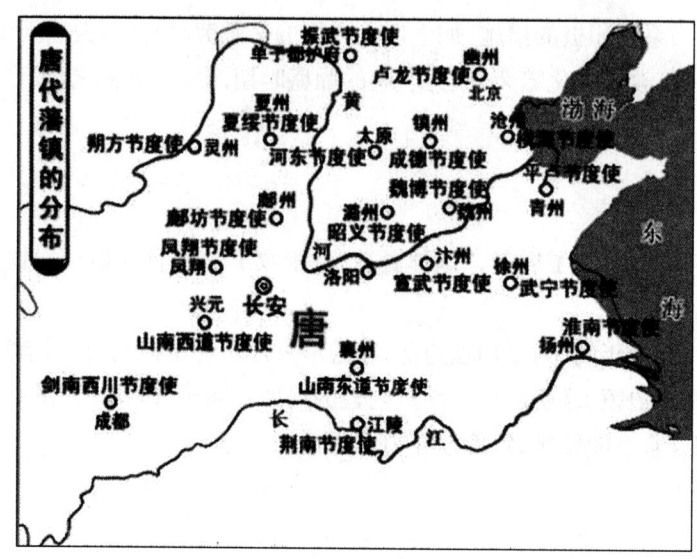

唐代后期藩镇分布图

藩镇割据局面持续了一百多年,藩镇之间,藩镇和中央之间不断争斗,一直到唐朝灭亡。潘镇割据严重削弱了唐朝的统治力量,也给人民带来深重的灾难。

唐玄宗后期,宦官逐步参政。肃宗即位以后,宦官李辅国拥立有功,参与机要,统领禁军任免宰相。后来,宦官的权力越来越大,甚至国策的制定、朝臣的任免、皇帝的废立几乎都由他们把持。

唐朝后期,朝廷的高官互相勾结成朋党,排斥异己,其中最突出的是"牛李党争"。"牛党"是指以牛僧孺、李宗闵为首的官僚集团;"李党"是指以李德裕为首的官僚集团。牛党大多是科举出身,属于庶族地主,门第卑微,靠寒窗苦读考取进士,获得官职。李党大多出身于世家大族,门第显赫,他们往往依靠父祖的高官地位而进入官场。牛李党争持续 40 多年。

【史海泛舟】

时(李)德裕自浙西召,欲以相,而宗闵中助多,先得进,即引(牛)僧孺同秉政,相唱和,去异己者,德裕所善皆逐之。

久之,德裕为相,与宗闵共当国,德裕入谢。文宗曰:"尔知朝廷有朋党乎?"德裕曰:"今中朝半为党人(指牛党),虽后来者,趋利而靡,往往陷之。陛下能用中立无私者,党与破矣。"帝曰:"众以杨虞卿、张元夫、萧浣为党魁。"德裕因请皆出为刺史,帝然之。

——《新唐书·李宗闵传》

宦官专权和朋党之争进一步削弱了唐朝统治的力量,使本来腐朽衰落的唐朝更加衰落。

四、唐朝的灭亡

唐朝后期,自皇帝到各级官吏,贪婪腐朽,横征暴敛,加之藩镇横祸,广大农民苦不堪言,纷纷揭竿而起。

875 年,王仙芝在山东、河南领导农民起义。王仙芝战死后,黄巢继续领导起义军。他采取流动作战的方针,转战大半个中国。后来起义军攻入洛阳、长安。黄巢称帝,国号"大齐"。唐僖宗逃亡成都。起义军没有乘胜追击,使唐军集结反扑,黄巢被迫撤出长安,兵败自杀。

907 年朱温篡唐,唐朝覆亡,中国进入五代十国时期。

练习与探究

1. 下列有关隋唐历史的表述,不正确的是_____。 (　　)
   A. 创立三省六部制 　　　　B. 中国封建社会的繁荣发展时期
   C. 隋唐文化是中国封建文化的高峰　　D. 封建国家分裂,民族政权并立

2. 唐代时期,曾出现"洛阳四面数百里州县,皆为丘墟","汝、郑等州,比屋荡尽,人悉以纸为衣"千里萧条、人烟断绝的惨相,与此相伴随,各地相继出现了40多个大小军阀(藩镇)。导致上述局面的原因是_____。 (　　)
   A. 节度使膨胀　　B. 安史之乱　　C. 吐蕃的进攻　　D. 藩镇割据

3. 安史之乱爆发的原因有哪些?它对唐朝产生了怎样的影响?

第五章 民族融合的进一步加强和封建经济的继续发展

导读 907年,朱温废唐称帝,建立后梁,中国历史进入了五代十国时期。960年,后周大将赵匡胤黄袍加身,建立宋朝,逐步结束分裂割据局面。北宋为了避免地方割据局面的出现,采取措施加强皇权。此时,宋朝周边还有辽、西夏、金等国,他们之间战争与和平轮番上演。在战与和中,民族融合不断加强。1227年金灭北宋,同年南宋建立。南宋与金之间战争不断。岳飞是抗金重要代表。金衰落以后,蒙古兴起。1206年,铁木真被称"成吉思汗",建立大蒙古国。1271年,成吉思汗的孙子忽必烈改国号为元,统治中心开始向中原转移。1279年灭南宋完成统一。元朝实行的行省制度对后世产生了重要影响。

第一节 五代、辽、宋、夏、金的政治

一、五代十国

唐末农民战争中,起义军将领朱温降唐,被封为节度使。907年,朱温废唐称帝,国号梁,定都开封。此后,中原地区出现了割据混战的局面。黄河流域相继出现了后梁、后唐、后晋、后汉与后周五个政权,合称五代。而在唐末、五代及宋初,中原地区之外存在过许多割据政权,其中前蜀、后蜀、吴、南唐、吴越、闽、楚、南汉、南平(荆南)、北汉等十余个割据政权,统称十国。至公元979年,宋太宗赵光义亲率大军灭亡北汉,这一时期被称为五代十国时期。

五代十国本质上是唐朝藩镇割据和唐朝后期政治的延续。五代十国时期,北方政权更迭频繁,混乱不已,社会经济遭到严重破坏。

这一时期,南方局势相对稳定,战争较少。北方人为逃避战乱,大量南迁,增加了南方的劳动力。南方的许多统治者采取了一些保境安民的措施,使南方经济获得较大发展。

五代十国后期,统一趋势加强。人民渴望统一,迫切需要一个安定的生产、生活环境。分裂割据局面严重阻碍经济的发展,实现国家统一是社会经济发展的需要。各国的统治者为巩固自身统治都设法削弱地方势力。

后周皇帝太祖郭威和世宗柴荣在位期间,就恢复农业生产、革除累朝弊政推行了一系列有效的措施,后周实力迅速增强。后周世宗柴荣在位期间继续推行改革。政治上,澄清吏治,严明赏罚,惩治贪赃,倡导节俭,力戒奢华。经济上,鼓励逃户回乡定居,减免各种无名科敛,安抚流民,招民垦殖逃户田,派遣使者分赴各地均定田租,查实隐匿耕地,使之均摊正税;动员民众兴修水利,疏浚漕运。裁撤僧尼。军事上,整肃军纪,裁汰老弱,选募壮勇,组成了精锐的中央禁军。

周世宗是一位有作为的政治家,他的改革顺应了当时的形势,增强了后周的势力,为北宋的统一奠定了基础。

二、北宋的建立

公元959年,周世宗柴荣病逝,七岁的周恭帝柴宗训即位。殿前都点检、归德军节度使赵匡胤与禁军高级将领石守信、王审琦等掌握了军权。960年,后周大将赵匡胤在陈桥驿发动兵变,被众将拥立为皇帝。随后,赵匡胤率军回师开封,胁迫周恭帝禅位。赵匡胤即位后,改国号为"宋",仍定都开封。赵匡胤就是宋太祖。北宋建立后,陆续消灭割据政权,结束了分裂局面。

赵匡胤继位后,为消除唐末五代弊政,采取一系列措施加强中央集权。

集中军权。宋太祖解除禁军将领石守信等人的兵权,把他们调到外地充当节度使,继而又削弱节度使的实权,使其徒有虚名。接着将禁军的统领权一分为三,直接对皇帝负责。设立枢密院,有调兵之权,但是不直接统领军队,而统领军队的又无调兵之权,以防止武将专权。另外各地精壮之士都选入禁军。禁军半数拱卫京师,半数驻守地方,以制衡地方势力。

集中行政权和实行官制改革。在中央,设立参知政事、枢密使、三司使,削弱和分割宰相的权力,实行军政、民政和财政的三权分立,解除禁军将领兵权并调往外地充当节度使。在地方,派文臣担任知州,设通判与之相互牵制。同时,实行官衔与实际职务分离的官吏任用制度,即"官、职、差遣"制度。

集中财权和司法权。北宋在各路【地方区划名,起初分二十一路,此后有变动】设转运使把地方收入大部分运送中央;地方司法人员由中央派文官担任,死刑须报请中央复审和核准。

北宋初期加强中央集权的措施,对解决中唐、五代以来藩镇跋扈的局面,对维护国家统一,起了重要的作用,在客观上也有利于社会经济的发展。但是,这些措施虽然解决了中央与地方藩镇的矛盾,却种下了"积贫积弱"的祸根。

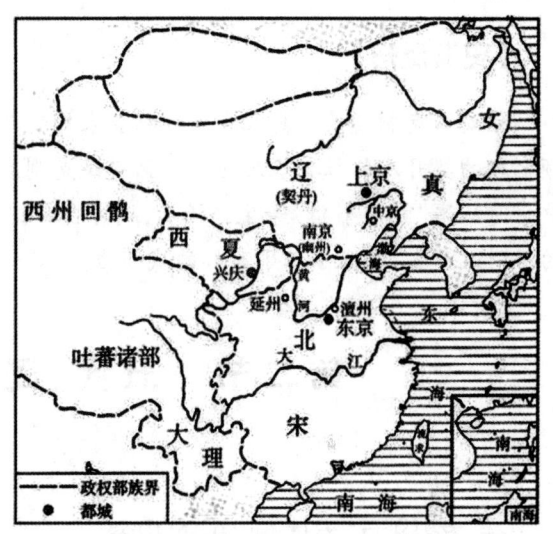

北宋疆域图

三、辽、夏和金

北宋时期,在我国辽阔的土地上,同北宋并立的少数民族政权,主要有契丹建立的辽,后来取代辽的金以及党项族建立的西夏。

契丹源于东胡鲜卑,隋唐时期,契丹逐渐强大起来。唐末,不少中原人躲避战乱来到契丹地区。晚唐时,契丹迭刺部的首领耶律阿保机乘唐朝内乱统一各部,916年,耶律阿保机建立契丹国,都城在上京。947年,辽太宗率军南下中原,攻灭五代后晋,改国号为"辽"。契丹建国后,势力不断向南发展,辽太宗时,占领了幽云十六州地区。从此,与中原政权的冲突加剧。

辽朝先后形成五京制度。辽朝统治者采取"藩汉分治"的政治制度,由契丹贵族统治契丹人和其他游牧民族。

西夏是党项族人建立的政权。党项族是羌族的一支,唐中期以来一直居住在今宁夏、甘肃、陕西西北一带,过着游牧生活。1038年,党项族首领元昊称大夏国皇帝,都城在兴庆。夏在宋的西北,史称西夏。

西夏仿效唐宋王朝建立政治制度,中央设中书省、枢密院等机构,分掌行政、军事大权。元昊推行科举制度,以选拔官吏;还仿效汉文创制了西夏文字。总之,西夏统治者在努力吸收汉文化的同时也创造了本民族的文化。

女真族是黑水靺鞨的后裔。他们长期生活在松花江流域、黑龙江中下游及长白山一带。北宋中后期，女真族的完颜部强盛起来，逐渐统一了女真各部。为解除民族压迫，1114 年，女真族的杰出首领完颜阿骨打举兵抗辽，取得了初步胜利。第二年，完颜阿骨打称帝建国，国号大金，定都会宁（今黑龙江省哈尔滨市阿城区）。阿骨打就是金太祖。

为了加强统治，阿骨打扩充和整顿了金朝军队，推行猛安谋克制度【女真语的谋克是氏族长，引申为百夫长；猛安是千，引申为千夫长】。猛安谋克既是军事组织又是地方行政组织，各户壮丁平时生产，战时出征。这种兵民合一的制度，对金的社会发展起着重要作用。

完颜阿骨打（1068—1123）

【史海泛舟】

猛安谋克制度是女真人在氏族社会末期的部落组织，阿骨打加以发展，使它同时也成为一部分较早归顺金朝的契丹人的社会基层组织。猛安谋克制度规定，以三百户为一谋克，十谋克为一猛安。凡猛安谋克户平时从事"畋渔射猎"等生产活动，战时自带铠甲，以猛安谋克为单位，编成军队，应征出战。这样不仅节约了财政开支，而且保证了有效的战斗力。

第二节　五代、辽、宋、夏、金的民族关系

一、契丹与"五代"政权的冲突

契丹族原臣服唐朝，被唐朝设立为松漠都督府，于晚唐五代时建立契丹国独立并且屡次南侵中原地区。936 年，后唐节度使石敬瑭派军队围攻晋阳。石敬瑭请求契丹出兵援助，辽太宗率军南下晋阳，与石敬瑭的军队内外夹击打败了围城的后唐军队。石敬瑭以割让幽云十六州、岁贡和认辽太宗为父皇等条件，获得契丹册命，成为"大晋皇帝"。不久辽太宗又南征中原，946 年攻入开封，灭后晋以建立辽朝。至此辽朝与中原的外交关系首度转为辽朝居上，中原臣服的状态。

辽兵进入华北和中原以后，经常四处劫掠，夺取财富，遭到华北和中原人民的抗击，辽太宗被迫撤出开封。此后，辽的南侵势头有所缓和，但是，由于辽与北汉结盟，所以每当后汉、后周与北汉发生战争时，辽仍然要出兵加以支援，以制止中原王朝北上。

周世宗时期，为了粉碎辽军挑衅，周世宗于 959 年亲率大军攻辽，很快收复了瀛（今河北河间）、莫（河北任丘）、易（河北易县）三州，正要进取幽州，却因周世宗突然病逝而班师。

二、北宋与辽、西夏的和战

宋辽和战　宋太宗统一中原和南方后，为了夺取幽云地区，亲率大军向辽进攻，一路势如破竹。但是攻打幽州时久攻不下，损失惨重，被迫撤退。几年后，宋军再次征辽，结果大部被歼灭。从此宋军开始由进攻转为防守。北宋停止攻辽后，辽统治者不断南下，威胁宋的安全。1004 年，辽大军南征，深入宋境，兵至

黄河北岸的澶州。宋真宗在宰相寇准的支持下御驾亲征,宋军士气大振。宋军在澶州前线以伏弩射杀辽南京统军使,辽军士气受挫。辽军孤军挺进宋朝腹地,战线拉得过长,补给非常困难。于是,辽宋议和。经谈判,双方最终达成协议:宋辽为兄弟之国;宋辽以白沟河为界(辽放弃遂城及涿、瀛、莫三州),双方撤兵;宋每年向辽提供白银十万两,绢二十万匹;双方于边境设置榷场,开展互市贸易。史称"澶渊之盟"。澶渊之盟后,宋辽对峙局面形成。在一个世纪中,辽宋保持和平局面。宋辽边境安定,双方贸易兴旺,使者往来不断,加强了汉族与契丹族的友好关系,促进了民族的融合。

宋夏和战 宋太祖时,党项李氏曾向宋入贡,太宗、真宗时党项酋长李继迁时叛时降,还与辽结成掎角之势共同对付宋朝。宋与西夏在两国边界战争不断。李继迁死后,西夏与宋和议。宋夏边境贸易发展迅速,"马牛驼羊之产,金银缯帛之货,不绝于道"。西夏建立,元昊称帝后,宋与夏边境战争再起。由于双方损失都很大,1044 年,宋夏双方达成和议:元昊取消帝号,由宋册立为夏国王;宋岁赐绢十三万匹、银五万两、茶二万斤,节日再另行赏赐;两国重开沿边榷场贸易,恢复民间商贩往来。因和议发生在宋庆历年间,亦称"庆历和议"。宋夏和议后,双方维持有二十余年的和平相处。以后双方曾有过几次战争与和议,但和平时期超过对抗时期。和议有利于双方经济文化的交往和发展,有利于民族融合。

三、金和南宋的对峙

辽宋时期,东北地区的女真族,受辽控制。完颜部逐步统一了女真各部后,完颜阿骨打命女真各部人马誓师伐辽。1125 年金灭了辽朝。1127 年金再灭北宋。

北宋灭亡的当年,康王赵构在应天府称帝,年号建炎,随后定都临安,史称南宋。赵构就是宋高宗。

那时候,金兵控制了北方大片领土。他们把许多汉人掠去服苦役,甚至当奴隶出卖。南宋初年,北方各地人民的抗金义军十分活跃,著名的有太行山的八字军等。南宋抗金将领岳飞给金军沉重打击。他的军队作战勇敢,纪律严明,被称为"岳家军",是当时抗金的中坚。1140 年,金以兀术为统帅,大举攻宋。岳飞率军在郾城大败金军主力,取得了郾城大捷。岳家军乘胜进逼开封。金军受到致命打击,准备撤退。

宋高宗和秦桧为首的投降派,害怕抗金力量壮大对自己统治不利,合谋令岳飞班师回朝,解除了岳飞的兵权,并以莫须有的罪名杀害了岳飞父子。

 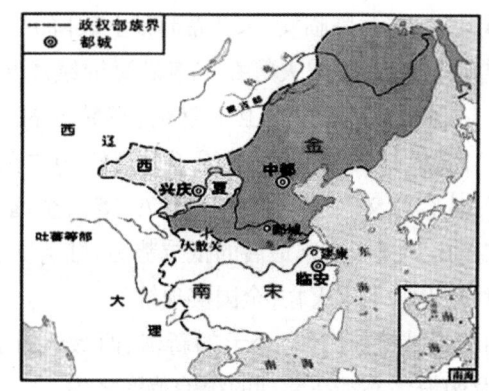

岳飞雕像　　　　　　　　　　　　金和南宋对峙示意图

岳飞领导的抗金斗争沉重打击了南侵的金军,为保卫南方人民的和平生活免遭女真贵族的蹂躏和奴役做出了重大贡献。岳飞不仅是南宋杰出的抗金将领,也是中国历史上著名的爱国英雄。

1141 年,南宋与金订立和议:东起淮水、西至大散关以北地区归金朝统治;宋皇帝向金称臣;宋每年向金输纳岁币。当时,宋高宗的年号为绍兴,史称"绍兴和议"。

绍兴议和使南宋与金对峙的局面确定下来,双方政治、军事力量基本上处于均衡状态。

后来,蒙古兴起后,金迁都燕京,改名中都。1234 年,金朝在蒙古和南宋南北夹击之下灭亡。

第三节　元朝——统一多民族国家的建立

一、蒙古的兴起

蒙古族是一个历史悠久的民族，长期生活在蒙古高原上。蒙古部落的经济发展很不平衡，到12世纪时，大部分从事狩猎游牧，只有少数部落经营农业。不过这时他们通过同中原的贸易获得了大量铁器，从而推动了生产的发展。为了掠夺更多的财富，各个部落的奴隶主互相展开战争。当时蒙古族臣服于金。随着金国的衰落，蒙古部落也开始壮大起来，逐渐脱离金国政权的统治。1204年，蒙古诸部领袖铁木真通过战争统一了蒙古高原各蒙古部落。1206年，铁木真被各部落推举为"成吉思汗"，建立政权于漠北，蒙古帝国成立，国号大蒙古国。从此，蒙古草原结束了长期混战的局面。蒙古汗国成立后，不断发动侵略战争扩张其疆域。

成吉思汗(1162—1227)

蒙古汗国建立以后，成吉思汗发动了对周边地区的长期征伐战争。1227年灭夏，1234年灭金。蒙古军队一路向西一直打到中亚、俄罗斯，向南达到印度河流域。

二、元朝的建立和统一全国

蒙古灭金之后，又招降了大理吐蕃，征服了大理，开始对南宋形成了包围之势。1271年，成吉思汗的孙子忽必烈改国号为元。次年定都燕京，成为大都。忽必烈就是元世祖。元朝的统治中心开始向中原转移。

1276年，元军兵临临安，宋恭帝赵㬎上表降元。之后，南宋大臣文天祥与张世杰、陆秀夫等在东南沿海继续顽抗，拥立益王赵昰为帝。赵昰死后，又拥立卫王赵昺，继续抗战。至元十五年(1278年)，文天祥兵败被俘，被囚于大都三年之久，拒绝了元朝的招安，后从容就义。至元十六年(1279年)，金国降将张弘范指挥元军在崖山消灭了南宋最后的抵抗势力，陆秀夫背着8岁的幼帝赵昺投海殉国，南宋灭亡，全国实现统一。

忽必烈(1215—1294)

元朝的疆域空前广阔，今天的新疆、西藏、云南、东北广大地区、台湾及南海诸岛都在元朝的统治范围之内。

元朝的统一结束了唐末以来(五代十国宋辽金夏)国内分裂割据和几个政权并立的政治局面，奠定了元、明、清六百多年国家长期统一的政治局面；促进了国内各族人民之间经济文化的交流和边疆地区的开发，进一步促进了我国统一的多民族国家的巩固和发展；为科学技术的发展创造了良好条件，加强了中外文化交流和中西交通的发展。

三、元朝行省制度的确立

为了加强中央集权,元世祖健全了统治机构。在中央设中书省、枢密院和御史台。中书省上承天子、下司百官,为最高行政机构,行使宰相职权;枢密院为中央最高军事管理机关;御史台为最高监察机关。另外,元朝设宣政院,统领宗教事务和管理西藏地区。在地方,实行行省制度。为了有效控制地方,除河北、山西、山东由中书省直接管理外,元统治者设置行中书省,简称行省或省,由中央委派官员治理。元朝的行省制度对后世影响深远。

练习与探究

1. 宋朝形成了"中书主民,枢密院主兵,三司主财,各不相知"的局面。这反映出_____。(　　)
   A. 宰相职权范围扩大　　　　　　B. 专制皇权达到顶峰
   C. 君权对相权的制约　　　　　　D. 中央对地方控制加强

2. 元代划分行政区体现了"犬牙交错"的原则,将环境差异大的地区拼成一个又一个行省。比如设置湖广行省,洞庭湖横亘其间,而且又跨南岭,直到今广西。元代政府这样做的目的是_____。(　　)
   A. 防止地方割据局面的出现　　　B. 加强专制皇权
   C. 促进地方经济文化的发展　　　D. 扩大统治区域

3. 北宋为了加强皇权采取了哪些措施?怎么评价这些措施?

第六章 统一多民族国家的进一步发展和封建社会由盛而衰——明清（鸦片战争前）

导读 元朝末年,民族和社会矛盾尖锐,导致农民起义。朱元璋率领农民起义,推翻元朝政权,建立大明。为了进一步加强皇权,明朝废丞相、设三司、建立特务机构。明朝中后期,皇帝昏庸,导致宦官专权,政治腐败,民不聊生,造成农民起义。1644年,李自成率农民起义军攻破北京,灭亡了明朝。女真族在努尔哈赤的领导下,逐渐强大起来,最终建立了清政权。李自成灭明朝时,清军入关,大败各路起义军,完成了统一。清朝为了加强皇权,设立军机处,推行文字狱。康熙、雍正、乾隆时期出现了康乾盛世。但是隐含着严重的危机。

第一节 明朝的政治

一、明朝的建立

元朝末年,民族和社会矛盾更加尖锐,广大人民受到蒙古统治者空前残酷的压迫。1351年,元廷征调农民和兵士十几万人治理黄河水患。"治河"和"变钞"成为导火索,导致农民起义的爆发。在长期征战过程中,朱元璋领导的起义军,攻占应天,势力不断壮大。1368年正月初四,朱元璋以应天府(南京)为京师,建立明朝,年号洪武,朱元璋称帝。后进行北伐和西征,经过近二十年的战争,统一全国。

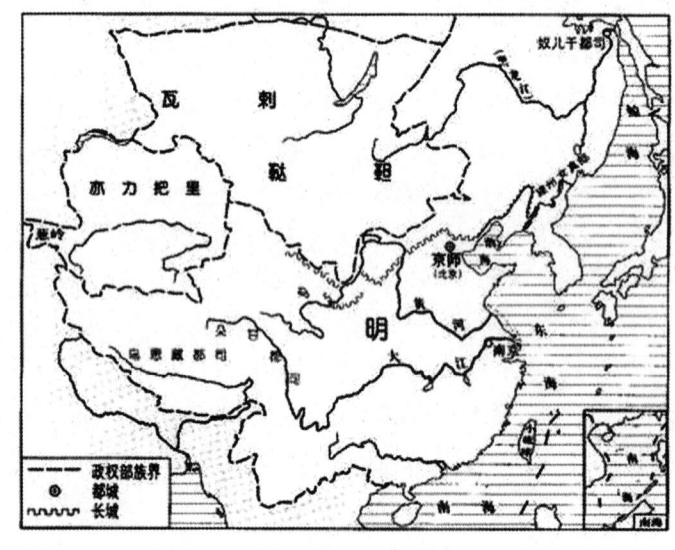

明朝疆域图

明太祖朱元璋(1328—1398)

明朝建立以后,对中央和地方官职进行了调整。在中央废除丞相,撤销中书省,由工、刑、兵、吏、户、礼六部分理朝政,六部尚书直接对皇帝负责。这样就加强了皇权。

在地方,废除行中书省,设立承宣布政使司、提刑按察使司、都指挥使司,分管地方的民政、刑狱和军政。三司分立,互相牵制,大权归中央。

在中央,明太祖将大都督府改为五军都督府【五军都督府为中、前、后、左、右五军都督府】五军都督府和兵部相互制约。前者有统兵之权,但无调兵之权。兵部有调兵之权,但无统兵之权。若有战事,兵部奉旨调兵,由皇帝临时任命将领、总兵,统军作战。

全国的军政大权,都集中到了皇帝手中。没有了丞相,朱元璋亲理政务,一度力不从心,故设立四辅官来辅佐政事。后仿宋制,置华盖殿、武英殿、文渊阁、东阁诸大学士,又设文华殿大学士,以辅导太子,同时协助皇帝处理政务。

明朝统治者为了加强皇权,授权锦衣卫掌管缉捕、刑狱之事,监视、侦查官民的行为。锦衣卫由皇帝直接指挥,不受政府、司法部门管辖。后来明朝统治者先后设置东厂、西厂特务机构,由宦官统领,皇帝控制。

为了选拔能听命于皇帝的官吏,明政府规定科举考试只能在四书五经范围内命题,考生只能根据指定的观点答题。答卷的文体,必须分成八个部分,称为"八股文"。许多读书人为了中试,只顾埋头攻读经书,钻研八股,不讲求实际学问。考中做官后,他们大都成为皇帝的忠实奴仆。

二、"靖难之役"和"永乐盛世"

为了加强君主集权并确保朱明王朝长久统治下去,朱元璋在政权稳固之后,把儿孙分封到各地做藩王,其中以驻守北平的燕王朱棣实力最为强大。实力不断膨胀的藩王逐渐成为中央政权的威胁。建文帝即位后,即与亲信大臣齐泰、黄子澄等密谋削藩。北平的燕王朱棣打出"靖难"旗号,反对建文帝,史称"靖难之役"。朱棣以燕京(今北京)为基地,适时出击,灵活运用策略,经几次大战消灭官军主力,最后乘胜进军,于1402年7月攻下应天(今江苏南京)。建文帝失踪,朱棣登上帝位,是为明成祖。

为加强对北方的控制,1421年,明成祖迁都北京。为进一步强化君权,明成祖继续执行削藩政策;在锦衣卫之外,又增设特务机构东厂,以加强对臣民的监视和侦察。他利用科举制及编修书籍等方式笼络地主知识分子,宣扬儒家思想以改变明初嗜佛之风,选择官吏力求因材而用,为当时政治、经济、军事、文化等方面的发展奠定了思想和组织基础。他统治期间社会安定,国家富强。由于成祖年号为"永乐",后世称这一时期为"永乐盛世"。

明成祖朱棣(1360—1424)

【史海泛舟】

明成祖登基后,特派解缙、胡广、杨荣等入午门值文渊阁,参与机务。由此内阁成立。内阁只是皇帝的顾问,奏章的批答为皇帝的专责。内阁大学士一职多以硕德宿儒或朝中大臣担任,只照皇帝意旨办事。明初,内阁无实权。之后内阁地位逐渐升高,权限逐渐增大,到明世宗时,内阁终跃至六部之上。嘉靖以后,朝位班次,俱列六部之上。自此,内阁成了中央最高的决策机构。但是内阁始终不是中央一级正式的行政机构,始终屈服在皇权的重压下。

三、明朝中后期的政治危机

明朝中后期,政治日益腐败,统治危机不断加深。自明武宗开始,屡出昏君。武宗长期不上朝,继而迷信道教,无心过问政事。神宗20多年不理朝政。由于昏君不理朝政,朝廷大权落入奸臣和宦官之手。严嵩把持朝政20多年,无恶不作。

明朝中后期又出现了宦官专权。大宦官王振、刘瑾先后擅权,他们打击朝内正直人士,掠夺百姓,贪污受贿,无恶不作。

明朝中后期,土地兼并严重。许多贵族官僚和大地主大量掠夺民田,大批农民失地,流离失所。

明朝末年天灾不断,终于揭开了农民起义的序幕。1627年,饥民王二在陕北起义,后来,涌现出高迎祥、李自成、张献忠等起义将领。1644年,李自成攻破北京,明朝灭亡。

第二节 清朝的建立和专制主义中央集权的强化

一、满洲的兴起和清朝的建立

明初,女真分为建州女真、海西女真、东海女真三大部。明朝在东北设立辽东都司、奴儿干都司作为管理机构,女真各部皆臣服于明朝。其中建州女真归奴儿干都司管理。明朝后期,努尔哈赤袭封为建州左卫指挥使,他以赫图阿拉(今辽宁新宾)为据点,相继兼并海西女真部,征服东海女真部,统一女真各部。他还筑城池、设大臣、定法律、理诉讼、建立八旗制度。八旗制度按军事组织形式,把女真人编制起来,在贵族控制下进行战争和生产活动,是一种兵民合一的社会组织。八旗制度促进了女真社会的发展,巩固了努尔哈赤的统治地位。

努尔哈赤(1559—1626)

皇太极(1592—1643)

1616年,努尔哈赤在赫图阿拉建国称汗,国号金,史称后金,建元天命,起兵抗击明朝。1618年,努尔哈赤誓师伐明。1619年,明朝在萨尔浒之战惨败,几年间丧失辽东七十余城。1621年,努尔哈赤攻占辽阳、沈阳。四年后的春天,努尔哈赤迁都沈阳。从此沈阳成为后金政权的统治中心。努尔哈赤死后,其子皇太极继位,继续伐明并联合蒙古各部,势力不断扩大。1635年,皇太极出于政治需要,废除女真旧号,定族名为"满洲"。1636年,皇太极称帝,改国号"金"为"大清",正式建立清朝。皇太极就是清太宗。

二、统一中国和加强君主专制

1644年,李自成攻占北京后,驻守山海关的明将吴三桂降清。清睿亲王多尔衮指挥八旗劲旅,以吴三桂为前导,大败李自成的农民军,进驻北京。不久,顺治皇帝【1643年9月,皇太极病逝,他的儿子福林继位,即顺治帝。当时顺治帝只有6岁,多尔衮辅政】迁都北京,昭告天下,他就是全中国的君主。

接着,清军南下剿杀农民军。北方的地主、官僚纷纷降清并与清军勾结,镇压农民军。与此同时,在南方的一些明朝遗臣拥立皇族建立了几个小朝廷,史称南明。清军经过二十多年的战争,陆续灭掉南明的小朝廷,基本统一了中国。

清朝初期,中央政权机构大体采用明朝制度,设置内阁和六部,但还保留着由满洲贵族组成的议政王大臣会议。一切军国大事都要经过议政王大臣会议讨论,一经决定,连皇帝也不能改变。1677年,康熙帝设立南书房,随时承旨出诏行令,这使南书房"权势日崇"。南书房地位的提高,是康熙帝削弱议政王大臣会议权力,同时将外朝内阁的某些职能移归内廷,实施高度集权的重要步骤。

康熙帝(1654—1722)　　雍正帝(1678—1735)

为了加强皇权,雍正帝设置了军机处。1729年,清军在西北与准噶尔蒙古激战,为及时处理军报,雍正皇帝始设军机房,之后改称军机处。军机处由皇帝挑选信任的满汉官员充任军机大臣。军机大事全凭皇帝裁决,军机大臣只有跪受笔录,然后负责传达给中央各部和地方官员去执行。这样,地方军政大计实际上也直接听命于皇帝,议政王大臣会议名存实亡。军机处的设立标志着我国封建君主专制中央集权制度发展到顶峰。

【史海泛舟】

军机处的沿革

雍正七年(1729年),清军大举征伐西北两路,正式设立军机房于隆宗门内。雍正八年(1730年),始称军机处,以张廷玉等人入值办理一切事务,成为定制。雍正十年(1732年)三月,正式定名办理军机处,简称军机处。

雍正十三年(1735年)八月,乾隆帝即位后,以西北军事已定,撤除军机处,改设总理事务处兼理军机事务,简称总理处。乾隆二年十一月廿八日(1738年1月17日),准总理事务大臣解职,复设办理军机处。

咸丰十一年(1861年)成立总理各国通商事务衙门后,军机处之决策权渐移。但在奕䜣失势后,军机处又重掌大权。宣统三年(1911年)责任内阁成立后撤销。

此外,清政府为了压制汉人的民族反抗意识,树立清朝的统治权威,加强中央集权,大兴文字狱。文字狱是一种文化专制政策,它造成了社会恐怖,禁锢了人们的思想,摧残了人才,严重阻碍了中国社会的进步和发展。

【史海泛舟】

文字狱是指封建社会统治者迫害知识分子的一种冤狱。皇帝和他周围的人故意从作者的诗文中摘取字句,罗织成罪,严重者会因此引来杀身之祸,甚至所有家人和亲戚都受到牵连,遭满门抄斩乃至株连九族。文字狱历朝皆有,但以清朝最多,顺治帝兴文字狱7次,康熙帝兴文字狱12次,雍正帝兴文字狱17次,乾隆帝兴文字狱130余次。清代的文字狱愈演愈烈。

三、康乾盛世

清朝初年,由于经过数十年的战争,生产遭到严重的破坏,清朝统治者为了加强集权统治,缓和日益激化的民族矛盾,不得不实行一些恢复经济的措施。康熙亲政后就宣布停止圈地,放宽垦荒地的免税年限。雍正即位后针对康熙时期的弊端采取补救措施,经济上实施摊丁入亩,减轻无地贫民的负担。

乾隆帝继位后,在康熙、雍正两朝文治武功的基础上,进一步完成了多民族国家的统一,政治、经济和社会文化有了进一步发展。政治上制定了各种典章制度,矛盾相对缓和,秩序比较稳定。经济上,中国封建经济高度繁荣:农业生产有较大提高,手工业、商业等也获得长足发展,人口于1790年突破三亿并使经济发达地区百姓生活水平有了明显提高。在康乾时期,政府财政收入在长时期内保持了较高增长,户部存银大幅度增加,财政收入增加。学术文化上,康熙、乾隆时期的学术文化表现出全盛之世特有的恢宏气象。康乾时期古籍研究、整理所涉猎的范围异常广泛,包括经学、史学、天文、古算、地理、农学、医学等方方面面,以考经证史为重要特色的汉学兴起,推动着学术向集大成方向发展。此时期,统一的多民族的专制主义中央集权的国家发展到顶峰,史称"康乾盛世"。

【史海泛舟】

古籍整理最重要、最具代表性的成果是众所周知的《四库全书》,由纪昀等人在此基础上撰写的《四库全书总目提要》,从比较宽广的范围展现了中国传统文化的博大精深;此外,民间艺术有很大发展,京剧形成;乾隆帝派明安图等人两次到新疆等地进行测绘,在《皇舆全览图》的基础上,绘成《乾隆内府舆图》。

康乾盛世是中国古代封建王朝的最后一个盛世,同时是中国封建社会的回光返照。它持续时间长达一百三十四年,是清朝统治的最高峰,在此期间,中国社会的各个方面在原有的体系框架下达到极致,改革最多,国力最强,社会稳定,经济快速发展,人口增长迅速,疆域辽阔。盛世局面下隐藏着巨大危机,政治的腐败与社会矛盾愈演愈烈,各种衰败之象逐步显露出来,而清廷社会统治和管理能力日渐衰微。乾隆后期各种民变相继爆发,也标志着清朝开始走向衰落。乾隆帝病逝后四十年,鸦片战争便爆发了。

练习与探究

1. "朕欲革去中书省,升六部,仿古六卿之制,俾之各司所事。……如此则权不专于一司,事不留于壅蔽,卿等以为如何?"材料中的"朕"是_____。　　　　　　　　　　　　　　　　( )

　　A. 秦始皇　　　　　B. 唐太宗　　　　　C. 宋太祖　　　　　D. 明太祖

2. 军机处自设立以来,到1912年清王朝灭亡,经历了180余年。下列关于军机处的叙述,错误的是_____。( )

　　A. 设立者为清朝雍正帝

　　B. 其设立标志着君主专制制度达到了顶峰

　　C. 在一定时期是有决策权的,是可以决定国家政务的

　　D. 执掌着每日觐见皇帝,共商处理军国大事并奉旨对各部门、各地方负责官员发布指令的重要使命

3. 探究我国丞相制度的兴废发展过程。

第七章　中国古代的传统文化与主流思想

导读　春秋战国时期是我国思想发展繁荣的时期,出现了诸子百家、百家争鸣的局面。涌现出了老子、孔子、韩非子、墨子等思想家,出现了儒家、道家、法家诸多流派,对后世产生深远影响。西汉时期,董仲舒改造了儒家思想,汉武帝采纳了董仲舒的建议,"罢黜百家,独尊儒术"。此后儒家思想成为历代王朝的正统思想。隋唐时期,儒释道三教合一;北宋时期,程朱理学兴起。此后,陆王心学出现。明末清初,出现了黄宗羲、顾炎武等著名思想家,他们的思想具有反封建的民主色彩。

第一节　春秋战国百家争鸣和儒家思想的形成

一、百家争鸣局面的出现

春秋战国时期,中国社会发生重大变革。经济上,井田制崩溃,封建经济迅速发展。政治上,周王室衰微,诸侯和士大夫崛起。阶级关系方面,原来社会地位比较低的"士"阶层,在社会生活中活跃起来,受到各诸侯国统治者的重用。政治和经济大变动导致教育和学术领域发生变化。教育上,贵族垄断教育学术的局面被打破,出现了私人讲学,平民百姓也开始接受教育。这样,在社会上出现了一些以传播文化、发展学术为宗旨的学者和思想派别。他们代表本阶层或政治派别的利益和要求提出自己的主张。这些学者和思想流派被称为"诸子百家"。

【史海泛舟】

作为有专业知识的人才,"士"为公卿大夫所倚重,齐桓公等春秋霸主都以招贤纳士著称。战国时期,公卿大夫更是竞相争取士人,形成所谓"养士"之风。最著名的"养士"贵族是战国"四公子":齐国孟尝君田文、赵国平原君赵胜、楚国春申君黄歇、魏国信陵君魏无忌。因其四人都是王公贵族(一般是国家君王的后代),时人称之为"战国四公子"。他们都豢养门客数千,多为精于某种技艺的士人。

诸子百家的代表人物有:道家学派的老子和庄子;儒家学派的孔子、孟子和荀子;法家学派的商鞅、韩非子;墨家学派的墨子等等。这些学派互相诘难、批驳,形成了百家争鸣的局面。同时,各家彼此吸收融合,逐步形成了中国传统文化体系。

【史海泛舟】

春秋战国时期,学派众多,学术思想空前发达。传统上关于百家的划分,最早源于司马迁的父亲司马谈。他在《论六家要旨》中,将百家首次划分为:"阴阳、儒、墨、名、法、道"等六家。后来,刘歆在《七略》中,又在司马谈划分的基础上,增"纵横、杂、农、小说"等,为十家。班固在《汉书·艺文志》中沿袭刘歆并认为:"诸子十家,其可观者九家而已。"后来,人们去"小说家",将剩下的九家称为"九流"。自此,中国古代学术界都依从班固,百家就成了"九流"。今人吕思勉在《先秦学术概论》一书中再增"兵、医",认为:"故论先秦学术,实可分为阴阳、儒、墨、名、法、道、纵横、杂、农、小说、兵、医十二家也。"

"百家争鸣"是中国历史上第一次思想解放运动,是中国学术文化、思想道德发展史上的重要阶段,他们共同构成了中华民族传统文化的精神,奠定了中国思想文化发展的基础,对当时和后来的社会发展变化起着重要作用。

二、孔子和早期的儒学

春秋晚期孔子创立儒家学派。孔子的言行记载于由其弟子及再传弟子整理的言论集《论语》中,其要旨在"礼"和"仁"。"礼",指宗法制度下的行为规范,孔子要求人们以"礼"约束自己,"非礼勿视、非礼勿听、非礼勿言、非礼勿动"并自我克制,以达到"礼"的要求,即所谓的"克己复礼"。如果说,"礼"是外在规范,"仁"便是思想内核,只有"礼"的外形,而无"仁"的实质,则毫无意义。"仁"是孔子思想的核心。他认为"仁"就是爱人,要求人与人之间要互相爱护,融洽相处。实现"仁",要做到待人宽容,"己所不欲,勿施于人"。孔子强调统治者要以德治民,爱惜民力,取信于民,反对苛政和任何刑杀。

孔子又是伟大的教育家。他首创私人讲学,主张"有教无类",认为不分贫穷贵贱,人人都有受教育的资格。他注重因材施教,进行启发式教育,培养德才兼备的人才。

孔子晚年编订和整理了《诗》《书》《礼》《易》《乐》《春秋》六种教本,后人统称为"六经",对保存中国古代文化典籍起了重要作用。

孔子(前551—前479)

【史海泛舟】

孔子,名丘,字仲尼,春秋末期鲁国陬邑(今山东曲阜)人。先世是宋国没落贵族,年轻时,在鲁国做过司寇。由于鲁国统治腐败,孔子被迫离开鲁国,周游列国十多年,推行自己的治国主张,但都遭到冷遇。晚年,孔子潜心办学和著述,先后传授弟子三千多人,优秀者七十二人,称为"七十二贤"。孔子,被后世尊称为"至圣"。

战国时期,孟子和荀子是儒家学派的两位重要代表人物。孟子继承并发展了孔子的思想,以"仁""义"为核心,主张实行"仁政""保民",进一步提出"民为贵,社稷次之,君为轻"的民本思想。在理论观上,孟子主张"性本善",认为人的天性是善良的,恻隐、恭敬、是非之心,人皆有之,所以要实行仁政来恢复扩充人的善性。他的学说反映在《孟子》一书中。他也被后世称为"亚圣"。

孟子(约前372—前289)

荀子(约前325—前238)

荀子也主张统治者施政用"仁义"和"王道",以德服人,提出"君者舟也,庶人者水也。水则载舟,水则覆舟"的著名论断,强调人民群众的力量巨大,对后世影响很大。荀子提出"人之性恶",认为人生来本性是恶的,强调用礼乐来规范人的行为,使人向善。德治和法治相结合是其思想的特点,他的学说主要反映在《荀子》一书中。

孟子和荀子对儒家思想加以总结和改造,又吸收了一些其他学派的积极合理成分,使儒学体系更加完整,儒家思想更能适应社会的需要。战国后期,儒学发展成为诸子百家中的蔚然大宗。

三、道家、墨家和法家

春秋晚期的老子是道家学派的创始人。老子思想的核心是"道",认为世界万物的本源是"道",提出:"道生一,一生二,二生三,三生万物。"老子有丰富的朴素辩证法思想,他认为世界万物和人类社会总在不停地运动,有无、难易、贵贱、祸福,都是相互依存,不断转化的。在政治上,老子主张"无为而治",反对采用严刑峻法,他希望回到小国寡民的理想社会,"鸡犬之声相闻,民至老死不相往来"。

老子(约前571—前471))

【史海泛舟】

老子(生卒年代不详),姓李名耳,字聃(dān),楚国苦县(今河南省鹿邑县)人,曾在东周国都洛邑(今洛阳)任守藏史,孔子周游列国时曾向老子问礼。传说他晚年乘青牛西去并在函谷关前写成了五千言的《道德经》(又名《老子》)。老子的思想与儒家思想和后来的佛家思想一起构成了中国传统思想文化的核心。

战国时期的庄子,继承和发展了老子的学说。他把世界万物都看作是相对的。相对主义是庄子哲学的主要特点,也是他对待人生和社会的态度。他认为放弃一切大小、生死、贵贱、荣辱等差别观念,就能获得精神上的自由。

战国时期的墨子是墨家学派的创始人,他主张"兼爱""非攻",反对不义战争。他还主张"节用""薄葬",反对浪费。他的治国主张是"尚贤",反对任人唯亲。墨家思想代表平民百姓的愿望,在当时影响很大。

法家学派的集大成者是战国末期的韩非子。他汇集了早期法家的学说,提出了以"法"为中心,"法""术""势"三者结合的君主统治术,即君主要以法治国,利用权术驾驭大臣,以绝对的权威来震慑臣民。法家主张加强中央集权,他把君主的权力提高到了极点,迎合了建立大一统专制国家的历史发展趋势。

第二节 汉朝"罢黜百家,独尊儒术"

一、汉初的"无为而治"

秦末战火频繁,社会经济破坏严重。汉初,为了恢复生产和安定人心,统治者吸取道家"无为而治"的思想,采取与民休息的政策。统治者重视农业生产,多次减免田租赋税,开放山林川泽,鼓励农民进行副业生产,活跃商业市场;改革法律,废除一些肉刑,断狱从轻;提倡节俭,制约奢靡,减省财政支出。

【史海泛舟】

在反秦战争中建立起来的汉朝,为巩固君主专制,继续寻觅统治思想。秦王朝统治时期,战国商鞅、韩非以来的法家理论及其国家政体模式,经嬴政、李斯等人的推行实施,愈益走向极端。同时,秦朝二世而亡的历史证明,一味严刑峻法的法家思想,"严而少恩"的"急政""猛政",确实只"可以行一时之计,而不可长用也"。

经过汉初几十年的统治,汉朝经济逐渐恢复发展,人口迅速增长,粮价降低,商业活跃,狱事俭省,社会比较安定。中国封建社会迎来了第一个盛世"文景之治"。但是,社会也潜伏着危机,诸侯国的势力日益膨胀,土地兼并剧烈,匈奴为患,都威胁着西汉的稳定。为了加强中央集权,适应国家统一的发展形势,积极有为的政治思想成为时代的需要。

二、董仲舒和"罢黜百家,独尊儒术"

董仲舒是汉代儒家的代表人物。他把诸子百家中道家、法家和阴阳五行家的一些思想糅合到儒家思想中,加以改造,形成了新的儒学体系。

董仲舒(前179—前104)

汉武帝(前156—前87)

【史海泛舟】

董仲舒,西汉时期广川(今河北枣强)人,思想家、哲学家、政治家、教育家。汉武帝举贤良对策,他上《天人三策》,受到重用。汉武帝元光元年(前134年),任江都易王刘非国相。元朔四年(前125年),任胶西王刘端国相,4年后辞职回家。此后,在家著书,朝廷每逢大事,就会让使者及廷尉到他家,征询他的意见。汉武帝太初元年(前104年),董仲舒病逝。著有《春秋繁露》一书。

汉武帝在位期间,多次在全国各地亲自选拔品行好又有才能的人入朝为官。董仲舒曾三次参加对策,阐发他的儒学思想。

董仲舒适应汉武帝加强中央集权的需要,提出"春秋大一统"和"罢黜百家,独尊儒术"的主张。他认为大一统是天地的常理,国家的需要;要维护政治的统一,必须实行思想上的统一。他提出不在儒家六经范围之内的各家学术都应罢黜。

为了加强君权,董仲舒宣扬"君权神授"。他提出了"天人合一"和"天人感应"学说,认为天是万物的主宰,天子受命于天,所以人民和诸侯都要服从天子的统治;如果天子无道,上天便会降灾于他。

董仲舒还提出了"君为臣纲""父为子纲""夫为妻纲"和仁、义、礼、智、信五种为人处世的道德标准,后人归纳为"三纲五常"。它有利于巩固君权,维护统治秩序。

董仲舒的思想主张,对于扭转内外松弛的局势十分有利,深受汉武帝的赏识。汉武帝接受董仲舒"罢黜百家,独尊儒术"的建议并付诸实行。

【史海泛舟】

(董仲舒向汉武帝建议说:)"今师异道,人异论,百家殊方,指意不同,是以上亡以持一统。……臣愚以为诸不在六艺之科、孔子之术者,皆绝其道,勿使并进。邪辟之说灭息,然后统纪可一而法度可明,民知所从矣。"

——《汉书》卷五六《董仲舒传》

三、儒学成为正统

汉武帝起用很多儒学家参与国家大政。他规定,地方政府定期选出孝子、廉吏到中央任官,甚至还擢升平民、儒士为相。这样,儒家学说成为政府选拔人才、任官授爵的标准。士人纷纷研习儒家经典,儒学得以大兴。

从汉武帝时起,儒家经典成为国家规定的教科书。公元前136年,汉武帝正式规定《诗》《书》《礼》《易》《春秋》为"五经"并设立专事研究和传播五经的教官,称为"博士"。自此,教育为儒家所垄断。

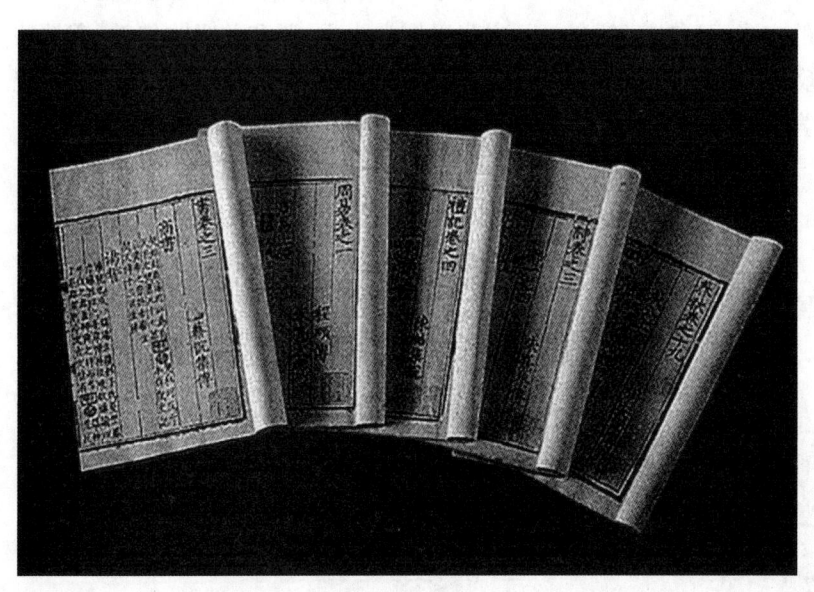

五经书影

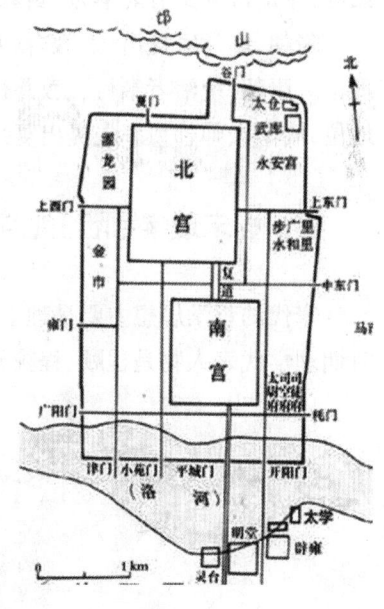

东汉太学

公元前124年,汉武帝根据董仲舒的建议,兴办太学,规定太学生员为博士弟子,由儒家五经博士负责教授,学完经考试合格后即可到政府任官。太学的兴办,打破了以往由贵族官僚世代为官的陈规,使非贵族官僚家庭的子弟也可凭太学资格做官;同时也大大提高了儒学的地位。西汉末年,太学生达到数千人,东汉时曾达三万余人。

除太学外,汉武帝还下令在全国各郡县设立学校,初步建立了地方教育系统。这样,儒学于各郡县得到推广,在民间开始处于独尊的地位。

此后,儒家思想成为中国两千多年历代封建统治者推崇的正统思想,逐渐成为中国传统文化的主流。

第三节 宋明理学和明、清之交的思想

一、"三教合一"

汉武帝以后,儒学在统治者的大力提倡下呈现繁盛之势。东汉末年,王朝统治几近土崩瓦解,军阀割据、王室贵族自相杀戮,以儒学独尊为内核的文化模式随之崩解,取而代之的是文化生动活泼的多元发展局面。魏晋时期,玄学崛起;南北朝时期,佛教盛行,道教也在民间广为传播。儒学吸收佛教、道教的精神,有了新的发展。佛教吸收儒学精神,渐趋中国本土化。道教也受到儒学影响,主张"贵儒"又"尊道"。

【史海泛舟】

道教是中国的本土宗教,它酝酿于东汉,发展于魏晋,至南北朝时,首次使用"道教"一词统一各道派。与此同时,道教逐步形成一套完整的宗教仪式和斋醮程式、道德戒律。道教作为一个完整意义上的宗派至此基本定型。

佛教,公元前6世纪诞生于古印度,创始人是乔达摩·悉达多,被尊称为"释迦牟尼"。其主要教义是宣扬"众生灵魂平等""世事轮回""因果报应"等,为苦难中挣扎的穷苦百姓指出了一条精神解脱的途径。佛教传播初期主要是下层百姓信奉它,后来统治阶级利用它作为麻醉人民思想的统治工具。公元前3世纪时,印度阿育王将其奉为"国教"。西汉末年,佛教传入中国;魏晋南北朝时,佛教在中国迅速传播。

隋朝,儒学家提出"三教合归儒"的主张,又称"三教合一",主张以儒学为主,调和并吸收佛教、道教的理论。唐朝,统治者奉行三教并行的政策,即尊道、礼佛、崇儒。佛教和道教的发展,开始挑战儒学的正统地位,儒学大师韩愈率先提出复兴儒学。

二、程朱理学与陆王心学

宋代的哲学思想主要是理学。理学是以儒家思想为基础,吸收佛教和道教思想形成的新儒学。北宋时期理学代表人物是程颐、程颢兄弟。南宋朱熹是理学的集大成者。所以"理学"也称为"程朱理学。

程颢(1032—1085) 　　程颐(1033—1077)

程颢、程颐被称为"二程",他们认为:天理是宇宙万物的本原,万物只是一个天理,主张先有理而后有物。这是理学的核心思想。同时,"二程"把天理和伦理道德直接联系起来,认为"人伦者,天理也","父子君臣,天下之定理"。"二程"提出"格物致知"的认识论,认为"物皆有理",只有深刻探究万物,才能真正得到其中的"理"。他们把知识、道德和天理联系起来,认为"进学则在致知","穷理格物",掌握天下之理,达到对普遍天理的认识。

【史海泛舟】

程颢(hào),字伯淳,人称明道先生,生于湖北黄陂,河南府(今洛阳)人,北宋哲学家、教育家、诗人和北宋理学的奠基者。程颐,字正叔,人称伊川先生,北宋理学家和教育家。程颢、程颐为同胞兄弟,世称"二程"。因两兄弟曾在洛阳讲学,故其学派又被称为"洛派"。"二程"的著作有后人编成的《河南程氏遗书》《河南程氏外书》《明道先生文集》《伊川先生文集》《二程粹言》《经说》等,程颐另著有《周易传》。二程的学说后来由南宋朱熹等理学家继承发展,成为"程朱"学派。

朱熹(1130—1200),字元晦,世称晦庵先生,曾在福建讲学,故其学派称为"闽派"。朱熹是理学集大成者。他特别强调,理之源在于天理,而天理就是作为道德规范的三纲五常,它是人性的最高境界;人性本来与天理一致,具有仁、义、礼、智等美德,但被后天的欲望所蒙蔽,所以强调"存天理,灭人欲"。在认识论方面,朱熹认为,"格物致知"中的"物"是指天理、人伦、圣言、世故。所以他认为"格物致知"的目的在于明道德之善,而不是求科学之真。

朱熹(1130—1200)

程朱理学适应了统治阶级的政治需要,备受推崇,成为南宋以后长期居于统治地位的官方哲学,有力地维护了封建专制统治。特别是用纲常名教几条绳索把人束缚得更紧了。朱熹编著的《四书章句集注》成为后世科举考试依据的教科书。朱熹的学术思想还传及日本、朝鲜乃至欧洲;在日本和朝鲜,甚至形成"朱子学"学派。

四书书影

清朝重印的《四书章句集注》

理学家陆九渊(1139-1193),号象山,字子静,江西抚州金溪人,世称存斋先生。他把"心"作为宇宙万物的本原,提出"心"就是"理"的主张;强调"宇宙便是吾心,吾心即是真理",认为天地万物都在心中。所以他的学说被称为"心学"。他认为穷理不必向外探求,只需反省内心就可得到天理。

明中期以后,阶级矛盾日益尖锐,社会动荡不安,封建专制统治陷入危机。王阳明(1472—1528),名守仁,号阳明先生,浙江余姚人。他认为,社会动乱的原因是人心破坏所致,只有通过整治人心,才能挽救统治。王阳明继承和发展了陆九渊的学说,成为心学的集大成者。所以,这一学派也被称为"陆王心学"。

陆九渊(1139—1193)

王阳明(1472—1529)

王阳明更多地吸取了佛教的"心外无佛,即心是佛"思想,宣扬"心外无理"的命题。在认识上,他提出"致良知"和"知行合一"的学说。他认为良知是存在于人心中的天理,是人所固有的善性,但良知往往被私欲所侵蚀,所以要努力加强道德修养,去掉人欲,恢复良知的本性。他的知行合一,是说知和行都产生于心,用良知支配自己的行为实践。王阳明的"知行合一"并不能科学地说明人的认识和实践的关系。明朝中期以后,陆王心学得到广泛传播。

宋明理学历经几百年的发展,对中国社会政治、文化教育以及伦理道德都产生了深远影响。他用三纲五常维系专制统治,压抑、扼杀了人们的自然欲求,产生了消极影响。但是他重视主观意志的力量,注重气节、品德,讲求以理统情、自我克制、奋发立志,强调人的历史责任和社会使命,对塑造中华民族性格起到积极作用。

三、离经叛道的李贽

明朝后期,中国社会内在矛盾空前尖锐。同时,江南一带的市民工商业者已有相当强的经济实力,成为社会上不可忽视的力量。

那时候,社会吏治腐败,奸佞当道。道学家为抬高自己,把孔子奉为"扶天纲,立地纪"的神圣。正直清廉的思想家李贽,为官二十多年,目睹了官场的污浊和道学家的伪善,不愿与他们同流,形成离经叛道的不羁性格。他自称为异端,指出孔子不是天生圣人,儒家经典也不是神圣不可侵犯的理论。他认为是非标准依照时代变化而变化,反对以孔子的是非观为标准。

【史海泛舟】

李贽(1527—1602)

李贽(1527—1602),号卓吾,福建泉州人,思想家、文学家,著有《焚书》《续焚书》《藏书》等。他在社会价值导向方面,主张个性解放和思想自由;提倡人类平等;反对封建礼教;反对理学空谈,提倡功利主义;提出了"至道无为、至治无声、至教无言"的政治理想,认为人类社会之所以常常发生动乱,是统治者对社会生活干涉的结果。他活了七十多岁,晚年被明朝政府以"敢倡乱道,惑世诬民"的罪名逮捕入狱,死于北京狱中。

李贽大胆地向正统思想发出挑战。他批判道学家"存天理,灭人欲"的虚假说教,强调人正当的私欲。他认为穿衣吃饭就是"人伦物理",人不能脱离物质生活去空谈仁义道德。李贽的思想在一定程度上反映了资本主义萌芽时期的要求,带有民主性的色彩。

四、黄宗羲、顾炎武和王夫之

明末清初,虽然理学和心学占据统治地位,但早期民主启蒙思潮也在兴起。黄宗羲、顾炎武和王夫之并称为具有民主色彩的三大进步思想家。

黄宗羲是明清之际的进步思想家。他在明亡后,投入抗清斗争;抗清失败后,致力于著书讲学。黄宗羲从明亡的历史看到了封建专制制度的腐朽,对君主专制制度进行猛烈抨击,尖锐地揭露君主专制下的大害。黄宗羲提出"天下为主,君为客"的民主思想。他说"天下之治乱,不在一姓之兴亡,而在万民之忧乐",主张以"天下之法"取代皇帝的"一家之法",从而限制君权,保证人民基本权利。黄宗羲抨击了封建君主专制制度,有极其重要意义,对以后反专制斗争起了积极的推动作用。

黄宗羲(1610—1695)

顾炎武是明末清初的著名思想家。明末统治者日益腐败,朝政混乱。面对日益加剧的社会危机,顾炎武放弃科举,开始探索挽救国家危亡的途径。他学识渊博,强调"经世致用"的实际学问,提出"天下兴亡,匹夫有责"。为扭转明末不切实际的学风,他身体力行,把书本知识和实际调查相结合,写出《天下郡国利弊书》等许多富有价值的著作。他反对君主专制政治,提出"以天下之权,寄天下之人",方能"天下治矣"。顾炎武脚踏实地的学风对清代学者影响很大。

顾炎武(1613—1682)　　王夫之(1619—1692)

与黄宗羲、顾炎武同时代的王夫之也是一位进步的思想家。他继承了以前思想家的唯物思想并加以发展。王夫之认为世界是物质的,一切事物都是客观存在的实体;物质是不断变化的,其发展变化有规律可循。在认识论方面,他认为主观的认识是由客观对象引起的,一切事物通过考察研究都是可以认识的。他还认为静止是相对的,运动是绝对的,具有朴素的辩证法思想。王夫之的唯物思想,启示了近代人们的思维方法,具有划时代的意义。

【史海泛舟】

王夫之晚年隐居湖南衡阳石船山,潜心著述,后人称他为"船山先生"。他认为"气"是物质实体,"理"是客观规律,提出"气者,理之依也"和"天下唯器"的唯物观点。他还提出"静即含动,动不舍静",即运动是绝对的、静止是相对的朴素辩证法思想,否定理学主静的形而上思想。

明末清初,黄宗羲、顾炎武和王夫之三位进步思想家对传统儒学的批判继承,促使我国传统文化重新焕发了生机,对后世产生了巨大影响。

练习与探究

1. "祸兮,福之所倚;福兮,祸之所伏"体现了老子的什么思想？_____。 （　　）
   A. "无为"的思想　　　　　　　　B. 朴素的辩证法思想
   C. "齐物"的思想　　　　　　　　D. "逍遥"的思想

2. 董仲舒新儒学与先秦儒家的主要区别是_____。 （　　）
   A. 宣扬仁和礼　　　　　　　　　B. 主张仁政
   C. 宣扬人性本善　　　　　　　　D. 提出"天人感应"

3. 从成语典故"醍醐灌顶"、"修身养性"、"三纲五常"中可以看出下列对中国传统文化发生影响的派别有_____。 （　　）
   ①佛教　②道教　③墨家　④儒家
   A. ②③④　　　　B. ①②③　　　　C. ①③④　　　　D. ①②④

4. 春秋战国时期,百家争鸣局面出现的原因有哪些？

第八章 中国古代的对外交往

导读 中国古代对外交往活动开端于秦汉时期。除了与日本、朝鲜等东亚近邻交往之外，由近到远，还同南亚、中亚、西亚等许多国家进行友好往来，和欧洲、非洲一些国家也建立了联系。陆上丝绸之路和海上丝绸之路，是中国古代交往的主要通道，在对外交往中起到了重要作用。汉代三大外交家张骞、班超、甘英，在开辟对外交往通道和外交活动中做出了卓越贡献。唐宋时期，经济繁荣，国家政府采取开明和包容的对外政策，对外交往进一步扩大。唐宋与亚洲乃至非洲、欧洲的一些国家都有往来，尤其是新罗、日本、印度、波斯等国。这一时期，中国的政治、经济、科技、文化对世界其他国家和地区影响深远，同时也从其他国家和民族文化中汲取了丰富的营养。鉴真、玄奘等人是该时期对外交往活动中出类拔萃的代表人物。

元明清时期是中国古代对外交往由开放走向闭关的转折时期。郑和下西洋是中国古代对外交往史上的伟大壮举。马可·波罗和利玛窦是该时期传播中西文化的外国代表人物。

第一节 秦、汉、唐、宋的对外交往

一、秦汉时期的对外交往

古代中国的对外关系主要是从两汉开始的。这一时期的对外交往仅限于近邻的朝鲜、日本、越南、泰国、柬埔寨、缅甸等一些国家。直到东汉晚期才与西亚、欧洲有了直接往来。

● **与朝鲜的交往**

朝鲜半岛与我国相邻，秦汉之际，燕人、齐人、赵人等为避战乱，数万人迁居朝鲜；两汉时期，朝鲜半岛南部的三韩多次派人赴汉，会见光武帝，加强了双方的联系。那时，中国与朝鲜保持着频繁的贸易往来，中国从朝鲜输入檀弓、果下马等；中国则输出铜镜、漆器、铁制工具等。

● **与日本、越南的往来**

中日隔海相望，早就有交往。秦汉时，不少中国人渡海去日本。汉武帝时，日本多国"使译通于汉"。东汉光武帝时，"倭奴国奉贡朝贺……光武赐以印绶。"后来，倭国又"遣使奉献"。中国铁器、铜器、丝帛传入日本，丰富了倭人物质文化生活。

两汉时期，中国同越南之间的经济文化联系日益密切。越南的象牙、犀角、珍珠等不断输往中国。中国的铁犁牛耕技术、水利工程技术也在越南推广。

● **张骞通西域**

西汉以来，玉门关、阳关往西，今天新疆以及和新疆相邻的中亚各国，统称为西域。西域邦国林立，号称"三十六国"。这里的居民有的经营农业，有的从事畜牧业，各国语言不同，各自独立。公元前138年，张骞率堂邑父等100多人出陇西西行，途径匈奴时不幸遭截被俘。直到公元前126年，才回到长安。张骞这次出使历时十三年，受尽磨难，虽然没有达到预期的目的，但对于西域的地理、物产、风俗习惯有了比较详细的了解。公元前119年，为继续联络西域诸国打击匈奴，同时发展同西域各族的友好往来，汉武帝派遣张骞第二次出使西域。张骞率领300人组成的使团,每人备两匹马,带牛羊万头,金帛货物价值"数千巨万",游说乌孙国王东返,没有成功。他又分遣副使持节到了大宛、康居、月氏、大夏等国,汉朝同西域各国建立了友好关系。

张骞打通了西域的道路之后,中原同西域地区的经济文化联系逐渐密切。汉朝的使者、商人接踵西行,中国的蚕丝和丝织品也源源不断地从长安经河西走廊、新疆,运销到西亚并且由西亚再转运到罗马帝国境内。同时,西域的葡萄、石榴、苜蓿、胡豆、胡麻、胡瓜、胡蒜、胡桃等植物被带到中原种植;西域的良马、各种奇禽异兽以及毛织品也都纷至沓来。当时,中国的丝绸是中外贸易中运销最远、规模最大、价值最高、获利最丰的商品。因而贩卖以丝绸为代表商品的中外通商通道,被称为"丝绸之路"。丝绸之路的开通,是中外交往史上划时代的重大事件,中国与中亚、西亚、南亚诸国经济文化交流愈加频繁,佛教也经丝绸之路传入中原,对中国文化产生了巨大的影响。

"汉委奴国王"金印

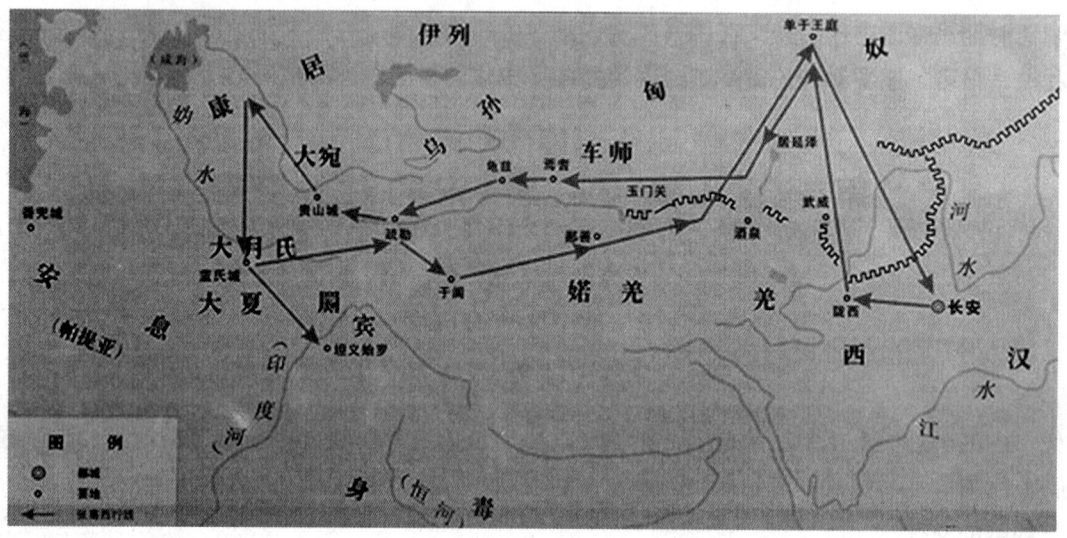

张骞出使西域图

汉武帝以后,中国又开辟了与南海诸国及印度半岛的水上交通线——"海上丝绸之路"。海上丝绸之路从广东沿海港口出发,向西沿海岸线、印支半岛南下,绕过今天的马来半岛,经马六甲海峡,到孟加拉国,最远到达印度半岛南端。海上丝绸之路的开通,从水路沟通了中国同东南亚、南亚各国的联系。

● 班超出使西域

东汉时期,西域的形势发生了变化,匈奴分裂成南、北匈奴。南匈奴归顺了东汉王朝,北匈奴贵族则经常率领骑兵南下掠夺,重新控制了西域,切断了西域和东汉的交往。为了恢复中原和西域的交往、恢复对西域的管辖,公元73年东汉政府派班超出使西域。从永平十六年,班超出使西域,到永元六年班超击破焉耆、平定西域的22年当中,班超巧妙地运用外交和武力手段,使五十多个城邦国家服属东汉,夺回了曾一度被匈奴所占据的西域,重新设置了西域都护府,取得了巨大的成功。

【史海泛舟】

公元前后,欧亚大陆并存着三个强大国家:中国的汉朝、安息(今伊朗一带)和欧洲的大秦(东罗马)。为联系大秦,彻底消灭西窜的北匈奴并与西方通商交往,公元97年,班超派甘英出使大秦,一直到达条支海(今波斯湾),将丝绸之路从亚洲延伸到了欧洲。公元100年,罗马帝国遣使到东汉首都洛阳,向汉和帝进献礼物。汉和帝厚待使者,赐给国王代表最高荣誉的紫绶金印,表示了邦交上的极大诚意,这也是罗马帝国与中国通使交往的最早记载。公元166年,即半个世纪之后,古罗马大秦王安敦派使者来洛阳,朝见汉桓帝,标志着中西方文化交往的开始,东西方两大帝国外交联系正式建立。这条路线首次正式打通并延伸到了欧洲。罗马帝国也首次顺着丝路来到当时东汉首都。这是欧洲和中国的首次交往。此路线也是21世纪初完整的丝绸之路路线。

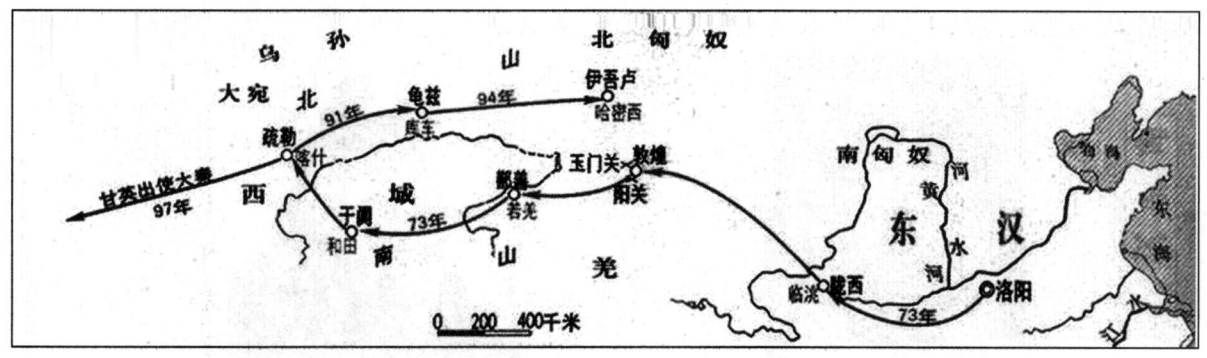

班超出使西域图

● 与西亚欧洲的往来

安息是西亚的大国,与汉朝交往频繁。双方通过陆上丝绸之路往来,安息还通过海上丝绸之路,在汉朝与大秦之间发展丝绸转手贸易,获利丰厚。汉朝与大秦地处陆上丝绸之路的两端。公元97年东汉使者甘英出使大秦后,双方开始直接交往。公元166年,大秦安敦王朝派出使者到达东汉首都洛阳,将象牙、犀角等礼物赠送给东汉皇帝。

【史海泛舟】

(大秦)其王常欲通使于汉,而安息欲以汉缯彩与之交市,故遮阂不得自达。至桓帝延熹九年,大秦王安敦遣使自日南徼外献象牙、犀角、玳瑁,始乃一通焉。

——《后汉书》

二、隋唐时期的对外交往

隋唐时期,陆海交通也比较发达。陆路,从长安出发,向东可以到达朝鲜,向西经"丝绸之路",可以通往今天的印度、伊朗、阿拉伯以至欧非许多国家。海路,从登州、扬州出发,可以到达今天的韩国、日本;从广州出发,经海上"丝绸之路",可以到达波斯湾。

政府又鼓励外商来中国贸易,允许他们在中国居住、担任官职、和中国人通婚。长安、洛阳聚集了各国的商人、使节,成为当时的国际大都会。唐朝的经济文化交往远远超过以往各代。

● 同新罗的交往

隋唐同朝鲜半岛上的国家都有往来。7世纪后期,新罗和唐朝的交往更加频繁。唐朝的留学生中,以新罗最多,最著名的是崔致远。唐朝长安和沿海许多城市设有"新罗坊""新罗馆"。新罗立国,参用唐朝制度,仿照唐朝实行科举,设立国学,教授儒学。新罗从唐朝引入茶种、雕版印刷术和高超的制瓷、制铜等手工业技艺。新罗人喜欢读唐诗,许多新罗人会写唐诗。新罗人在姓氏、服饰、节令、风俗等方面,都有浓重的中华文化色彩。

新罗时代的陶制骑马像

● 和日本的友好往来

隋朝时,中日互派使臣。从贞观年间开始,日本派出的遣唐使有13次之多。日本著名的大化革新,就是由留学唐朝回国的人策动的。日本新政中的制度,大都以唐制为蓝本。日本都城的建造,完全仿照唐长安城的样式。日本各级学校以儒家经典为教材,祭孔的礼仪也很隆重。日本同唐朝的贸易往来频繁。日本出土了大量的唐币"开元通宝",中国也出土了日本奈良时的银币。中日友好交往的使者有吉备真备、鉴真。

鉴真(688—763)

吉备真备(695—775)

【史海泛舟】

日本的京都是日本拥有悠久历史的城市,从794年起多次被定为日本的首都——"平安京",成为日本的政治及文化中心,历时1000余年,有"千年古都"之称。京都古城建筑的突出特点是同中国唐朝的洛阳城和长安城十分相似,这是因为平安京建立之初,时逢中国的盛唐时期,中日两国交往密切。京都分为东京、西京两部分,东京仿洛阳,西京仿长安。不过,右京的"长安"地区由于多为沼泽地未能顺利开发,最后实际的市区只有左京的"洛阳"。所以京都也被称为"洛阳",城市内各地区至今仍留有洛中、洛西、洛南、洛北等称呼,而前往京都则被称为"上京"或"上洛"。

● 和东南亚、印度半岛各国的往来

隋唐时,中国和东南亚的一些国家有往来。彼此互派使节,交换土特产。以佛教为纽带,中国和印度半岛各国的交往大大加强。贞观时,天竺一再遣使唐朝,送来郁金香、菩提树;唐太宗派人去天竺学习熬糖法。中国十进位计数法传入天竺。在中印交往中,高僧玄奘和义净起了重要作用。

【史海泛舟】

玄奘(600—664),俗姓陈,名祎(huī),洛州缑(gōu)氏人(今河南偃师缑氏镇),唐朝高僧。贞观元年(627年),他从长安出发,第二年(628年)夏末到达天竺西北部。他参谒访问了恒河流域著名的佛教圣地和许多高僧。他精研佛学理论,在天竺享有极高声誉。贞观十九年(645年)正月,玄奘带着657部佛经回到长安。唐太宗派宰相房玄龄等出城迎接。随后,唐太宗在洛阳召见了他。玄奘将带回来的佛经翻译成汉文。玄奘还根据旅途见闻,写了一本《大唐西域记》,记载了沿途经过的28国的情况,包括今新疆以及中亚、阿富汗、巴基斯坦、印度、孟加拉、尼泊尔、斯里兰卡等国家和地区的方位、道里、疆域、城市、人口、风俗人情、名胜古迹、历史人物、传说故事,成为研究这些地区历史的重要材料。

● 和中亚、西亚、欧非各地的交往

中亚一些国家同隋唐来往密切。隋朝时,中国和波斯已互遣使节。唐朝时,波斯遭到大食侵扰,其国王及儿子先后前来求援,后客死唐朝。波斯商人大批在中国开设"波斯店",做珠宝、香料生意。从唐高宗起,大食与中国通使,持续一个半世纪。中国的造纸术传入大食。唐朝和东罗马有使节往还,东罗马的医术、杂技传入中国。唐朝的丝绸瓷器大量运往欧洲。唐朝时，与非洲也有交往。《新唐书》上有这方面的记载。唐朝人杜环在北非、东非留下了行踪。他撰写的《经行记》记载了非洲的风土民情。史书里还记载东非索马里使者，在唐太宗时来到中国，受到很好的接待。非洲发掘出土的陶瓷残片包括唐三彩和邢窑、越窑的产品，而且质量极好。

三、两宋的对外交往

北宋时期中国经济、文化发展迅速。此时的中外文化交流也有了新的发展。宋朝首都开封，比唐朝首都长安更加繁华，更加开放。在宋朝，来中国的异族地域的分布更广，人数也远远超过唐朝。唐朝的外国人大都来自亚洲西域、阿拉伯、朝鲜、日本，而到宋朝，除了这些地方还扩大到非洲、欧洲等地。

● 与朝鲜的交往

两宋时期，统治朝鲜半岛的是王氏高丽(918年—1392年)。北宋统一后，两国关系密切。高丽曾屡次向北宋馈赠良马、兵器、弓矢、金器、铜器、大布、人参、硫磺及药材等等，还多次派遣留学生来中国学习文化和技术。宋朝也厚待高丽来使，北宋政府还多次向朝鲜赠送礼服、乐器、银器、漆器、锦、绢、茶、酒、象牙及钱币等，还屡次派太医到朝鲜传授医术。

两国间的大批贸易，起初是由双方官府通过朝贡和特赐的方式进行的，后来民间交易也渐渐频繁起来。两宋时，每逢春末夏初，山东、江浙、福建沿海的港口，特别是明州，港岸边便挤满了由高丽来的船只；到夏秋之间的南风季节，水道上也不断地行驶着从中国各个港口往高丽去的商船。

两宋时期，到中国求法和留学的高丽僧人非常多，他们在两国文化交流上起了积极的促进作用。在中国的影响下，朝鲜很快学会了雕版印刷技术。两宋时期出现的活字印刷术大约在13世纪初传入朝鲜，朝鲜人改铸成铜活字。后来，这种新兴的印刷术被朝鲜政府所采用，成为称誉于世的李氏朝鲜铜活字。

● 与日本的交往

在宋代，中日交往相当密切，明州一直是双方交通的门户，双方贸易往来频繁。当时从日本输入的货物主要是木材、黄金、硫磺、水银、砂金和各种手工艺品。日本制造的宝刀和纸扇素负盛名，输入后深得宋代士大夫的喜爱。输往日本的商品主要是瓷器、丝绸、香料、药材、书籍、文具以及铜钱等。

【史海泛舟】

北宋初和神宗时，准许铜钱出口。特别是日本镰仓时期(1185—1333)，商业发达而其国内币制混乱，铜钱质量低劣，所以对中国钱币需求十分迫切。南宋理宗时，日本政府一次就从中国运去铜钱十万贯。据不完全统计，日本全国28处出土的中国铜钱，自唐至明共为55.3万余枚，其中北宋钱占82.4%。至于书籍，也不断传入日本。如北宋太宗时，中国的雕版印本《大藏经》等大型书籍由日本僧人乘中国商船带归，藏于京都法成寺。雕版书的大批输出对日本的印刷事业也影响颇大。

在文化交流方面，两国僧徒的频繁往返也起了重要作用。日本名僧荣西，曾于1168年和1187年两次来中国，他不仅把禅宗输入日本，还将茶种带回日本并著《吃茶养生记》二卷，对茶叶在日本的传播起到了重要的作用。

● 与东南亚的交往

两宋时期，越南存在几个王朝，有时称安南，有时称大越。他们都和宋朝保持了密切的交往。宋代输入占城的商品有草席、凉伞、绢扇、漆器、瓷器及铅锡等，越南人使用的纸和笔，也是由宋朝输入的。而越南的木棉(棉花)、占城稻等同样受到宋朝的欢迎。在文化交流方面，中国的文字对越南有很深的影响，越南曾长期使用汉字。在13、14世纪之交，越南人创造了自己的文字，称为"字喃"。"字喃"是以汉字为素材，运用形声、会意、假借等造字方式来表达越南语言。此外，中国的医药对越南也产生很大影响。

两宋时期,中国和印尼的交往非常密切。成书于1225年(宝庆元年)赵汝适的《诸蕃志》,对于来中国贸易的东南亚国家和地区有相当详细的记载,在这本书中所提到的新拖(在爪哇西部)、苏吉丹(在中爪哇)、三佛齐等都在今印尼境内。中国输出的商品主要是丝织品、茶叶、瓷器、铁器和农具等。对方主要输出的商品是沉檀香、茴香、犀角、象牙、珍珠、水晶等。

此外,两宋时期,中国和亚洲南部的柬埔寨、缅甸和印度等国,也都有密切的经济和文化交流。

● 与西亚的交往

两宋时期,中国和西亚地区的关系有进一步的发展。当时中国贩运到阿拉伯地区的货物主要有丝织品、瓷器、纸和麝香。中国的广州、泉州、扬州则是阿拉伯商人频繁往来的地方,他们通常贩运香料、药材、犀角、珠宝到中国,再收购丝绸、瓷器等商品。当时在广州、泉州城内还居住着许多阿拉伯富商。阿拉伯人把阿拉伯文化如天文、历法、医学等介绍到中国,又把中国文化传播到西方。

中国的造纸术、炼丹术、火药、指南针等就是由他们先后传播到非洲和欧洲,对西方文化的发展起了很大的作用。

第二节 元、明、清的对外交往

元明清时期是中国古代对外交往由开放走向闭关的转折时期。元朝至明朝前期,对外交往继续发展,出现郑和下西洋的壮举。但总体上看,由于元朝统治者对人民实行民族分化和高压控制政策的负面影响,明朝中后期政局混乱和沿海抗倭的客观因素,尤其是清朝实行愚昧的闭关锁国政策,中国的对外交往陷于停滞和倒退,对中华民族的发展进步造成了不可估量的消极影响。

一、马可·波罗来华

元朝同亚、非、欧各国的交往频繁。当时的元大都不仅是元朝的政治中心,还是闻名世界的商业大都市,来自亚洲、非洲和欧洲的商人和使节络绎不绝。泉州是元朝的最大港口,经常停泊着数百艘海船,从事进出口货物的汇集和起运,出口货物中,丝织品和瓷器远销亚、非各国。

【史海泛舟】

元朝与非洲国家交往密切。元代著名旅行家汪大渊附商舶出海,往来于中国、非洲,至数十国,回国后著《岛夷志略》一书,记其所见所闻。其中记载了位于非洲东海岸附近的层拔罗国,即今桑给巴尔。当时的泉州生长着很多刺桐树,以"刺桐城"闻名世界,当时一位外国旅行家称泉州和埃及的亚历山大港是并列世界第一的大港口。泉州有许多波斯、阿拉伯等地的商人,他们有特定的居住区,那里还有伊斯兰教的清真寺。

当时来中国的外国人中,最著名的是意大利威尼斯旅行家马可·波罗。他在元世祖忽必烈时来到中国,居住十几年,游历了很多地方。根据其口述写成的《马可·波罗行纪》描述了大都、杭州等城市的繁荣,这本书也激发了欧洲人对东方的向往。

马可·波罗(1254—1324)　　　　　非洲出土的中国元瓷

【史海泛舟】

马可·波罗博学多才,懂蒙古语,会骑射。1271年来到中国后,他很快熟悉了元朝宫廷礼节和中国的风土人情。他的足迹遍及长城内外、大江南北。元世祖对他很信任,多次派他出使。据说他还做过扬州的地方官。《马可·波罗行纪》中有关中国的记述,基本上同历史事实相符。如纸币的发行、煤的使用、元朝的一些政治斗争等。书中还写到了卢沟桥,称赞它在世界上是"无与伦比"的大石桥。

二、郑和下西洋

郑和是我国明代杰出的航海家。为了宣扬国威,满足对异域珍宝特产的需求,加强世界各国的联系,明成祖派郑和出使西洋。

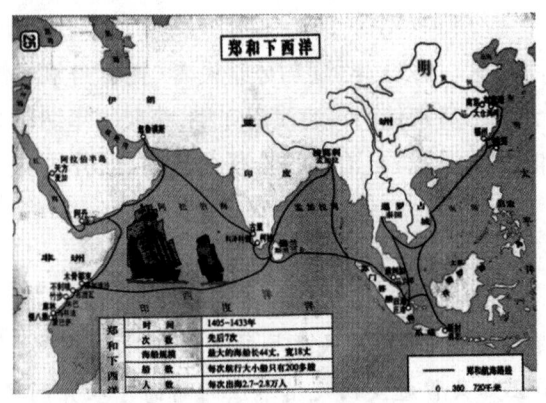 

郑和下西洋路线图　　　　　　郑和(1371—1433)

从1405年到1433年,郑和七次下西洋,到过亚非30多个国家和地区,最远到达非洲东海岸和红海沿岸地区。郑和的船队,规模庞大。第一次共有200多艘海船,27000多人。郑和船队的首要任务是向各国宣传明朝统治者与之通好的愿望,其次是以随船装载的中国丝绸、茶叶、瓷器以及铁器、农具等物品,换取当地的珠宝、香料和药材等,进行和平贸易。

【史海泛舟】

郑和的船队,尊重所到之处的风俗习惯,和当地政府官员、商人百姓礼尚往来,不欺寡、不凌弱,因而深受欢迎。如到达占城时,占城国王骑着大象前来盛情接待,人民击鼓奏乐,气氛热烈;到榜葛剌时,榜葛剌国王派几千人到港口迎接,恭请明朝使臣乘大象入城。东南亚许多地方至今还保留着纪念郑和航海的一些文物和古迹,如三宝垄、三宝洞、三宝公庙等。

郑和的远航,规模大、历时长、航程远,是世界航海史上的壮举,比哥伦布和达·伽马的航海早半个世纪以上,郑和堪称世界航海事业的先驱;郑和的远航又是中国历史上规模空前的主动外交,大大促进了中国和亚非各国的经济文化交流与友好往来。郑和航海期间,东南亚地区的浡泥、满剌加、苏禄等国的首脑和使臣先后多次到中国访问。

但是,郑和下西洋的目的不是发展海外贸易,他采取的不计经济效益的政策,给明朝造成了巨大的负担。随着国力衰退,航海的壮举也悄然结束。

三、戚继光抗倭

元末明初,日本的武士、商人和海盗经常骚扰我国沿海地区,被称为倭寇。明朝中期,朝廷误以为"倭患起于市舶,遂罢之"。那时候,明显发展的私人海外贸易受到严厉限制。中国东南沿海一些奸商与倭寇勾结,共同走私、抢掠分赃,倭患愈演愈烈。

1553年,倭寇大举登陆,先后攻入上海、苏州,直达南京。所到之处烧杀淫掠,无恶不作,沿海人民奋起抗争,明朝政府决心荡倭。

明朝派年轻将领戚继光到浙江抗击倭寇。他率领戚家军,在台州九战九捷,取得抗倭斗争的重大胜利。后来,他又率军开赴福建、广东,与另一位抗倭将领俞大猷合作,继续重创倭寇。到1565年,东南沿海的倭寇基本被肃清。民族英雄戚继光的抗倭事迹万古流芳。

戚继光(1528—1588)

四、葡萄牙殖民者租占澳门

从16世纪开始,葡萄牙殖民者不断侵扰我国沿海地区。1553年,葡萄牙殖民者"托言舟触风涛裂缝,水湿贡物,愿暂借地晾晒",向明朝地方官行贿,获得允许。后来他们买通澳门守将,获准每年纳银500两,租借澳门为暂居贸易地。此后,他们擅自修筑城垣和炮台,设置"自治"机构,任命官吏,派驻军队,强行租占澳门。

【史海泛舟】

葡萄牙租占澳门后,明政府始终掌握着澳门的领土主权。澳门的民政和司法归香山县知县主管,设澳门官并在澳门驻扎军队,负责澳门防务和治安。香山县知县曾赴澳门处治不法的葡萄牙人并制定了澳夷十则。明政府还强行毁掉了葡萄牙擅自修筑的青州城。

五、郑成功收复台湾

1624年,荷兰殖民者侵入台湾岛,实行残暴的殖民统治和掠夺并以台湾为跳板,不断骚扰我国沿海地区。

郑成功对荷兰殖民者侵占台湾的强盗行径一直极为愤慨。从起兵抗清时起他就暗下决心要收复台湾。1661年乘清朝顺治皇帝病死、清军无暇征战之机,郑成功开始了收复台湾的军事行动。这年4月21日,郑成功亲率25000名将士、100多艘战船离开金门,经过澎湖,在台湾同胞的协助下,冒着敌人猛烈的炮火,在台湾强行登陆。经过激烈战斗,打败了荷兰殖民者。荷兰殖民者为盘踞台湾,曾以每年送给郑成功几万两饷银和土产为条件,要求郑成功退兵。郑成功断然拒绝并严正指出:"台湾者,中国之土地也,今余既来索,则地当归我!"表现出坚贞不屈的抗争精神和高尚的爱国情怀。1662年,宝岛台湾又回到了祖国的怀抱。

郑成功收复台湾后,将军队分到各地去屯田垦荒。他还派农师向台湾少数民族传授汉族先进的农业技术。郑成功及其后代在台湾发展农商,提倡文教,保境安民,为台湾的开发和建设作出了卓越的贡献。

郑成功抗击荷兰殖民侵略者、收复台湾的斗争,维护了祖国领土的完整,促进了台湾的开发和建设,符合中华民族的利益。

郑成功(1624—1662)

六、雅克萨自卫反击战

明清之际,清军主力入关,东北边界空虚,俄国侵略者乘机侵占了雅克萨和尼布楚地区。清政府一再要求俄军撤出中国领土,俄军置若罔闻并且继续增兵,扩大侵略。为了捍卫边疆,康熙帝决心组织自卫反击战。

1685年和1686年,康熙帝命令清军两次进攻盘踞在雅克萨的俄军,俄军伤亡惨重。俄国政府被迫同意解决中俄东段边界问题。1689年,中俄两国代表在尼布楚进行谈判,双方经过平等协商,正式签订了中俄第一个边界条约《尼布楚条约》。中俄《尼布楚条约》从法律上肯定了黑龙江和乌苏里江流域包括库页岛在内的广大地区都是中国的领土。

【史海泛舟】

1689年8月22日,清、俄两国在尼布楚开始会谈。清国使团重要成员有领侍卫内大臣索额图、都统一等公佟国纲等,俄国使团由御前大臣戈洛文、伊拉托木斯克总督符拉索夫率领。双方在尼布楚开始边界谈判。俄方代表提出以黑龙江为界的无理要求,被中方代表断然拒绝。经过斗争,双方签订了《中俄尼布楚条约》。内容如下:

(1)以格尔必齐河、外兴安岭和额尔古纳河为界,外兴安岭以南属中国,以北属俄国,额尔古纳河以南属中国,外兴安岭以南和乌第河中间地区归属留待以后讨论。(2)拆毁雅克萨城,俄国居民及其财物撤回俄国。(3)严禁双方猎户人等捕猎偷盗。(4)中国境内的俄国人和俄国境内的中国人仍留原处,不必遣还。(5)中俄两国人民有合法手续者,可以相互贸易。(6)条约签订后,双方有逃亡的必须引渡送回。

练习与探究

1. 唐朝时期中国对外交往空前繁荣的根本原因是_____。 （ ）
   A. 开明的对外政策　　　　　　　　B. 稳定的国内局势
   C. 融洽的民族关系　　　　　　　　D. 强大的综合国力

2. 下列关于我国古代对外交往的有关情况表述错误的是_____。 （ ）
   A. 张骞出使不但打通了西域和汉朝交往的通道,而且还开辟了中国通往欧洲、非洲大陆的"丝绸之路"
   B. 唐朝是古代史上中外交往的鼎盛时期,有典型意义的事件是玄奘西行和鉴真东渡
   C. 宋元时期,我国的海外贸易极为兴盛,其主要出口物品是丝绸和瓷器
   D. 郑和下西洋是世界航海史上的壮举,其最远曾到达非洲东海岸

3. 严格限制对外贸易,使中国与世隔绝,在世界近代化进程中逐步落伍的政策是_____。 （ ）
   A. 休养生息　　　B. 重农抑商　　　C. 八股取士　　　D. 闭关锁国

4. 唐朝时期的对外交往与明清时期有什么显著不同?

第九章　中国古代发达的科技成就，瑰丽的文学、史学和艺术

导读　中国是四大文明古国之一。造纸术、指南针、活字印刷术和火药是中国古代科技成就的杰出代表，不仅推动了中国经济、文化和社会的发展，也对世界文明的发展产生了深远的影响。

《诗经》和《离骚》是中国古代优秀文学作品；唐诗、宋词、元曲、明清小说分别代表了不同时期中国文学的最高成就；《史记》《汉书》《资治通鉴》是我国史学的代表性成果；京剧是我们的"国粹"，是中国传统文化的有机组成部分。

汉字与中国文化有着极为密切的联系；中国的书法展示了无穷的魅力；中国绘画由原始社会时期的彩陶纹饰发展到现在独具特色的水墨画，经历了漫长的历程；音乐、舞蹈在生活中不断发展，出现了大量优秀作品；中国古代的雕塑反映出我国古代工匠高超的雕塑技艺。

第一节　发达的科技成就

一、《石氏星表》和天文观测仪器

古代中国人比较注意观察天象，天文学长期处于世界领先地位，具有世界公认的最悠久、最系统的天象观测记录。

先秦时期，我国的天文知识已经比较丰富。安阳殷墟出土的甲骨文中，已经出现了关于日食和月食的记载。《春秋》记载：公元前613年，"有星孛入于北斗"，这是世界上公认的关于哈雷彗星的最早记录，比欧洲早了六百多年。战国时期的《甘石星经》，是我国最早的一部天文学著作，书中的《石氏星表》记载了已经测定的120多个恒星的方位，是世界上最早的星表。

【史海泛舟】

《甘石星经》是后人对战国时齐人甘德写的《天文星占》和魏人石申写的《天文》的合称，宋代以后已经失传。今天，人们多是从唐代的天文学书籍《开元占经》里见到它的一些摘录片断，这些摘录表明甘德和石申曾经系统观察了金、木、水、火、土五大行星的运行，发现了五大行星出没的规律，还记录了八百颗恒星的名字，测定了一百二十一颗恒星的方位。

目前世界上公认的关于太阳黑子的最早记录是西汉时期留下的。东汉科学家张衡根据日、月、地球所处的不同位置，对月食作了最早的科学解释。他发明制作的地动仪，能够遥测千里以外发生地震的方位，这项技术比欧洲早了1700多年。

为更好地观测天象，中国古代的科学家们创制了很多先进的天文观测仪器。张衡创制的水运浑象仪，用精铜铸成，主体是一个代表天球的球体模型，可以绕天轴转动。天球的表面画有二十八宿和各种恒星，还有赤道圈、黄道圈及二十四节气等。天球外面有两个圆环，一个是地平圈，一个是子午圈。天轴支架在

子午圈上,和地平斜交成36度,这是洛阳地区的北极仰角,也是洛阳地区的地理纬度。张衡关于地球是圆形的见解比西欧人早了1000多年。

南京紫金山天文台明代简仪

郭守敬制成的简仪

唐朝天文学家僧一行和梁令瓒共同创制了黄道游仪并用它在世界上第一次发现了恒星位置的变动;他还主持实测了子午线的长度,是世界上用科学方法实测地球子午线长度的创始人。元朝天文学家郭守敬,制成了简仪和高表等近二十件天文观测仪器,还主持了全国范围的天文测量。这次天文观测的规模之大,在世界天文学史上都是少见的。

二、发达实用的数学

中国古代很重视数学研究及其应用,取都得了很高的成就。春秋战国时期,我国人民已经掌握了算筹的记数和计算方法。西汉时期的《周髀算经》,引用了商高定理——"勾三股四弦五",比西方几何学中勾股定理的提出早了约500年。

约成书于东汉的《九章算术》,采用了十进位制记数法,汇集了许多算术命题。这些命题的解法采用了当时世界上最先进的运算方法,是当时世界上最先进的应用数学著作。它的问世,标志着中国古代以计算为中心的数学形成了完整的体系,在世界数学史上占有重要地位。隋唐时期,《九章算术》已经传入朝鲜、日本,其中的一些知识传播至印度和阿拉伯并经由这些地区传到了欧洲。

【史海泛舟】

《九章算术》一共收有246个与生产、生活实践密切联系的应用问题,分为方田、粟米、盈不足、方程、勾股等九章,按照问题集的形式编写而成。《九章算术》在世界数学史上最早提出了负数概念和正负数加减法法则,首次阐述了负数及其加减运算的法则,还在世界上第一次系统地叙述了分数的运算。

魏晋时期的数学家刘徽运用极限理论,提出了计算圆周率的正确方法。南朝的祖冲之精确地计算出圆周率是在3.1415926 - 3.1415927之间,这一成果比欧洲早了将近一千年。他的专著《缀术》对数学发展有杰出的贡献。

中国古代的计算工具,早期采用的是算筹。后来,算筹演变成为算盘。中国的穿珠算盘,制作简单,价廉物美。珠算运算法编成了歌诀流利顺口,配合小九九和十进位制记数法,运算如飞。明清时期,随着商业的繁荣,珠算得到普及和发展。人们可以用珠算法解决加减乘除和开平方、开立方等运算问题。明朝时,珠算法已传播到朝鲜、日本、东南亚以至世界其他地区。

陕西千阳县西汉墓中出土的骨算筹

【史海泛舟】

算筹一般用竹子制成,也有用木头或其他材料制作的,长约6寸(合现在的13.8厘米)。珠算法出现之前,筹算是我国古代人民一直使用的计算方法。千阳县西汉墓中出土的算筹,是我国考古中第一次发现的算筹实物,为中国数学的发展史提供了实物并证明我国在汉代已有算筹,弥补了文献记载的不足。

三、四大发明

火药、指南针、造纸术和活字印刷术等四大发明是中国古代最有代表性的科学技术成就。

西汉前期,中国已经有了纸。105年,东汉宦官蔡伦改进造纸术,用树皮、麻头等便宜易得的原料造出便于书写的纸,人称"蔡侯纸"。造纸术的发明与改进,是书写材料的一次伟大革命。

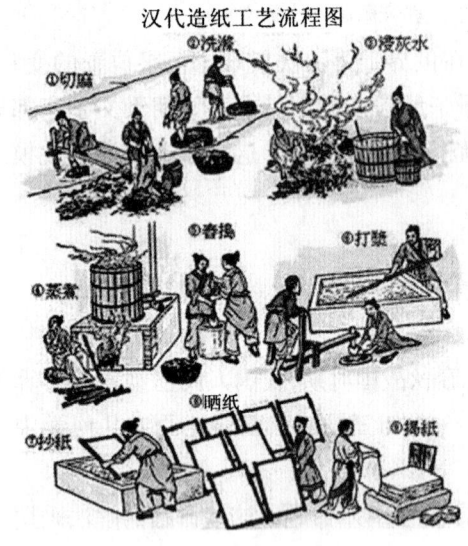

汉代造纸工艺流程　　　　　　　　司南模型

隋唐之际,中国出现了雕版印刷术。宋代是雕版印刷的黄金时代,人们已经使用了彩色套印技术,宋刻本被后世藏书家视为珍品。11世纪中叶,北宋平民毕昇发明了胶泥活字印刷术。它既经济,又便捷,是印刷业的一大革新。

中国古代炼丹家在炼制丹药时发明了火药。唐末,火药开始用于军事。最早的火药武器有突火枪、火箭、火炮等。宋朝为了抵御辽、西夏和金的进攻,军事上广泛使用火药。

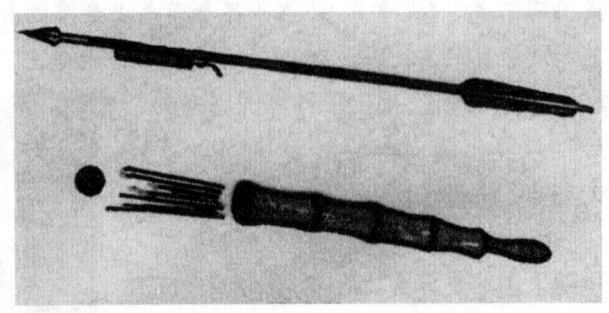

突火枪

世界上最早的指南仪器是中国在战国时期发明的"司南"。后来,人们利用磁石指南的特性,制成指南针,北宋时,指南针应用于航海。

四大发明问世以后,逐渐走向世界。造纸术经阿拉伯人传入欧洲,廉价的纸张很快取代了欧洲长期使用的书写材料羊皮和小牛皮,促进了欧洲文化的发展。火药传入欧洲,推动了欧洲火药武器的发展,使封建城堡不堪一击,靠冷兵器耀武扬威的骑士阶层日益衰落。指南针的使用促进了远洋航行,迎来了地理大发现的时代。欧洲人还借鉴中国的印刷术,造出了自己的活字印刷机,大大推动了文艺复兴运动和宗教改革,促进了思想解放和社会进步。

四、《授时历》和四大农书

我国自古农业发达,与农业密切相关的历法制订和农学研究历来备受重视,成果丰硕。夏朝时,我国就有了历法《夏小正》,商朝改进为"殷历"。秦汉以后我国历法越来越精确。汉武帝时制订出我国第一部比较完整的历书"太初历",开始以正月为岁首。唐朝天文学家僧一行制定的《大衍历》比较准确地反映了太阳运行的规律。元朝时,郭守敬编订的《授时历》集前代各家历法优点之大成,是我国古代最优秀的历法。《授时历》定回归年长度为365.2425日,这与地球绕太阳一周的时间相差无几,与今天世界通用的公历即格里高利历基本相同。1281年,《授时历》颁布推行,这比现行公历的颁行早了300多年。《授时历》取"敬授民时"之意,对指导农业生产大有帮助。

【史海泛舟】

《授时历》取古语"敬授民时"的意思,在总结前人历法优点的基础上,使用了一些比较进步的数据,采用新的算法,规定以365.2425日为一年,与近代观测值365.2422仅差26秒,精确度与现行的公历相当。《授时历》于1281年颁布推行,比西方早采用了300多年。

西汉汜胜之的《汜胜之书》、北魏贾思勰的《齐民要术》、元朝王祯的《农书》和明朝徐光启的《农政全书》是中国古代成就卓著的四大农书。其中,《齐民要术》是我国现存最早、最完整、最系统的古代农业科学著作。《齐民要术》一书共92篇,主要记录了东汉以后五百多年间,特别是北朝时期黄河中下游的农业生产经验,内容极为广泛,涉及林业、园艺、畜牧、农产品加工和其他手工业等。贾思勰在书中详细介绍了季节、气候和不同土壤与不同农作物的关系,强调要因时制宜、因地制宜。他提倡精耕细作,防旱保墒,主张轮作、多施绿肥,提出果树栽培可通过培育实生苗、扦插、嫁接等方法培育优良品种。

《齐民要术》

贾思勰(533—544)

五、《伤寒杂病论》和《本草纲目》

我国古代医学发达,中医中药至今仍在世界医学领域占有重要地位。

扁鹊是战国时期的名医,被称为"脉学之宗",他采用的"望、闻、问、切"四诊法成为中医的传统诊病法,一直沿用至今。

战国问世、西汉编定的《黄帝内经》是中医学的奠基之作。东汉末年,张仲景(名机,字仲景,东汉南阳邓州人)总结前代中医诊断和治疗的理论与经验,结合自己的临床实践,写出了集大成的中医专著《伤寒杂病论》。《伤寒杂病论》创造性地提出了辨证施治的方法,奠定了后世中医临床学的理论基础,被后世医家誉为"万世宝典"。张仲景也被后人称为"医圣"。同一时期的华佗被誉为"神医",他精通外科手术并制成了世界上最早的麻醉剂——"麻沸散",还创立了健身体操"五禽戏"。

张仲景(约150或154至215或219)

唐代孙思邈的《千金方》全面总结了历代的医药学成果,是我国历史上第一部临床医学百科全书。孙思邈非常重视医德,对"大医精诚"的医德规范专门立题,在《千金方》中进行重点讨论,被人尊称为"药王"。

明朝卓越的医药学家李时珍写成药物学巨著《本草纲目》,对中药学的发展作出了杰出贡献。《本草纲目》是对16世纪以前中医药学的系统总结,被誉为"东方药物巨典"。

【史海泛舟】

《本草纲目》共52卷,约190万字,记载有药物1892种,收集药方11096个,绘制精美的插图1160幅。在药物分类上,李时珍改变了原有的上、中、下三品分类法,采取"析族区类,振纲分目"的科学分类,把药物分为矿物药、植物药、动物药。植物药一类,又根据植物的性能、形态及其生长的环境,区别为草部、谷部、菜部、果部、木部等5部。这种对植物的科学分类要比瑞典的分类学家林奈早200年。

第二节　瑰丽的文学、史学和戏剧

一、瑰丽的文学

●从《诗经》到唐诗

春秋末年,中国出现了第一部诗歌总集《诗经》。《诗经》收录了西周至春秋中期的300多首诗歌,分为风、雅、颂三部分。《诗经》的诗,以四言为主,多重章叠句,语言丰富,内容古朴,现实感强。《诗经》经孔子整理编定,奠定了中国古典文学现实主义的基础,被后世奉为儒家经典。

战国时期,楚国诗人屈原以南方民歌为基础,创作了一种新的诗歌体裁——楚辞。楚辞采用楚国方言,句式灵活,易于表达情感。屈原的抒情长诗《离骚》想象奇特,具有浪漫主义风格,是楚辞的代表作,楚辞因此又称"骚体",一句"长太息以掩涕兮,哀民生之多艰",表达了诗人对人民的无比热爱。

汉朝时,楚辞盛行。文学家以楚辞为基础,创造出半诗半文的综合文体——赋,汉赋辞藻华丽,手法夸张,内容丰富,表现出大一统时代恢弘的文化气度,西汉司马相如的《子虚赋》《上林赋》、东汉张衡的《二京赋》都是汉赋中的佳作。

唐朝时,诗歌的发展进入黄金时期。唐朝开放与繁荣的社会环境,科举考试中以诗赋为主,促进了诗歌的繁荣。至今,我们还能见到唐朝两千多位诗人的近五万首诗歌,初唐的著名诗人有王勃、陈子昂等。王勃的"海内存知己,天涯若比邻"是千古传诵的名句。盛唐时,边塞诗写出了边塞景物的雄奇壮观和军旅生活的英武豪放,高适的"大漠穷秋塞草腓,孤城落日斗兵稀",岑参的"四边伐鼓雪海涌,三军大呼阴山动",都洋溢着豪迈的气概;孟浩然、王维的山水诗,景物如画,意境幽深,孟浩然的"野旷天低树,江清月近人",王维的"江流天地外,山色有无中",都富于诗情画意。李白、杜甫和白居易的诗是唐诗发展繁荣的丰碑。李白以浪漫主义的创作,赢得"诗仙"的美誉;杜甫以现实主义的"诗史",被誉为"诗圣"。中唐的白居易,主张"文章合为时而著,歌诗合为事而作",创作了大量平实浅近、针砭时弊的讽喻诗。

李白(701—762)　　　　杜甫(712—770)　　　　白居易(772—846)

● 宋词和元曲

两宋时期,城市经济繁荣,市民阶层不断壮大,反映到文化上,出现了新兴的文学体裁——词,成为中国文学的主流。

宋词名家辈出,流派众多,后人往往把宋词划分为以柳永、李清照等为代表的婉约词派和以苏轼、辛弃疾等为代表的豪放词派两大流派。

柳永是宋代第一个专业词人,他把男女情爱作为创作的主题,生动而真切地描写人们对爱情的追求,代表作有《雨霖铃》等。相传"凡有井水处,即能歌柳词",人们称柳永为代表的词派为"婉约派"。

苏轼冲破过去词专写男女恋情、离愁别绪的境界,把词的题材进一步扩大,主张无意不可入于词,无事不可言于词。他的词豪迈奔放,放纵不羁,开创了宋词的"豪放派"之风,代表作有《念奴娇·赤壁怀古》《水调歌头·明月几时有》等。

辛弃疾在政治上主张抗金,是杰出的爱国者。他的作品经常流露出对祖国山河分裂的悲痛,散发着浓厚的时代气息,代表作有《菩萨蛮·书江西造口壁》《破阵子·醉里挑灯看剑》。

柳永(984—1053)　　　　苏轼(1037—1101)

宋代民间兴起一种新的诗歌形式,即散曲。散曲题材广泛,可雅可俗,抒情叙事兼长,更为生动活泼。到元代,散曲的创作进入繁荣阶段,与元杂剧一起,合称为元曲。元曲大多通俗生动,豪放飘逸。在元曲的创作历程中,产生了为世人瞩目的元曲四大家:关汉卿、马致远、郑光祖、白朴。关汉卿是最负盛名的元代剧作家,其代表作有《窦娥冤》《救风尘》《望江亭》等。他的剧本有的雄壮艳丽,有的清雅深沉,有的活泼尖刻,广泛而深刻地反映了元朝的社会面貌。

● 明清小说

魏晋南北朝时出现了《搜神记》等志怪小说。唐朝情节曲折离奇的短篇小说、传奇和宋朝供说话人用的话本把中国小说创作推向一个新阶段。

明清时期，一方面专制中央集权进入强化阶段；另一方面经济领域出现了一些新的气象，手工业、商业繁荣，资本主义萌芽出现，市民阶层扩大，为小说创作提供了丰富素材。为适应市民阶层的需要，小说创作进入蓬勃发展的阶段。

明清小说数量繁多，体裁多样，表现手法丰富，在反映社会生活的深度和广度、人物性格的塑造、细节的描绘、语言的运用等各个方面都大大超过了前代。在众多作品中，以《三国演义》《水浒传》《西游记》和《红楼梦》四部长篇小说最为著名，它们是中国文学的瑰宝，也是世界文学宝库中的珍品。此外，文言短篇小说集《聊斋志异》和讽刺小说《儒林外史》也是脍炙人口的名作。

明清四大古典小说

书名	作者	内容	价值
《三国演义》	罗贯中	根据历史记载和民间流传的三国故事创作而成。叙述东汉末年和三国时期的政治、军事斗争，出色地塑造了刘备、诸葛亮、曹操等不同性格的典型人物。	是我国最早的一部长篇历史小说。
《水浒传》	施耐庵	描写北宋末年宋江领导的农民起义，塑造了108位被逼上梁山的英雄好汉形象，歌颂农民的斗争精神。	是我国第一部以农民起义为题材的长篇小说。
《西游记》	吴承恩	以民间流传的唐僧取经故事为题材创作而成。通过孙悟空形象的塑造，反映了人民蔑视封建统治和敢于斗争的精神。	是一部具有浪漫主义气息的长篇神话小说。
《红楼梦》	曹雪芹	描写封建贵族家庭贾府由盛到衰的过程及贵族青年贾宝玉和林黛玉的爱情悲剧。深刻鞭挞了封建礼教和封建制度的罪恶，揭示了封建社会走向没落的必然趋势。	具有高度的思想性和艺术性，是我国古代最优秀的长篇小说，在世界文学史上占有重要地位。

二、发达的史学

● 先秦时期的史学

先秦时期在中国原始社会，先民创造了灿烂的文化，同时口耳相授，传颂着一些故事，可以说是历史的源泉。商代或商代以前，已经有了文字，可用以记录。商代出现了史官。《春秋》是中国传世最早的一部按年月日顺序记录的编年体史书。它原是鲁国的国史，全书18000余字，出自鲁国史官之手，后经过了孔子的整理。以后相继出现了一些叙述春秋战国时期史事的典籍，体裁不同，各有特色。如编年体的《左传》《公羊传》《谷梁传》；略具国别断代史性质的《国语》《战国策》；最早的谱牒之书《世本》；以地理为主兼有神话传说的《山海经》以及阐述哲学思想、政见和史观的诸子百家之书。其中《左传》叙事详备，文笔生动，是中国最早的一部史学名著，代表了先秦史学的最高成就。

● 秦汉至唐初时期的史学

秦汉时期出现了司马迁的《史记》与班固的《汉书》两部史学巨著。司马迁提出了"究天人之际，通古今之变,成一家之言"的著述宗旨,开创了综合本纪、表、书、世家、列传等于一书的纪传体通史体例。《史记》一百三十卷、五十二万余字,记事起于传说时期的黄帝,迄于汉武帝刘彻,跨朝越代首尾三千余年。

司马迁(约前145—前90)

后人编辑出版的《史记》

【史海泛舟】

司马迁的父亲司马谈是西汉的太史令,对史料和史书编纂都很熟悉。司马迁成长过程中受父亲的影响很大,又得到西汉儒学大师董仲舒等人的教诲指导,打下坚实的学术基础。20岁后,司马迁遍游史迹名胜,深入生活。官至太史令后,又得到阅读皇家资料的机会。他从42岁开始撰写《史记》,前后历时16年,中间虽因为李陵兵败投降匈奴一事向汉武帝上书而遭受宫刑,但是并没有改变他写成《史记》的决心。

班固编写了《汉书》一百卷,八十万字,"文赡而事详",仅记述西汉一代史事,开创了纪传体断代史的先例。《史记》《汉书》两部著作各有所长,思想上倾向不同,文风上各有特色,在中国史学史上都有突出的地位和深远的影响。

班固(32—92)

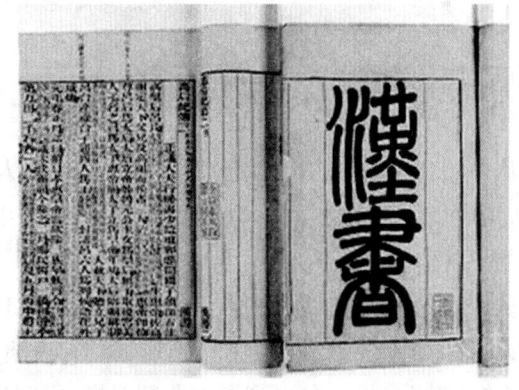
《汉书》

继《史记》《汉书》之后,汉唐之际产生了不少纪传体史书,其中有《三国志》《后汉书》等名著。从此纪传体史书代代续修,其体例也大致定型。编年体和其他体裁史书也有发展。

秦汉至唐初的史学,与先秦的史学相比,有显著的特点。首先是史学由附属地位而逐渐独立。两汉以后,史学评论渐多,梁代刘勰《文心雕龙·史传篇》是史评专文,探讨了古代史官的建置与职守,叙述了史书的源流、派别及其得失,议论了撰史的功用、目的与态度。《隋书·经籍志》史部分十三类,各类的《序》分别叙述了各类史书的源流并加以评论。史部十三类的《序》加在一起就是较全面的史学总结。

唐代史学理论家刘知几所著《史通》,对古代史学作了系统性的评论,在史书编撰、书事曲直、史家修养以及史馆监修等方面都提出很重要的看法。他主张直书,反对曲笔;主张一家独断,反对官府垄断;主张实事求是,反对附会臆说。这些都是进步的思想主张。

● **中唐至乾嘉时期的史学**

中唐至乾嘉时期封建王朝设置史馆并形成修史制度。首先是纂修实录,即以编年体记录每一帝王在位时的大事。其次,历代史馆都纂修前代的历史,如《旧唐书》《旧五代史》等等。直到清代修《明史》,完成了一套纪传体的后称为"正史"的"二十四史"。其中除《史记》外,皆是以朝代为断限的纪传体断代史。二十四史的形成经过了两千年,前后变化很大,水平不一,但这套史书仍是今天研究中国长期封建社会历史的主要依据。

这一时期,影响最大的史学著作是司马光编纂的《资治通鉴》。《资治通鉴》是中国古代第一部编年体通史,是北宋著名史学家、政治家司马光和他的助手刘攽、刘恕、范祖禹、司马康等人历时19年编纂的一部规模空前的史学巨著,记载了从战国到五代共1362年的史实。全书按朝代分为十六纪,共294卷。《资治通鉴》的内容以政治、军事和民族关系为主,兼及经济、文化和历史人物评价,目的是通过对事关国家盛衰、民族兴亡的统治阶级政策的记述警示后人。在我国浩瀚如烟的史学著作中,《资治通鉴》和《史记》被誉为"史学双璧"。

司马光(1019—1086)

【史海泛舟】

宋神宗熙宁年间,司马光强烈反对王安石变法,上书请求外任。熙宁四年(1071年),他判西京御史台,自此居洛阳十五年,不问政事。这段悠游的岁月司马光主持编撰了294卷300万字的编年体史书《资治通鉴》。在这部书里,编者总结出许多经验教训,供统治者借鉴,宋神宗认为此书"鉴于往事,有资于治道",即以历史的得失作为鉴诫来加强统治,所以定名为《资治通鉴》。由此可见,《资治通鉴》的得名,既是史家治史资政自觉意识增强的表现,也是封建帝王利用史学为政治服务自觉意识增强的表现。

三、繁荣的中国戏曲

中国戏曲从原始文化的远古时期走来,当它一出现在人类文明的历史上,就作为中华文化主体的一部分而生生繁衍,是中华民族文化里的一枝奇葩。它集中了中华文化的全部精粹,而以最通俗的、为普通民众所喜闻乐见的形式体现出来。

中国戏曲从原始的歌舞发展而来。春秋战国时期出现了以乐舞戏谑为业的艺人,称为优伶。汉代,在民间出现了具有表演成分的"角抵戏",尤其以《东海黄公》最著名。到了南北朝时期,民间出现了歌舞与表演相结合的"歌舞戏",具有了更为浓郁的表演成分。唐代,出现了由先秦时期的优伶表演发展来的以滑稽表演为特点的"参军戏";民间的歌舞戏进入宫廷,得到了更大的发展;民间又出现了"俗讲"和"变文"等通俗说唱形式。宋代,城市商品经济得到长足发展,出现很多市民娱乐场所——"瓦舍"和"勾栏";民间歌舞、说唱、滑稽戏有了综合的趋势,出现了"宋杂剧"。金代,在宋杂剧基础上,北方出现了"金院本",南方出现了"南戏"。元代,北方形成"北杂剧",南方南戏进一步发展成熟,戏曲形成。元杂剧把中国的戏曲艺术推向了成熟。明朝时候,戏曲演出成为城乡人民重要的文化生活内容。江苏昆山一带形成的昆曲,流传甚广。

昆曲《牡丹亭·惊梦》剧照

梅兰芳(1894—1961)　　程砚秋(1904—1958)　　荀慧生(1900—1968)　　尚小云(1900—1976)

清朝前期，北京作为全国政治文化中心，戏曲舞台非常活跃。昆曲和各种地方戏曲争辉。乾隆末年，安徽的徽剧戏班进京演出，风行一时。道光年间，又有湖北汉剧进京，参加徽班的演出，形成"徽汉合流"的局面。经过广大徽汉艺人的表演实践，徽剧与汉剧互相融合，兼收其他民间曲调的唱腔、剧目和表演方式，形成了一个新剧种，就是京剧。同治、光绪年间，京剧走向成熟，涌现出程长庚、谭鑫培等号称"同光十三绝"的著名艺人。

【史海泛舟】

京剧的发展与一代又一代演员的努力分不开，如果说程长庚、谭鑫培是老生行当的杰出代表，那么，"四大名旦"则开启了京剧旦角的表演时代。其中梅兰芳以典雅端庄、雍容华贵的梅派演出风格取胜，代表剧目有《贵妃醉酒》《洛神》等；程砚秋创造了独具韵味的程派唱腔，他的水袖功较前人更为丰富，更具表现力；荀慧生则发展了花旦这一行当，塑造出形形色色的小姑娘，或纯朴、或憨厚……很好地表现了红娘、尤三姐等不同人物的性格和不同的心态；尚小云以刀马武旦见长，他塑造的多是一些巾帼英雄，他的唱腔富于力度，表演干净，柔中寓刚，代表剧目有《昭君出塞》《梁红玉》等。

京剧由北京走向各地，成为全国广为流行的剧种。民国以来，它又逐步走向世界，受到各国人民的赞赏。

除京剧外，清朝各地还出现了名目繁多的戏曲剧种，如豫剧、秦腔、越剧、川剧、粤剧、黄梅戏等。

第三节　璀璨的书画、乐舞和雕塑

一、汉字与书法艺术

汉字，是中华文明的重要标志之一，是世界上使用时间最长、使用人数最多的一种文字，也是世界古文明中仅存的意音文字。六千多年前，中国的原始文字是可以读出来的图画，称为"图画文字"。象形字后来逐渐符号化，脱离图画，形成汉字。

【史海泛舟】

汉字起源的上限，现在能够提出的证据，最早的是河南舞阳贾湖村出土的刻在龟甲和个别石器上的二十多个刻符，时间是公元前6000年左右，属新石器时期的早期。

河南安阳小屯村发现的甲骨文，是现在学者公认的最早的成熟文字，传统"六书"中象形、指事、会意、形声、转注、假借等结构方式在甲骨文中都已具备。但有些字在书写时的置向和书写行款还不固定，属汉字发展的早期阶段。

此后,汉字按照甲骨文、大篆、小篆、隶书、楷书的脉络演变发展,至今已有大约三千多年的历史,其演变的总趋势是由繁到简。

【史海泛舟】

小篆,是秦始皇统一中国后推行"书同文"政策所采用的字体。小篆的书写完全线条化,象形性减弱。从构造来看,已经形成了相当严密的文字体系。隶书,是在汉代成熟且通行的字体。简化了小篆的线条,实现了书写的笔画化,从此汉字完全失去了象形性,许多字的构件被省减或合并。隶书对汉字形体的简化是符合汉字发展规律的。楷书,始于汉末,流行于魏晋,成熟于隋唐,一直使用到今天。它吸收了行草书便于书写的优势,形成了相互配合的笔形系统。楷书结构严谨,便于识读,便于书写,因此历千年而不变。

书法与汉字,相伴而生。中国书法艺术的发展大致可以分为两个阶段,魏晋以前基本是自发阶段,魏晋时期开始进入自觉阶段。由隶书衍生出来的楷书、行书、草书,通过众多书法家的努力实践,臻于成熟。从此,中国书法兼具审美功能与实用功能,自觉地创造书法美成为体现中华民族文化特色的一种艺术形式。

楷书笔画详备,结构形体严整,具有其他书体不可比拟的实用价值。魏晋楷书有定鼎之功,钟繇、王羲之贡献最大。唐代楷书步入盛世,欧阳询、颜真卿、柳公权的楷书各具特点,分别被称为欧体、颜体和柳体,成为后人学习、临摹的范式。

欧阳询的楷书

张旭的草书

草书笔画简约,勾连不断,线条流畅纵情,具有极高的审美价值。魏晋以来草书盛行不衰,名家辈出。东晋的王羲之、王献之,唐朝的张旭、怀素等,都是草书大家。

行书兼具楷书的规矩和草书的放纵,既有审美价值,又具实用价值,雅俗共赏。东晋王羲之、唐朝颜真卿、北宋苏轼、元朝赵孟𫖯、明朝文征明等人的行书,历来备受世人喜爱。

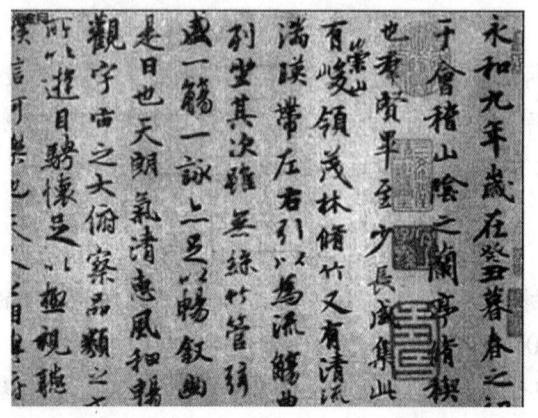
王羲之的行书《兰亭序》

二、水墨丹青中国画

中国的绘画艺术,可以追溯到远古时代,彩陶画《鹳鱼石斧图》是其中的杰作。留存至今的战国帛书《人物龙凤图》《人物驭龙图》,造型准确,线条流畅,色彩绚丽,表明中国绘画艺术从萌芽走向成熟。

中国画又称国画,注重写意传神,追求"得意忘形"。秦汉以后的历代画家们,用笔墨和矿物颜料,在纸、绢等材料上创作出大量不同风格、不同类型的人物画、山水画和花鸟画。

《鹳鱼石斧图》

【史海泛舟】

秦汉时期,绘画门类已经很丰富,有壁画、帛画、木刻画、木版画、画像石、画像砖等。湖南马王堆汉墓出土的帛画,线条挺拔流畅,色彩绚丽典雅,与战国帛画的传承关系明显。河南洛阳东汉墓出土的壁画《夫妇畅饮图》,画家抓住了劝酒情景,细腻刻画人物的内心活动,既富有生活气息,又十分传神,堪称工笔重彩画的杰作。

《夫妇畅饮图》

《洛神赋图》

魏晋时期,士大夫画家总结出许多精辟的绘画理论,有力地推动了绘画艺术的发展。东晋画家顾恺之不仅留下了《女史箴图》《洛神赋图》等传世佳作,而且潜心研究绘画理论,提出"以形写神",画人物要注重表现人的精神气质。

隋唐时期,展子虔、阎立本、吴道子等画家在继承前代基础上,吸取印度、波斯等外来美术风格,创作出《游春图》《步辇图》和《送子天王图》等许多优秀作品。这一时期,敦煌莫高窟的壁画,更是盛极一时。

两宋时期,宫廷画院进入最活跃的阶段,画学兴起。风俗画是当时画坛的最大亮点,代表作有北宋画家张择端的《清明上河图》。

元明清时期,士大夫的文人画成就最为突出。文人画集文学、书法、绘画及篆刻艺术为一体,强调表现个性,讲究借物抒情,追求神韵意趣。最能反映文人画风貌的是写意画。元代王冕的《墨梅图》、明代徐渭的《牡丹焦石图》、清代郑板桥的《墨兰图》,都是写意画中的精品。

《墨梅图》

三、瑰丽的音乐和舞蹈

古代文献中对尧舜古乐的记载,说明中国音乐起源甚早。

20世纪80年代,河南舞阳出土的七音孔和八音孔的骨笛,距今约8000多年,是我国迄今发现的最早的吹奏乐器。另一种具有中国特色的原始乐器是陶埙。20世纪30年代以来,先后在陕西西安半坡等新石器遗址考古发现了多个陶埙,它们大都有5000年以上的历史,开一或二吹孔,可以吹奏出符合音律的不同音高。

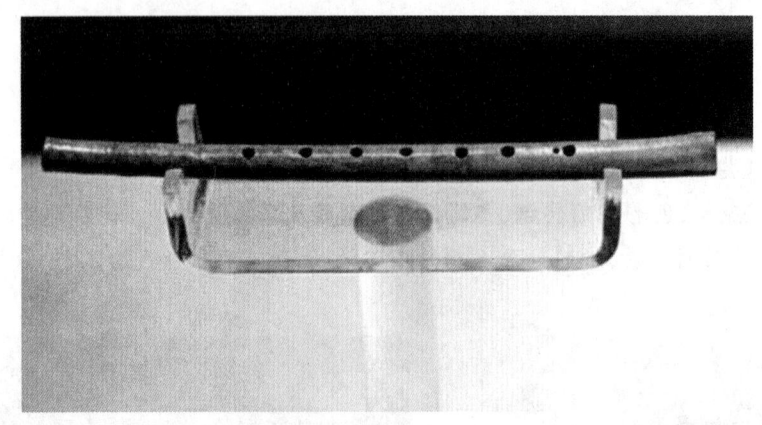

收藏于河南博物院的骨笛

1978年在湖北随县出土的战国编钟,音色优美,音域宽广,反映了我国古代音乐发展的较高水平。

收藏于湖北博物馆的编钟

两汉时期,羌笛、箜篌和琵琶等少数民族乐器传到内地。两晋南北朝时期,少数民族大批入主中原,他们的乐器也随之传入,丰富了我国的音乐宝库。胡琴在宋元时期得到广泛应用。

伴随着音乐的发展,中国舞蹈也经历了原始社会时期的生殖崇拜、狩猎祭祀等舞蹈,奴隶社会时期的雅乐舞蹈,汉代"角抵百戏"、唐代宫廷舞蹈、宋元"队舞"、明清"戏曲舞蹈"及近现代舞蹈的发展历程。

四、高超的雕塑艺术

雕塑在中国没有像西方那样独立的地位,几乎一直是建筑的一部分,但雕塑又一直都在被创造出来。如从河姆渡文化遗址出土的陶猪,青铜器上的虎、鹤,春秋战国的土俑陶俑,秦兵马俑,直到以后的宗教造像等,都代表了不同时代高超的雕塑技艺。

中国雕塑主要有四个集群组成:(1) 陵墓集群,包括陵墓表饰(石人、石兽等)、墓室雕饰(墓门、墓道、宫床等墓内建筑雕饰及墓内肖像)、明器艺术(陪葬用的俑和动物造型、建筑模型、器物模型)。(2) 宗教集群,包括佛道寺庙和佛教石窟里的塑像、浮雕。(3) 建筑装饰,包括宫殿、苑囿、会馆、牌坊、民居、桥梁等建筑物上的装饰性雕饰。(4) 工艺雕塑,包括工艺性的泥塑、瓷塑、根雕、玉雕、果核雕等。

我国古代的雕塑艺术作品中最具影响力、研究价值最高、最优秀的作品当属石窟艺术。

收藏于洛阳博物馆的唐三彩

【史海泛舟】

举世闻名的四大石窟有:

敦煌莫高窟:甘肃省敦煌市境内的莫高窟、西千佛洞的总称,是世界上现存规模最宏大、保存最完好的佛教艺术宝库。

麦积山石窟:位于甘肃省天水市东南约45公里处,是我国秦岭山脉西端小陇山中的一座奇峰,山高只有142米,但山的形状奇特,孤峰崛起,犹如麦垛,人们便称之为麦积山。山峰的西南面为悬崖峭壁,石窟就开凿在峭壁上,有的距山基二三十米,有的达七八十米。在如此陡峻的悬崖上开凿成百上千的洞窟和佛像,在我国的石窟艺术中是罕见的。

龙门石窟:位于河南省洛阳市南13公里处,它同甘肃的敦煌石窟、山西大同的云冈石窟并称中国古代佛教石窟艺术的三大宝库。龙门石窟凿于北魏孝文帝迁都洛阳之时(494年),直至北宋,现存佛像十万余尊,窟龛2300多个。

云冈石窟:位于山西大同市西16公里的武周山麓。石窟依山开凿,东西绵延一公里。现存主要洞窟45个,计1100多个小龛,大小造像51000余尊,是我国规模最大的石窟群之一,也是世界闻名的艺术宝库。

练习与探究

1. 培根在评述中国古代文明的三项成果时说:"这三种东西曾经改变了整个世界的事物面貌和状态:第一种在文字方面,第二种在战争上,第三种在航海上。"材料中的"三种东西"依次是指_____。( )

  A. 甲骨文、造纸术、指南针   B. 印刷术、青铜器、指南针

  C. 书法、火药、指南针   D. 印刷术、火药、指南针

2. 中国古代十分重视数学研究和应用,并取得了很高的成就,有一部著作记载了十进位值制计数法,汇集了许多算术命题,它的问世标志着中国古代以计算为中心的数学形成了完整的体系,这一数学著作应该是_____。( )

  A.《周髀算经》   B.《九章算术》   C.《缀术》   D.《齐民要术》

3. 两宋时期,风俗画的出现和日益增多最主要的原因是_____。( )

  A. 古代绘画艺术有了新的追求

  B. 受张择端《清明上河图》的影响

  C. 城市手工业和商业的发展

  D. 人们审美观念改变,认为风俗画更能反映现实生活

4. 作者自述以"关国家兴衰,系生民休息"为著作主旨,立志为统治阶级提供历史经验与教训的史书是_____。( )

  A.《春秋》   B.《史记》   C.《汉书》   D.《资治通鉴》

5. 明清时期是中国古代小说发展的辉煌时期,出现这一局面的原因有哪些?

第十章　中国古代独具魅力的社会风貌

导读　中国古代服饰文化源远流长。上衣下裳是中国服饰的基本形制。随着社会的发展进步和历史上多次的民族融合,形成了款式丰富、特点鲜明的古代服饰特色。中国的饮食文化享誉世界。在悠久的农耕社会中,勤劳的中国人发现和培植了多种农作物,丰富了饮食结构,并形成了地域分明的饮食习惯和众多的菜系流派。

中国民居种类很多,南北有别,总体特点是北方古朴和南方秀美。北方民居的代表有四合院和西北窑洞等,南方民居的代表则有徽派建筑和苏州园林。另外,少数民族的民居也各具特色。中国古代,陆上交通主要靠车马,水上交通主要靠舟船。为使交通便利,重视道路的修筑和河道的开通,秦朝修筑的驰道和隋唐开通的大运河创造了古代道路交通史上的奇迹。

在中外交流过程中,世界三大宗教——佛教、伊斯兰教和基督教相继传入我国,与我国本土产生的道教一起,构成了中国古代人们宗教文化生活的主要内容。在长期的社会生活中,中华民族形成许多传统的节令习俗。这些节令习俗作为人们社会生活中重要的部分,已经成了一种习惯,一般都具有"祈福""消灾""团圆聚会""纪念"的意思,丰富了中国传统文化的内容。

第一节　丰富多彩的古代服饰与美食

一、上衣下裳——中国服饰基本形制

中国古代服饰文化璀璨华美,丰富多彩。衣服是人类有意识地加工制作的护身和装饰用品,是人类特有的劳动成果。它既是物质文明的结晶,又具精神文明的含意。

约五千年前,中国在新石器时代的仰韶文化时期,就产生了原始的农业和纺织业,开始用织成的麻布来做衣服,后又发明了饲蚕和丝纺,人们的衣冠服饰日臻完备。

汉服是世界上历史最悠久的民族服饰之一。汉服的主要特点是交领、右衽、束腰,用绳带系结,也兼用带钩等,给人洒脱飘逸的印象,这些特点都明显有别于其他民族的服饰。

【史海泛舟】

汉服有礼服和常服之分。从形制上看,中国古代服饰的基本形制是上衣下裳。上为衣,下为裳,上下分体,便于活动。上衣下裳据说是源于黄帝,实际上这种上下分体的服饰的出现可能更早。上衣长至于腰,下裳类似于今天的围裙,是用带子系于腰前,长短至于膝。

另外,古人的服饰还有"帽"和"履"。戴在头上起保护和装饰作用的服饰称为"帽",最初是指一切盖在头上之物。最早的帽子是用兽皮缝制的,后世的冠、冕等都是不同形制的帽。穿在脚上起保护和装饰作用的服物称为

上衣下裳

"履"。古代的履多是用草麻编制或用皮缝制。用草编的称为"屦(jù)",用麻编的称为"履",用皮缝制的称为"靴",加木底或厚底的称为"舄"(xì),后世统称为"鞋"。

二、款式丰富、民族交融的古代服饰

夏商时期是中国奴隶制社会的确立与发展时期,服饰制度初步形成。奴隶主服饰质地优良,色彩艳丽;而平民和奴隶的服饰粗糙低劣,色调单一。周代是中国冠服制度逐步完善的时期。伴随着等级尊卑观念,各种礼仪应运而生,反映在服饰上,有服有饰。服饰严格区分天子与官僚、贵族与平民之间的等级差别,形成了一整套的冠冕制度模式,影响了自商周以来三千年封建社会的服饰文化。

【史海泛舟】

周代贵族常服形式为上衣下裳,佩饰韨带。另外,持笏佩玉也是当时贵族服饰的一种风尚。周代贵族在不同场合穿戴不同服饰。那时的服饰有:祭礼服、朝会服、从戎服、吊丧服、婚礼服等。

秦代建立了中国历史上第一个中央集权国家,相继建立了各项制度,包括衣冠服制,百官戴高山冠、法冠和武冠,穿袍服,佩绶带。

汉代随着经济的繁荣和对外交往的扩大,服饰穿戴也逐渐丰富考究,形成了公卿百冠和富商巨贾竞尚奢华、"衣必文绣"、贵妇服饰"穷极丽美"的状况。习尚以四季节气而为服色之别,如春青、夏赤、秋黄、冬皂。

魏晋南北朝以后,由于北方各族入主中原,服饰文化出现了各民族之间相互吸收、互相融合的局面。南朝名士高冠博带、大袖宽衫,北朝各族纷纷推行汉化运动,形成了"群臣皆服汉魏衣"的状况。妇女的日常衣服仍以上身着襦、衫,下身穿裙子,襦、裙也可作礼服之内的衬衣衫。这是一个追求时髦、款式多样、奇装异服盛行的时代。

隋朝时,隋炀帝制定了官服制度,帝王将相各服其服。明确下令不准百姓穿黄色衣裳,从此黄色成了皇帝专用的服色。

唐代衣冠服饰承上启下,博采众长,是中国古代服饰发展史上的重要时期。由于当时丝织业的发达,审美观念的独特,所以当时官服质地款式更加讲究,幞头形制富于变化,衣服品色形成制度。女服色彩艳丽,"幞头纱帽"和"圆领袍衫"是唐代男子最主要的服饰。胡服也很流行。

宋代服饰与唐代相比,款式缺乏创新,色调趋于单一,有向质朴、洁净、自然方面倾斜的趋势。男子上身以圆领长袍为主,随季节不同而穿凉衫、紫衫、毛衫、葛衫、鹤氅(chǎng)等。宋代妇女的日常服饰,大多上身穿袄、襦、衫、背子、半臂,下身束裙子、裤。其面料为罗、纱、锦、缕、绢。尤其是裙子颇具风格,其质地多见罗纱,颜色中以石榴花的红色最引人注目。

元代蒙古族的衣冠,以头戴帽笠为主,男子多戴耳环。服饰既袭汉制,又推行其本族制度。元初曾下令在京士庶须剃发、蒙古族装束,一般百姓服饰则仍是披发椎髻,夏戴笠,冬服帽。后来也就各随其便了。

明朝建国后,先禁胡服,继而下诏:衣冠悉如唐代形制。明朝皇帝、文武百官、内臣服饰有祭服、朝服、公服、常服等名目,其样制、等级、穿着礼仪真可谓繁缛。一般男子服饰,以袍衫为主,形制多样。儒生文士则以襕衫、直裰为常衣。妇女服饰主要有袍衫、袄、霞披、褙子、比甲、裙子等。

清代官服以顶戴花翎显示其不同的身份和地位。男子的服饰以长袍马褂最为流行。妇女服饰满汉并存,满族妇女以长袍为主,汉族妇女则仍以上衣下裙为时尚,样式及品种至清代也愈来愈多样,如背心、一裹圆、裙子、大衣、云肩、围巾、手笼、抹胸、腰带、眼镜……层出不穷。满汉服饰互有仿效。

【史海泛舟】

旗袍,原是满族女性的传统服饰,满语称"衣介"。分单、夹、皮、棉四种。传统旗袍的裁制一直采用直线,胸、肩、腰、臀完全平直,女性身体的曲线毫不外露。清代旗袍纹样多以写生手法为主,龙狮豼麟百兽、凤凰仙鹤百鸟、梅兰竹菊百花以及八宝、八仙、福禄寿喜等都是常用题材。

20世纪上半叶,民国时期的女性在参考满族女性传统旗服和西洋服饰文化基础上,设计出带有中国特色、体现西式审美、采用西式剪裁的新式旗袍。这是一种体现东西方文化糅合之美的时装。但在大部分西方人的眼中,旗袍具有中国女性服饰文化的象征意义。

三、农作物品种的丰富与古人的食物

中国古代农作物品种丰富,以谷粒制成的食品为主食,是中国古代农业民族的共同饮食特征。我国自周代进入农业社会以后,汉民族就以粮食作物为主食。粮食作物的种类很多,主要以"五谷"为主。

【史海泛舟】

黍(shǔ),今西北地区称之为黍子、糜子,籽实呈黄色,性粘,去皮后称黄米子。稷,是黍的一个变种,一般指子实不黏或黏性不及黍者为稷。北方人称它为谷子,就是今天的小米。由于它抗旱能力极强,所以多栽培于古代的中原地区,成为北方地区一种最为普遍的粮食作物。麦子在中国栽培很早,种类很多,有大麦、小麦、燕麦、黑麦等。其中小麦和大麦,上古时又称为来牟(móu),种植最为普遍。菽(shū)是豆类的总称,有蚕豆、红豆等多种。稻,即水稻,自古为我国主要粮食作物之一。

先秦时期,除"五谷"以外,作为粮食的还有苽、麻、芋艿、鸡谷等不少杂粮。两汉时期,粮食作物的品种增加了高粱、青稞、荞麦、穈子和多种豆类。后世的粮食作物到这时已基本齐备了。

中国古代的饮食结构一直遵循"五谷为养"的传统,以稻麦为主,兼吃杂粮,可分为主食、辅食菜肴、点心小吃、外来食品等。

主食主要由米和面做成。粥,是把米煮烂而成的一种饭食。粥类食用十分普及,品种繁多。古史记载就有七宝素粥、绿豆粥、徽子粥、五味粥、粟米粥、糖豆粥、糖粥、糕粥等品种。饭,古时泛指用各种谷物制熟的颗粒疏松干爽的食品。中国古代的饭大体上采用两种方式烹饪而成,一是蒸,二是煮,以前者为多。而饭的品种名目有粟饭、九谷饭、蟠桃饭、团油饭、清风饭、寒食饭、荷叶饭、蒸谷饭、炒谷饭等。饼,在我国古代是各类面粉制品的总称。"面"是指用麦类或其他谷类磨成的细粉,饼在我国先秦时期已经食用,战国时有关于饼的明确记载,食饼之事已较为多见。

副食就是古代的菜肴,又称肴羞、肴核。肴是指鱼肉等荤菜,羞是指美味食品,核是指蔬菜果核食品。所以,菜肴是经过烹饪调制而成与主食搭配食用的荤素菜的总称。

【史海泛舟】

先秦时期的人已经懂得栽种蔬菜和水果。菜类和果类包括葵、韭、葱、笋、芹、姜、桃、李、梨、杏、梅、木瓜、桔、柚、枣、栗、榛、甜瓜等。肉类有牛、羊、猪、狗、鸡、鸭、鱼、鳖等。调味品除盐外,天然的调味品有椒、桂皮、莱萸、姜、韭、葱、蒜等。人工制作的调味品主要有酱、醋、豉、糖、油等。

酒和茶,是中国人自古以来最喜爱的饮料。酒有米酒、果酒等,后来又发明了"烧酒"(白酒)。茶是古代人们的日常饮品,有绿茶、红茶、乌龙茶等几大类。茶不仅能够解渴生津,还具有多种社会功能,茶叶也是中国古代出口贸易的主要物品。中国酒、茶文化源远流长,享誉世界。点心,原指正餐以前略进食物以安慰饥肠的意思,后来成了各种小吃食品的总称。点心和小吃是在饮食商业繁荣以后发展起来的,它始于先秦,繁荣于唐宋之后,种类繁多,为平民百姓所喜爱。主要品种有枣箍荷叶饼、芙蓉饼、菊花饼、月饼、梅花饼、重阳糕、肉丝糕、水晶包儿、笋肉包儿等等,不下百种,极其丰富。

四、地域分明的饮食习惯和八大菜系

中国的饮食在长期的发展、演变和积累过程中,从饮食结构、食物制作、食物器具、营养保健和饮食审美等各个方面,都逐渐形成了相对独特的饮食习惯。

从地域上看,由于气候、环境、农业生产结构不同,南方人爱米饭,北方人喜面食,形成了"南米北面"的饮食习惯。同时,口味上有"南甜北咸东酸西辣"之分。另外,不同地域由于受食材、季节、心理倾向等因素影响,各地的饮食习惯和品味爱好迥然不同,甚至在食物器皿、色泽搭配等方面也各具特色。

中国传统菜肴对于烹调方法极为讲究,常见的方法有:煮、蒸、烧、炖、烤、烹、煎、炒、炸、烩、爆、溜、卤、扒、酥、焖、拌等。长期以来,受多种因素影响,中国菜肴在烹饪中逐渐形成许多流派。其中最有影响和代表性的鲁、川、粤、闽、苏、浙、湘、徽等菜系,被称为中国"八大菜系"。每种菜系的发源地、选料制作、烹调方法、菜品特点皆有不同,也都有自己的代表菜品。

第二节 风格多样的古代民居和发达的交通

中国历史悠久,疆域辽阔,自然环境多种多样,社会经济环境不尽相同。在漫长的历史发展过程中,逐步形成了各地不同的民居建筑形式,这种传统的民居建筑深深地打上了地理环境的烙印,生动地反映了人与自然的关系。

一、古朴的北方民居和秀美的南方村落

中国木构架体系的房屋萌芽于新石器时代后期。由于民族的历史传统、生活习俗、人文条件、审美观念的不同,也由于各地的自然条件和地理环境不同,因而,民居的平面布局、结构方法、造型和细部特征也就不同,呈现出淳朴自然的各自特色。中国古代民居总体特点为北方古朴和南方秀美。

【史海泛舟】

公元前五千年的浙江余姚河姆渡文化遗址反映出当时木构技术水平。公元前五千年的陕西西安半坡遗址和临潼姜寨的仰韶文化遗址显示了当时的村落布局和建筑情况,说明依南北向轴线、用房屋围成院落的中国建筑布局方式已经萌芽。

● 北方民居

北方四合院

四合院，是中国北方的传统民居。总的特点是以院落为核心，依外实内虚的原则和中轴对称格局规整地布置各种用房。其中以北京四合院水平最高最为典型。四合院一般采用出入一个院门。院中有正房（主房）、东西厢房、南房，角落中有耳房，西南角为厕所，东南角是院子的大门。

四合院独特的四面合拢的构造，使居住其中的人们有安全与和睦的感觉，庭院好比一座露天的大起居室，人们大都爱在院子中种些花草，清新而宁静，让家庭在这样美好而和谐的院落中生活。

窑洞，是中国西北黄土高原上居民的古老居住形式，其历史可以追溯到四千多年前。人们利用高原厚厚的黄土层凿洞而居，创造了窑洞建筑。窑洞种类有靠崖式、下沉式、独立式、靠山式等。

中国西北窑洞

【史海泛舟】

窑洞是挖掘后形成的圆拱形建筑，朴实无华。古朴的木质家具、深褐色的门板、雪白的门帘和白纸糊的窗格构成了朴素大方的窑洞外观。窑洞主居室总是朝南或者略偏东南和西南，内设床炕，设计巧妙。冬季太阳能直接照在炕上，夏季的太阳却照不到室内，再加上土体具有隔热和蓄热的效果，窑洞内部冬暖夏凉。庭院内常种些乔木，水井、农具、小谷仓带来生活的气息，营造了理想的居住环境。

● **南方村落**

徽派建筑，是中国古建筑最重要的流派之一，主要流行在古徽州地区（今安徽、江西等地）。主要代表是坐落于黄山脚下的西递宏村徽派建筑群。

徽派民居

徽派建筑的基本单元是以横长方形天井为核心,四面或左右后三面围以楼房,阳光射入较少;狭高的天井也起着拔风的作用,有利通风;正房即堂屋朝向天井,完全开敞,可见天日;各屋都向天井排水,风水学说称之为"四水归堂",有财不外流的寓意。外围常耸起马头山墙,利于防止火势蔓延。

徽派建筑有洁白的外墙,低调而素雅。小巧而精致的住宅居住起来甚为舒适。诗词中描绘的江南水乡小桥流水人家的美好景象,在徽派建筑群中得以完美体现。

中国园林在发展过程中形成了皇家园林和私家园林两大系列。皇家园林集中在北京一带。私家园林则以苏州为典型代表,用来居住和休闲。苏州园林起始于春秋时期的吴国建都姑苏时,鼎盛于清代,现保存完整的有60多处。苏州园林以意境见长,以独具匠心的艺术手法,在有限的空间内点缀安排,造成移步换景的景象。

苏州园林一角

【史海泛舟】

受中国的古代文学,特别是唐宋文人写意山水绘画艺术影响,苏州园林不同于皇家园林的宏大、严整、堂皇、浓丽,而以小巧、自由、精致、淡雅、写意见长。布局设计曲径通幽,身置其中如在画境。

二、少数民族的居住特色

中国是一个多民族大家庭。很多少数民族在居住上至今仍保留着自己的传统特色。

蒙古包 "蒙古包"是满族对蒙古族牧民住房的称呼。"包",满语是"家"、"屋"的意思。蒙古包用毡块、木料构成。圆形尖顶,用一层或两层羊毛毡子覆盖。在大风雪中阻力小,不积雪,包顶不存雨水。包门方而小,且连地面,寒气不易侵入。蒙古包的最大优点是拆装容易,搬迁简便。架设时将"哈纳(柳条交叉编结成的支架)"拉开便成圆形的围墙,拆卸时将哈纳叠合即可。一顶蒙古包只需两三小时就能搭盖起来。蒙古包看起来外形不大,但是包内的使用面积却很大,而且室内空气流通,采光条件好,冬暖夏凉,不怕风吹雨打,非常适合于经常转场放牧的牧民居住和使用。

蒙古包

竹楼 竹楼是云南少数民族最具代表性、最富有文化特色的竹制民居建筑。云南境内的傣族、佤族、布朗族、基诺族、德昂族、哈尼族、独龙族、怒族、傈僳族、白族、景颇族、拉祜族等聚居区,竹楼是主要的民居形式。竹楼是采用干栏式建筑形式,房屋离开地面,建筑在柱桩上,下部架空。上层住人,下层关牲畜和放置东西。竹楼都背负青山、依山而建,具有防潮、通风散热、卫生舒适、防避虫蛇之害的特点。因就地取材、以竹为楼,梁柱、墙壁、屋面、楼梯、楼面都是取竹而建,俗名竹楼。云南不同民族的竹楼大小、内部设置有差异,但以傣族竹楼最具有代表性。竹楼分上下层,上屋顶呈四面坡形,犹如"孔明帽",下层呈方形,极富立体感。

竹楼

湘西吊脚楼 俗话说"高楼万丈平地起"。然而有时也会有例外,散布于湖南湘西的吊脚楼就是这样。

湘西吊脚楼

湘西一带山多水多，世代聚居在这块土地上的土家、侗等民族的一切活动也就与这山山水水分不开。湘西的吊脚楼，几乎都是屹立于山水之上的一种独特的建筑。这种楼房虽有二三层高，但它"吊"在水面和山腰，好像空中楼阁，建造并不容易。

岭南土楼　岭南土楼就是以生土版筑墙作为承重系统的两层以上的房屋。典型是福建永定客家土楼。土楼建筑结构多为圆形或方形。圆楼外左右有对称的半月形馆相辅，主体楼中有二环楼。外环楼是架梁式的土木结构，内环楼是砖木结构。

客家土楼

土楼在整体布局和细节设计方面，不仅注重实用性，同时追求建筑物的艺术性。土楼在方楼和圆楼的基础上产生出许多变异形态，外观造型丰富多彩。永定土楼富有变化的对称结构、外闭内敞的内向空间、中心明确的内部布局、规范严谨的立体造型，组成了丰富有序的内部空间。

三、古人的出行工具

在古代社会，交通只有水陆两路。为了满足行旅生活的需要，除了以驴、马等牲畜作为代步工具外，还发明了车、轿子、滑竿、舟船等交通工具。总的来说，受地域环境影响，南方以船为主，北方以马为主，南船北马是我国古代的基本交通运输方式。

古代车马图拓片

北方陆上交通工具——车马。中国是最早使用车的国家之一。相传大约在4600年前黄帝时代已经创造了车。商代造车技术已经比较成熟，战车的使用已经十分普遍。

战国以前陆行的主要工具是马车和牛车。车马(牛)一体,车载人、物,马(牛)是驾车的工具,主要用于战争。秦汉之后,马开始直接用于骑乘,车开始更多地作为交通工具使用。此后的两千年,车在形制上虽不断推新,但以马、牛、驴等牲畜为动力的陆上交通工具基本没有根本性的变革。宋朝前后,坐轿子的风气渐渐兴盛,但仍不及车马普遍。此外,在古代山岭地区,还出现了滑竿等交通工具。

南方水上交通工具——舟船。古代水上交通主要靠船,船最初由竹筏演变而来,至少在商代,我国就已经利用船来进行水上运输了。最初的船只相当于我们现在的独木舟,后来,随着造船技术不断进步,船不仅用于内河航运,还用于海上交通。

南方舟船

在南方由于水网密布,船的重要性无可比拟,普通代步都用船。除了不少家庭备有船只以利出行外,还有很多专门以撑船为业的船户。在秦汉特别是隋唐以后,其重要性逐渐超过陆路,成为古人主要的交通方式。人们出远门,均是雇船而行,长途运输几乎全靠水路。

四、从驰道到大运河

先秦时期,我国古代交通就初具规模。商朝已开始建立交通联系通道。春秋战国时期,中原各国陆路交通纵横交错,沿途设立了"驲(rì)置",即驿站。水路交通除利用长江、淮河和黄河等天然河道外,还相继开凿了胥河、邗(hán)沟、菏水和鸿沟等人工运河。秦朝驰道的开辟和隋朝大运河开通分别是古代陆地和水上交通发达的重要标志。

驰道 全国性陆上交通网的形成,始于秦代。秦始皇统一中国后,颁布"车同轨"的法令,把过去杂乱的交通路线,加以整修和联结,车辆可以畅行各地,建成遍及全国的国道——"驰道"。同时又设置驿道,颁布有关邮驿的法令,建立起传递官府文书和军事情报的邮传系统。驰道的开辟,对于建立古代交通体系,实现南北政令统一、经济开发和文化交流,起到极为有益的作用。

大运河 秦汉时期水运事业就有了较大发展。秦朝挖掘的灵渠把长江水系和珠江水系连接起来,汉朝开辟了沟通东西方的海上航线。隋唐时期,我国水陆交通进入了一个新的历史阶段,隋朝开通的大运河则把陆上水系连接起来,创造了世界上"人工天河"的奇迹。

隋唐大运河以洛阳为中心,南起杭州,北到北京,隋朝开凿,全长2700公里,纵贯在中国最富饶的东南沿海和华北大平原上,经过浙江、江苏、安徽、河南、山东、河北、北京七个省市,通达黄河、淮河、长江、钱塘江、海河五大水系。隋唐大运河与长城并称为中国古代的两项伟大工程,现在已有2500多年的历史,是中国古代南北交通的大动脉,也是世界上里程最长、开凿最早、规模最大的运河之一,在中国的历史上产生过巨大的作用。后经元朝取直疏浚,全长1794公里,成为现今的京杭大运河。京杭大运河利用了隋朝大运河不少河段,缩短了900多公里的航程。其部分河段至今依旧具有通航功能。

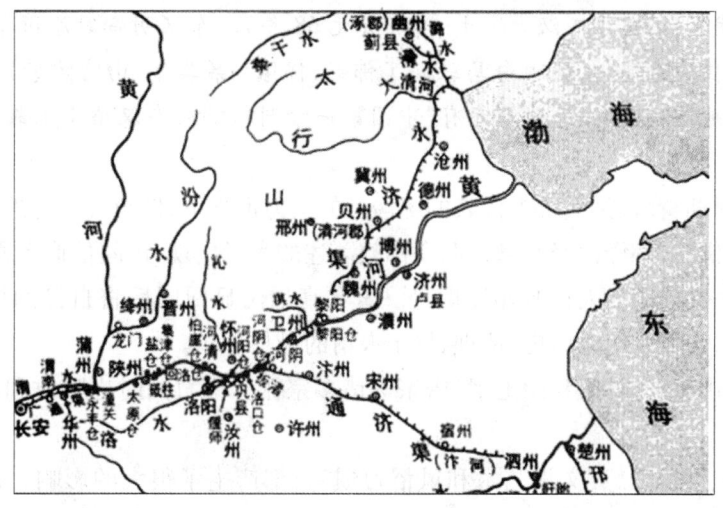

隋唐大运河形势图

第三节　独具一格的宗教文化和风俗节令

一、多元并存的宗教文化

宗教,是我国历史上重要的文化现象。在中外交流过程中,世界著名的三大宗教——佛教、伊斯兰教和基督教相继传入我国。这些外来宗教和我国本土产生的道教等,对中国的传统文化发生过不同程度的影响。

● **佛教**

西汉末年,佛教经西域传入我国内地。河南洛阳的白马寺是我国内地修建的第一座佛教寺庙。

白马寺

【史海泛舟】

白马寺位于洛阳城东,始建于东汉永平十一年(公元68年)。东汉明帝时派遣蔡愔等18人作为使者去西域求佛,回来时不仅迎来高僧,还用白马驮回了佛经、佛像。第二年,由官方营建一座寺院,取名为白马寺,此后佛教在中原地区逐渐发展,白马寺有"中国第一古刹"之称,在汉语系佛教中占有不可磨灭的历史地位。

三国两晋南北朝时期,在以梁武帝为代表的统治者的极力推崇下,佛教发展迅速。许多印度及西域僧人来到中国内地,传播佛教,翻译佛经。僧俗两众佛教著述的大量出现,民间信仰者剧增,出现了中国佛教发展的第一个高潮。一些中国僧人也赴印度取经。著名高僧法显回国后将自己的见闻著成《佛国记》一书,成为记录古代中亚、南亚及南海历史、地理、风土人情的最早著作。

隋唐时期,内地的佛教形成禅宗、净土宗、密宗等诸多宗派。佛教同时也吸收和融汇了中华民族的固有文化逐渐中国化。

佛教对我国的传统哲学思想、文学艺术和风俗习惯等,都产生了很大的影响。在佛教传入中国的同时,与佛教相关的建筑、雕塑、壁画等文化艺术,也相继传入中国内地。如:敦煌、麦积山、云冈、龙门等著名石窟中,就带有印度文化艺术色彩。

● 道教

道教是产生于中国的传统宗教。道教依附于春秋战国时期的道家学说,认为"道"是宇宙万物的本原,以"道"为最高信仰。道教奉老子为教祖,尊称他为"太上老君"。原始道教产生于东汉中后期,最初有太平道和五斗米道两个教派。

【史海泛舟】

太平道始传于东汉后期,又称黄老道。主要经典《太平经》除宣扬迷信外,还揭露了统治者的贪婪、虚伪,主张平等、平均,反对不劳而食。东汉末年,张角利用太平道组织和发动了黄巾大起义。五斗米道创始人张道陵,原名张陵。他与弟子曾入蜀在鹤鸣山修道,订立教规:凡入道者须出米五斗。张道陵自称"天师",五斗米道也称天师道。

南北朝时期,道教的理论体系和教规仪式日渐完善。到唐宋时,道教各宗派逐渐合流,归并于正一派。金朝统治时期,北方地区又出现了道教新宗派——全真教,据说是王重阳所创,盛极一时。此后,正一派和全真教成为道教的两大派别。

北京白云观

【史海泛舟】

丘处机,号长春子,世号长春真人,全真教著名掌教。他应成吉思汗之召赴西域,被尊为神仙。后来,成吉思汗又将他安置在原金中都的太极宫,更名长春宫。明初,改称白云观。白云观位于北京西便门外,是全真教的道观。观内主殿丘祖殿中塑有丘处机像,塑像下葬有他的遗骨。

●伊斯兰教

伊斯兰教兴起于公元7世纪的阿拉伯半岛。原意为"顺从""和平",信奉伊斯兰教的人统称为"穆斯林"。唐宋时期,大量的阿拉伯、波斯使臣和商人经陆海丝绸之路来到中国,伊斯兰教亦随之传入,西域地区的民族以及后来西迁到这里的民族先后信奉伊斯兰教。在广州、泉州、杭州、扬州等地相继出现了穆斯林聚居区——番坊,并修建了清真寺。后来伊斯兰教又逐渐传入内地。广州怀圣寺、泉州清净寺、杭州凤凰寺、扬州仙鹤寺,分别建于唐宋时期,并称中国四大古清真寺。

泉州清净寺

【史海泛舟】

伊斯兰教基本信条为"万物非主,唯有真主,穆罕默德是安拉的使者",是严格的一神教。伊斯兰教早期向世界的传播,与阿拉伯帝国的向外征服有着密切的联系。但自10世纪后,伊斯兰教在非洲、亚洲和东南亚的广泛传播,以及伊斯兰化的过程,通常是通过商人的贸易活动、文化交流和传教士的传教活动而实现的。

唐宋时期来到中国的阿拉伯、波斯商人,许多人长期在中国定居,逐渐与当地人相融合,形成了具有阿拉伯和伊斯兰文化、习俗的群体,后来就成为我国的一个少数民族——回族。

●基督教

基督教于公元1世纪起始于罗马帝国。在唐代和元代,曾两度传入我国,后都中断。明万历年间,基督教再次传入我国。著名的意大利传教士利玛窦为基督教在中国的传播奠定了基业。基督教在罗马帝国分裂后,分裂为天主教和东正教。16世纪,欧洲爆发了宗教改革运动,天主教又分裂为天主教和基督新教。天主教、东正教和基督新教被称为基督新三大派别。东正教和基督新教于鸦片战争前后传入中国。

基督教的教义取源于《圣经》。虽各宗派说法不一,但基本教义大致相同。基督教认为:世界是上帝创造的;人的本性就是有罪的,人的职责就是向上帝赎罪;人只有信耶稣基督,才能免罪;人死后其灵魂将根据生前是否信耶稣决定上天堂或下地狱。

二、独具韵味的传统节令

中国传统的节令由来已久。很多节令日期受中国古代的农业社会生活方式、季节变化及耕作与收获的循环所影响,因此,中国人将各个节令,平均分布在一年的四季之中,一年中的二十四节气,也都是划分时间的坐标。除了二十四节气之外,在漫长的历史发展中,中华民族还形成了其他许多传统的节令。

中国传统节庆都具有"祈福""消灾""天人合一""团圆聚会"意思的特质,同时也有"休息"的意味,可以说是以往农业社会中农民的假期。传统节庆作为生活中重要的部分,已经成为一种生活的习惯。现在生活方式虽然改变了,但是节庆的意义并未淡化。这些传统节庆,说明了我国人民除了血缘、地理、历史、语言的因素之外,也是一个极其重视传统和念旧的民族。不同的节令或节日,都有着不同的习俗与典故。中华民族传统节令不下数十。其中影响较大的有春节、元宵节、清明节、端午节、七夕节、中秋节、重阳节。

【史海泛舟】

春节,农历正月初一日。古时称元旦、元日等,俗称过年,是一年中最隆重的节日。年,原指谷物成熟,过年既是庆祝,又是人们享受果实、休息交流的重要活动。新中国成立后,宪法规定采用公元纪年,将每年的1月1日定为元旦,正月初一改称春节。

端午节,原称端五,农历五月初五日。端午节早在西周初期即有记载,源于中国民间的多种传说,其中流传最广的是为了纪念楚国的爱国诗人屈原。

中秋节,农历八月十五日。源于古人祭月神的活动,也与嫦娥奔月的传说有关。古人认为这天晚上的月亮是最圆最亮的,喻示人间的美满团圆,因而被看做是家人团圆的重要节日。

除汉族的传统节日外,少数民族也都有各自的传统节日。这些节日,有的起源于古老的传说,有的源于习俗,有的源于宗教。我国的回、维吾尔、哈萨克、乌兹别克、塔吉克、塔塔尔、阿尔克孜、撒拉、东乡、保安等民族信奉伊斯兰教。开斋节、古尔邦节等都是这些民族的重要节日。彝、白、纳西、拉祜等西南地区的少数民族每年举行火把节。另外,还有傣族的泼水节、蒙古族的那达慕大会等,不胜枚举。

我国各民族的传统节日,不仅表现了人们对幸福生活的追求和向往,对美好未来的憧憬和祝愿,还体现了中华民族重义轻利、和睦团结、热情好客的精神风貌以及热爱祖国、尊老敬贤、自强不息的传统美德。

三、民生百态的活化石——风俗

风俗是一种社会传统,我国古代人民在长期的生产劳动和社会生活中,逐渐形成了一些特定的风俗。风俗具有因地而异的特点。这些风俗体现了社会生活的各个方面的内容,丰富了人们的文化生活。

● 节日风俗

春节,一年之始,万象更新,主要活动是在除夕夜吃年夜饭、祭祀和守岁等,另外正月初一、二、三日是大年三天,也要祭祀供奉。这三天,一般除了做饭,不做任何工作,忌讳说不吉利的话,要拜访至亲和尊贵的亲戚。春节从初一到十五,各地还举行各种庙会、社火、乡戏等活动,是传统节日中最为热闹和奢侈的节日。

元宵节,节日里有吃元宵、观花灯、耍社火、猜灯谜等习俗。除吃元宵外,各地还有许多不同的饮食习俗。

二月二,俗称"龙抬头",也叫青龙节,是一年生产开始的标志。习俗活动有撒灰引龙、熏虫、挑菜、忌针线(以防"扎坏龙眼")等,这天还要吃素食。

清明节,祭扫祖坟、踏青游春,忌动烟火。

端午节,主要有吃粽子、赛龙舟的活动,有的地方还有系索(用五色丝线拧成的细绳,缚在手脚腕上)、插杨柳、戴香包等习俗,以用来驱虫和祈求吉祥平安。

七夕节,有摆供桌祈求女子心灵手巧、青年男女约会等活动。

中秋节,这一天全家团圆赏月,吃月饼、苹果,预示平安、团圆。亲友之间走动拜访,互相祝福。此节在外游子更为重视,不少少数民族也过此节。

重阳节,主要活动为登高、赏菊、饮酒等。

十月一,俗称"鬼节""寒衣节",也是祭祖节,家家都要上坟祭祖。

冬至节,北方地区有冬至宰羊、吃饺子、吃馄饨的习俗。南方地区在这一天则有吃冬至米团、冬至长线面的习惯。一些地区在冬至还有祭天祭祖的习俗。

腊八节,农历十二月初八这一天许多地方的人们要喝腊八粥。

● **婚姻风俗**

过去汉族青年男女的婚姻多由父母包办,大都由父母从小订婚。甚至还有指腹为婚,即孩子还未出生,双方父母就为他们确立婚姻关系。订婚前要请媒人到女方家去说媒求婚。订婚时,由男方给女方一些财物作"聘礼",结婚时女方也要带给男家很多财物,叫"陪嫁"。

举行婚礼那天,新郎要坐上礼车或花轿到女家去"迎亲",礼车或花轿前边有乐队。新娘被迎进男家后,要参拜天地和父母。礼毕,新婚夫妻入洞房。这时男家设宴款待前来贺喜的亲朋。有的地方还有闹洞房、听壁脚的习惯。

● **丧葬风俗**

中国传统的丧葬讲究重殓厚葬,并且夹杂着许多迷信的习俗。

人死后,要先沐浴,然后入殓。给尸体裹上衣衾,把尸体装进棺材。棺材要尽量做得好,富贵人家多用珍贵的木料(如楠木)做棺材,还要油漆彩画。办丧事要隆重,举行数日甚至十几日的吊唁祭奠活动,还要请和尚道士念经,为的是让死者的灵魂早日升天。

古代办丧事讲究仪式,习俗繁缛。死者亲属要报丧、穿孝服,在灵堂跪拜、守灵、守孝等。出殡埋葬时有人唱挽歌,后世的挽联、挽幛就是从古代的挽歌演变而来的。丧葬仪式规模大小与死者的地位身份密切相关,封建社会对不同地位身份的人丧仪都有严格的规定。尊长死后,子孙在一定时段内要戴孝或在家守孝,其间停止交际和娱乐,以表示对尊亲的哀悼。

练习与探究

1. 制定了官服制度、确立了黄色为皇帝专用服色的皇帝是_____。 ( )

    A. 秦始皇　　　B. 汉武帝　　　C. 隋炀帝　　　D. 唐太宗

2. 巴拿马运河是通过巴拿马地峡沟通大西洋与太平洋的通航运河,它的开通大大缩短了两大洋之间的航程,与苏伊士运河同样具有世界战略意义,因此素有"世界桥梁"之称。在我国古代也有这样一个水利工程,它的开通大大促进了我国南北经济的交流,并且在今天仍然起着重要的作用,这个水利工程是_____。 ( )

    A. 都江堰　　　B. 郑国渠　　　C. 大运河　　　D. 灵渠

3. 下列有关佛教的说法,不正确的是_____。 ( )

    A. 佛教是世界三大宗教之一
    B. 佛教的传入,为中国文化注入了新的因素
    C. 佛教在东汉末年开始流传到中国
    D. 佛教宣扬生死轮回和因果报应

4. 世界三大宗教传入我国后,给我国社会带来了哪些影响?

中国近代史

第十一章　近代西方第一次工业革命对中国的冲击

导读　1840年,鸦片战争爆发,中国战败,被迫签订中国近代史上第一个不平等条约——《南京条约》。鸦片战争对中国产生了重大影响,是中国近代史的开端。西方列强以武力打开中国国门以后,加紧了经济侵略的步伐,促使中国的自然经济逐步走向解体。19世纪六七十年代为维护清朝统治,洋务派开展了洋务运动。同时,受到外资企业获利丰厚的刺激,加上洋务企业的诱导,中国的民族工业开始起步。

第一节　鸦片战争

一、虎门销烟

鸦片战争爆发前,清王朝统治之下的中国已经处于封建社会的晚期,危机四伏。资本主义萌芽已经出现,自给自足的自然经济依旧占统治地位,土地高度集中在官僚、地主手里,农民丧失土地的现象十分严重。清王朝政治腐败,财政困难,军备废弛,国内阶级矛盾尖锐,农民起义不断发生。

同一时期,英国工业革命基本完成,英法等资本主义国家的工业革命正如火如荼地进行。工业革命大大增强了西方列强的实力,他们为了争夺更广阔的海外市场和掠夺更廉价的原料而疯狂扩张。亚洲面积最大、人口最多而腐败衰落的中国便成为他们的理想目标。

面对西方的快速发展和威胁,清王朝依然实行闭关锁国政策,沉醉在天朝上国的迷梦之中。皇帝和多数大臣闭目塞听,不了解外部的世界和时代的变化。

【史海泛舟】

公元1793年即乾隆五十八年,英国政府以向乾隆皇帝补祝八十寿辰为名派出以马戛尔尼为首的使团来华,以同中国商讨通商事宜。访华期间,马戛尔尼邀请清朝大将军福安康观看他的卫队演习欧洲新式的火器操法。福安康却冷淡地说:"看亦可,不看亦可。这火器操法,谅来也没有什么稀罕。"正是长期以来清王朝统治集团的虚骄自大,不愿意了解西方的情况的反映。所以鸦片战争爆发后,清朝统治集团对敌情的无知,达到了惊人的地步,中英交战两年了,中国皇帝还不知道英国在何方。

从18世纪中期开始,英国向中国输入呢绒、棉纺织品和金属制品,从中国购买茶叶、生丝和药材。受自给自足的自然经济的抵制,英国商品销路不畅,在两国贸易中,中国处于出超地位。为了扭转贸易逆差,以英国为主的西方国家违背国际道德,向中国大肆走私毒品鸦片【鸦片是从一种一年生草本植物——罂粟未成熟蒴果经割伤果皮后,渗出的白色乳汁干燥凝固而得,用后容易成瘾,是一种毒品},从中掠夺走了大量白银,还严重摧残了中国人民的身心健康。

【史海泛舟】

19 世纪以后,英国开始将大量鸦片输入中国,它不惜采取贿赂官吏甚至武装走私等卑劣手段。在 19 世纪的最初 20 年中,英国从印度输入中国的鸦片每年平均约 4000 箱。30 年代激增,到 1839 年就达将近 40000 箱。除了英国以外,这时还有美国商人从土耳其贩来鸦片,但为数较少。由于英国对华输入鸦片数量的激增,从 19 世纪 30 年代起,在它对华贸易总值中,鸦片就占到 1/2 以上。由于鸦片输入的急剧增加,使中英两国的贸易地位完全改变。英国由原来的入超变为出超,中国却相反,造成白银大量外流。据不完全统计,1820 - 1840 年间,中国外流白银约在 1 亿两左右。

林则徐(1785—1850)

林则徐虎门销烟图

鸦片的输入给中国带来严重危害,湖广总督林则徐、鸿胪寺卿黄爵滋等上书道光皇帝,痛斥鸦片泛滥的危害,请求禁烟。看到鸦片输入严重影响自己的统治,1838 年底,清朝道光帝颁布禁烟令,并派钦差大臣林则徐前往广州查禁鸦片。

【史海泛舟】

鸿胪寺卿黄爵滋上奏道光帝希望严禁鸦片,痛陈:"上自官府缙绅,下至工商优隶以及妇女、僧尼、道士,随在吸食。故自道光三年至十一年,岁漏银一千七八百万两。自十一年至十四年,岁漏银至两千余万两。自十四年至今,渐漏至三千万两之多。此外福建、浙江、山东、天津各海口,合之亦数千万两。以中国有用之财,填海外无穷之壑。此害人之物,渐成病国之忧,日复一日,年复一年,臣不知伊于胡底!"

1839 年 6 月 3 日,林则徐将缴获的鸦片在虎门海滩当众全部销毁。虎门销烟以实际行动打击了外国侵略者的犯罪行为,向全世界表明了中国人民维护民族尊严和反抗外国侵略的坚强决心。

二、鸦片战争的经过

中国禁烟的消息传到英国,英国政府决定发动对中国的侵略战争。1840 年 6 月英国舰队侵入广东海面,封锁珠江口,进行挑衅,鸦片战争开始。广东防御严谨,英军无隙可乘,就沿海北犯,进攻厦门。厦门守军英勇奋战,击退英军。英军继续北上,一度侵占浙江定海,最后到达天津白河口,威胁北京。清政府大为惊慌,与英国谈判,表示只要英军撤回广东,就惩治林则徐。于是,英军南下广东。道光帝将林则徐革职查办,改派琦善为钦差大臣,赴广东与英方"议和"。

在"议和"时,英军为给清政府施加压力,于 1841 年初强占香港岛,威逼广州。道光皇帝感到有失尊严,对英宣战。英军扩大侵略,又攻占了中国东南沿海一些城市。中国军民奋起抵抗,涌现出众多的民族英雄。广州附近的三元里人民的抗英斗争,显示了中国人民的反侵略精神。英军进攻镇江时,满族将领海龄率将士用大刀长矛,同敌人浴血战斗,直至全部壮烈殉国。但是由于清政府组织抵抗不力,战事节节败退。1842年8月,英国军舰抵达南京下关江面,扬言架炮攻城。清政府屈辱求和,战争结束。

三、鸦片战争的影响

鸦片战争结束后,中英两国代表在南京议和。英国侵略者强迫清政府签订了中国近代史上第一个不平等条约——《南京条约》。条约的主要内容:割香港岛给英国;赔款2100万银元;开放广州、厦门、福州、宁波、上海五处为通商口岸;英商进出口货物缴纳的关税税率,中国须同英国商定。

中英《南京条约》在南京下关江面上的英国军舰"皋华丽"上签字的场景

第二年,英国又强迫清政府签订了《五口通商章程》和《虎门条约》,作为《南京条约》的补充条约。英国从中取得了"领事裁判权""片面最优惠国待遇"以及在通商口岸租赁土地、房屋和永久居住的特权。

1844年,美国强迫清政府签订了《望厦条约》。这个条约使美国享有英国在《南京条约》及其附件中取得的除割地、赔款外的一切特权,同时还扩大了侵略权益。如,美国兵船可以到中国各通商口岸"巡查贸易";美国人有权利在通商口岸开设医院、教堂等。

【史海泛舟】

在鸦片战争中,美国竭力为英国发动的侵华战争辩护,还派军舰为英国助威。在中英《南京条约》签订的时候,清政府也被迫赔款美国烟贩子近25万银元。美国政府看到英国从不平等条约中获得了许多好处,就派专使顾盛于1844年来中国要求签订条约,并以武力相威胁。清政府只好派人与美国代表在澳门附近的望厦村签订中美《望厦条约》。

继美国之后,1844年,法国强迫清政府签订不平等条约《黄埔条约》。条约使法国享有美国在《望厦条约》中享有的一切特权外,还允许法国天主教在通商口岸自由传教,修建坟地,清政府负责保护教堂和坟地。

鸦片战争是资本主义列强用武力打开中国大门的一场侵略战争。它给中国人民带来了巨大的屈辱和伤害,对中国社会产生了巨大的影响。

第一次鸦片战争的失败和一系列不平等条约的签订,使得中国社会性质发生根本性的变化。清朝政府开始一步步成为列强统治中国的工具,随着中国的领土、领海、司法、关税和贸易主权开始遭到严重破坏,中国逐渐由一个独立自主的国家沦为半殖民地半封建国家。经济上,随着列强向中国倾销产品和对中国丝、茶等农副产品的收购,逐渐把中国卷入世界市场,原本占主导地位的自给自足的自然经济受到强烈冲击,中国日益成为世界资本主义市场的一部分。

社会矛盾上,随着社会性质的变化,中国社会的主要矛盾也由地主阶级和农民阶级的矛盾变成外国资本主义与中华民族的矛盾、封建主义与人民大众的矛盾。

革命任务上,中国人民的革命任务,从反对本国的封建统治变为既反对本国的封建统治又反对外国列强的资本主义侵略的双重任务。

由此,中国从封建社会步入半殖民地半封建社会,鸦片战争是中国历史的转折点,是中国近代史的开端,也是中国旧民主主义革命的开端。

四、第二次鸦片战争

鸦片战争以后,列强仍不满足既得利益,英国联络美法两国向清政府提出修改条约、扩大权益的要求,遭到拒绝后,就决定采取武力解决办法。

1856年秋,英国借口"亚罗"号事件,悍然出动军舰袭击广州城,战争爆发。不久,法国也借口"马神甫事件"与英国联合出兵,共同侵略中国。由于这次战争的本质和根本目的与鸦片战争一致,因此被称为"第二次鸦片战争"。

【史海泛舟】

"亚罗"号是一艘走私的中国船,曾在香港注册,但已经过期。1856年10月8日,广东水师在黄埔逮捕了船上几名海盗和涉嫌船员。这纯系中国内政,与英国毫不相干。英国驻广州代理领事巴夏礼遵照英国政府指示,竟称亚罗号是英国船,并捏造捕人时扯落英国国旗。要求送还被捕者,赔礼道歉。中国政府据实反驳,但不久妥协退让。但是英国已经决定以此为借口点燃战火。

"马神甫事件"又称"西林教案",是指法国天主教神甫马赖非法潜入中国内地活动,胡作非为,于1856年2月在广西西林县被处死一案。法国接受英国建议,以此为借口,率军来华。

1857年年底,英法军队攻陷广州,1858年4月英法俄美四国公使率军舰陆续抵达天津大沽。同年6月,清政府被迫同俄国、美国、英国、法国签订《天津条约》。条约主要内容有:外国公使进驻北京;增开牛庄(后改营口)、台湾(后定为台南)、淡水、汉口、南京等10处为通商口岸;外籍传教士得以入内地自由传教、游历、通商;外国军舰和商船可在长江各口岸自由航行;赔偿英法军费各200万两白银、英商损失200万两白银。

不久,英法两国不满清政府指定的进京换约路线,再起冲突。1860年7月英法军队到来,在大沽口击败清军后,北上占领天津。随后联军一路烧杀进逼北京。咸丰帝等则以北狩为名逃奔热河避暑山庄。10月联军洗劫和烧毁了举世闻名的圆明园。

【史海泛舟】

《天津条约》签订后,英法联军撤离天津。1859年夏英、法、美三国公使到达大沽口外,清政府要求公使在北塘登陆,并由清军保护到北京换约,英、法公使断然拒绝清政府的安排,坚持以舰队经大沽口溯白河进京,并下令英法联军进攻大沽炮台。清军在僧格林沁的指挥下,英勇抵抗,发炮反击,战斗异常激烈。由于清军火力充分,战术得当,英法联军惨遭失败,损失多艘舰艇,死伤400多人。英法联军进攻大沽惨败的消息传到欧洲,英、法统治阶级内部一片战争喧嚣,叫嚷要对中国"实行大规模的报复""占领京城"。

当圆明园还在熊熊燃烧之时,奉命留守北京的恭亲王奕䜣与英、法、俄签订了《北京条约》。其主要内容有:承认《天津条约》继续有效;增开天津为商埠;准许华工出国;割九龙司地方一区给英国;赔偿英法两国军费各增加为800万两。

浩劫后的圆明园大水法残迹

俄国趁火打劫,在第二次鸦片战争中通过《中俄瑷珲条约》《北京条约》割占中国100多万平方千米的领土,成为第二次鸦片战争最大的获利者。

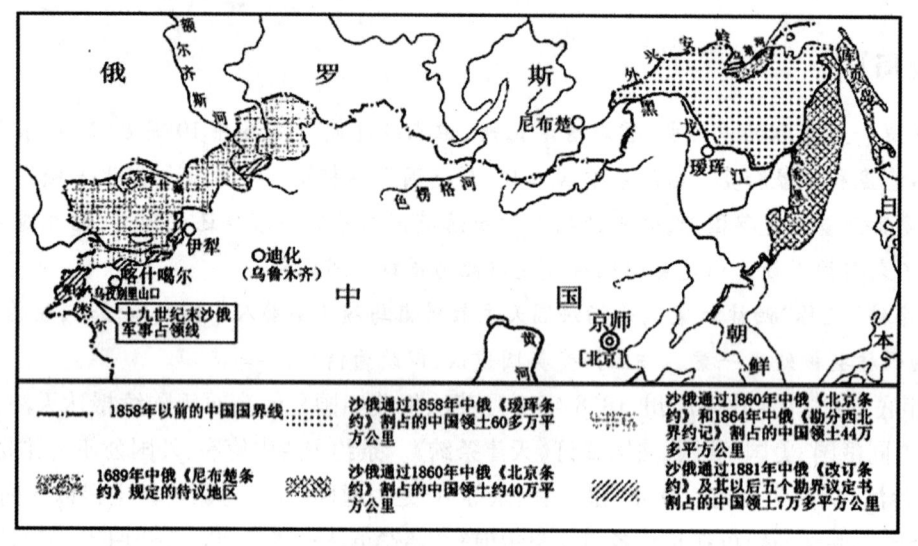

第二次鸦片战争期间沙俄侵占我国北方领土

第二次鸦片战争使中国丧失了大片领土,主权受到更加严重的侵害。清政府开始被列强控制,中外反动势力公开勾结,共同镇压中国人民的反抗。中国的半殖民地半封建化程度加深了。

第二节　洋务运动和民族工业的艰难起步

一、男耕女织社会开始解体

在中国古代社会,家庭手工业与小农生产相结合的自然经济一直在社会经济中占据主导地位。这种经济结构通常以家庭为单位,其特点是耕织结合,男耕女织。

鸦片战争以后,清政府被迫开放通商口岸。以英国为首的资本主义国家,在进一步扩大鸦片走私的同时,输入中国的其他商品的数量也呈激增之势,其中以棉纺织品为大宗。

西方国家在积极对中国进行商品输出的同时,还大量收购中国的农副土特产品,其中以生丝、茶叶为大宗。相关地区的农民纷纷扩大茶、桑的种植,他们的生产经营与商品市场的联系日益密切。丝、茶等农产品大量出口,客观上促进了中国商品经济的发展,也同时瓦解着中国社会的自然经济,中国逐渐依附于世界资本主义体系,沦为列强的商品市场和原料产地。这种情况最早在东南沿海地区出现,并逐步向内地扩展。

【史海泛舟】

1845年,福州官员奏称:洋货"充积于厦口"。洋棉、洋布,"其质既美,其价复廉,民间之买洋布、洋棉者,十室而九"。因此,"江浙之棉布不复畅销","闽产之土布土棉……不能出口"。

二、洋务运动

第二次鸦片战争以后,清政府面临内忧外患的重重困扰。统治集团内部出现了分化。一些较为开明的官员主张,在不改变封建制度的前提下,利用西方先进的科技,维护清朝统治。这部分官员被称为"洋务派"。洋务派人物中,既有以恭亲王奕䜣为代表的朝廷要员,又有以曾国藩、李鸿章、左宗棠和张之洞为代表的地方实力派大员。

曾国藩(1811—1872) 　　李鸿章(1823—1901) 　　张之洞(1837—1909)

从19世纪60年代初到90年代中期,洋务派掀起了一场历时30多年的洋务运动。洋务运动前期以"自强"为口号,引进西方先进生产技术,致力于创办近代军事工业和加强军队建设。1861年,曾国藩主持设立了中国第一家军用企业——安庆内军械所。1862年,中国人自行设计制造的第一台实用蒸汽机在安庆内军械所问世,标志着中国近代工业的起步。1865年,李鸿章在上海创办的江南制造总局是当时国内规模最大的一家军用企业。这类军事工业属于官办性质,机器从外国引进,经费由政府划拨,产品也主要由政府调配,不作为商品投放市场。

江南制造总局旧址　　　　　　　江南制造总局制造的大炮

洋务派所创办著名军用企业

厂名	创办时间	所在地点	创办人
江南制造总局	1865年	上海	李鸿章
金陵制造局	1865年	南京	李鸿章
福州船政局	1866年	福州马尾	左宗棠
天津机器局	1867年	天津	崇厚
湖北枪炮厂	19世纪90年代初	汉阳	张之洞

从19世纪70年代起,洋务派又打出"求富"的旗号,创办了一批近代民用工业,以解决军事工业资金、燃料、运输等方面的困难。1872年,李鸿章在上海设立轮船招商局并开办开平煤矿。张之洞创办汉阳铁厂和湖北织布局等。尽管洋务企业在兴办过程中存在种种问题,也未能真正达到"自强""求富"的目的,但是,它对中国的早期现代化却起到了不小的推动作用。

洋务派所创办著名民用企业

厂名	创办时间	所在地点	创办人
轮船招商局	1872年	上海	李鸿章
开平矿务局	1878年	唐山开平	李鸿章
上海机器织布局	1878年	上海	李鸿章等
电报总局	1880年	天津	李鸿章

从19世纪70年代中期起,洋务派还进行了陆军军制的改革,并且筹划近代海防,提出了十年内建成海军的倡议,重要舰船向英德两国购买,部分船只由福州船政局和江南制造总局建造。到80年代中期,初步建成北洋、南洋、福建三支海军。

为了适应洋务运动的需要,洋务派还创办了京师同文馆等一批新式学堂,培养翻译、军事和科技人才;又选派留学生出国深造,开近代教育的先河。

第一批留美幼童

洋务运动遭到了统治集团内部顽固派重重阻挠;列强也不希望中国富强起来,从多方面加以刁难、限制;洋务派本身的阶级局限性决定了他们既是近代工业的创办者和经营者,也是其摧残者和破坏者,其官僚式的体制必定导致洋务企业的成效大打折扣。因此洋务运动举步维艰。

清军在甲午中日战争中惨败,北洋水师全军覆没,宣告了洋务运动的失败。但是,洋务派引进了西方一些近代科学技术,培养了一批科技人才,客观上刺激了中国资本主义的发展。中国第一批近代企业在洋务派倡导下出现了,它们对外国的经济侵略起到了一定的抵制作用,对本国封建经济的瓦解也起到了一定的推动作用。事实证明,洋务派在不触动封建专制的前提下,试图利用西方资本主义的科技求取富强,是一种不切实际的幻想。

受外商企业丰厚利润的刺激,受洋务派引进西方先进生产技术的诱导,一些官僚、地主、商人开始投资创办近代企业。19世纪六七十年代,中国民族资本主义诞生了。民族资本主义企业主要分布在东南沿海地区,如上海的发昌机器厂、广东南海的继昌隆缫丝厂、天津的贻来牟机器磨坊等。这些企业使用机器,雇用工人,进行生产。

从19世纪60年代末到90年代初,在中国出现的近代商办企业,可以说是小农经济与家庭手工业经济的汪洋大海中的若干小岛,不但进程缓慢,而且投资和规模很小,设备简陋,技术落后,产品也主要是日用轻工业商品,但是它们毕竟是近代中国第一批民族资本主义工业。

练习与探究

1. "设将来大皇帝有新恩施及各国,亦应准英人一体均沾,用示平允。"以下特权中,明显是通过这一条款获得的是_____。( )
   - A. 在中国开辟通商口岸
   - B. 在中国设立了租界
   - C. 在中国通商口岸设厂
   - D. 在中国享有领事裁判权

2. 从经济基础和技术基础看中国近代民族工业的产生,其主要特点是_____。( )
   - A. 通过手工工场长期的资本与技术积累发展到近代机器工业
   - B. 从无到有移植西方近代生产方式
   - C. 近代企业的投资者多为官僚、地主和商人
   - D. 通过政府投资和引进西方近代科技而发展起来的

3. 为什么说第二次鸦片战争是第一次鸦片战争的扩大?

第十二章 近代西方第二次工业革命对中国文明的冲击

导读 明治维新以后,日本逐步走上对外扩张的道路。1894 年甲午中日战争爆发,中国很快战败,被迫于 1895 年同日本签订《马关条约》。甲午战争中国战败,促进了中国民族觉醒。1898 年资产阶级领导的戊戌变法开始。由于变法损害了封建顽固势力的利益,很快被镇压。

由于西方传教士在中国任意欺压民众和政府对洋人的袒护,中国爆发了义和团运动。为了镇压义和团运动,1900 年八国联军发动了侵华战争,中国战败后,被迫签订《辛丑条约》。

《辛丑条约》的签订标志着中国完全沦为半殖民地半封建社会。

孙中山是中国民主革命的先行者。经过革命思想的宣传、革命团体的成立和多次武装起义,民主革命思想日渐深入人心。1911 年武昌起义爆发。1912 年元旦中华民国成立。1912 年 2 月清帝退位。此后袁世凯当上中华民国临时大总统。1911 年为辛亥年,故此称为辛亥革命。

袁世凯当上中华民国大总统之后,逐步走向独裁,1915 年底宣布称帝,83 天后,在社会各界人士的反对之下,被迫取消帝制。袁世凯病死后,中国进入军阀割据混战时期。一战期间,北洋政府发生的"府院之争",导致张勋复辟帝制。很快,清帝再次退位,段祺瑞重新执政。段祺瑞不愿恢复临时约法,1917 年,孙中山发动护法运动。

甲午战争后,中国民族资本主义有了一定的发展。一战时期,是中国民族资本主义发展的黄金时期。

第一节 甲午中日战争

一、甲午中日战争的爆发

19 世纪 60 年代,日本通过明治维新,走上了发展资本主义的道路,国力逐渐增强。1887 年,日本政府制定了所谓"清国征讨策略",逐渐演化为以侵略中国为中心的"大陆政策"。企图占领朝鲜,灭亡中国,征服亚洲,称霸世界。为此,日本大力扩展军事实力,一步步向朝鲜渗透势力,获得了同中国对等的权利。朝鲜被置于中日两国共同的保护之下。

1894 年朝鲜爆发农民起义。朝鲜请求清政府出兵帮助镇压,当清政府派兵入朝后,日本则以保护使馆和侨民为由,把军队开进朝鲜。起义平息后,日本拒绝清政府提出的两国同时撤军的建议,反而不断增兵,蓄意挑起战争。

1894 年 7 月,日军舰队悍然在朝鲜半岛海域丰岛海面偷袭清军运兵船,挑起了战争。8 月初,清政府被迫对日宣战,由于这一年是农历甲午年,所以,历史上称这次战争为甲午中日战争。战争爆发后,清政府摇摆在战和之间,缺乏全面的作战计划,致使清军在朝鲜战场失利,被迫退回国内。

【史海泛舟】

1894年7月25日凌晨。我国护送入朝清军的"济远""广乙""操江"三舰从牙山起碇返航,在牙山口外丰岛遭到日本海军的突然袭击。"操江"被劫走,"广乙"中炮重伤。当时"高升"号由天津运载清军驶近作战海域,日军发炮强行拦截,船上千余名士兵坚决反抗,英勇反击,但由于不得救援,"高升"号被日舰击沉,中国官兵大部分壮烈殉国。同一天,日本陆军4000多人,进犯牙山的中国驻军。主将叶志超弃守牙山,逃奔平壤。聂士成率部抵抗,终因寡不敌众,也不得不北撤平壤。日军利用清军株守平壤按兵不动的时机,加紧向朝鲜增兵。9月15日,日军向平壤发动进攻。中国守军不抵,撤回中国境内。

二、黄海大战与北洋水师的覆灭

平壤陷落后,日本联合舰队在鸭绿江口大东沟附近的黄海海面挑起一场激烈的海战。这是甲午战争中继丰岛海战后第二次海战,也是中日双方海军一次主力决战。

邓世昌(1849—1894))和撞向"吉野"号的致远舰

【史海泛舟】

战斗开始不久,北洋舰队旗舰"定远"舰由于下水12年,7年未修,主炮炮塔起火,丁汝昌烧伤,信旗被毁,北洋舰队失去了指挥和联络。丁汝昌拒绝随从把自己抬入内舱,坚持坐在甲板上督战。

邓世昌指挥"致远"舰奋勇作战,后在日舰围攻下,"致远"多处受伤,全舰燃起大火,船身倾斜。邓世昌鼓励全舰官兵道:"吾辈从军卫国,早置生死于度外,今日之事,有死而已!""倭舰专恃吉野,苟沉此舰,足以夺其气而成事",毅然驾舰全速撞向日本主力舰"吉野"号右舷,决意与敌同归于尽。日本官兵见状大惊失色,集中炮火向致远射击,致远舰被击中,引起大爆炸沉没,全舰250多名官兵壮烈殉国。黄海大战北洋水师虽然损失惨重,但也重创5艘日舰,日本海军也遭到沉重打击。

黄海海战中日双方各有损失,北洋舰队主力尚存,但北洋舰队执行李鸿章"避战自保"的指示,躲在威海卫军港不敢出海迎敌,日本海军掌握了黄海制海权。随后,日军进攻中国辽东和山东半岛,占领大连、旅顺等地。日军攻陷旅顺后,即制造了旅顺大屠杀惨案,4天之内连续屠杀中国居民2万余人,犯下滔天罪行。

1895年初,日本陆军攻占威海卫,与日本海军两面夹攻北洋舰队,海军提督丁汝昌誓死不降,自杀殉国。北洋舰队中的卖国贼和西方教员,盗用丁汝昌的名义,向日军投降,北洋舰队全军覆没。甲午中日战争以清军惨败告终。

三、《马关条约》的签订

1895年4月,清政府被迫与日本在日本的马关签订了丧权辱国的《马关条约》。条约的主要内容有:割辽东半岛、台湾、澎湖列岛及附属岛屿给日本;赔偿日本军费白银2亿两;增开沙市、重庆、苏州、杭州为商埠;允许日本在中国的通商口岸开设工厂,产品运销中国内地免收内地税。

中日马关望春楼谈判

《马关条约》使中国的领土和主权进一步遭受严重损失。巨额赔款,大大加重了中国人民的负担。新通商口岸的开辟,使列强侵略势力深入中国内地。允许外国在华投资设厂,拓展了列强对华资本输出的途径,严重阻碍了中国民族资本主义的发展。在《马关条约》的刺激下,列强争相在中国划分"势力范围",强占租借地,掀起了瓜分中国的狂潮。《马关条约》反映了主要资本主义国家向帝国主义过渡过程中资本输出、分割世界的侵略要求,标志着外国资本主义对中国的侵略进入一个新的阶段。《马关条约》使中国社会半殖民地化程度大大加深了。

四、台湾人民的反割台斗争

台湾同胞获悉割台消息,悲愤之情难以抑制。台北民众鸣锣罢市,全台同胞抱定"桑梓之地,义与存亡"的决心,誓死抗拒割台。《台民布告》庄严地宣告:"愿人人战死而失台,决不愿拱手而让台!"在全国人民反对割让台湾的怒潮中,台湾的爱国军民掀起了轰轰烈烈的反投降、反割让的武装斗争。

【史海泛舟】

清政府割让台湾的消息传出后,全台人民"若午夜暴闻轰雷,惊骇无人色,奔走相告,聚哭于市中,夜以继日,哭声达于四野"。人们奔走相告,游行集会,鸣锣罢市,愤怒抗议卖国罪行,他们发出檄文"如其生为降虏,不如死为义民",义愤填膺的群众涌入巡抚衙门,表示"愿人人战死而失台,决不拱手而让台"。

在台湾人民抗日激情的影响和推动下,以台湾军务帮办刘永福为首的部分清军将士,也纷纷表示抗不奉诏,坚守台湾,与台湾人民一道抵抗日本侵略者。刘永福与官兵绅民歃血为盟,慨然相誓:不要钱、不要官、不要命,甘苦与共、戮力同心,誓与台地共存亡。

抗击日本侵略的高山族人民

爱国将领刘永福(1837—1917)

台湾保卫战充分表现了台湾军民维护祖国领土完整的坚强意志和高度的爱国主义精神,在中国人民反侵略斗争史上留下了光辉篇章。在日本侵略者统治的50年中,台湾人民的反抗斗争始终没有停止过。

【史海泛舟】

1945年8月14日,日本宣布无条件投降。10月25日根据《开罗条约》规定,台湾归还给中华民国政府,沦丧了50年之久的台湾正式回到了祖国的怀抱。台湾人民终于达到了"讨伐倭奴,恢复台澎之地"的目的。他们的斗争在中华民族解放运动史上写下了光辉的一页。

第二节　戊戌变法

一、戊戌变法的社会背景

19世纪中后期,在两次工业革命推动下,资本主义经济得到了迅速发展,欧美列强开始向电气化过渡。在政治上,欧美国家的资产阶级民主政治体制进一步完善。可以说,变革旧制度、发展资本主义已经成为当时的世界性潮流。

在国内,清政府的腐朽、列强的侵略使中国的民族危机进一步加深。甲午中日战争结束后,帝国主义列强掀起了瓜分中国的狂潮。他们除了强租租借地划分势力范围外,加强了对中国的资本输出:向中国提供政治性贷款,抢夺铁路筑路权,直接在中国开设工厂。

随着帝国主义侵略的加剧,中国社会的自然经济进一步遭到破坏,客观上为民族资本主义的发展提供了条件。清政府为了扩大税源,解决财政危机,也放宽了民间设厂的限制。中国出现了一个兴办工业的浪潮。19世纪末,中国的民族资本主义有了初步的发展。民族资产阶级作为新兴的政治力量开始登上历史舞台,资产阶级维新派掀起了救亡图存的维新变法运动。

【史海泛舟】

1895年到1898年间,国内新创办的商办厂矿企业,资本在万元以上的有60多家,其中80%是轻工业,总投资为1200多万元,平均每年设厂15家以上。原来基础较好的上海、广州、汉口、天津等城市的工业有所发展;其他一些地方也出现了近代工业。在这期间,中国近代工矿企业中,棉纺织业的发展尤其突出,1899年中国自办纱厂的总纱锭数比1895年增加了将近一倍。

二、康、梁维新思想的产生和发展

19世纪60年代以来,由于西方资本主义思想的传入和中国资本主义的产生,在一些知识分子中间就产生了早期的资产阶级维新思想,代表人物有王韬、郑观应等。他们在经济上主张发展民族工商业,和外国进行商战;在文化上主张兴办学校,学习西方的自然科学知识;有的还主张在政治上进行革新,实行君主立宪制度。早期的维新思想反映了民族资产阶级的利益和要求。

90年代,资产阶级维新思想有了进一步的发展,代表人物有康有为、梁启超。康有为在广州开办万木草堂,招徒讲学,阐发维新变法思想。康有为把西方资本主义政治学说同儒家传统思想相结合,宣传维新变法的道理。《新学伪经考》和《孔子改制考》是康有为的代表作,有力地冲击了顽固守旧势力,奠定了资产阶级维新变法的理论基础。

【史海泛舟】

康有为,广东南海县人,人称康南海。他自幼接受过正统的儒学教育,青年时期,开始关心国家命运,留意西学;后来,萌发变法思想。1888年,他在北京第一次上书光绪皇帝,陈述变法图强的必要性和紧迫性,主张变成法,求自强,挽救危局。

康有为从传统的儒家思想中,为变法寻找理论依据。他提出人类社会的进化过程要经过"据乱世""升平世(小康)"和"太平世(大同)"三个发展阶段的理论,积极宣传变法。他在梁启超等人的协助下,写成《新学伪经考》和《孔子改制考》两部著作,系统地阐发了变法理论。

1895年4月,日本逼签《马关条约》的消息传到北京,引起了各界人士的强烈反应。正在北京参加会试的康有为、梁启超等人发动当时在北京参

康有为(1858—1927)

加会试的各地1300多名举人上书朝廷,提出"拒和,迁都,变法"等主张。历史上把这次活动称为"公车上书"。公车上书虽然没有上达给皇帝,但却使维新思潮发展成为爱国救亡的政治运动,在社会上产生了极大影响。

公车上书后,为了争取更多支持,康有为和一些维新志士还在北京、上海、湖南、天津等地创办《中外纪闻》等报刊,宣传变法主张。

1895年8月,康有为等人在北京发起成立维新派的政治团体强学会。强学会以研习西学、交流变法思想为宗旨,得到了中央和地方要员的支持。此外,强学会还引起了西方传教士及外交官员的关注,一些外国传教士也加入了强学会。不久,康有为又成立上海强学会,南北呼应,使东南地区的维新运动也迅速开展起来。

1896年8月,《时务报》在上海创刊,梁启超担任主笔。梁启超发表了《变法通议》等文章,明确提出中国要变法图强,必须学习西方资本主义国家的政治制度和文化教育制度。他将历代帝王斥为"民贼",呼吁"伸民权"和"设议院",实行君主立宪制度。同时主张改革科举制度,培养有用人才,大力发展近代工业。他的文章言论新颖,文笔流畅,深受社会各阶层人士欢迎,大大推动了变法维新思想的广泛传播。

【史海泛舟】

梁启超,广东新会人,号任公,别号饮冰室主人。幼年时从师学习,"八岁学为文,九岁能缀千言"(《三十自述》),17岁中举。1890年起师从康有为,并协助其进行变法理论的撰述,1895年参加了公车上书和

强学会的活动,是与康有为齐名的戊戌变法领导人之一。

维新派倡导立学会、办报纸、兴学堂的活动起到了启发民智、组织力量和制造舆论的重要作用。据不完全统计,1895—1898 年之间,维新派创办的学会、学堂、书局、报馆多达 300 余所。这表明资产阶级维新派此时已有了一定的社会基础,资产阶级改良主义思想得到了广泛的传播,涌现出康有为、梁启超、谭嗣同等一批领袖人物,议论时政、集会结社蔚然成风,维新变法新局面逐渐形成。

19 世纪末,资产阶级维新派同封建顽固派势力进行了一场激烈的论战。论战中的封建顽固势力包括洋务派。论战主要围绕要不要维新变法,要不要兴民权、实行君主立宪,要不要提倡西学、改革教育制度等问题进行。这场论战是资本主义思想同封建主义思想的正面交锋。它使一些知识分子摆脱封建束缚,促进了变法运动的高涨。

梁启超(1873—1929)

三、百日维新

1897 年,德国军队强占胶州湾;接着俄国又强占旅顺和大连;第二年,法国强迫清政府租借广州湾;英国迫使清政府租借后来被称之为"新界"的地区和威海卫。康有为闻讯后,连续三次向光绪帝上书,指出如果再不下决心,彻底变法以自强,恐怕皇帝和大臣们想做一名北京城里的普通百姓都不可能了。康有为的主张引起光绪帝的强烈共鸣,从而坚定了光绪帝进一步开展维新变法的决心。

1898 年 1 月 29 日,康有为上了《应诏统筹全局折》(即《上清帝第六书》),请求光绪帝发起变法。在这篇奏折中,康有为重申了国家面临的严重危机,主张学习日本明治维新,进行全面改革。《应诏统筹全局折》提出了比较具体的变法措施,成为维新派的施政纲领。

1898 年春,康有为在北京发起组织救亡团体保国会。以"保国、保种、保教"为宗旨,以救亡图存相号召,准备在北京、上海各设总会,在各省、府、县设立分会。保国会具有资产阶级政党的性质。在保国会的影响下,保浙会、保川会、保滇会等相继成立,维新变法的浪潮激荡全国。

1898 年 6 月 11 日,光绪帝颁布《定国是诏》,宣布变法。因为 1898 年是农历戊戌年,历史上称为戊戌变法。光绪帝召见康有为,任命他为总理衙门章京上行走,准许专折奏事。光绪帝还委派梁启超办理大学堂和译书局事务。从 6 月 11 日到 9 月 21 日,新政共推行 103 天,所以又称"百日维新"。

戊戌变法的主要内容有:

在政治方面,鼓励官绅士民上书言事;精简机构,裁减冗员,取消旗人由国家供养的特权,准其自谋生计,等等。

在经济方面,设立农工商总局,鼓励发展农工商业;提倡私人开办工厂,采用机器生产,奖励创新发明,设立铁路、矿务总局,鼓励商办铁路、矿业;改革财政,创办国家银行,编制国家预算和决算;兴办邮政,裁撤驿站。

在文化教育方面,改革科举制度,废除八股;在各地成立中小学堂,在京师设立大学堂,筹设铁路、矿务和医科等专门学堂;鼓励私人办学,选派学生到海外留学;准许民间创办报馆、学会;设立译书局,组织翻译外国书刊。

在军事方面,建立新式军队,装备新式武器,按新法练兵,添造兵船,增强海军实力。

为了减少变法的阻力,维新派没有实施先前提出的"行宪法,大开国会"、设立制度局等主张。

光绪帝的这些变法上谕,基本上反映了维新派的愿望和要求,政治上允许一定的言论自由,经济上制定了一些有利于民族资本主义发展的政策,文化上也采取了一些打击旧学、提倡新学的措施。这些变法措施的推行,有利于中国民族资本主义的发展和先进科学文化的传播,并给民族资产阶级提供了参与政治的可能性,初步动摇了封建统治秩序,具有一定的进步意义。

清德宗光绪皇帝(1871—1908)

四、戊戌政变

新政触犯了以慈禧太后为首的顽固派的利益,遭到了守旧大臣的激烈反对。6月中旬,慈禧太后任命亲信荣禄为直隶总督,控制了京津地区;并控制了人事任免权,防止光绪帝破格提拔维新派。当时,除湖南巡抚陈宝箴支持变法外,其他各省官员都对新政持观望态度,敷衍塞责,并不实行。光绪帝为贯彻改革措施,将礼部的两名尚书和四名侍郎全部革职,任命谭嗣同、刘光第、杨锐、林旭等人以四品卿衔担任军机章京,办理新政事宜,负责批阅奏章,拟制诏书,参与变法。

光绪帝的反击行动使新旧势力的矛盾尖锐化和表面化。荣禄等人暗中勾结,密谋由慈禧太后训政,以达到结束光绪帝主政、扑灭新政的目的。

光绪帝和维新派也感到形势危急,想拉拢掌握新建陆军的袁世凯,来对付慈禧太后和荣禄等保守派。9月16日,光绪帝召见袁世凯,对他加官晋爵,委以重托。但是,袁世凯表面对光绪帝和维新派信誓旦旦,暗中却与慈禧太后和守旧势力密切勾结。维新派还竭力游说外国驻华公使和传教士,希望争取得到美、英、日等列强对变法的支持,但同样没有结果。

随着斗争形势越来越紧张,传闻慈禧太后将在秋季借到天津阅兵的机会,用武力强迫光绪帝退位。光绪帝急传密诏,让康有为等人商量解救的对策。9月18日深夜,谭嗣同带着密谕拜访袁世凯,希望他起兵勤王,诛杀荣禄,逼慈禧太后彻底交权。

当时,英、日为了与俄国争夺在华利益,暗示愿意帮助中国变法。9月20日,光绪帝接见了日本前首相伊藤博文。次日,慈禧太后和守旧势力发动政变宣布临朝听政,将光绪帝囚禁中南海的瀛台。这时,袁世凯将谭嗣同夜访以及光绪帝传密谕之事曝光。慈禧太后震怒,下令逮捕维新派人士。这就是"戊戌政变"。

28日,谭嗣同、杨锐、刘光第、林旭、杨深秀、康广仁被杀,史称"戊戌六君子"。其他与新政相关的人士或被囚禁,或遭罢黜。政变后除了京师大学堂被保留下来之外,其他新政措施全被取消。"百日维新"宣告失败。

【史海泛舟】

谭嗣同,字复生,号壮飞,湖南浏阳人。政变发生时,康有为已于9月20日离开北京,逃往香港,梁启超也化装出京,逃往日本。谭嗣同拒绝了友人要他出走日本的劝告,激昂地表示:"各国变法,无不从流血而成,今中国未闻有因变法而流血者,此国之所以不昌也。"那么就由我第一个流血牺牲来改变这种情况吧!被捕后,他视死如归,在狱中写下了"我自横刀向天笑,去留肝胆两昆仑"的壮烈诗句;在法场上,他临刑不惧,高呼:"有心杀贼,无力回天,死得其所,快哉快哉!"随后从容就义,年仅33岁。

戊戌变法是一场资产阶级领导的政治改革运动。在民族危机加剧的时刻,维新派以变法图强、救亡图存为目标,进行广泛的宣传鼓动,希望通过改革,使中国走向独立、民主和富强,从而摆脱帝国主义列强的侵略与欺凌,表现

谭嗣同(1865—1898)

出强烈的爱国热情。

戊戌变法是资产阶级变革社会制度的初步尝试。维新派试图在政治上变封建君主专制为资产阶级君主立宪制，在经济上提倡兴办近代工业、交通运输业，为民族资本主义的发展创造有利的条件，符合历史发展的趋势。

戊戌变法也是近代中国第一次思想解放的潮流。康有为、梁启超、谭嗣同、严复等资产阶级维新派提倡新学，主张兴民权，对封建思想文化进行了猛烈的抨击，为近代思想启蒙运动的蓬勃兴起开辟了道路，促进了中国人民的觉醒。

第三节　八国联军侵华战争

一、义和团运动

【史海泛舟】

近代西方传教士是在列强的炮舰保护下，踏上中国大地的。他们以传教为名，充当列强侵略中国的侦探和帮凶。这使中国人民必然把反洋教作为反侵略的组成部分。从19世纪60年代起，中国人民反洋教斗争一浪高过一浪。

19世纪末，洋教遍布山东。甲午战争后，帝国主义侵略势力深入山东，教会更加猖狂。传教士肆意欺压百姓；官府在民教争讼中"袒教抑民"，民冤难伸，积怨成仇。德国强占胶州湾进一步激起山东民愤。各地反洋教斗争风起云涌。1898年，山东义和拳首领赵三多在冠县蒋家庄竖起"扶清灭洋"大旗，率先攻打当地教堂，拉开了义和团运动的序幕。到第二年秋，义和团运动的火焰已经蔓延到山东、直隶的许多州县。义和团的名称也被普遍采用。

义和团战士

义和团运动的迅猛发展，引起了列强的恐慌。列强要求清政府尽快扑灭义和团。清政府于1899年任命袁世凯为山东巡抚。袁世凯到山东后，对义和团运动进行了镇压。山东义和团转移到直隶，与当地义和团联合斗争。

1900年,山东、直隶义和团挥旗北上,势力发展到京津地区。慈禧太后看到义和团难以剿灭,正好可以利用他们教训洋人,遂改"镇压"为"安抚",默许义和团为合法民团。义和团纷纷涌进北京、天津。

6月中旬,在北京城里发生多起外国侵略者枪杀义和团战士的事件,激起了中国人民的愤怒。部分清军和义和团战士包围了西什库教堂和东交民巷使馆区,并发动猛烈进攻。不久,清廷对外宣战。义和团运动达到高潮。

二、八国联军侵华战争

1900年6月初,英、俄、德、法、美、日、意、奥八国组成侵略联军,由英国中将西摩尔率领,从天津向北京进犯。义和团在清军的配合下,沿途狙击敌人。在廊坊、杨村一带,侵略军遭受重创,狼狈逃回天津租界。

英国海军中将西摩尔(1840—1929)

八国联军攻占天津后举行阅兵式

八国联军在紫禁城阅兵

6月中旬,大批八国联军在大沽口登陆,攻陷大沽炮台,向天津进犯。义和团同守卫天津的清军进行了英勇抵抗,清军将领聂士成阵亡。7月14日,天津陷落。侵略者成立都统衙门,对天津实行殖民统治。

8月,侵略联军攻陷北京。慈禧太后、光绪帝经太原逃往西安。在逃亡途中,慈禧下令清军严厉镇压义和团,同时指派大臣与侵略者"议和"。

八国联军在北京实行分区占领。德国统帅瓦德西在紫禁城内设立司令部,统治北京城。八国联军在北京公开抢劫,屠杀无辜,奸淫妇女,无恶不作,犯下了骇人听闻的罪行。

【史海泛舟】

占领北京后,八国联军统帅、德军元帅瓦德西特许士兵公开抢劫三天,以后各国军队又抢劫多日。中国的珍贵文物遭到了空前的浩劫。皇宫和颐和园里珍藏多年的宝物被抢掠。侵略军火烧庄亲王府,当场烧死1800人。德国侵略军奉命"在作战中,只要碰着中国人,无论男、女、老、幼,一概格杀勿论"。法国军队路遇一队中国人,竟用机枪把人群逼进一条死胡同连续扫射15分钟,不留一人。日军抓捕中国人,施以各种酷刑,试验一颗子弹能穿透几个人,或者故意向身体乱射,让人身中数弹才痛苦地死去。英国人记载说:"北京成了真正的坟场,到处都是死人。"八国联军侮辱妇女,任意践踏,许多人不甘侮辱,含冤自尽。

三、《辛丑条约》的签订

1901年(光绪二十七年)9月7日,奕劻、李鸿章全权代表清政府,同英法美等11个国家在北京正式签订丧权辱国的《辛丑条约》。条约的主要内容有:中国赔款4.5亿两白银,以关税、盐税和常关税作担保,分39年还清,年息4厘,本息共9.8亿两;将北京东交民巷划定为使馆区,成为"国中之国",在区内中国人不得居住,各国可派兵驻守;拆除北京至大沽的炮台,外国军队驻扎在北京和从北京至山海关沿线的重要战略要地;永远禁止中国人民成立或参加反对列强的各种组织,违者处死;各省官员对所属境内发生的"伤害诸国人民"事件,必须立刻镇压,否则立即革职,永不叙用;惩办赞助过义和团运动的"首祸诸臣",在外国人"遇害被虐"的地方,"停止文武各等考试五年";改总理各国事务衙门为外务部,"班列六部之前"。

《辛丑条约》签订时的场景

《辛丑条约》的签订,给中国造成了严重危害。巨额赔款加重了中国人民的负担,使中国税收受到列强控制。"使馆界"实际上是"国中之国",成为列强策划侵略中国的大本营。清朝腹地京津至山海关广大地区,置于列强武装控制之下。惩办支持义和团的官员,改设外务部,列强通过外交途径加强了对清政府的控制。

《辛丑条约》是帝国主义强加给中国的又一个不平等条约。列强除了穷凶极恶地对中国敲诈勒索外,还迫使清政府成为帝国主义统治中国的工具。清廷堕落为"洋人的朝廷"。《辛丑条约》的签订,标志着中国半殖民地半封建社会秩序的完全确立。

第四节　辛亥革命和民族工业的艰难发展

一、武昌起义

《辛丑条约》签订以后，清廷已经沦为"洋人的朝廷"。国人普遍感到清政府腐败无能，只有推翻它，中国才有重新崛起的希望。清政府也迫于形势相继打出了"新政"和"预备立宪"的旗号，进行了一些改革，但不过都是幌子。这些改革客观上促进了资本主义的发展，壮大了资产阶级队伍，为资产阶级民主革命准备了一些条件。

随着新式学堂和留学教育的出现和发展，革命知识分子的队伍不断壮大。他们把西方资产阶级革命时期的天赋人权、自由平等学说，作为民主革命的思想武器，进行大力宣传。当时上海和日本东京成为中国革命知识分子宣传民主革命思想的重要阵地。著名的民主革命思想家和革命家有章炳麟、邹容、陈天华。

章炳麟（1869—1936年）　　邹　容（1885—1905年）　　陈天华（1875—1905）

【史海泛舟】

章炳麟，初名学乘，字枚叔，后改名绛，号太炎，浙江余杭人。1897年任《时务报》撰述，因参与维新运动被通缉，流亡日本。1900年剪去发辫立志革命。1903年，章炳麟在上海《苏报》上发表《驳康有为论革命书》。他主要以反对满族的统治来论证革命的必要，他说："今日之民智，不必恃它事以开之，而但恃革命以开之。"他在文章中猛烈抨击康有为诋毁革命、宣扬保皇的谬论，并热情歌颂革命说："公理之未明，即以革命明之，旧俗之俱在，即以革命去之。革命非天雄大黄之猛剂，而实补泻兼备之良药矣。"

邹容，原名绍陶，字蔚丹，四川巴县人。1902年留学日本，次年回国，在上海撰成《革命军》一书，宣传"革命是天演之公例"，"顺乎天而应乎人"，号召推翻清朝统治，建立中华共和国。书中论述了革命是社会发展的必然："我中国今日欲脱满洲人之羁缚，不可不革命；我中国欲独立，不可不革命；我中国欲与世界列强并雄，不可不革命；我中国欲长存于20世纪新世界上，不可不革命。"他号召人们奋起革命，推翻清政府的统治。

陈天华，字星台，号思黄，湖北威化人，1903年留学日本，与黄兴等人从事反清革命活动。1904年，陈天华用浅显通俗的文字写成《猛回头》《警世钟》两本著作，成为宣传民主革命的锐利武器，其中心内容是指明中国在帝国主义侵略下的危亡局势，唤起人们为改变这种局势而斗争。陈天华的《猛回头》揭露了帝国主义罪行及清王朝走狗本质；《警世钟》则体现了中国人民顽强不屈的斗争精神，号召各阶层群众一致奋起抗击帝国主义的侵略。

革命的先行者是孙中山。1894年,孙中山在檀香山建立了中国第一个资产阶级民主革命团体——兴中会。在中国人民面前第一次提出"振兴中华"的口号。随后,其他资产阶级革命团体如雨后春笋般建立。

同盟会成立前后的主要资产阶级革命团体

成立时间	名　　称	主要成员	领导人
1894年	兴中会	华侨和会党	孙中山
1904年	华兴会	留学生和学界	黄　兴　宋教仁
1904年	光复会	留学生和学界	蔡元培
1906年	日知会	学界和新军	刘静庵

1905年8月,在孙中山推动下,兴中会、华兴会、光复会骨干聚集日本东京,召开中国同盟会成立大会,推举孙中山为总理,黄兴为执行部庶务。同盟会以孙中山提出的"驱除鞑虏,恢复中华,创立民国,平均地权"为政治纲领,后来被孙中山概括为"民族""民权""民生"三大主义。同盟会以《民报》为机关刊物。中国同盟会是近代中国第一个全国性统一的资产阶级革命政党。它的成立,标志着中国的资产阶级民主革命进入了一个新阶段。

中国同盟会成立大会

中国同盟会成立后孙中山等革命党人在各地发动了一系列起义,促成了革命形势的高涨。黄花岗起义最为壮烈,这些起义沉重打击了清王朝的统治,极大地鼓舞了人们的革命斗志,为后来武昌起义一举成功准备了条件。与此同时,革命党人深入湖北新军,做宣传组织工作。参加革命团体的新军官兵达五六千人。武汉成为民主革命的摇篮。

1911年5月,清政府秉承列强旨意发布"铁路国有"法令,强行收回民间集资自办的粤汉、川汉铁路,但是未能解决如何补偿民间损失问题,引起了全国大规模的反抗运动——保路运动。其中四川最为激烈。清廷急调动湖北新军入四川镇压,导致湖北兵力空虚,故革命党人决定10月11日发动起义。不料在制造炸弹时不慎爆炸,俄国巡捕闻讯赶来,将革命党人的名册等起义文件起获,武昌形势顿时紧张。革命党人决定自行联络,提前发动起义。

10月10日,武昌城内新军工程营的革命党人率先起义,当晚,新军工程营的革命党人熊秉坤、金兆龙等率领士兵鸣枪冲出营房,攻占楚望台军械库。新军炮兵、步兵闻风响应。经过一夜激战,革命军占领武昌。12日,起义军占领汉阳和汉口,武汉三镇被革命党人所控制。

湖北军政府

武昌起义的胜利,震撼了清王朝的统治。各地革命党人纷纷起义响应。短短一个月,全国十几个省相继宣布独立。

【史海泛舟】

武昌起义成功后,湖北军政府成立,推举旧军官黎元洪为都督,宣布废除宣统年号,改为黄帝纪元,国号为"中华民国"。各省纷纷响应,到11月下旬,全国有十几个省区脱离清廷宣布独立。但是,各省的立宪派和封建官僚投机革命,革命阵营内部潜伏着危机。

二、中华民国的成立

1911年12月,孙中山从海外回国。宣布独立的各省代表在南京开会,推举孙中山为中华民国临时大总统。1912年1月1日,孙中山在南京宣誓就职,宣告中华民国成立。中华民国定都南京,采用五色旗为国旗,改用公历,以中华民国纪年,1912年为中华民国元年。南京临时政府成立后,颁布了一系列移风易俗和保护民族资本主义发展的法令和措施。

孙中山在南京就任中华民国临时大总统

1912年春,孙中山代表中华民国南京临时政府颁布《中华民国临时约法》。约法规定:中华民国主权属于国民全体;国内各民族一律平等;国民有人身、居住、财产、言论、出版、集会、结社、宗教信仰等自由;国民有选举权和被选举权,以及纳税和服兵役的义务。这部约法是中国近代史上第一部资产阶级性质的民主宪法,具有反对封建专制制度的进步意义。

三、中国民主进程的丰碑

南京临时政府成立后，清廷任命北洋军阀头子袁世凯为内阁总理大臣，主持军政，企图挽救危局。袁世凯一面命令北洋军猛攻汉口、汉阳，一面向南京临时政府提出议和。帝国主义各国采取军事威胁、外交孤立和经济封锁等手段，对革命政权施加压力，帮助袁世凯篡夺革命果实。混进革命队伍中的立宪党人和旧官僚害怕革命的发展会危及自己的利益，也希望袁世凯主持大局。孙中山为争取袁世凯推翻清政府的统治，表示如果袁世凯宣布赞成共和，可以保举他为临时大总统。

袁世凯得到孙中山的保证后，加紧逼迫清帝退位。1912年2月，宣统帝下诏退位，统治中国260多年的清王朝宣告结束。清帝退位后的第二天，袁世凯通电声明赞成共和，孙中山向南京临时参议院提出辞职。接着，南京临时参议院选举袁世凯为临时大总统。1912年3月，袁世凯在北京就任中华民国临时大总统。4月，孙中山正式解除临时大总统的职务，临时政府迁往北京。辛亥革命的胜利果实落入袁世凯手里。

袁世凯(1859—1916)

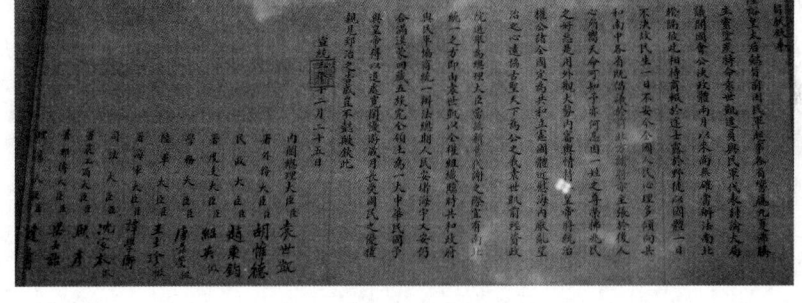

清帝退位诏书

辛亥革命是中国近代史上一次伟大的反帝反封建的资产阶级民主革命。它推翻了清王朝，结束了中国两千多年的封建君主专制政体。

辛亥革命建立了资产阶级共和国，使人民获得了一些民主和自由的权利，从此，民主共和观念逐渐深入人心，人们开始意识到自己不再是君主的奴仆，而是国家的主人。

辛亥革命推翻了"洋人的朝廷"，客观上打击了帝国主义侵略势力，为中国民族资本主义的发展创造了条件。

辛亥革命对亚洲以及世界殖民地半殖民地人民争取民族独立和解放的斗争产生了巨大的影响。

四、民族工业的艰难发展

甲午战争以后，列强争相向中国输出资本，进一步瓦解中国的自然经济。清政府为扩大税源，解决财政危机，放宽对民间办厂的限制，并于1903年设立商部，奖励工商。在严重的民族危机刺激下，许多人纷纷呼吁"设厂自救""实业救国"，涌现出张謇、荣宗敬、荣德生等一批实业家。由此，社会上兴起一股实业救国的热潮。张謇在江苏南通开办大生纱厂，荣宗敬、荣德生兄弟在无锡建立保兴面粉厂，周学熙在河北唐山开办启新洋灰公司，刘懋赏、冯济川在山西开办保晋矿务公司等企业。

张謇(1853—1926)　　荣宗敬(1875—1938)　　荣德生(1875—1952)

【史海泛舟】

张謇,字季直,号啬庵,祖籍江苏南通。光绪二十年(1894年)慈禧太后六十大寿设恩科会试中高中状元。但他未贪恋官场,而是选择了实业救国之路。1895年,他在南通开设大生纱厂。经过数年的惨淡经营,大生纱厂逐渐壮大,到光绪三十年(1904年),该厂资本63万两,纱锭2万余枚。光绪三十三年(1907年)又在崇明久隆镇(今属启东市)创办大生二厂,资本100万两,纱锭2.6万枚。到宣统三年(1911年)大生一、二两厂共获净利约370余万两。

荣宗敬、荣德生,江苏无锡人,中国近代著名实业家。1896年,兄弟二人随父亲与他人合资开办了广生钱庄,开始了经商生涯。1902年,与他人合股创办无锡保兴面粉厂。到1922年,荣氏家族拥有12家面粉厂,产量占全国民族面粉企业产量的三分之一左右,被称为"面粉大王"。

19世纪末,中国民族资本主义有了初步发展。这一时期民族资本主义的发展不仅表现为商办企业数量的增加和规模的扩大,而且还表现出由沿海向内地的扩展。民族资本主义的发展,使民族资产阶级队伍壮大,并登上了历史舞台。

中国民族工业在夹缝中生存,步履维艰,发展缓慢。列强利用他们雄厚的资金、强大的技术优势和在中国攫取的特权,压制中国民族工业的发展。清政府高额征税、敲诈勒索,又增加了企业的成本,使民族工业在竞争中处于不利地位。

辛亥革命推翻了中国两千多年的专制统治,为民族工业的发展扫清了一些障碍。中华民国的建立提高了民族资产阶级的政治地位,南京临时政府颁布的一系列发展实业的法令,激发了民族资产阶级投资近代工业的热情。群众性的反帝爱国运动此伏彼起,抵制日货、提倡国货运动,对于民族资本主义的发展也有促进作用。在民族资产阶级看来,发展工商业的大好时机已经到来,于是,各种发展实业的团体如雨后春笋般涌现。1911-1913年,全国共成立实业团体72个,几乎遍及所有省区,较著名的有中华民国工业建设会、中华实业团等。海外华侨也大规模投资国内产业。

第一次世界大战期间,欧洲列强忙于战争,欧洲各帝国主义国家暂时放松了对中国的经济侵略,对华输出的资本和商品都有所减少,客观上为民族工业的发展提供了有利的外部条件。处于帝国主义和封建主义双重压迫下的中国民族工业,得到了一次发展的机会,迎来了一个短暂的春天。

1912—1919年的8年间,新建厂矿企业470多家,投资近亿元,再加上扩建企业,新增资本达到1.3亿元,相当于辛亥革命前50年的投资总额。其中,面粉业和纺织业发展最快,化工、皮革、卷烟等行业也有相当发展。但是,第一次世界大战结束后,欧洲列强卷土重来,整个中国民族工业又迅速萧条。

中国民族工业明显地被打上了半殖民地半封建社会的烙印,主要表现为以下三点:第一,民族工业的发展主要偏重于轻工业方面,如面粉、纺织、皮革、卷烟等。重工业方面基础极为薄弱,造成工业结构极不平衡。第二,新建的民族工业大都分布在沿海和通商口岸附近,地区分布极不平衡。第三,民族资本与外国资本相比,力量十分薄弱;与封建经济相比,封建经济仍占绝对优势。因此,民族工业在帝国主义控制和封建主义的束缚下,不可能走上独立发展的道路。

第五节 袁世凯与北洋军阀的统治

一、袁世凯独裁统治的建立

1. 镇压"二次革命"

袁世凯就任中华民国临时大总统后,建立起了北洋军阀的统治。他表面赞成共和,实际上加紧专制统治。

在政治上,他破坏《中华民国临时约法》,控制内阁。他安排亲信把持了军事、财政、内政、外交等要害部门,只给了同盟会司法、教育、农林、工商等"冷衙门"的总长职务。对这样的内阁,袁世凯仍不满足。两个月后,他迫使要求行使责任内阁权力的内阁总理唐绍仪等辞职,又强迫参议院通过了他提名的新内阁,直接操纵内阁的更迭。新内阁完全听命于袁世凯,成为他的御用工具。

军事上,加强北洋军,削弱革命军。袁世凯大量举借外债,用于扩大势力,使北洋势力大增。同时又大幅度裁减南方革命军,以削弱南方革命派的势力。

袁世凯对南方革命势力的压制遭到了革命党的抵制。1912年8月,同盟会联合几个小党派,改组为国民党,推举孙中山为理事长,实际由代理理事长宋教仁主持。国民党希望通过国会选举,重组内阁,限制袁世凯的权力。不久,国民党在国会选举中赢得参众两院大多数议席,成为国会第一大党。

为了阻止国民党组织责任内阁,1913年春,袁世凯暗中指使部下收买杀手,在上海火车站刺杀准备北上参加竞选的宋教仁,史称"宋教仁案"。宋案发生后,袁世凯遭到国内舆论的谴责。他决定武力镇压国民党,下令罢免国民党人担任的江西、广东、安徽三省都督,并派兵南下。

孙中山、黄兴号召南方各省起来反袁,掀起了"二次革命"。7月,江西都督李烈钧在湖口誓师讨袁。随后,江苏、广东、安徽等南方数省相继独立。但是,国民党力量涣散,"二次革命"很快就被镇压下去。袁世凯的势力更加巩固。

宋教仁(1882—1913)

2. 走向帝制

袁世凯镇压二次革命以后,就迫不及待地要登上正式大总统的宝座。他破坏先制定宪法、后选举总统的法定程序,强行国会选举他为正式大总统。

袁世凯就任正式大总统后,就下令解散国民党。1914年,袁世凯正式下令解散国会;不久又废除《临时约法》,颁布《中华民国约法》,改内阁制为总统制,还规定总统的权力像皇帝一样。他还修改总统选举法,规定总统可以无限期连任。至此,袁世凯已将民主制度破坏殆尽,中华民国名存实亡。

在袁世凯准备复辟帝制的时候,第一次世界大战爆发欧洲列强无暇东顾,日本加紧侵略中国,企图独占中国。1914年秋,日军侵入山东。接着,日军又以支持袁世凯称帝为条件,提出灭亡中国的"二十一条"。1915年5月9日,除第五条部分内容以外,袁世凯接受了其他全部条款。这就是"五九国耻"。

为了称帝,袁世凯费尽心机。他授意他的法律顾问美国人古德诺,发表《共和与君主论》的文章,污蔑中国民智未开,因此"中国如用君主制,较共和制为宜。"在袁世凯的示意下,1915年秋,杨度等人出面组织了"筹安会",大肆鼓吹复辟帝制。在袁世凯的操纵下,各省代表全部赞成君主立宪制。

1915年底,袁世凯改中华民国为"中华帝国",准备元旦登基,年号"洪宪",以1916年为"洪宪元年"。

袁世凯称帝

袁世凯的倒行逆施,遭到举国反对。孙中山发表《讨袁宣言》,号召人民起来,维护共和制度。梁启超发表《异哉所谓国体问题者》一文,也反对袁世凯称帝。

1915年底,原云南都督蔡锷与李烈钧、唐继尧等通电讨袁,宣布云南独立。他们组织护国军,向四川、贵州和两广进兵。北洋军节节败退,各省纷纷独立。袁世凯众叛亲离,被迫于1916年3月22日取缔帝制,但是还想继续当大总统。孙中山发表《第二次讨袁宣言》,号召人民将反袁斗争进行到底。不久,袁世凯在绝望中死去。

二、北洋军阀割据下的中国

1. 军阀割据局面的出现

袁世凯死后,黎元洪继任总统,冯国璋为副总统,段祺瑞担任了国务总理。在北洋军阀系统中,存在着以段祺瑞为首的皖系和以冯国璋为首的直系两个主要派系。袁世凯死后,两派军阀的分裂逐渐表面化。皖系在日本的支持下,控制着北京政府和数省地盘,直系军阀盘踞长江富庶地区,得到英美帝国主义的支持。在东北,以张作霖为首的奉系军阀,趁护国战争的机会,驱逐了袁世凯在奉天的势力,以后又占据了吉林和黑龙江。此外还有南方的滇系和桂系,盘踞在山西的阎锡山和割据徐州的张勋。整个中国出现了军阀割据的局面。

2. 府院之争与张勋复辟

第一次世界大战爆发以后,日本以提供贷款为条件,鼓励段祺瑞出兵参战,企图加强对中国的控制。那时候,北洋军阀政府的大权在段祺瑞手里。段祺瑞也想以参战为名,利用日本贷款,扩充皖系势力。美国为了防止日军在中国取得独霸地位,就支持总统黎元洪,反对中国参战。黎元洪与段祺瑞矛盾激化,形成了"府院之争"。

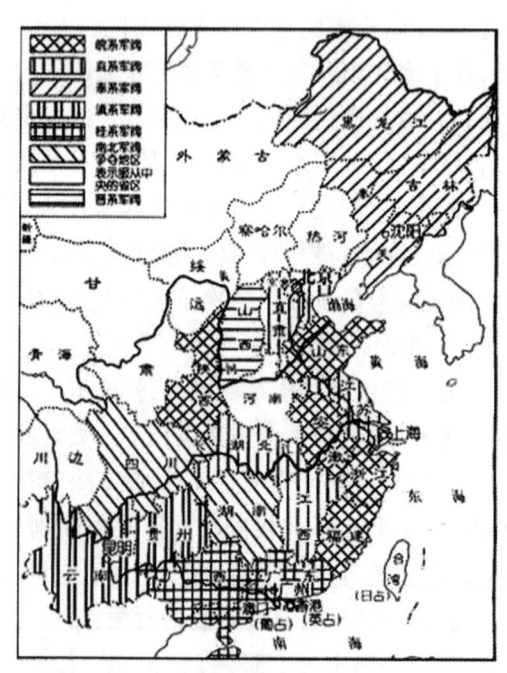

军阀割据示意图

段祺瑞不服从黎元洪总统的命令,黎元洪下令免去段祺瑞的总理职务,但是皖系势力很大,黎元洪无法抵抗其军事政治压力,只好请盘踞徐州的张勋出面"调停"。

【史海泛舟】

张勋原是袁世凯的部下,清帝退位以后,他仍以清朝忠臣自居,脑后一直拖着辫子。他的部下也都拖着辫子,人称"辫子军"。张勋一直想复辟清朝,有较强的势力,在军阀中有较高的地位。段祺瑞和黎元洪都想拉拢他。段祺瑞被黎元洪赶下台之后,想请张勋出面驱逐黎元洪。张勋认为,复辟的机会来了。

1917年,张勋率"辫子军"北上,以调停府院之争为名,进入北京,他首先强迫黎元洪解散国会,然后又拥戴清废帝溥仪复辟,恢复宣统年号。黎元洪被迫躲进外国使馆。

张勋复辟活动遭到全国各界的一致反对。段祺瑞看到利用张勋驱逐黎元洪的目的已经达到,张勋又遭到全国各族人民的反对,于是立即在天津组织"讨逆军",攻入北京。张勋战败,溥仪被迫再次退位。段祺瑞以再造共和的功臣再次担任国务总理职务。

三、护法运动

1917年7月张勋复辟失败后,冯国璋代理大总统,段祺瑞任总理,重新掌握北京政府实权。段祺瑞一上台就把毁灭约法和武力统一作为施政重点,公开宣布"一不要约法,二不要国会,三不要旧总统",力求专制统一。孙中山号召拥护《临时约法》,恢复国会,得到了西南军阀某种程度的支持。段祺瑞的武力统一政策,除了对付革命派以外,也直接危及到西南军阀的地盘,因此他们想借助孙中山的声望,以对抗段祺瑞的武力统一和扩大自己的实力。

1917年7月17日,孙中山率领两艘军舰到达广州,正式揭起护法旗帜。多数国会议员不满于段祺瑞的毁法专擅,纷纷南下。8月中旬,由于南下议员不足法定人数,不能召开正式会议,便根据孙中山的提议决定召开非常国会。会上,决定成立护法军政府,选举孙中山为大元帅,西南军阀唐继尧和陆荣廷为元帅,护法运动正式开始。

西南军阀并没有真心护法北伐,而是暗中与北洋军阀往来,并在护法军政府内排挤孙中山。南北军阀很快勾结起来。孙中山很快看到,不可能利用西南军阀达到护法的目的,遂离开广州,护法运动失败。

练习与探究

1. 在《马关条约》中,最有利于列强对华经济扩张的条款是_____。 ( )
   A. 开辟新的内河航线　　　　　　　　B. 在苏杭富庶地区开放新的通商口岸
   C. 允许日本在各通商口岸开设工厂　　D. 给予日本巨额赔款

2. 19世纪90年代,康有为维新思想的基本特点是_____。 ( )
   A. 提倡"师夷长技以制夷"
   B. 猛烈批判以孔子为代表的儒家传统道德
   C. 从学习西方科学技术转向宣传民主共和
   D. 把西方资本主义的政治学说同传统的儒家思想相结合

3. 中国近代第一个资产阶级革命政党是_____。 ( )
   A. 光复会　　　B. 国民党　　　C. 同盟会　　　D. 中华革命党

4. 在中国历史上规定立法、行政、司法三权分立政治体制的第一个文件是_____。 ( )
   A.《中华民国临时约法》　　　　　　B.《钦定宪法大纲》
   C.《中华民国约法》　　　　　　　　D.《中华民国宪法》

5. 鸦片战争以来,为了救国救民,中国的社会各个阶级进行了哪些努力?结果怎样?

第十三章 中国特色的新民主主义革命道路

导读 1919年,巴黎和会中国外交失败引发"五四运动"。"五四运动"揭开了中国新民主主义革命的序幕。随着马克思主义在中国的传播和各地共产主义小组的建立,成立中国共产党的条件成熟。1921年中国共产党的诞生使中国革命面貌焕然一新。在共产国际的帮助下,孙中山改组了国民党,1924年国民党一大的召开标志着国民大革命的开始。1926年国共合作的北伐战争把国民大革命推向高潮。国民大革命失败后,中国共产党独立领导武装斗争,开展土地革命,建立农村革命根据地。1937年,抗日战争全面爆发后,国共两党团结御敌,经历八年浴血奋战,赢得了中华民族抗日战争的胜利。抗日战争胜利后,中国历史进入解放战争时期。国民党反动派为了坚持独裁统治,发动内战,人民解放军经过三年的奋战,推翻了南京国民政府的反动统治,取得了新民主主义革命的基本胜利。

第一节 五四运动和中国共产党的诞生

一、五四爱国运动

北洋军阀政府成立以后,对外投靠帝国主义,出卖国家利益;对内实行独裁统治,掠夺土地和工矿企业,赋税猛增,人民负担加重,军阀之间不断混战,人民生活苦不堪言。国内的阶级矛盾日益尖锐,成为五四运动发生的根本原因。随着民族资本主义的发展,工人阶级力量壮大,工人罢工事件不断发生。此外,新文化运动的开展推动了人民思想的解放,促进了先进分子尤其是青年学生积极开展爱国运动。这些为五四运动的发生准备了阶级基础和思想基础。

1919年初,第一次世界大战的战胜国在巴黎召开和平会议。在会上,英美等国操纵会议,无理拒绝中国代表提出的废除帝国主义国家在中国的一切特权,取消"二十一条",收回日本在大战时夺去的德国在山东的特权等的正义要求。巴黎和会上中国外交的失败成为五四运动爆发的导火线。

【史海泛舟】

5月2日,北京《晨报》发表《外交警报警告国民》一文,指出"胶州亡矣!山东亡矣!国不国矣!"爱国学生奔走相告。3日晚上,爱国学生在北京大学法科礼堂集会。进步记者邵飘萍在会上报告了巴黎和会中国外交失败的经过和原因。学生们听了悲愤交加,一个学生当场撕下衣襟咬破手指,血书"还我青岛"四个大字。会上决定5月4日联合北京各校学生举行示威游行。

1919年5月4日,北京各校学生3000余人汇集天安门广场,高呼"外争主权,内惩国贼""废除二十一条""打倒卖国贼曹汝霖、章宗祥、陆宗舆"等口号,情绪激昂。北洋军阀政府出动军警镇压,拘捕了许多学生。第二天,北京学生实行总罢课,全国各地学生也纷纷声援。

街头演讲的北大学生

上海商人罢市

6月3日和4日,北洋军阀政府又大肆逮捕学生。6月5日,上海工人罢工、商人罢市,声援学生的爱国斗争。其他地方的工人也纷纷罢工,工人阶级开始以独立的姿态登上政治舞台。北洋军阀政府慑于各界群众的愤怒和威力,被迫释放被捕学生,罢免曹汝霖、章宗祥、陆宗舆三人职务,在巴黎的中国代表没有在和约上签字。五四爱国运动取得初步胜利。

五四运动是一次不妥协地、彻底地反对帝国主义和封建主义的革命运动。这次运动中,工人阶级是主力军,青年学生发挥了先锋作用。从此,一些具有初步共产主义思想的知识分子开始走上与工人相结合的道路,把马克思主义传播到工人中去。五四运动成为新民主主义革命的开端。

二、中国共产党的诞生

五四运动以后,工人运动进一步发展,越来越多的知识分子看到了中国工人阶级的伟大力量,开始深入到工人中去宣传马克思主义。在马克思主义同中国工人运动的初步结合的基础上,陈独秀和李大钊于1920年初开始酝酿建立共产党。同年3月,列宁领导的共产国际派代表维经斯基来到中国。在共产国际的帮助下,陈独秀、李大钊开始建党活动。1920年秋,中国共产党的第一个早期组织在上海成立,陈独秀任书记。随后,北京、武汉、长沙等地相继成立了早期共产党的组织。

陈独秀(1879—1942)

李大钊(1889—1927)

1921年7月23日,中国共产党第一次全国代表大会在上海法租界秘密召开。由于受到法国巡捕的干扰,最后一天的会议移至浙江嘉兴南湖的一艘游船上举行。参加大会的有各地党组织选派的代表毛泽东、董必武等和共产国际的代表共13人,代表全国50多个党员。大会通过的纲领规定:党的名称为中国共产党;党的性质是无产阶级政党;党的奋斗目标是用革命军队与无产阶级一起推翻资产阶级的统治,建立无产阶级专政,废除私有制,直至消灭阶级差别。大会决定今后党的中心工作是组织工人阶级,领导工人运动。大会还选举陈独秀、张国焘、李达组成中央局,陈独秀为书记,李达、张国焘分管宣传和组织工作。

中国共产党"一大"宣告了中国共产党的正式成立。它的诞生给灾难深重的中国人民带来了光明和希望，自从有了中国共产党，中国革命的面貌焕然一新。

中共"一大"代表名单

地　　区	代表姓名
上海	李　达　李汉俊
北京	张国焘　刘仁静
长沙	毛泽东　何叔衡
武汉	董必武　陈潭秋
济南	王尽美　邓恩铭
广州	陈公博
旅日	周佛海
陈独秀派遣	包惠僧

中国共产党一大会址

毛泽东（1893—1976）

董必武（1885—1975）

第二节　"打倒军阀、除列强"的国民大革命

一、孙中山的伟大转变

辛亥革命成功推翻了清朝统治，建立了中华民国，但革命的果实很快就被袁世凯为首的北洋军阀所窃取。孙中山维护民主的斗争多次失败后，深深感到国民党内的人员过于复杂，应当改组。

二七罢工失败后，中国共产党深刻地认识到，要战胜强大的敌人，必须争取一切可能的同盟者，建立革命统一战线，于是加快了同国民党的合作。

1921年，共产国际代表马林同孙中山会晤时，建议孙中山改组国民党，创办军官学校，同中国共产党合作。孙中山接受共产国际和中国共产党的帮助，同意以"党内合作"的方式与共产党合作，改组国民党。

1923年，中国共产党在广州召开第三次全国代表大会，正式决定同孙中山领导的国民党合作，建立革命统一战线。会上确定了合作的方针：共产党员以个人身份加入国民党；同时保持共产党在政治上、思想上和组织上的独立性；帮助国民党改组成工人阶级、农民阶级、城市小资产阶级和民族资产阶级联盟的政党。中国共产党第三次全国代表大会的决定,有巨大的历史功绩。但是在这次会议上,没有提出党对民主革命的领导权问题。

【史海泛舟】

1923年6月,中国共产党第三次全国代表大会在广州召开。陈独秀、李大钊、毛泽东、蔡和森、瞿秋白、张国焘、项英等来自全国各地及莫斯科的代表30余人出席大会,他们代表了全国420名党员。共产国际代表马林参加了会议。陈独秀主持会议并代表第二届中央执行委员会作报告。会议的中心议题是讨论与国民党合作、建立革命统一战线的问题。党的"三大"所确定的建立国共合作革命统一战线的策略,促进了第一次国共合作的实现,使共产党活动的政治舞台迅速扩大,加速了中国革命的步伐,为波澜壮阔的第一次大革命作了准备。

二、国民党一大的召开

1924年1月,中国国民党第一次全国代表大会在广州召开,会议主要讨论国民党的改组问题。孙中山以总理身份任大会主席。出席开幕式的大会代表165人,其中有以个人身份加入国民党的共产党员李大钊、谭平山、林祖涵、张国焘、瞿秋白、毛泽东、李立三等20多人。

国民党一大会场

大会通过了《中国国民党全国代表大会宣言》,宣言接受了中国共产党反帝反封的主张,重新解释了旧三民主义,把旧三民主义发展为新三民主义,以适应时代潮流。这在实际上确定了"联俄、联共、扶助农工"的三大政策。大会同意共产党员以个人身份加入国民党。

新三民主义和中国共产党民主革命纲领的若干基本原则是一致的,成为国共两党合作的政治基础。

国民党第一次全国代表大会的召开标志着国共两党合作的实现和革命统一战线的正式建立。国民党一大以后,全国反帝反封建的国民大革命运动迅速开展起来。

【史海泛舟】

黄埔军校的建立

1924年5月,国民党在广州黄埔建立陆军军官学校,简称黄埔军校。孙中山担任黄埔军校总理,蒋介石任校长,廖仲恺任党代表,周恩来任政治部主任。黄埔军校与以往的军校不同,它把政治教育和军事训练放到同等重要的地位,注重培养学生的爱国思想和革命精神。1926年6月5日,国民政府任命蒋介石为国民革命军总司令率军北伐,校务工作由教育长方鼎英主持。

黄埔军校一、二、三期毕业生多编入北伐军各个部队随军北伐,第四期政治大队,第五期炮兵团、工兵营,军校宪兵营、无线电通讯大队等也随军参加北伐。黄埔军校从1924年至1929年共举办七期,招收学生一万多人,培养了大批军政人才,为建立国民革命军奠定了基础。后来很多人成为国共两党的高级将领。

三、北伐战争

国民革命运动蓬勃发展,使帝国主义和各派军阀十分恐慌。在帝国主义的支持下,直系吴佩孚和奉系张作霖达成"谅解"。他们一面进攻已经参加革命的冯玉祥国民军,迫使国民军退往西北地区,一面准备南下进攻广州国民政府。

为推翻帝国主义和封建军阀在中国的统治,夺取革命在全国的胜利,1926年夏,国民革命军在广州誓师北伐,以武力打倒祸国殃民的封建军阀,北伐的主要对象是直系军阀吴佩孚、孙传芳,奉系军阀张作霖。

三个军阀控制的地区和拥兵情况

军　阀	控制地区	拥有兵力
吴佩孚	湖北、湖南、河南,陕西和河北一部	20万
孙传芳	江西、江苏、安徽、浙江、福建	20万
张作霖	黑龙江、吉林、辽宁、热河,北京和天津地区	35万

【史海泛舟】

1925年7月,广东革命政府改组为国民政府。8月,广东国民政府军事委员会将所属部队改编为国民革命军。10月,国民革命军第二次东征陈炯明,全歼了陈的叛军。不久,国民政府又统一了广东、广西,广东革命根据地得到了巩固。这为国民革命军北伐奠定了基础。

国民革命军誓师北伐

由于北伐军的英勇善战,共产党员和共青团员的先锋模范作用,以及广大人民群众的有力支援,在不到10个月的时间内就将革命从珠江流域推进到长江、黄河流域,席卷了大半个中国,取得了前所未有的伟大胜利,北洋军阀迅速崩溃。

四、国民党右派叛变革命

北伐战争的胜利和工农运动的高涨,使整个中国社会发生了巨大的变化,这一切都使饱受灾难的中国人民扬眉吐气。然而,革命者还没有享受胜利的喜悦,国民党右派就向中共举起了屠刀。在国内外反动势力支持下,蒋介石于1927年4月12日在上海发动反革命政变即"四·一二"反革命政变,大肆捕杀共产党员和革命群众。

被关押的革命群众

在革命紧要关头,陈独秀坚持右倾错误,限制工农运动,放弃革命领导权,企图以退让换取汪精卫集团的继续革命。

7月15日,汪精卫召开国民党中央常务委员会扩大会议,公开宣布与共产党决裂,史称"七·一五"反革命政变。提出了"宁可枉杀千人,不可使一人漏网"的血腥口号,随即对共产党员和革命群众实行大屠杀。大批共产党员和工农群众遭到杀害。第一次国共合作全面破裂,轰轰烈烈的国民革命失败。

国民大革命是中国近代史上前所未有的人民大革命。它基本上推翻了北洋军阀的反动统治,沉重打击了帝国主义的侵略势力。但是这次革命毕竟失败了。

但是,它在中国新民主主义革命史上仍然有着重要作用。首先,宣传了共产党反帝反封建的革命纲领,扩大了共产党在群众中的影响;其次,共产党开始掌握了一部分革命武装;第三,广大群众受到了一次革命的洗礼。这些为中国革命的继续前进奠定了基础。

惨痛的失败给中国人民以深刻的教训,使共产党认识到要领导人民取得革命的胜利就必须坚持无产阶级对革命的领导权,必须掌握革命的武装,坚持武装斗争。

第三节 土地革命和中国工农红军长征

一、南昌起义

国民大革命失败以后,国民党反动派对革命进行极端残酷的镇压。为了挽救革命和反抗国民党反动派的屠杀,中国共产党决定将当时掌握的武装力量集中到敌人兵力比较薄弱的南昌附近,以便发动武装起义。

【史海泛舟】

　　1927年7月12日,中共中央政治局进行了改组,成立了临时中央常务委员会,作出了在江西南昌举行武装起义的决定。南昌起义前,敌人在南昌方面的兵力比较薄弱,南昌城内只有6个团,加上留守机关,共1万余人。此时中国共产党能掌握的武装力量,有驻扎在九江由叶挺率领的国民革命军第二方面军第11军第24师、驻扎在南浔铁路马回岭车站由周士弟率领的第4军第25师、新从鄂东开到九江的由贺龙率领的第20军、在南昌由朱德率领的第五方面军第3军军官教导团、在武汉由卢德明率领的武昌国民政府警卫团和中央军事政治学校武汉分校的学员,总兵力有3万余人。敌我双方力量的对比表明,形势对起义非常有利。

　　1927年8月1日,周恩来、贺龙、叶挺、朱德、刘伯承等人率领两万多人在南昌举行武装起义。经过几个小时的战斗,起义军全歼南昌守军,占领南昌城。起义成功以后,部队经过整编,按预定计划南下,准备回广州重整旗鼓,再行北伐。起义军在南下途中遭到敌人封锁,损失惨重,保存下来的部队,一部分由朱德、陈毅率领,转战湘南,坚持斗争;另一部分进入海陆丰,与当地农民军会合。

南昌起义

　　南昌起义打响了武装反抗国民党反动派的第一枪,标志着中国共产党独立领导武装斗争和建立人民军队的开始。

二、土地革命

　　1927年8月7日,中共中央在汉口秘密召开了紧急会议,即"八七会议"。会议清算了陈独秀右倾错误,确立开展土地革命和武装反抗国民党反动派的总方针,决定在秋收时节发动武装起义。这次会议给处于思想紊乱、组织涣散中的中国共产党指明了方向。

　　根据"八七会议"的决议,1927年9月,毛泽东领导了湘赣边秋收起义。起义军进攻湖南中心城市长沙受挫后,改向敌人力量薄弱的山区进发。10月毛泽东率领部队到达江西井冈山,创建了中国第一个农村革命根据地——井冈山革命根据地。

【史海泛舟】

　　八七会议后,毛泽东以中央特派员身份回到湖南长沙组织秋收起义。毛泽东将驻在安源、铜鼓、修水等地的工、农、士兵武装组成中国工农革命军第一军第四师。1927年9月9日,湘赣边界秋收起义爆发。工农革命军在萍乡、老关、醴陵、白沙、东门市等地取得胜利。但由于敌强我弱,缺乏作战经验,在攻取浏阳等地时遭受严重挫折。毛泽东召集前敌委员会,讨论决定放弃进攻长沙的计划,改向敌人统治力量薄弱的农村进军。南下途中,进行了著名的三湾改编,确立了党对军队的领导。

在革命根据地,毛泽东发动群众,打土豪,分田地,废除封建剥削,开展土地革命。广大贫农政治上翻了身,经济上分到了土地,革命积极性空前高涨。毛泽东还领导革命根据地军民进行经济建设,努力发展生产。这些措施粉碎了国民政府的经济封锁,巩固了红色政权。

毛泽东的武装斗争、土地革命和根据地建设,即"工农武装割据"思想,使根据地不断巩固扩大。从1928年到1930年,中国共产党开辟了一系列重要的革命根据地,主要有赣南闽西根据地、湘鄂赣根据地、闽浙赣根据地、鄂豫皖根据地、湘鄂西根据地和左右江根据地等。红军不断发展壮大,全盛时发展到30多万人。井冈山的星星之火逐渐呈现燎原之势。

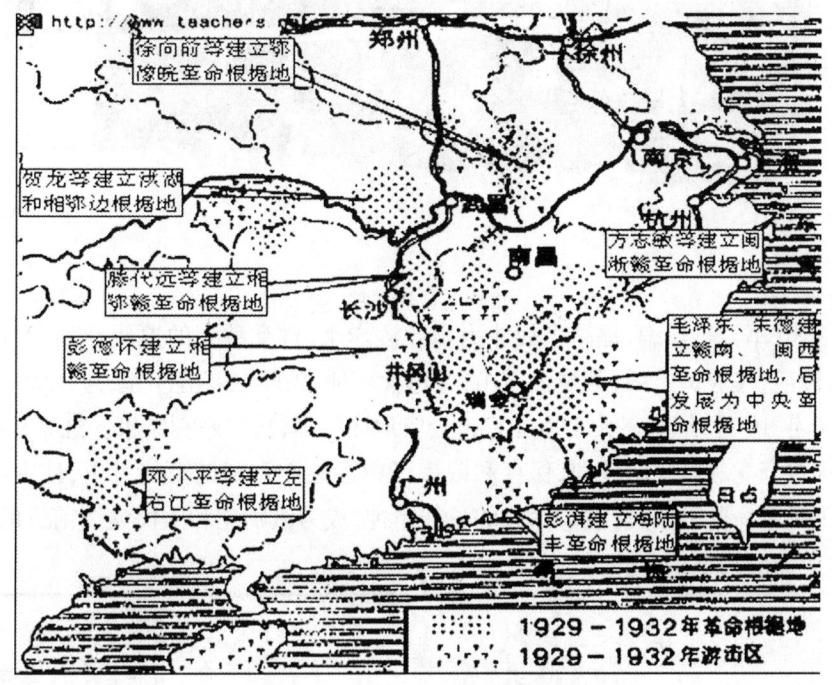

1929—1932年革命根据地形势图

红军和根据地的发展壮大,引起了国民党反动派的恐慌。从1930年10月起,蒋介石接连向革命根据地发动了三次大规模的"围剿"。毛泽东、朱德领导红军粉碎了敌人的"围剿",使革命根据地得到巩固和发展。1931年11月,中华苏维埃第一次全国代表大会在江西瑞金召开。会议宣布中华苏维埃共和国中央政府成立,制定了宪法大纲;选举毛泽东为中央政府主席,朱德为中央革命委员会主席。

三、中国工农红军长征

1933年10月,蒋介石调集百万军队,对革命根据地发动了规模空前的第五次反革命"围剿"。这时,毛泽东已被剥夺了中央苏区军队的领导权,王明、博古掌握了中共中央领导权,"左"倾错误在中国共产党内占据统治地位,特别是军事指导方针上的错误,在革命根据地得到全面贯彻。第五次反"围剿"一开始,博古、李德实行冒险主义,命令红军全线出击,攻打敌人的坚固阵地,进攻受挫后,转而采取防御中的保守主义,跟敌人拼消耗,红军奋战一年,未能粉碎敌人的"围剿",伤亡惨重,被迫进行战略转移。1934年10月,中央机关和红军八万多人离开根据地开始长征。中央红军经过英勇奋战,冲破敌人四道封锁线,只剩下三万多人。

1935年1月,中共中央政治局在遵义召开扩大会议,集中全力纠正博古等人的"左"倾军事路线,肯定了毛泽东的正确军事主张;增选毛泽东为政治局常委,撤销博古、李德的军事指挥权。遵义会议结束了王明"左"倾错误在中央的统治,在事实上确立了以毛泽东为核心的党中央的正确领导。这次会议在极其危急的情况下,挽救了党,挽救了红军,挽救了革命,成为党的历史上一个生死攸关的转折点。

遵义会议旧址

遵义会议以后,红军经过整编,提高了战斗力。四渡赤水,打乱敌人的追剿计划,渡过金沙江,冲出敌人包围圈,强渡大渡河,飞夺泸定桥,翻越大雪山,穿过大草地,长驱二万五千里,于1935年10月到达陕甘革命根据地。1936年10月,红军三大主力在甘肃会宁地区会师,长征胜利结束。红军长征的胜利,粉碎了国民党反动派消灭共产党和红军的计划,保存和锻炼了中国共产党和红军的骨干,使中国革命转危为安。工农红军长征播下了革命的种子,铸就了伟大的长征精神,成为激励党和人民继续前进的巨大动力。工农红军长征一结束,革命新局面就开始了。

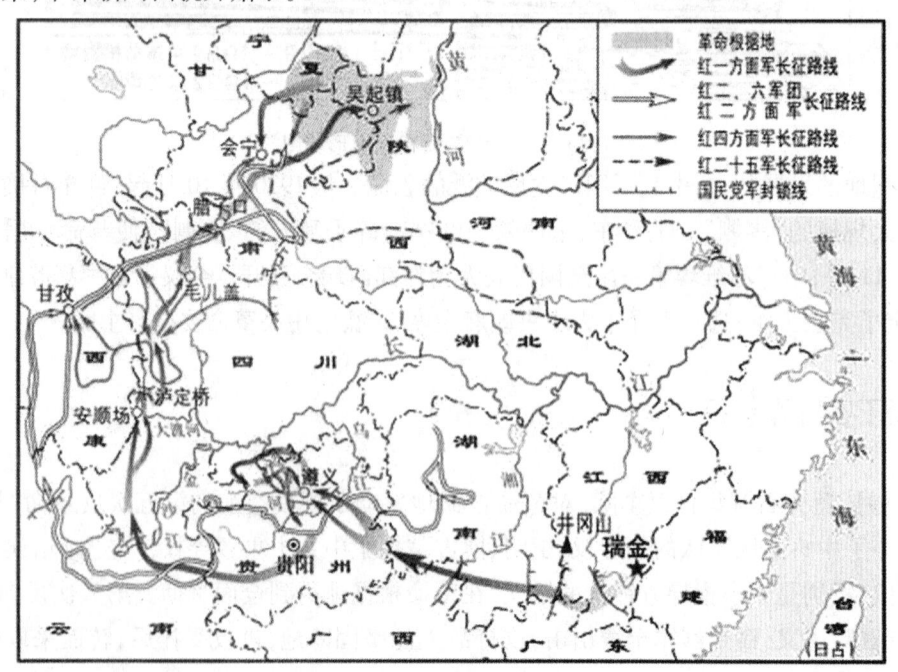

中国工农红军长征示意图

第四节　中华民族的抗日战争

一、"九·一八"事变与伪满洲国

日本占领中国台湾后,继续垂涎中国领土。1931年9月18日,日本关东军按照精心策划的阴谋,炸毁了沈阳柳条湖附近的南满铁路路轨,反诬中国军队破坏,并以此为借口,炮轰东北军驻地,制造了"九·一八"事变。20万东北军执行"不抵抗政策",不战而退,次日日军占领整个沈阳城。日军继续向辽宁、吉林和黑龙江的广大地区进攻,短短4个多月内,128万平方公里、相当于日本国土3.5倍的中国东北全部沦陷,3000多万父老成了亡国奴。

日军步兵冲进北大营

【史海泛舟】

"九·一八"事变激起了全国人民的抗日怒潮。各地人民纷纷要求抗日,反对张学良和南京国民政府的不抵抗主义。在民族大义和各爱国党派、人士的影响下,东北人民奋起抵抗,开展抗日游击战争,先后出现了东北义勇军和各种抗日武装。

日军占领东北后,受国际舆论的普遍谴责,关东军不敢悍然武力占领满洲全境,因此考虑扶植傀儡政权。1932年,关东军以复兴清朝为条件,说服已经退位的清朝末代皇帝溥仪回到东北,在日本扶植下建立了伪满洲国。

二、全民族抗战

1935年,日本帝国主义为侵占华北蓄意制造了一连串事件,总称"华北事变",华北地区日趋殖民地化。面对严重的民族危机,全国各阶层人民的抗日救亡呼声日益高涨,1936年12月12日张学良和杨虎城发动了西安事变。在共产党的努力下,蒋介石接受了停止内战、联共抗日的主张,国共内战大体停止,双方关系迅速发展,抗日民族统一战线初步形成。

1937年7月7日,在卢沟桥非法进行夜间军事演习的日军,以失踪一名士兵为借口,强横要求进入宛平城搜查,被中国守军拒绝。日军随即进攻宛平城和卢沟桥,制造了"七七事变"。这是日本帝国主义全面侵华战争的开始,也是中国全面抗战的开始。在民族危亡加深的情况下,1937年8月,中国共产党制定了动员全民族一切力量,争取抗战胜利的人民战争路线,即全面抗战路线。1937年8月下旬,八路军和新四军陆续开赴敌后后,广泛开展独立自主的游击战,建立抗日根据地。1937年9月22日,国民党中央通讯社发表了《中国共产党为公布国共合作宣言》,这标志着国共第二次合作的实现和抗日民族统一战线的正式建立。全国形成了团结抗战的局面,中国人民筑成血肉长城,为保卫祖国而斗争!

日军占领平津以后,继续向华北和华中发动攻击。国民党政府在正面战场组织了淞沪会战、太原会战、徐州会战、武汉会战等多次重大战役。其中淞沪会战粉碎了日本三个月灭亡中国的狂妄计划,使日军速战速决的计划归于失败;徐州会战中,中国军队在第五战区司令长官李宗仁的指挥下,取得了台儿庄大捷;武汉会战大大消耗了日军。1938年10月武汉、广州失陷后,抗日战争进入战略相持阶段。

三、日本侵略者的暴行

战争期间,日本军队肆意屠杀中国人民,制造了一系列惨案,给中国人民带来了深重灾难。1937年12月,日军占领南京以后,进行了灭绝人性的烧杀抢掠"大竞赛"。在持续六周的屠杀中,被害的中国人达30万以上。日军罪行罄竹难书,震惊了世界,被中外舆论界称为"现代史上破天荒的残酷记录""现代文明史上最黑暗的一页"。

残暴的日军还在中国东北成立专门研究细菌战的部队,称为"七三一部队"。他们惨无人道地用中国活人做实验,因实验而惨遭杀害的中国人达三千以上。

南京大屠杀纪念馆

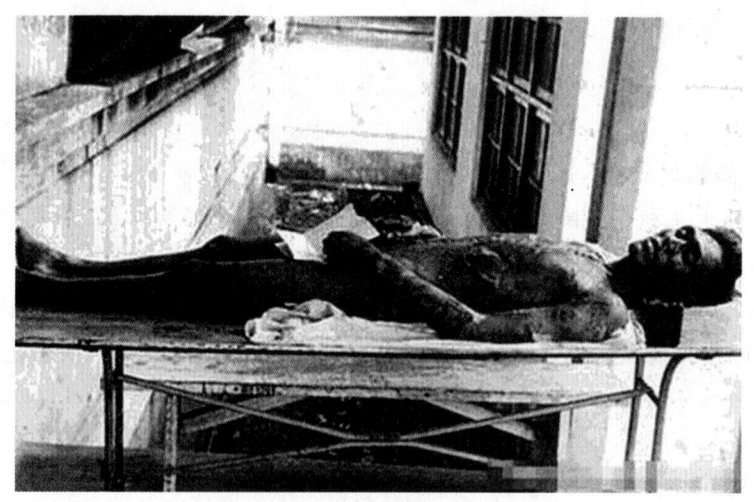

日军"七三一部队"用活人做实验

日本采取"以华制华"的策略,通过建立日伪政权进行殖民统治。日军在占领区推行"治安肃正运动""治安强化运动"和"清乡运动",进行残暴统治。日本侵略者在农业、工矿交通运输业、金融业、劳动力等方面,对沦陷区进行不同形式的掠夺,总方针是把沦陷区的经济变为它的附庸经济。日本每占领一个地区,就抢占银行,掠夺金银和现款。沦陷区的中国银行、中央银行等50多家公私银行,共损失四亿多元,其中绝大部分被运往日本。日伪还不断增加苛捐杂税,仅河北人民缴纳的捐税就有100多种。中国人民生活在水深火热之中。

四、抗战的胜利

1940年下半年,彭德怀指挥八路军100多个团在华北2000多平方公里的战线上,拔掉敌人据点3000多个。百团大战是中国军队主动出击日军的一次大规模战役。

除在中国境内,我国军队还开辟了国外战场。1942年初,日军由泰国、缅甸北上,准备进攻中国云南。为确保滇缅公路这条国际交通线,中国政府派遣远征军到缅甸,同日军作战。1945年初,在英美军队的配合下,中国远征军击败侵略缅甸的日军。

1945年5月,欧洲战场的反法西斯战争胜利结束。8月,苏联政府对日宣战,出兵中国东北,摧毁日本的精锐部队关东军。毛泽东发表《对日寇的最后一战》的声明,号召中国一切抗日力量举行全国规模的反攻。8月6日和9日,美国向日本广岛、长崎分别投掷了一颗原子弹。8月15日,日本政府被迫宣布无条件投降,9月2日正式签署投降书,至此,中国人民的抗日战争终于取得最后胜利。

日军代表小林浅三郎向中国代表何应钦呈递投降书

抗日战争是鸦片战争以后,近百年来中国人民第一次取得完全胜利的反侵略战争。它大大增强了中国人民的民族自尊心和自信心。中国抗日战争是世界反法西斯战争的重要组成部分,中国人民为世界反法西斯战争的胜利承担了巨大的牺牲,做出了不可磨灭的贡献,中国的国际地位得到提高。它也为新民主主义革命的胜利奠定了基础。抗战胜利后,中国收回了宝岛台湾。

第五节　解放战争

一、重庆谈判和内战爆发

抗日战争胜利以后,中国的社会形势有了新的变化,中国同日本帝国主义之间的矛盾已经基本解决。中国社会的主要矛盾已转化为中国人民同美帝国主义支持的国民党反动派之间的矛盾,这个矛盾的发展或解决将决定中国的命运。在这种矛盾的支配下,中国直接面临着建立一个什么样政权的问题。为此,国共双方都提出了自己的建国方针。中国共产党希望能够在中国建立一个联合政府,而以蒋介石为首的国民党则想继续维持一党专制、独裁的局面。因此,国民党在美帝国主义的支持下积极准备发动内战。

【史海泛舟】

在第二次世界大战中崛起的美国,倚仗强大的经济和军事实力,积极向全球扩张,企图建立由美国主宰的世界秩序。美国对华政策的目标是:建立一个表面上保持独立,实际上听命于美国的中国,以便"遏制"苏联。从这个目的出发,自第二次世界大战后期起,美国的对华政策由"援华抗日"转变为"扶蒋反共",这一政策成为中国人民民族解放道路上的主要障碍。苏联为避免爆发新的战争,保持其远东的安宁环境,在诸多问题上亦采取妥协退让政策,承认美国在远东的领导地位,支持在蒋介石的领导下统一中国,并于1945年8月14日签订了《中苏友好同盟条约》。在此国际背景下,蒋介石的反共气焰更加嚣张。

由于连年战争,国人普遍渴望和平、反对战争,蒋介石迫于国内外要求和平的压力,特别是内战准备尚未完成,便采取了"假和平、真内战"的策略。他分别于1945年的8月14日、20日和23日三次电邀毛泽东赴重庆,"商讨"国内和平问题。

为了争取和平,1945年8月底,毛泽东、周恩来、王若飞在美国驻华大使赫尔利、国民党代表张治中的陪同下,由延安飞抵重庆。经过43天的艰难谈判,国共双方于10月10日签署了会谈纪要,即《双十协定》。协定规定:和平建国,坚决避免内战,召开政协会议,保障人民权利等。但对人民军队和解放区政权的合法地位未能达成协议。重庆谈判使共产党在政治上取得了主动,在人民面前表明了争取和平的诚意;使共产党在国民党统治区和各民主党派中扩大了影响。同时,重庆谈判迫使国民党承认和平建国的基本方针,国民党若破坏协定、发动内战,在政治上必陷入被动地位。

毛泽东和蒋介石在重庆谈判时的合影

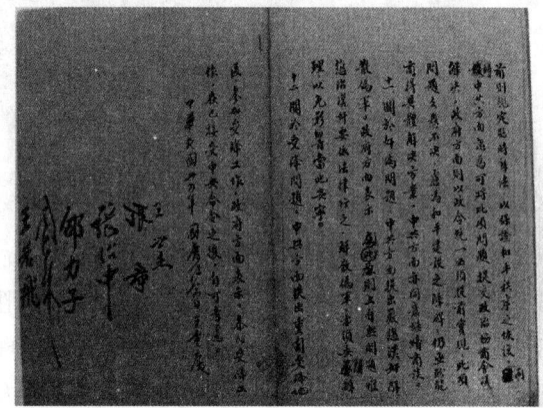
双十协定原稿

根据双十协定召开政协会议的规定,1946年1月政协会议在重庆召开。经过激烈的斗争,政协会议终于通过了和平建国纲领、关于军事问题的协议、关于国民大会的协议、关于宪草问题的协议、关于改组政府的协议等五项协议。但是,政协协议很快被国民党撕毁。

1946年6月底,蒋介石调集重兵进攻中原解放区,全国规模的内战爆发。从7月初开始,国民党军队陆续发动了对其他解放区的进攻。中国共产党领导的解放区军民奋起反击,人民解放军执行毛泽东的以歼灭敌人有生力量为主要目标,不以保守或夺取城市及地方为主要目标的作战方针。依靠上述作战方针,经过八个月作战,解放军共歼敌70多万,粉碎了国民党的全面进攻。

1947年春开始,国民党由于兵力不足,改全面进攻为重点进攻。解放军采取避敌主力、诱敌深入,然后集中优势兵力各个击破的方针,粉碎了国民党军队对陕北、山东解放区的重点进攻。

毛泽东转战陕北

二、战略反攻和三大战役

经过一年的作战，敌我力量对比发生重大变化。1947年夏，中共中央及时调整战略部署，人民解放军向国民党统治区发起战略反攻，大量消灭敌人有生力量。同时，依照毛泽东确立的"三军配合，两翼牵制"的部署，刘伯承、邓小平率领晋冀鲁豫野战军主力强渡黄河，千里跃进大别山，揭开了战略反攻的序幕。随后，陈赓等率部挺进豫西；陈毅、粟裕率部挺进鲁西南。三路大军挺进中原，对国民党展开"品"字形进攻作战。

【史海泛舟】

"我军第二年作战的基本任务是：举行全国性的反攻，即以主力打到外线去，将战争引向国民党区域，在外线大量歼敌"；"部分任务是：以一部分主力和广大地方部队继续在内线作战，歼灭内线敌人，收复失地"；"必须力求调动敌人打运动战，但同时必须极大地注重学习阵地攻击战术，加强炮兵、工兵建设，以便广泛地夺取敌人据点和城市。"

——毛泽东《解放战争第二年的战略方针》

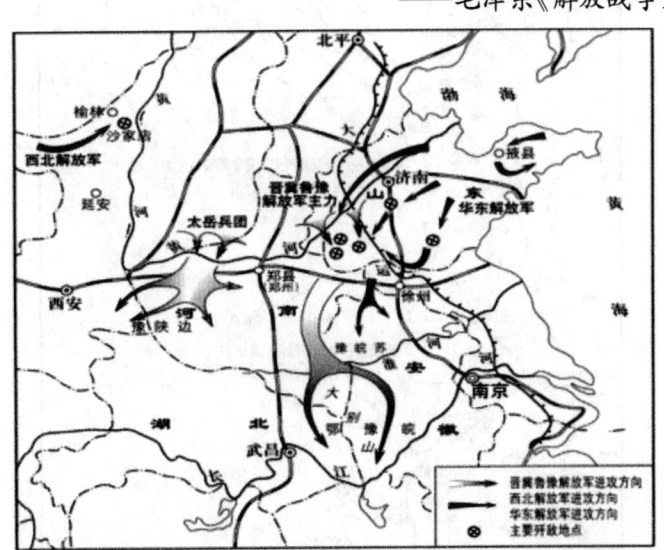

三路大军挺进中原

到1948年秋,敌我力量发生了重大变化:国民党军队的数量迅速下降,士气低落,尤其是国民党发动的反人民内战,遭到了广大人民的强烈反对,处境十分孤立。与之相对应的是人民解放军的数量迅速增加,装备有了很大改善。从1948年9月到1949年1月,人民解放军连续发动了辽沈、淮海、平津三大战役。

1948年9月,辽沈战役打响。东北解放军首先攻占了锦州,截断了东北敌军向关内的退路。被围困长春的守敌,一部分起义,一部分投降,长春解放。11月初,解放军乘胜攻下沈阳、营口。辽沈战役结束,东北全境解放。

【史海泛舟】

1948年秋,中共中央认为将战略决战的方向首先指向东北战场,对解放军最有利。第一,在兵力对比上解放军占优势。我正规军70万,地方军30万,合计百万人,是全国五大战场上兵力超过蒋军的唯一战场。第二,东北敌军孤立分散,所占地区十分狭小,补给非常困难。而且敌军战略意图或撤或守,举棋不定。第三,解放军后方巩固,支援战争的物质力量雄厚。由于这些条件,首战东北卫立煌集团,就可以将初战的胜利放在稳妥可靠的基础上。人民解放军在歼灭了东北敌军后,还可以挥师入关,有利于华北、华东战场的作战;同时还能以东北的工业支援全国战争,使人民解放军获得战略总后方。因此,首先打好东北战场的决战,就成了全国战局发展的关键。

接着,人民解放军又发动了以徐州为中心的淮海战役。华东解放军首先在碾庄地区歼灭黄百韬兵团十余万人,中原解放军也完成对徐州的战略包围。蒋介石调兵增援徐州,中原解放军及华东解放军一部在宿县西南的双堆集地区包围并歼灭黄维兵团十余万人。国民党"剿总"副司令杜聿明见大势已去,率30多万人弃徐州南逃。解放军迅速将其包围,于1949年1月发起总攻,全歼敌军。淮海战役胜利结束。淮海战役使长江以北的华东、中原地区基本上获得解放。它沉重打击了国民党反动派。同时,我军的力量大增,士气高涨,大大增强了解放全中国的信心。此次战役的胜利结束,标志着国民党在长江以北统治的瓦解,为渡江战役的胜利展开打好了基础。

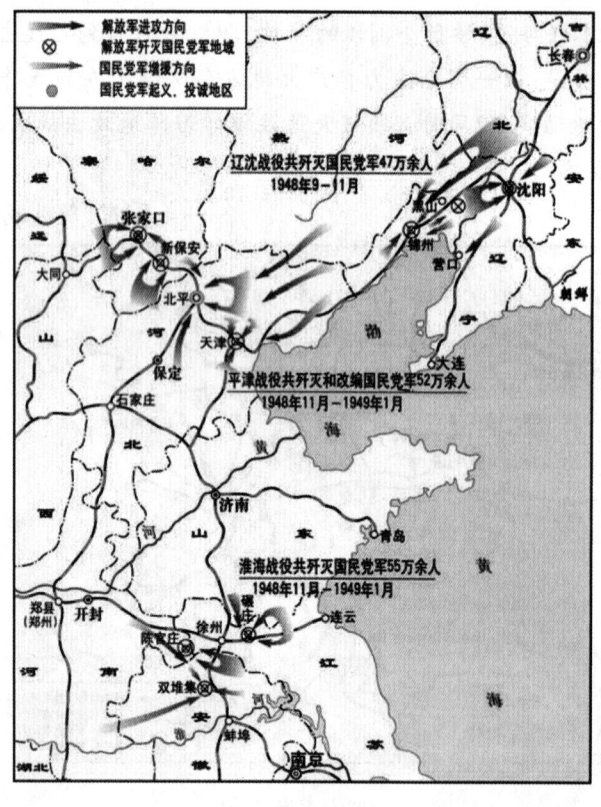

三大战役示意图

辽沈战役结束后,东北解放军迅速入关,同华北解放军一起发动了平津战役。他们将敌人分割包围在北平、天津、张家口等地,切断了敌军西逃南窜的去路。解放军攻克张家口、天津以后,1949 年 1 月 31 日,傅作义率部接受改编,北平和平解放,平津战役胜利结束。平津战役的胜利,使华北地区基本获得解放,尤其是和平解放北平,进一步打击了国民党的士气,对加速解放战争的进程具有重要意义。

三大战役结束后,消灭国民党军精锐主力 150 多万人。从战争的规模和取得的战果上看,在中国战争乃至世界战争史上都是空前的。国民党的主力基本被消灭。中国革命已处于胜利的前夜。

三、新民主主义革命的伟大胜利

战场上的溃败,迫使蒋介石在 1949 年元旦发出"求和"声明。针对这种情况,毛泽东在新年献词中号召将革命进行到底。1949 年 1 月 21 日,蒋介石被迫宣布下野。李宗仁代理南京国民政府的总统。为了迅速结束战争,减少人民痛苦,中国共产党提出了和平谈判的条件。4 月,国共两党代表在北平举行谈判,双方达成《国内和平协定》最后修正案。但是,南京国民政府拒绝在协定书上签字,和谈破裂。

4 月 21 日,毛泽东主席、朱德总司令发布向全国进攻的命令。人民解放军百万雄师强渡长江,摧垮了敌人苦心经营的长江防线。4 月 23 日,人民解放军占领南京,国民政府在中国内地的统治结束,从此中华民族的历史揭开了新篇章。随着人民解放军向全国进军,围歼国民党残余军队,新民主主义革命取得了基本胜利。

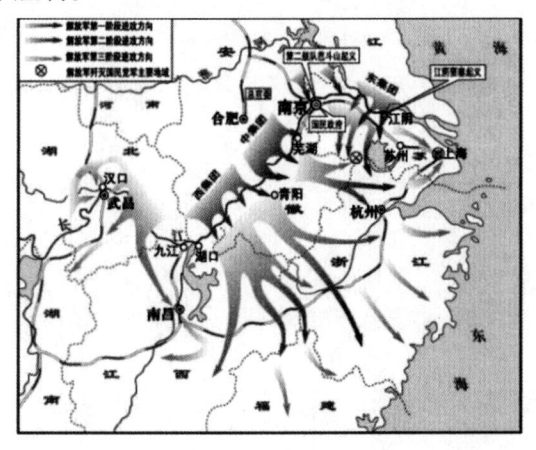

人民解放军渡江作战示意图　　　　　　人民解放军占领南京国民政府总统府

新民主主义革命的胜利,标志着中国 100 多年屈辱和分裂的历史从此结束。人民企盼的独立、统一的新中国即将诞生。中国新民主主义革命的胜利,是具有世界意义的伟大胜利。它改变了世界政治格局,壮大了世界和平、民主和社会主义力量,鼓舞了世界被压迫民族和人民解放斗争的士气。新民主主义革命的胜利,同时也是马克思主义在中国的胜利,是马克思主义的普遍原理与中国革命的具体实践相结合的毛泽东思想的胜利。

练习与探究

1. 五四运动爆发的直接原因是_____。　　　　　　　　　　　　　　　　(　　)
   A. 俄国十月革命胜利的影响　　　　　　B. 巴黎和会上中国外交失败
   C. 中国人民和帝国主义封建主义的矛盾　D. 中国无产阶级队伍的壮大及其斗争的发展

2. 1923 年中共"三大"就国共合作问题决定_____。　　　　　　　　　　　(　　)
   A. 共产党员以个人身份加入国民党　　　B. 同国民党实行党外合作
   C. 帮助国民党改组,使之成为民族资产阶级政党　D. 必须坚持共产党在革命统一战线中的领导权

3. 北伐战争的主要对象是_____。 （　　）
   A. 冯国璋、段祺瑞、张作霖　　　　B. 张作霖、孙传芳、吴佩孚
   C. 袁世凯、黎元洪、段祺瑞　　　　D. 曹锟、阎锡山、冯玉祥

4. 根据旧民主主义革命与新民主主义革命的有关史实，比较说明为什么自从有了中国共产党，中国革命的面貌就焕然一新了。

5. 著名的建筑学大师梁思成先生曾写信给中共中央，提出要尽可能地保护中华民族珍贵的历史文化遗产，如故宫、颐和园、雍和宫等。据所学知识判断，这与当时正在进行的哪一战役有直接关系_____。 （　　）
   A. 渡江战役　　B. 辽沈战役　　C. 淮海战役　　D. 平津战役

第十四章　近代社会生活习俗的变迁

导读　近代以来,中西方文明的碰撞,影响了中国人的日常生活。西服在中国逐渐取代了满人的长袍、马褂。西式餐馆和西式点心的出现带来了刀叉文化,中西合璧式的烹饪方式和菜品不断推陈出新。在政府的强力推进下,结辫和缠足的陋习终于被革除,握手、鞠躬、穿婚纱等现代礼仪和婚俗开始在上层社会广为流行。从此,中国开启了生活现代化的缓慢进程。

鸦片战争后的中国,出现了轮船、火车、飞机等近代交通工具,近代邮政电信事业开始出现并得到发展,报刊、电影、广播等大众传媒相继出现,这些变化不仅加强了人们之间的联系,使人们的生活更为便捷,也推动了中国的近代化进程,促进了中国的经济与社会发展。

第一节　物质生活和社会习俗

鸦片战争前,中国依然是一个君主专制的封建国家,虽然早已有资本主义生产关系的萌芽,但男耕女织、自给自足的自然经济依然占据着统治地位。清军入关之初,曾下令强迫汉人剃发留辫、改易满清服饰。随后,满清的发辫和长袍、马褂几乎成为中国男人的代表性装扮。

一、西装与旗袍

鸦片战争后,为挽救封建统治,同治年间清政府开始派遣留学生到国外学习。这些留学生在学习科学文化知识的同时,开始模仿西方人穿西装,开启了国人学习西式服装的先声。

随着通商口岸的开放和中外贸易的增加,羽纱、呢绒、洋绸、花布等洋货大量倾入。沿海城市率先受到西方风气的影响,衣着服饰开始发生变革,越来越多的人穿起了西服和西裤。一时之间,西装革履和长袍马褂并行不悖,成为当时上层社会男子常见的着装。

民国时期,政府仿照西方各国颁布了男女礼服的形制。政府的有力推动,大大促进了新服饰进入普通民众的生活。

【史海泛舟】

民国元年(1912年),袁世凯政府颁发了第一个正式的服饰法令,即《民国服制》。该法令对民国男女正式礼服做出了具体的规定:"男子礼服分为大礼服和常礼服两种。女子礼服只有一款:上用长与膝齐的对襟长衫,下用长裙;衫裙均加绣饰。"

身着中西服饰的男子

西式服装的传入不仅日益取代了清朝的服饰,还促进了传统服装的改良。孙中山创制的中山装和中西合璧的旗袍风靡一时。中山装是在广泛吸收欧美服饰优点的基础上形成的。孙中山综合了西式服装与中式服装的特点,设计出的一种直翻领有袋盖的四贴袋服装,定名为中山装。在孙中山的倡导下,中山装流行起来。后来,中山装成了民国政府官员的标准服装。

二、筷子与刀叉

中国人历来注重饮食,饮食文化源远流长。春秋时期孔子就有"食不厌精,脍不厌细"的说法。中国饮食不仅讲究五味调和、色香味俱全,还注重餐具文化,其中最具特色的就是筷子。

【史海泛舟】

筷子古代称"箸",古籍《韩非子·喻老》中记载:"昔者纣为象箸,而箕子怖。"纣王是商朝末期的君主,说明早在公元前11世纪,我国已出现象牙精工制造的筷子。可见,我国有历史记载的用筷子的历史已有3000多年。

近代以来,随着传教士、外国商人不断涌入中国,西方饮食开始对中国餐饮文化产生了影响,但是进程非常缓慢。随着西方饮食文化的传播,西式餐馆在中国相继出现。19世纪中期,我国先后开办了一批西式餐馆,最早的是上海的一品香菜馆。随后,一家春、江南春、万丈春、吉祥春等西餐馆相继出现,它们以优雅的环境和异国情调得到很多上层人士的青睐。

【史海泛舟】

太平馆是广州最早的一家西餐厅,在清朝光绪年间(1885年)由徐老高创立。太平馆自成立以来,一直坚持做传统西餐,由于品质优良,成为当时社会名流聚会的场所,鲁迅、郭沫若、郁达夫等文化名人都曾是太平馆的座上客。1925年,周恩来总理和邓颖超同志在广州结婚后,也曾在此宴请宾客。

随着西餐馆的兴办,中国上层社会纷纷体验尝试,宫廷、王府甚至民国要员的官邸,都开始吃西餐,用刀、叉等西式餐具,"器必洋式,食必西餐"的生活方式大受推崇。

广州太平馆西餐厅

西餐不仅使用刀叉,还实行分食制和自助餐。这种进餐方式卫生节俭,还方便人与人之间的沟通。受西方文化的影响,19世纪中叶以后,中国知识分子兴起改良宴会之风,参照西方宴会的规格,组成中西合璧的宴席,自助餐和酒会也成为上层社会的社交方式。

三、剪辫与放足

剪辫与放足是19世纪末20世纪初中国移风易俗的两大举措。早在维新变法运动兴起之际,康有为就曾经上书皇帝,请求下令"断发易服""严禁裹足",由于戊戌变法失败,这一呼声并没有在社会上产生多大的影响。

【史海泛舟】

最早的缠足是宫廷中的一种舞蹈装束。南唐后主李煜曾专门制作一个镶满珠宝璎珞的"金莲台",命嫔妃用白绸裹脚,在金莲台上翩翩起舞。"金莲"由此成为女子小脚的代称。宋朝时,缠足习俗从宫廷走向民间,元、明两代开始兴盛,清朝达到顶峰。虽然满族女子并不提倡缠足,但是社会各阶层的女子,不论贫富贵贱都纷纷缠足。

20世纪初,反对女子缠足的宣传日益高涨,各种报刊连篇累牍刊载有关文章,戒缠足的歌谣、小说、漫画广为传播,有人还以喜闻乐见的说唱形式将其普及到街头巷尾。光绪三十年(1905年),慈禧曾下诏颁布"劝行放足歌",但是缠足的陋习积重难返,收效甚微。辛亥革命后,国民政府通饬全国劝禁缠足,并在各地专门成立放足组织,宣传并强制执行放足令,缠足陋习才逐渐消失。

四、洋房与里弄

中国人的传统建筑风格多样,大多采用"四合院"或"三合院"的庭院式建筑。随着开埠通商和外国租界的设立,西式建筑开始在中国出现。

最早的西式建筑主要包括领事馆、洋行和教堂等建筑,多为仿欧洲古典式的建筑。

上海滩的西式建筑群

上海丁香花园一号楼

"花园洋房"是独院式的西式住宅房,最早出现在上海,也被称为"花园式住宅"或"西式洋房",是西洋文明和生活方式与中国文化交织的产物,主要满足官僚、外商、买办、实业家等人的居住需求。

随着外国人和外国建筑的增加,中国建筑开始受到西方的影响,中西合璧式的建筑开始出现。里弄住宅是在原来庭院式独立建筑的基础上仿照欧洲建筑出现的联排式房屋模式,是一种中西合璧的住宅模式。它最早出现在上海,后来扩展到了南京、汉口、天津等大城市。里弄住宅反映了本土住宅对近代城市生活的适应。

新式里弄:建于1930年的上海愚园路750弄

【史海泛舟】

里弄是上海方言,又称弄堂,指的是区别于街面房子的"胡同"。上海的里弄住宅分早期的石库门建筑和新式里弄住宅。19世纪后期开始在上海出现的石库门是最具上海特色的居民住宅,脱胎于中国传统的四合院,是中西建筑艺术融合的产物。由于这类民居的外门选用石料作门框,故称"石库门"。新式里弄住宅出现于本世纪20年代后期的租界内,总体上比石库门更接近欧洲近代住宅的建筑风格。

五、握手与婚纱

中国素有"礼仪之邦"之称，传统礼仪体现在社会生活的方方面面。到了晚清，依然严格遵循各种礼仪规定，如男女的坐相、街坊邻居见面时作揖打拱的手势、相互拜访时的穿着打扮等等都有讲究。

晚清街坊平时见面也要作揖打拱

晚清妇女坐相：双脚并拢、双手合放膝上

中国相见礼仪的革新始自晚清。1886年，政府官员可以按西俗与外国人握手寒暄，是中国相见礼仪革新的开始。辛亥革命后，国民政府成立专门的礼仪机构礼俗司，制定各种礼仪规范民众的行为，宣布废除跪拜、作揖等礼节，代之以鞠躬、握手等现代礼仪。

晚清以来，婚姻风俗也发生了变化。沿海商埠的上流社会纷纷模仿西方，热衷穿婚纱礼服举办文明婚礼，但是，内地和广大乡村几乎没有什么变化。30年代，蒋介石发动新生活运动，进一步推动移风易俗。上海市政府为配合新生活运动，创办的集体结婚成为当时上海的一大景观。

冰心和吴文藻的婚礼

1935年4月3日在上海市政府大礼堂举行的集体婚礼

第二节　交通和通讯

一、交通工具的更新

长期以来，中国的交通工具主要是马车、架子车、独轮车、轿子、木船、滑竿等，费时费力，速度还非常慢。落后的交通工具不仅造成人们行动上的不便，还大大制约了中国经济的发展。

轿子

架子车

独轮车

19世纪,西方人发明了轮船、火车、电车等一系列新式交通工具。新式交通工具的发明和使用改变了人们的出行方式,加强了世界各国的联系和贸易往来。

鸦片战争后,西方的轮船开始进入中国,逐渐取代中国传统的帆船和摇橹船。西方列强为了竞争中国内河航运权,纷纷在中国建立轮船公司,轮船日益成为中国水运的工具。

1872年,洋务派在上海设立轮船招商局,这是近代中国人建立的第一家轮船航运公司,是中国交通工具现代化的开端。它购买外轮30艘,在各个口岸设总分局,与外国轮船公司竞争内河航运权。

【史海泛舟】

1840年,西方用"坚船利炮"打开了中国的国门,一批有识之士掀起了一场"师夷长技以制夷"的洋务运动。1865年,徐寿、华蘅芳等人设计、制造的"黄鹄号"轮船在下关江面试航成功。"黄鹄号"是中国人自行研制和制造的中国第一艘机动轮船,揭开了中国近代船舶制造业的序幕。

1876年4月完工的吴淞铁路,是外国人在中国修建的第一条营运铁路。由于遭到当地群众反对,通车16个月后,清政府以28.5万两白银的价格买下并拆除。

唐胥铁路是中国人自己建设的第一条铁路,拉开了中国铁路建设的序幕。1909年,詹天佑设计施工的京张铁路是中国人自行设计、完成的第一条干线铁路,是中国铁路史上的里程碑。到1910年,清政府陆续修建了多条铁路,奠定了中国近代铁路网的基本格局。

20世纪初,汽车由外国侨民引进上海。此后,汽车在中国不断增多,但大都是外国人和达官显贵享受的高档奢侈品,普通民众很难享受。1908年上海有轨电车的诞生,意味着中国现代公共交通工具的起步。随后,上海又出现无轨电车、双层公共汽车和双层轮渡等交通工具,现代化交通工具开始成为普通民众的代步工具。

李鸿章视察唐胥铁路

旧上海的有轨电车

早期的双层公共汽车

除了火车、轮船和汽车，人力车和自行车也先后传入中国，改变了人们的出行方式。

【史海泛舟】

人力车又称东洋车，据说是1874年一个法国人从日本引进，在租界当局取得营业执照雇人拉车营业。为了醒目，人力车的车身一律漆成黄色，所以又叫黄包车。当年的商界和文化界人士，最喜欢乘坐黄包车，常常包租一辆供自己或家人使用。20世纪二三十年代，人力车的数量远远超过汽车，达到五六万辆之多。

莱特兄弟发明飞机以后，飞机成为现代文明不可缺少的运载工具。1909年冯如研制出一架飞机并试飞成功。1918年，近代中国航空工业开始起步，当时，制造飞机的原料、设备和发动机等都依赖外国，远未建立自己独立的航空工业体系。同一年，北洋政府交通部成

黄包车

立筹办航空事宜处，筹办京津、京沪、京汉等民用航线，这是中国最早的民用航空管理机构。1928年6月，国民党政府交通部开始筹办民用航空，先后成立了多家民航公司。

二、通讯设施的完善

中国古代官府传递信息一般采用烽火和邮驿制度。近代以前，私人信件的传递主要靠人捎带，派家丁或雇脚夫远道传书。到了明朝，出现了专为民间传递信件、物品和办理汇款的民信局。清朝道光、咸丰、同治年间，民信局发展达到最盛时期，全国大大小小的民信局多达几千家。

【史海泛舟】

中国古代建立了完备的邮驿制度。唐朝的时候，邮驿已经分陆驿、水驿和水陆兼办三种，全国共设1600多处，其中水驿260多处，水陆兼办的也有80多处。邮驿的行程有明文规定，如陆驿规定马每天走70里，驴50里，车30里。但是，遇到紧急事情，驿马一天能跑300里以上。诗人岑参在《初过陇山途中呈宇文判官》诗中描绘邮驿的速度时说："一驿过一驿，驿骑如星流；平明发咸阳，暮及陇山头。"

清朝中叶以后，近代邮政逐渐发展起来，代替了古老的驿站制度。

鸦片战争以后，五口通商，外国人在通商口岸地区设立"领事邮政代办所"，专门处理各国在华邮政业务，形成了在中国泛滥多年的"客邮"【客邮指的是19世纪后半期，英、美、法、德、俄、日等帝国主义国家非法在中国沿海口岸及一些大中城市私设的外国邮局，严重侵犯中国主权，后经过斗争，从1917年开始陆续撤销】现象。1896年3月，光绪帝应总理衙门所请批准设立大清邮政官局，标志着中国近代邮政诞生。1906年，清政府设立邮传部，下设邮政局专门负责管理邮政事务。由于长期受制于海关，大清邮政一直发展非常缓慢。1911年，邮政总局设立，邮政业务正式脱离海关实现独立营运。

民国时期，邮政得到进一步发展。1913年1月，民国政府正式宣布"裁驿归邮"，民信局和"客邮"陆续消失，中国邮政实现了大一统。1935年《中华民国邮政法》颁布，中国邮政得到进一步完善。

近代中国电信主要包括电报和电话。1877年，福建巡抚在台湾主持架设了中国第一条电报线。此后，清政府开始在各省架设有线电报线路。到甲午战争前夕，中国基本上形成了四通八达的电讯网络，民用电报事业快速发展。19世纪70年代，上海轮船招商局架设电话线，开通了中国第一部电话。19世纪80年代，外国人开始在中国设立运营式电话。1900年，清政府在南京开办第一个市内电话局，这是中国最早自办的市内电话局。近代中国的电话发展非常缓慢。新中国成立前夕，中国电话用户总共有26万，电话普及率只有0.05%。

天津大清邮政局旧址

藏于中国电信博物馆的龙图案电话机

【史海泛舟】

北京电话业务始于清末。1900年八国联军侵入北京，丹麦人璞尔生将天津电话线延伸到北京，设立外国人经营的"电铃公司"，这是北京电话业务的开始。1902年慈禧从西安回京后，在颐和园的万寿山和外务部之间建立的慈禧专线是史书记载的中国最早的皇家专线。

三、大众报业的发展

鸦片战争前中国已经出现了近代报刊。1872年创刊的《申报》是近代中国出版时间最长、影响最大的报纸。

甲午中日战争后,资产阶级改良派纷纷创立报刊,宣传变法,其中著名的有《中外纪闻》《时务报》《国闻报》等报刊。这些报刊提出的"监督政府,向导国民"两大职能,为中国资产阶级新闻思想的形成奠定了基础。戊戌变法失败后,维新派创办的报刊纷纷停刊,但是人们阅读报刊的习惯推动了中国报刊业的发展,也推动了中国革命的进程。抗战胜利后,报刊兴盛一时,达到了民国时期最高峰。

四、广播影视的发展

电影是19世纪末被引入中国的。1896年,上海徐园"又一村"放映的西洋影戏是中国最早放映的电影,也是电影正式引入中国的开始。此后,电影在中国主要城市迅速发展,成为城市人们娱乐的重要组成部分。

20世纪初,中国人开始自己拍摄电影。1905年摄制完成的京剧短片《定军山》是中国电影诞生的标志。1916年中国人还开办了"幻仙影片公司"。

此后,中国电影经历了从无声到有声、从黑白到彩色的技术进步,先后涌现出了阮玲玉、胡蝶、周璇等著名电影演员,还产生了很多优秀的作品,如《歌女红牡丹》《渔光曲》《红楼梦》等,其中的《渔光曲》是中国第一部在国际电影节上获奖的故事片。

《定军山》剧照

练习与探究

1. 中国传统饮食十分丰富。19世纪中后期,在沿海主要城市开始出现西餐,吃西餐成为当时有钱人的一种时尚。这主要是因为_____。 ( )
   A. 伴随着民族工业的发展,吃西餐成为资产阶级的生活追求
   B. 鸦片战争后,通商口岸开放,西方文化随之传入
   C. 西方殖民者涌入中国,实行同化政策
   D. 对中国人来说西餐比中餐更有吸引力

2. 假如某人在1912年从杭州到广州游玩,下列各项中不可能经历的是_____。 ( )
   A. 买一套西装穿上   B. 到西餐馆就餐
   C. 乘民用飞机到广州   D. 骑自行车看风景

3. "举头铁索路行空,电气能收夺化工。从此不愁鱼雁少,音书万里一时通。"此诗赞扬的是下列哪一项事业在日常生活中的作用_____。 ( )
   A. 铁路运输   B. 航空运输   C. 轮船运输   D. 电报通讯

4. 近代中国出版时间最长、影响最大的报纸是_____。 ( )
   A.《时务报》   B.《国闻报》   C.《申报》   D.《中外纪闻》

5. 中西餐饮食文化有何区别?

中国现代史

第十五章　从新民主主义革命向社会主义革命过渡

导读　随着解放战争的胜利进行,建立新政权的条件逐步成熟。1949年10月1日,中华人民共和国中央人民政府宣告成立。新中国的成立开创了中国历史的新纪元。中国从此进入现代史时期。

新中国诞生后,新生的人民政权还面临着内外的严重威胁。为此,党中央和中央政府从军事、政治、经济等方面采取措施巩固了新生的人民共和国。

随着经济的恢复和社会的稳定,从1953年起,中国开始执行第一个五年计划,完成了"三大改造",建立起了工业化的初步基础。三大改造的完成标志着社会主义基本制度确立。从此,我国进入社会主义初级阶段。

第一节　中华人民共和国的成立

一、中共七届二中全会的召开

抗日战争胜利以后,中国历史进入人民解放战争时期。在革命即将取得全国胜利的前夜,建立新中国的课题摆在了中国共产党和全国人民面前。

1949年3月5日到13日,中国共产党第七届中央委员会第二次会议在河北省平山县西柏坡村召开。参加会议的有中央委员34人,中央候补委员19人。毛泽东主持会议并作了重要报告。毛泽东在报告中指出在全国胜利的局面下,党的工作重点必须由乡村转移到城市。阐明在胜利后,中国共产党在政治、经济、外交方面的基本政策以及由农业国家转变为工业国家、由新民主主义社会转变到社会主义社会的总任务和基本途径。报告着重分析了当时中国各种经济成分,指出在全国胜利后国内的主要矛盾是工人阶级和资产阶级的矛盾。全会号召全党同志在胜利面前必须警惕骄傲自满情绪,必须警惕资产阶级"糖衣炮弹"的进攻。全党务必继续保持谦虚、谨慎、不骄、不躁的作风,务必继续保持艰苦奋斗的作风。会议认为召开新政治协商会议和成立民主联合政府的一切条件均已成熟,准备在解放军占领南京后召开新政治协商会议,讨论建国问题。

毛泽东在七届二中全会上讲话

七届二中全会促进了全国胜利的迅速到来,为新中国的建立及新民主主义社会向社会主义社会转变做了重要的理论准备。七届二中全会后,中共中央于1949年3月25日由西柏坡迁往北平,着手建国筹备工作。

二、新政治协商会议的召开

随着人民战争的节节胜利,成立新中国的条件成熟了,这主要表现在:人民解放战争已在全国范围内取得基本胜利;国民党反动派政府已经被推翻;中国共产党七届二中全会决议和毛泽东的《论人民民主专政》为新中国的成立作了理论和路线、方针准备;全国人民热烈拥护共产党领导下迅速成立中央人民政府。

【史海泛舟】

1948年,中国共产党在纪念"五一"国际劳动节口号中提出,迅速召开政治协商会议,讨论成立联合政府的问题。各民主党派和各界人士纷纷发表声明,拥护中国共产党的主张,并派代表到解放区,同中国共产党共商国家大事。1949年6月,新政治协商会议筹备会第一次会议在北平召开,通过了新政协筹备会组织条例,开始了召开新政治协商会议和成立新中国的筹备工作。

1949年9月21日至30日,中国人民政治协商会议第一届全体会议在北平中南海怀仁堂召开。这是一次由中国共产党发起并领导的,有各民主党派、无党派民主人士和人民团体代表参加的,协商成立中华人民共和国有关事宜的会议。出席会议的代表有中国共产党和各民主党派、无党派民主人士、人民解放军、各人民团体、各地区和国外华侨等方面代表662人。

中国人民政治协商会议第一次全体会议在北平举行

大会通过了《中国人民政治协商会议共同纲领》。纲领规定,中华人民共和国为新民主主义即人民民主主义的国家,国家的权力属于人民,实行工人阶级领导的、以工农联盟为基础的、团结各民主党派和国内各民族的人民民主专政,并为新中国的政权机关、军事制度、经济政策、文教政策、民族政策和外交政策制定了总原则。它具有临时宪法的性质。

会议还通过了《中国人民政治协商会议组织法》《中华人民共和国中央人民政府组织法》,并作出以下决议:中华人民共和国定都北平,即日起改名为北京;中华人民共和国纪年采用公元纪年;中华人民共和国国歌未确定前,以《义勇军进行曲》为代国歌;国旗定为五星红旗。大会还决定在首都天安门广场建立人民英雄纪念碑,以表示对革命先烈的无限崇敬和缅怀。

大会选举出以毛泽东为主席的由180人组成的第一届中国人民政治协商会议全国委员会;选举了由63人组成的中央人民政府委员会,毛泽东为中央人民政府主席,朱德、刘少奇、宋庆龄、李济深、张澜、高岗为副主席,周恩来、陈毅、董必武等56人为政府委员会委员。

三、开国大典和新中国成立的历史意义

1949年10月1日下午2时,中央人民政府委员会在北京中南海勤政殿举行第一次会议。会议通过决议,宣告中华人民共和国中央人民政府成立,中央人民政府主席、副主席和委员宣告就职,接受《中国人民政治协商会议共同纲领》为中央人民政府的施政方针。会议选举林伯渠为中央人民政府秘书长,任命周恩来为中央人民政府政务院总理,毛泽东为中央人民政府人民革命军事委员会主席,朱德为中国人民解放军总司令,沈钧儒为最高人民法院院长,罗荣桓为最高人民检察署检察长,并责成他们从速组织政府机构,开展各项政府工作。

下午3时,首都30万军民齐聚天安门广场,隆重举行新中国开国大典。毛泽东在天安门城楼上向全世界庄严宣告:"中华人民共和国中央人民政府今天成立了!"中央人民政府为代表中华人民共和国全国人民的唯一合法政府。接着,举行了盛大的阅兵式和群众游行。全国许多城市也举行了热烈的庆祝活动。

1949年10月1日,毛泽东在天安门城楼宣告中华人民共和国中央人民政府成立

中华人民共和国的成立开辟了中国历史的新纪元。中国人民经过一百多年的英勇斗争,终于推翻了帝国主义、封建主义和官僚资本主义的统治,取得了新民主主义革命的胜利,中国人民从此站起来了,成为国家的主人。

中华人民共和国的成立标志着中国从此走上了独立、民主、统一的道路,开始了向社会主义过渡的新时期。

中华人民共和国的成立是继俄国十月社会主义革命和世界反法西斯战争胜利之后世界历史上最重大的历史事件。占世界人口近四分之一的大国,冲破了帝国主义的东方阵线,壮大了世界和平、民主和社会主义的力量,鼓舞了世界被压迫民族和被压迫人民争取解放的斗争。

第二节 巩固人民政权的斗争

一、全国领土的基本解放

新中国成立时,人民解放战争尚未完全结束,国民党还有上百万的军队在华南、西南一带负隅顽抗,国民党大批特务、土匪还在到处进行破坏活动,威胁人民政权。新中国成立以后,人民解放军继续追歼国民党的残余军队,同时在解放区进行大规模的剿匪作战。到1950年夏,基本上歼灭了祖国大陆的国民党残余军队和武装土匪。

【史海泛舟】

新中国成立后,由中央军委统一部署,人民解放军迅速向西南和华南进军,为了不使敌人逃往境外,解放军相继围歼了国民党白崇禧、胡宗南等集团;解放了海南岛,取得了渡海作战的胜利,以和平方式解放了云南、西康的广大地区。经过8个月的作战,人民解放军共歼灭国民党残余军队130万人。

为了把帝国主义势力驱逐出西藏,统一中国大陆,中共中央决定解放西藏。1951年4月,西藏地方政府派出阿沛·阿旺晋美为全权代表的和平谈判代表团抵达北京,同以李维汉为代表的中央人民政府代表团开始谈判。5月23日,双方签署了《中央人民政府和西藏地方政府关于和平解放西藏办法的协议》。西藏宣布和平解放。8月8日,中央人民政府驻西藏代表抵达拉萨。人民解放军根据协议规定,于10月26日胜利进驻拉萨。

西藏的和平解放,使西藏摆脱了帝国主义的侵略和分裂,给西藏人民带来光明的前途。至此,除台湾及其附近岛屿外,中国大陆全部解放。

毛泽东招待阿沛·阿旺晋美

二、抗美援朝 保家卫国

第二次世界大战结束后,美苏两国军队进入原为日本殖民地的朝鲜,接受日军投降。双方以北纬38度线作为受降分界线,形成了南北两个占领区。在美国扶植下,1948年5月朝鲜南部成立了以李承晚为总统的大韩民国;9月,在苏联支持下,朝鲜北部成立以金日成为国家元首的朝鲜民主主义人民共和国。朝鲜半岛出现了两个对立政权。

1950年6月26日拂晓,南北朝鲜战争爆发,美国迅速决定以武力干涉朝鲜内部事务,援助韩国并悍然出动第七舰队进驻台湾海峡,干涉中国内政。7月,联合国安理会又决定组成"联合国军"干涉朝鲜战争,美国的麦克阿瑟被任命为"联合国军"总司令。朝鲜战争从内战扩大为一场国际性的局部战争。朝鲜局势危急,严重威胁中国的安全。同年8月,在麦克阿瑟策划下,美国调集在东亚的全部机动兵力,在飞机和军舰的配合下,于9月15日突然在半岛中部的仁川登陆,并切断朝鲜人民军南进部队的后路。朝鲜战场上的力量对比发生了改变。9月28日,美军占领汉城;10月,又越过"三八线"占领平壤。美军很快把战火烧到中朝边境的鸭绿江畔,并轰炸中国东北地区,严重威胁到中国的安全。

遭美军轰炸的中国安东(今丹东)一角

1950年10月,金日成向毛泽东主席发出紧急求援电报,请求中国出兵援助。为维护国家安全,援助社会主义国家抵抗外来侵略和干涉,中共中央政治局和中央主要领导人进行了慎重考虑,决定组建中国人民志愿军。10月19日,在司令员彭德怀的指挥下,志愿军兵分三路跨过鸭绿江,开始抗美援朝作战。志愿军利用敌军轻敌和分兵冒进的弱点,先后取得两次战役的胜利,解放平壤,把美军赶回"三八线"以南。以后双方的战线基本稳定在"三八线"附近,进行了三次互有攻守的大规模战役。

中国人民志愿军跨过鸭绿江

【史海泛舟】

骄横的美帝国主义根本就没有料到中国会出兵。联合国军总司令美军上将麦克阿瑟扬言两个星期结束朝鲜战争,梦想回美国过圣诞节。然而事与愿违。中国人民志愿军入朝以后,给敌人以出其不意的打击。美军被迫从鸭绿江边退回到"三八线"附近,朝鲜局势好转。美军不甘心失败,先后把陆军的三分之一、空军的五分之一和近二分之一的海军投入到朝鲜战场,使用了当时除原子弹以外的所有现代化武器。中国人民志愿军利用地形,构筑坑道,以阵地战和运动战相结合的作战方法,消灭敌人,最终取得了抗美援朝战争的胜利。

1951年7月,在苏联建议下,交战各方开始进行朝鲜战争停战谈判。从此,朝鲜战争进入边谈边打、打打停停的新阶段。志愿军和朝鲜人民军占有数量上的优势,士气高涨;美军在技术装备上拥有明显优势,掌握着制空权和制海权,地面部队的火力和机动能力很强。但美军士气低落,无力展开大规模反击战。

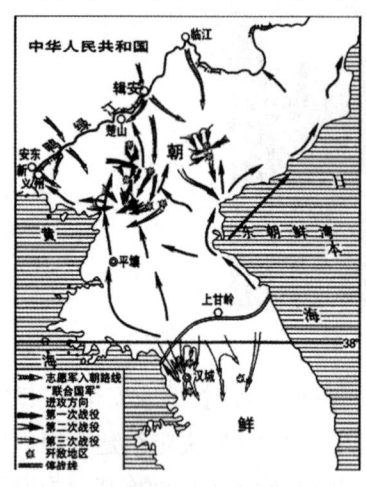 

中国人民志愿军入朝作战示意图　　　联合国军总司令、美国陆军上将克拉克在《朝鲜停战协定》上签字

由于中朝人民的沉重打击,1953年7月,美国不得不在《朝鲜停战协定》上签字。抗美援朝以美军的失败而结束,中国人民志愿军分批凯旋。

【史海泛舟】

为取得抗美援朝战争的胜利,中国人民付出了重大代价。志愿军先后投入兵力130多万,中国消耗各种物资560多万吨,支出战费人民币(旧币)60万亿元。志愿军壮烈牺牲和光荣负伤的达36万余人,其中牺牲的团以上干部就达200多人。志愿军中涌现出了黄继光、罗盛教、邱少云等无数战斗英雄、模范功臣。中华儿女用鲜血和生命谱写了一曲国际主义颂歌。

抗美援朝战争的胜利沉重地打击了美帝国主义的侵略政策和战争政策,保卫了朝鲜的独立和中国的安全;中国的国际地位空前提高。同时,这一胜利为中国的经济建设和社会改革赢得了一个相对稳定的和平环境。

三、镇压反革命

帝国主义和国民党在中国的统治被推翻以后,他们所遗留下来的反革命残余势力还大量地存在。帝国主义者和国内反动派并不甘心失败,以各种方式从事破坏和捣乱。

【史海泛舟】

新中国成立之初,各地还潜伏着国民党派遣的特务等各种反革命分子约60万、反动党团骨干分子约60万。这些反革命分子对人民政权斗争的策略是"长期潜伏,等待时机,重点破坏与暗害活动",尤其着重在财政经济部门中进行抢劫物资、破坏机器、纵火、爆炸、盗窃、暗杀、窃取国家机密等破坏活动,企图阻挠中国人民的建设工作。在东北地区,据沈阳、鞍山、本溪、抚顺工矿地区和吉林、辽东、松江部分厂矿不完全的统计,自1949年至1950年3月,共发生已遂和未遂的较大的反革命破坏事件253次,造成很大损失。因机器、高压线被破坏而停工所受的损失则更为严重。交通运输部门尤其是频繁受到破坏的目标。据铁道部不完全的统计,1950年前8个月,全国超负荷的铁路网遭受了401次破坏,造成大量的机车、火车车厢和桥梁被损毁,另有412次破坏被成功避免。另外,旧中国遗留下来的反动会道门组织,如遍布城乡、道徒甚众的"一贯道",北京的"九宫道"等也大肆活动,编造"神言谶语",诋毁党的政策,造谣惑众,挑拨离间,极大地扰乱了社会秩序的安定。1950年6月朝鲜战争爆发后,反革命分子的气焰更加嚣张,认为美国已把战火烧到中国的大门口,复辟的时机到了,更加紧破坏活动,妄图里应外合,颠覆人民民主国家。

为了巩固新生的人民政权,1950年10月中共中央发出了镇压反革命活动的指示,开始在全国范围内开展了清查、镇压反革命分子的政治运动。到1951年10月,全国性的大规模运动基本结束,基本上肃清了祖国大陆的反革命残余势力。

四、土地改革

旧中国的封建土地制度极不合理,占乡村人口总数不到10%的地主、富农,约占有农村中70%—80%的土地;而约占农村人口总数90%的贫、雇农和中农则只占有20%—30%的土地。变封建地主土地所有制为农民土地所有制、解放农村生产力是民主革命的基本任务之一,也是巩固新民主主义政权的需要。

新中国成立时,占全国三亿多人口的新解放区还没有进行土地改革,广大农民迫切要求得到土地。1950年夏中央人民政府颁布了《中华人民共和国土地改革法》,它规定:废除地主阶级封建剥削的土地所有制,实行农民的土地所有制。土地改革运动在全国一半以上的新解放区展开。为了孤立地主阶级和有利于发展农业生产,这次土地改革实行保护富农的政策。到1952年底,除部分少数民族地区以外,全国大陆基本上完成了土地改革,三亿多无地或少地的农民分到了4600多万公顷土地。

《中华人民共和国土地改革法》
得到广大人民的拥护

浙江省农民拔地界碑

土地改革的完成彻底摧毁了我国存在两千多年的封建土地制度,地主阶级被消灭;农民翻了身,得到了土地,成为土地的主人。这使人民政权更加巩固,也大大解放了农村生产力,农业生产获得迅速恢复和发展,为国家的工业化建设准备了条件。

第三节 第一个五年计划的实施

一、国民经济的恢复和发展

旧中国的经济发展水平本来就十分落后,加上长期战争,特别是抗日战争以来又遭到多次战乱的破坏,再加上帝国主义的掠夺以及国民政府和官僚资本的大肆搜刮,临近中华人民共和国成立时,整个国家的经济已濒临全面崩溃的边缘。工农业生产下降,交通运输业也受到了严重破坏,物资紧缺,人民生活极端困难。除了严峻的经济形势之外,当时国家还面临着物价飞涨和国家财政十分困难两大难题。可以说,中国共产党接手的是一个千疮百孔的烂摊子。

为了恢复和发展国民经济,中国共产党和中央人民政府采取了一系列措施:

第一,没收官僚资本,建立社会主义性质的国营经济。没收官僚资本是民主革命遗留下的任务。建国以后,人民政府迅速没收了国民政府的财产和官僚资本,归国家所有,把官僚资本企业完整地转化为社会主义国营经济,并很快恢复了生产。这样,人民掌握了国家经济的命脉,建立了社会主义国营经济,为人民政权的巩固和国民经济的恢复奠定了经济基础。

第二,稳定市场和平抑物价。引起物价波动的原因除了新中国建立初期国家财政严重困难、货币发行过多之外,投机商人乘国家困难之机,囤积居奇,投机倒把,哄抬物价,追逐暴利也加剧了市场的混乱和物价的波动。稳定物价,实质上就是从工商业资本家尤其是投机资本家手里夺取市场领导权的问题。为了打击投机资本、稳定市场和平抑物价,1949年7月,在毛泽东的支持下,中共中央成立了以陈云为主任的中央财经委员会,立即投入经济战线上的斗争。经过"银元之战"和"米棉之战",从1950年3月开始,全国物价逐步回落,一举结束了物价猛烈上涨、市场混乱的局面。人民政府赢得了全国人民的信任。

【史海泛舟】

1949年5月27日上海解放后,金融投机分子掀起了一次银圆涨价风,每枚银圆的黑市价格从人民币的600多元涨到1800多元,带动了整个物价上涨。上海作为全国金融中心,对全国影响巨大,稳住了上海才能稳住全国。6月10日,经中共中央同意,上海市军管会查封了证券大楼,打击了破坏金融秩序的非法活动,取得"银圆之战"的胜利,使人民币顺利进入市场流通。

在"银圆之战"中受到打击的上海投机资本不甘心失败,很快转向粮食、棉纱和煤炭市场,利用物资匮乏的机会,大做投机生意,引发又一次全国性涨价狂潮。有些人发出狂言:"只要控制了两白一黑(大米、棉纱和煤炭),就能置上海于死地。"在这种情况下,为战胜投机资本,中央决定在全国范围内集中调运一批大米、棉花和布匹,由中央财经委员会直接掌握,在适当的时候集中抛售,给投机资本家以毁灭性的打击。他们愈抛愈贱,愈想抛愈难以脱手,最后元气大伤,纷纷亏本破产,再也形不成气候。

第三,统一国家财政经济。为了解决中央财政困难,中央决定将全国主要财政收入由中央集中统一管理,改变解放区时以地方为主的财政管理办法,解决当时中央财政收支脱节的现象。这样就实现了中央财政的收支平衡、物资供应平衡、现金出纳平衡。至1950年上半年,国家财政开始好转。

【史海泛舟】

新中国成立以后,国家财政的主要支出,如军事费用、经济建设投资等完全靠中央负担,但是国家财政收入的主要部分如公粮、税收等却仍掌握在省、市、县手中。这样统一支出了,却没有统一收入,造成国家财政收支脱节,导致中央财政入不敷出。1950年3月,政务院颁布《关于统一国家财政经济工作的决定》,其主要内容是:"统一全国财政收入,使国家收入的主要部分集中到中央,用于国家的主要开支;统一全国物资调度,使国家掌握的重要物资从分散状态集中起来,合理使用,以调剂余缺;统一全国现金管理,一切军政机关和公营企业的现金,除留若干近期使用者外,一律存入国家银行,统一调度。"同时,政府还采取紧缩编制、清理仓库、加强税收、发行公债、节约开支等措施,都收到明显的效果。

第四,合理调整私营工商业。新中国成立初期,私营工商业在国民经济中占有举足轻重的地位。调动他们的积极性,对恢复和发展国民经济,争取国家财政收入的根本好转将起到重要作用。1950年上半年,中央在统一财经政策后,又合理地调整了工商业。调整工商业包括三个主要内容:调整公私关系,调整劳资关系,调整产销关系。其中,调整公私关系是调整工商业工作的重点。私营资本主义工商业的发展,为恢复国民经济、实现国家财政经济状况的根本好转发挥了重要作用。

【史海泛舟】

由于政府制定了正确的政策和采取了得力的措施,在国民经济恢复时期,资本主义工商业得到了长足的发展。1952年与1949年比较,私营工业增加了26,600户,比1949年增加21.6%;职工人数增加了412,800人,比1949年增加21.6%;总产值增加了36.98亿元,比1949年增加54.2%。1952年与1950年比较,私营商业增加了280,000户,比1950年增加1.9%;从业人员增加了140,000人,比1950年增加2.2%;商品零售额增加了19.1亿元,比1950年增加18.6%。

第五,开展增产节约运动和"三反""五反"运动。面临严峻的财政经济形势,加之抗美援朝带来庞大的军费开支,在党和政府的广泛发动下,开展了全国性的增产节约运动。1951年10月,中共中央政治局扩大会议提出"精兵简政,增产节约"的方针。增产节约运动的具体措施主要包括:制订增产节约计划、清理资产、核定资金和查定生产能力、开展生产竞赛、提倡合理化建议和推广先进生产经验等。增产节约运动取得了很大成绩,提高了人民群众参与社会改革和生产的积极性,促进了生产改革和技术进步,取得了良好的经济效益,产生了良好的社会影响。

在增产节约运动中,各地揭发出干部中存在的"三害"(贪污、浪费、官僚主义)问题和私营工商业中严重的"五毒"(行贿、偷税漏税、盗骗国家财产、偷工减料、盗窃国家经济情报)行为。针对这种情况,1951年年底,中共中央和毛泽东决定在党政机关工作人员中开展反贪污、反浪费、反官僚主义的"三反"运动,在私营工商业者中开展反行贿、反偷税漏税、反偷工减料、反盗骗国家财产、反盗窃国家经济情报的"五反"运动。

"三反"运动教育了干部的大多数,挽救了犯错误的同志,纯洁了党组织和干部队伍,抵制了资产阶级腐朽思想的侵蚀,对于形成良好的社会风气起了很大作用。"五反"运动打退了不法资本家的猖狂进攻,在私营工商业中普遍地进行了一次守法经营的教育,推动了在私营企业中建立工人监督和实行民主改革,巩固了工人阶级和国营经济的领导地位,为后来对资本主义工商业进行社会主义改造创造了有利条件。

经过三年的努力,到1952年底,国家财政经济取得了根本好转,国民经济得到恢复和发展。工农业生产超过中国历史上最高水平,市场物价稳定,人民生活水平显著提高。国民经济的恢复,为国家开展有计划的经济建设准备了条件。

二、第一个五年计划的制订

经过三年国民经济的恢复和发展,到1952年底,国家的形势已经发生了很大的变化。在此基础上,1953年,党中央按照毛泽东同志的建议,提出了党在过渡时期的总路线。过渡时期总路线的基本内容是:从中华人民共和国成立,到社会主义改造基本完成,这是一个过渡时期。党在这个过渡时期的总路线和总任务,是要在一个相当长的时期内,逐步实现国家的社会主义工业化,并逐步实现国家对农业、手工业和资本主义工商业的社会主义改造。

【史海泛舟】

过渡时期总路线是"一化三改""一体两翼"的总路线。"一化"就是逐步实现国家的社会主义工业化,这是主体;"三改"即逐步实现国家对农业、手工业、资本主义工商业的社会主义改造。一方面要求发展社会主义工业,使我国由落后的农业国逐步变为先进的工业国,使社会主义工业成为整个国民经济的有决定意义的领导力量;另一方面,要求把农民、手工业者的个体私有制改造为社会主义的集体所有制,把资本主义的私有制改造为社会主义的全民所有制,进一步解放生产力,支持和推动社会主义建设的发展。"一化"和"三改"互相联系、互相制约、互相促进,体现了发展生产力和变革生产关系的辩证统一。因此,党在过渡时期的总路线是一条社会主义建设和社会主义改造同时并举的总路线。

根据过渡时期总路线的要求,中央人民政府制订了建设社会主义的第一个五年计划。它的基本任务是:集中主要力量进行以苏联帮助我国设计的156个建设项目为中心、由694个大中型建设项目组成的工业建设,建立我国的社会主义工业化的初步基础;发展部分集体所有制的农业生产合作社,以建立对农业和手工业社会主义改造的基础;基本上把资本主义工商业分别纳入各种形式的国家资本主义的轨道,以建立对私营工商业社会主义改造的基础。

【史海泛舟】

我国的重工业基础十分薄弱。1952年,现代化工业在工农业生产总值中只占26.6%,重工业在工业生产中只占35.5%。那时候,我国许多重要工业产品的人均量远远落后于发达国家,甚至不如印度。毛泽东曾形象地说:"现在我们能造什么?能造桌子、椅子,能造茶碗茶壶,能种粮食,还能磨成面粉,还能造纸,但是一辆汽车、一架飞机、一辆坦克、一辆拖拉机都不能造。"如果不优先发展重工业,中国将不能立足于世界民族之林。

三、三大改造的完成

从1953年起,国家开始对农业、手工业和资本主义工商业进行社会主义改造。

国家对农业的社会主义改造,开始时采取积极发展稳步推进的方针,实行自愿互利的原则,通过典型示范逐步推进。从农业互助组、初级农业生产合作社到高级农业生产合作社,由低级向高级发展。广大农民积极参加农业合作社,走社会主义道路。1955年,政府加快了农业合作化的步伐,全国掀起农业合作化高潮。国家对手工业的改造大致也是通过同样的步骤。

农民积极报名加入农业生产合作社

国家对资本主义工商业的社会主义改造,是采用和平赎买的办法,通过国家资本主义的途径,逐步将其改造为社会主义全民所有制企业。1953年以前,国家对私营工业采取加工订货、统购包销,对私营商业采取经销、代销的形式,将其逐步纳入初级形式的国家资本主义的轨道。从1954年起,有计划地发展公私合营企业,即向高级形式的国家资本主义阶段发展。1955年11月又确定把对私营工商业的社会主义改造从单个企业的公私合营推进到全行业公私合营的阶段。在农业合作化高潮的影响下,资本主义工商业掀起了全行业公私合营的高潮。

【史海泛舟】

我党对民族资产阶级的赎买,不是由国家另外拿出一笔钱来作为赎金,而是在各种形式的国家资本主义经济中,工人在为国家和人民的需要而生产的时候,也为资本家生产一部分利润,作为赎买的代价。从1953—1955年,国家采取"四马分肥"的赎买形式,即按照国家所得税、企业公积金、职工福利奖金和资本家的股息红利四个方面分配企业盈余,资本家所得被限制在企业盈余的1/4左右。1956年实现全行业公私合营以后,赎买改用定息的办法,即在一定时期内,国家按照公私合营企业中核定的私股股额每年付给资本家5%的股息,共发给十年。此外,还保留在职资本家较高的薪金。赎买政策不仅缓和了民族资产阶级对社会主义改造的抵制和反抗,而且调动了民族资产阶级的积极因素,使之为社会主义服务。赎买政策实现了生产资料从私有制到公有制的和平过渡,这是中国社会主义改造的伟大创举。

到1956年底,我国基本上完成了对农业、手工业和资本主义工商业的社会主义改造。这标志着我国基本上实现了生产资料私有制转变为社会主义公有制,所有制方面的社会主义革命取得了决定性的胜利,我国初步建立了社会主义的基本制度。从此,我国进入社会主义初级阶段。

【史海泛舟】

到1956年底,全国建立了75.6万个农业生产合作社,入社农户达1.17亿多户,占农户总数的96.3%,其中加入高级社的农户为1.07亿户,占农户总数的87.8%;手工业合作社(组)约十万个,参加手工业合作社(组)的人数达603.9万人,占手工业者总数的91.7%;全国私营工业人数的99%、私营商业人数的85%,都进入了公私合营企业。

但是,在社会主义改造的后期,也存在着要求过急、工作过粗、改变过快的缺点;对一部分工商业者的使用和处理不够恰当,以至于遗留了一些问题。

四、第一个五年计划的超额完成

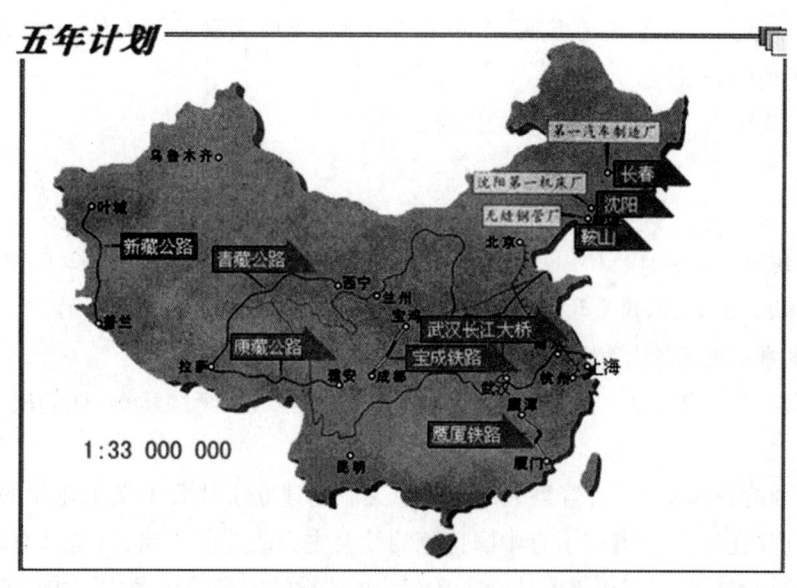

第一个五年计划工业交通建设成就示意图

第一个五年计划以后,社会主义工业化建设起步了。工人阶级开展热火朝天的劳动竞赛和技术革新运动。广大农村和各行各业大力支援工业建设。到1957年,第一个五年计划经济指标,一般都超额完成,建成了飞机、汽车、重型机器、精密仪器等近600个重要项目。鞍山钢铁公司三大工厂、长春第一汽车制造厂、沈阳机床厂、飞机制造厂等建成投产。我国开始改变工业落后的面貌,为社会主义工业化奠定了初步基础。

1956年7月长春一汽制造的解放牌汽车

我国制造的第一批喷气式飞机

【史海泛舟】

在基本建设上,五年内全国完成投资总额为550亿元,其中国家对经济和文教部门的基本投资总额为493亿元,超过原来计划427.4亿元的15.3%。五年新增加固定资产460亿元,相当于1952年底全国固定资产原值的1.9倍。五年内施工的工矿建设项目达10000多个,其中大中型项目有921个,比计划规定的项目增加227个,到1957年底,建成全部投入生产的有428个,部分投入生产的有109个。苏联帮助我国建设的156个建设项目,到1957年底,有135个已施工建设,有68个已全部建成和部分建成投入生产。1957年全国工业总产值达783.9亿元,超过原计划21%,比1952年增长128.5%,平均每年增长18%。

农业生产也按计划完成,但因为自然灾害影响,粮食增产有限【1957年粮食总产量1.95亿吨,比丰收的1955年增产881万吨,增长4.8%】。

交通运输业成就巨大。新建宝成、鹰厦等30多条铁路;建成武汉长江大桥;建成康藏、青藏、新藏公路,沟通了西藏与各地的联系。

随着经济发展,人民的生活得到进一步的改善。

【史海泛舟】

人民生活也得到较大改善,1957年全国职工的平均工资达到637元,比1952年增长42.8%,农民的收入比1952年增加近30%。人民平均消费水平,1957年达到102元,比1952年的76元提高34.2%。文教、卫生、科学、艺术事业也有很大发展。

在社会主义建设中,涌现出了一批劳动模范,如王崇伦、赵梦桃、李顺达等,他们成了广大人民学习的榜样。

第一个五年计划的胜利完成,有着重大的历史意义。它建立了社会主义工业化的初步基础,为我国的经济建设开辟了广阔前途。它开辟了有中国特色的社会主义改造的道路,这是马克思主义经典著作里所没有的,是我党的一大贡献。它积累了社会主义有计划建设的宝贵经验,为以后的经济建设奠定了良好的基础。

练习与探究

1. 新民主主义革命基本胜利的标志是中华人民共和国的成立,主要依据是_____。 （ ）
   - A. 完成了新民主主义革命的任务
   - B. 结束了半殖民地半封建社会
   - C. 开始了社会主义新时期
   - D. 中国历史进入了一个新纪元

2. 建国初期三大运动的共同作用是_____。 （ ）
   - A. 巩固了人民民主专政的新政权
   - B. 完成了新民主主义革命的任务
   - C. 建立了社会主义公有制
   - D. 实现了农业的社会主义合作化

3. 从1953年起,国家对农业、手工业和资本主义工商业的社会主义改造全面展开,"改造"的实质是_____。 （ ）
   - A. 引导农民走社会主义道路
   - B. 个体手工业者互助合作
   - C. 对私营资本剥削加以限制
   - D. 变革生产关系的社会主义革命

4. 为了巩固新生的人民政权,中央采取了哪些措施?

第十六章　社会主义革命和建设时期

导读　从社会主义制度确立到"文革"结束,是我国社会主义建设的探索和曲折发展时期。1956年,毛泽东发表了《论十大关系》,标志着社会主义建设探索的开始。随后召开的中共八大,制定了正确的方针路线,为社会主义革命和建设指明了方向。但是,由于"左"倾错误的发展,中央发动了"大跃进"和人民公社化运动,给我国经济和社会造成重大损失。1960年,中央提出"八字"方针,纠正"左"倾错误。到1962年国民经济开始好转。然而,由于"左"倾错误的膨胀,1966年,持续十年之久的"文化大革命"开始。这场灾难性的政治运动给我国造成了重大损失。

1978年底,十一届三中全会的召开标志着我国进入社会主义建设的新时期,我国对内改革、对外开放,建立了社会主义市场经济。经济建设取得重大成就。

第一节　全面建设时期

一、《论十大关系》的发表

1956年,随着经济上和政治上从新民主主义向社会主义过渡的完成,社会主义基本制度在中国初步确立起来。中共中央开始把党和国家工作的着重点向社会主义建设方面转移。以苏联的经验教训为借鉴,总结自己的经验,探索一条适合中国情况的建设社会主义道路的任务,已经提到了中国共产党面前。1956年4月25日,毛泽东在政治局扩大会议上作了《论十大关系》的报告,明确了建设社会主义的根本思想是必须根据本国情况走自己的道路。

【史海泛舟】

1956年2月后,毛泽东用了两个多月的时间先后听取了中央34个部委的汇报,汇报的内容主要是有关经济建设问题的调查研究。关于正确处理十大关系的思想,就是在这个基础上,经过中央政治局的几次讨论,由毛泽东集中概括出来的。正确处理十大关系主要包括要正确处理重工业和轻工业及农业、沿海工业和内地工业、经济建设和国防建设、国家及生产单位和生产者、中央和地方、汉族与少数民族、党和非党、革命和反革命、是非、中国和外国等之间的关系。

《论十大关系》的发表,为中共八大的召开奠定了理论基础,也标志着以毛泽东为代表的中国共产党人开始自己探索社会主义建设道路。

二、中共八大路线的制定

为了加强执政党的建设,探索中国社会主义建设的道路,制定党在新形势下的路线、方针、政策,1956年9月15日至27日,中国共产党在北京召开了第八次全国代表大会。毛泽东致开幕词,刘少奇作政治报告。大会完全肯定了党中央从"七大"以来的路线是正确的,同时确定把党的工作重点转向社会主义建设。大会指出,生产资料私有制的社会主义改造基本完成以后,国内的主要矛盾是人民对于建立先进的工业国的要求同落后的农业国的现实之间的矛盾,是人民对于经济文化迅速发展的需要同当前经济文化不能满足人民需要的状况之间的矛盾。为此,大会做出了党和国家的工作重点必须转移到社会主义建设上来的重大战略决策。大会在总结中国第一个五年计划实施经验的基础上,继续坚持既反保守又反冒进,即在综合平衡中稳步前进的经济建设方针。

毛泽东在中共八大上讲话

中共八大是新中国成立以来,中国共产党召开的第一次全国代表大会,它为社会主义事业的建设指明了方向,对探索建设有中国特色的社会主义道路做出了重大贡献。

【史海泛舟】

八大制定的党的路线是正确的,提出的许多新的方针和设想是富于创造精神的。当然,由于实践的时间还很短,理论上和思想上还不可能很成熟,许多新的观念和方针还不可能牢固地确立并取得深刻的共识。许多新的设想还没有付诸实施,或者没有充分付诸实施,很快又发生反复。但是,八大对中国自己的建设社会主义道路的探索,毕竟取得了初步成果,历史证明这些成果对于党的事业的发展有长远的重要意义。

三、整风运动和反右派斗争扩大化

社会主义改造完成以后,国内的敌我矛盾已经基本解决,人民内部矛盾突出反映在各个方面。1957年2月毛泽东在扩大的最高国务会议上发表《关于正确处理人民内部矛盾的问题》的讲话,提出了必须正确区分和处理社会主义两类不同性质矛盾的科学论断,把正确处理人民内部矛盾作为国家政治生活的主题。他还提出了正确处理人民内部矛盾的方法,即"团结—批评—团结"的公式,团结一切可以团结的力量建设社会主义。

同年,4月27日中共中央下发《关于整风运动的指示》,指出由于党在全国范围内处于执政地位,有必要在全党进行一次反对官僚主义、宗派主义和主观主义的整风运动。通过整风要全党学会正确处理人民内部矛盾,以利于社会主义建设。

在整风运动中,大多数人提出的意见是诚恳的,但确有极少数资产阶级右派分子乘机向党和新生的社会主义制度进攻,散布煽动性言论,鼓动不明真相的人闹事。

【史海泛舟】

在整风运动中,绝大部分党内外人士提的意见是诚恳的,正确的,有利于整风的。极少数右派分子打着帮助整风的旗号,向党和社会主义发动猖狂进攻。有人露骨地提出要"轮流坐庄";还有人提出成立"政治设计院",甚至公开叫嚣要共产党下台;有人叫嚣要为反革命"平反"。在他们的鼓动下,一些地方发生了少数人罢课闹事的现象。

针对当时的情况,为了分清大是大非,坚持走社会主义道路,一场群众性的反击右派斗争是必要的。然而,由于对当时的阶级斗争形势估计过于严重,把大批人民内部矛盾当成敌我矛盾处理,反右派斗争严重扩大化。

【史海泛舟】

1957年5月15日,毛泽东写了《事情正在起变化》,要求全党认清阶级斗争的形势,注意反右派的斗争。对右派估计得过于严重,认为右派约占1%—10%,因而导致了反右派斗争中严重扩大化的错误。反右派斗争中,被戴上"右派"帽子的共有552877人,因为右倾、"中右"或错误言论而受批判或受党纪、行政处分的不计其数。

反右派斗争严重扩大化产生了很大影响:一是逐步导致政治上阶级斗争扩大化,是造成后来党在阶级斗争问题上连续犯错误的根源。二是被错划为"右派"的党的干部和有才华的知识分子由此受到长期压抑和打击,不能在社会主义建设中发挥应有的作用,使国家的建设事业蒙受损失。

四、"大跃进"和人民公社化运动

中共八大后,社会主义建设蓬勃发展,一些工厂、农村出现了生产迅速增长的新气象,党内许多人都认为经济建设的速度可以更快些。1958年5月,中共八大二次会议召开,会议根据毛泽东提议,通过了"鼓足干劲,力争上游,多快好省地建设社会主义"的总路线,力图在探索我国建设社会主义的道路上打开一个新局面。总路线反映了广大人民群众迫切要求改变我国经济文化落后面貌的愿望,但是忽略了客观的经济发展规律。会后,为了更快地建设社会主义,改变我们落后的面貌,"大跃进"运动迅速在全国范围内发动起来。

"大跃进"运动在盲目求快、急于求成的思想影响下,片面追求工农业生产和建设的高速度。农业强调"以粮为纲";工业强调"以钢为纲",要求在5年以至3年内提前实现原定15年钢产量赶上或超过英国的目标。各地掀起了全民大炼钢铁的群众运动。

广大群众大搞"土法"炼钢

【史海泛舟】

1958年,中共中央号召全国人民为生产1070万吨钢而奋斗。各地迅速组织大炼钢铁的大军,几千万人在生产战线上奋斗。全国城镇到处建小高炉,炉火日夜不熄。为了炼钢,人们毁掉山林,砍伐木材,把家里的锅砸了,把铁锹扭弯,连秤砣也不放过……炼成的多是废铁坨坨,劳民伤财,造成极大浪费。

在"大跃进"浪潮中,全国农村一哄而起,大办人民公社。在没有经过试验的情况下,只用一个多月全国就基本实现公社化。同年底,全国74万个农业合作社合并为2.6万个人民公社。

【史海泛舟】

人民公社初期一切财产由公社统一核算,统一分配。许多地方的公社大办公共食堂,吃饭不要钱。公社还实行"组织军事化、行动战斗化、生活集体化"等措施。有的公社还取消商品生产,实行无偿的物资调拨,公社随便平调社员、生产队、生产大队的劳力、资金、土地和财产,实际上是对劳动者实行剥削。

这样,以高指标、瞎指挥、浮夸风和"共产风"为主要标志的"左"的错误严重地泛滥开来。"大跃进"造成国民经济比例严重失调;人民公社化运动,严重损害了农民的利益,影响了他们建设社会主义的积极性。

反映"大跃进"浮夸风的漫画

各地竞相以虚假的记录夸耀粮食产量

为了总结"大跃进"和人民公社化运动以来的经验,1959年7月2日至8月1日中共中央在江西庐山召开政治局扩大会议。毛泽东认为总的形势是成绩很大,问题不少,前途光明。要求大家在充分肯定成绩的前提下,认真总结经验教训,统一认识,动员全党完成1959年"大跃进"的任务。7月14日,彭德怀在写给毛泽东的信中指出大跃进的严重问题。7月23日,毛泽东错误地对彭德怀的信进行了尖锐的批评。随后在全党范围内开展了"反右倾"斗争。

由于"大跃进"和"反右倾"斗争的错误,加上苏联的背信弃义,中国国民经济在1959年到1961年发生严重的困难。部分地区出现了饿死人的现象。

五、国民经济的调整

国民经济发生的严重困难,给中国共产党以深刻的教训。中共中央和毛泽东决心认真进行调查研究,调整政策,纠正错误。

1961年1月中共八届九中全会决定对国民经济实行"调整、巩固、充实、提高"的八字方针,并在全党大兴调查研究之风。会后毛泽东、刘少奇、周恩来、朱德、陈云、邓小平都深入基层进行调研。在毛泽东、刘少奇、周恩来、陈云、邓小平等的主持下,陆续制定了工业、商业、教育、科学、文艺等工作条例草案,继续纠正"左"的错误。社会主义建设逐步地重新出现欣欣向荣的景象。

1962年1、2月间召开的扩大的中共中央工作会议("七千人大会"),在三年调整期间具有关键性的作用,对贯彻八字方针起了极其重要的推动作用。到1965年,国民经济的调整和恢复任务基本完成,并在一些领域取得了重大成就。

第二节 "文化大革命"的十年

一、"文化大革命"的爆发和"全面夺权"

在探索中国建设社会主义的道路上,党内指导思想上的"左"倾错误,越来越严重。20世纪60年代中期,毛泽东认为中央出现了修正主义,党和国家面临资本主义复辟的危险。林彪、江青等野心家利用毛泽东的错误,推波助澜,导致"文化大革命"的发动。

【史海泛舟】

新中国成立后,毛泽东一直在探索如何防止领导干部蜕化变质问题,巩固党的执政地位和新建立的社会主义制度的有效途径和办法。他认为单有1956年经济建设上的成就是不够的,是不巩固的,还需要一个政治、思想、文化上的彻底的社会主义革命。一大批资产阶级代表人物、反革命修正主义分子,已经混进党里、政府里、军队里和文化领域各界里,相当多数单位的领导权已不在马克思主义者和人民群众手里,走资派已在中央形成一个资产阶级司令部,它有一条修正主义政治路线和组织路线,在各省、市、自治区和中央各部门都有代理人。过去的历届政治运动都不能解决问题,只有进行"文化大革命",采取公开的、全面的、自下而上的运动方式来发动群众,揭发上述黑暗面,才能把走资派篡夺的权力重新夺回来。毛泽东出发点是好的,但是他的观点是把党内不同意见当成阶级斗争来对待了,是"左"的错误的进一步发展。

1965年11月10日姚文元【姚文元,"文革"前在上海任《解放日报》副总编辑,写了批判吴晗的文章,从此发迹。"文革"中任"中央文革小组"成员、中共中央政治局委员】的《评新编历史剧<海瑞罢官>》成为毛泽东发动"文化大革命"的导火线。1966年夏,中共中央政治局扩大会议在北京通过了毛泽东主持起草的指导"文化大革命"的纲领性文件《中国共产党中央委员会通知》(即五一六通知);在随后的八届十一中全会上,通过了《中共中央关于无产阶级文化大革命的决定》。这两次会议的召开标志着"文化大革命"全面爆发。陈伯达、江青、康生、张春桥等组成中央文革小组,成为文革实际指挥部。他们乘机煽动"打倒一切,全面内战"。

【史海泛舟】

1959年4月,毛泽东为提倡讲真话,提出要学习海瑞"直言敢谏"的精神。北京市副市长、明史专家吴晗写了《海瑞罢官》剧本在北京上演,受到群众的热烈欢迎。姚文元的《评新编历史剧〈海瑞罢官〉》硬把剧中的"退田、平冤狱"同1962年的"单干风""翻案风"联系起来,说《海瑞罢官》是鼓吹"单干风"的优越性,是想"恢复地主富农的罪恶统治"。毛泽东依此为借口,开始对史学界、文艺界和哲学界人士进行批判,并打算以此为突破口开展一场意义深远的政治运动。

发动全面性"夺权"斗争,是"文化大革命"的既定方针。全国的普遍夺权运动,首先从上海兴起。1967年,上海造反派头目王洪文等人在张春桥、姚文元的策划下,夺取了上海市党政各级领导权,即"一月革命"。毛泽东和中央"文革"小组支持上海夺权。接着,很快掀起了从中央到地方的各级党政部门,以至军队和各行各业的全面夺权风暴。夺权过程中,群众组织普遍形成两大对立面,许多地方因夺权发生大规模武斗,局势发展到几乎失去控制的地步。

【史海泛舟】

"全面夺权"的展开,全国各地纷纷成立集党、政、军、司法诸权于一身的一元化权力机关——革命委员会。林彪、江青一伙煽动"打倒旧政府""砸烂公检法",社会秩序极端混乱。"文化大革命"期间,人民代表大会制度、各党派政治协商制度都遭到了破坏,全国人民代表大会彻底瘫痪,国家的法律形同虚设,人权被严重践踏。中国共产党的各级组织也在"整党内走资本主义道路的当权派""踢开党委闹革命"的风暴中遭到破坏,党的规章制度被践踏,党内政治生活无法正常进行。

面对这种形势,1967年2月,国务院副总理谭震林、陈毅,中央军委副主席叶剑英等老一辈革命家挺身抗争,强烈批评中央"文革"小组的荒谬做法,力图抵制"文化大革命"的"左"倾错误,被江青一伙诬蔑为"二月逆流"。老一辈革命家的二月抗争被压下去以后,社会上出现了更大规模的揪斗、打击、迫害各级领导干部的浪潮。林彪、江青一伙把刘少奇定为所谓的"叛徒、内奸、工贼",并永远开除出党,制造了党的历史上最大的冤案。

1969年4月1日至24日中共九大召开,大会肯定了指导"文化大革命"的错误理论、方针和方法,使"文化大革命"在理论和实践上合法化。同时,大会规定林彪是"毛泽东同志的亲密战友和接班人"。

二、林彪反革命集团的覆灭

中共九大闭幕后,按照毛泽东的部署,全国开展了"斗、批、改"运动。1970年3月,毛泽东提出准备召开第四届全国人民代表大会并修改宪法,还建议不设国家主席。同年8月23日至9月6日,九届二中全会在江西庐山召开。会议上,林彪要求设立国家主席一职,并提议由毛泽东担任这一职务,但实际上是自己要任国家主席,并为此大闹会场,毛泽东识破了林彪的计谋后,决定对林彪亲信陈伯达进行审查。

九届二中全会后,全党进行了批陈整风运动,开始陆续揭发林彪反革命集团背后的阴谋活动。毛泽东对林彪反革命集团的阴谋活动逐渐察觉。林彪反革命集团意识到靠和平手段夺权已很难实现,于是决心发动武装政变,在密谋杀害毛泽东未遂后,1971年9月13日仓皇出逃,后在蒙古境内坠机身亡。

林彪所乘飞机在温都尔汗坠毁

林彪反革命集团策动的武装政变的发生,是"文化大革命"推翻党的一系列基本原则的结果。这一事件,使更多的人从狂热中清醒过来,"最亲密的战友"和"接班人"原来是一个十足的阴谋家、野心家,它客观上宣告"文化大革命"理论和实践的破产。

三、1975年整顿和"文化大革命"结束

林彪坠机事件后,周恩来主持中央日常工作。在批判林彪时,他提出批极"左"思潮,着手恢复调整国民经济,积极进行解放干部等工作,使各方面工作有了转机。到1973年,国民经济出现了复苏局面。

1973年国民经济计划完成情况

工农业总产值	3967 亿元	比上年增长9.2%
国家财政收入	809.7 亿元	比上年增长5.6%
国民收入	2318 亿元	比上年增长8.3%

正当国民经济好转的时候,江青、王洪文、张春桥、姚文元等提出开展所谓的"批林批孔"运动,把矛头指向周恩来。毛泽东多次批评他们,说他们是"四人帮"。

【史海泛舟】

1973年7月,毛泽东在对王洪文、张春桥的谈话中指出,林彪同国民党一样,都是"尊孔反法"的。他认为,法家在历史上是向前进的,儒家是开倒车的。毛泽东把批林和批孔联系起来,目的是为防止所谓"复辟倒退",防止否定"文化大革命"。江青一伙接过毛泽东提出的这个口号,经过密谋策划,借"批林批孔"之机,到处煽风点火,大搞"影射史学",批所谓"现代的儒""党内的大儒";他们借批林彪"克己复礼",影射周恩来1972年以来进行的调整工作是"复辟倒退""右倾回潮",露骨地攻击周恩来。

1975年,周恩来病重,毛泽东提议周恩来继续担任总理,邓小平任第一副总理,邓小平在毛泽东支持下主持中共中央和国务院的日常工作。1975年邓小平着手对各方面的工作进行整顿,采取有效措施抓经济建设,纠正"文化大革命"的错误,局势开始有了明显好转:社会秩序稳定,交通堵塞现象消除,国民经济迅速回升。

"文革"十年,按正常计算,国民经济损失总计有五千亿元;由于周恩来、邓小平主持中央工作的努力和

广大干部群众对"左"倾错误的抵制,经济建设还是取得了一些成就。

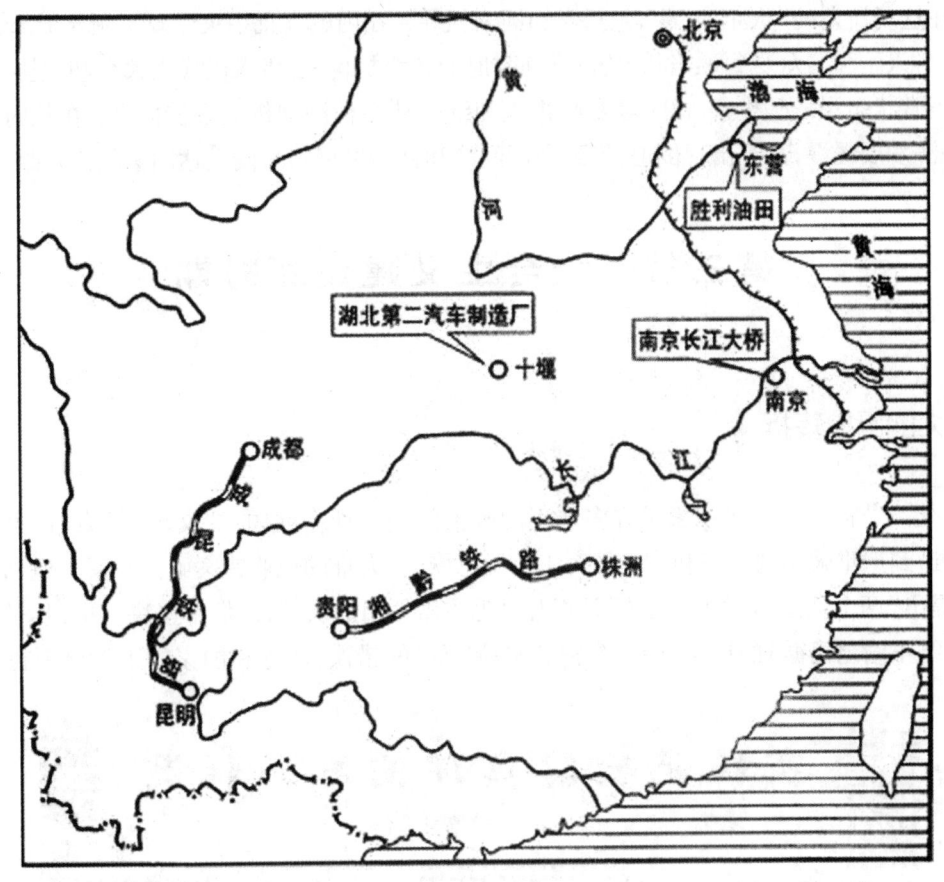

1966—1976年主要建设成就示意图

邓小平整顿的深入,逐渐涉及"文化大革命"的指导思想及其政策本身,这是毛泽东所不能容忍的。毛泽东在1975年底发动"批邓、反击右倾翻案风",全国再次陷入混乱。

1976年1月8日,周恩来逝世,举国悲痛。清明节前后,爆发了以天安门事件为代表的悼念周总理、反对"四人帮"的运动。这次运动为以后粉碎"四人帮"奠定了群众基础。中央政治局和毛泽东对此错误判断,撤销了邓小平的一切职务。同年9月9日,毛泽东逝世。江青反革命集团加紧进行夺取党和国家最高领导权的阴谋活动。10月6日晚,以华国锋、叶剑英、李先念等为核心的中央政治局执行党和人民的意志,毅然粉碎了江青反革命集团,结束了"文化大革命"。中国终于迎来了社会主义现代化发展的新时期。

人们欢庆粉碎"四人帮"

"文化大革命"是一场由领导者错误发动,被反革命集团利用,给党、国家和全国各族人民带来严重灾难的内乱。在这场所谓的"大革命"中,包括党和国家领导人在内的大批中央党政军领导干部、民主党派负责人、各界知名人士和群众受到诬陷和迫害;党和政府的各级机构、各级人民代表大会和政协组织,长期陷于瘫痪和不正常状态;公安、检察、司法等专政机关和维护社会秩序的机关都被搞乱;在长时间的社会动乱中,国民经济发展缓慢,甚至出现倒退,导致我国经济和社会发展水平同发达国家相比差距更大。

第三节 社会主义建设新时期

一、伟大的历史转折

十年"文化大革命",使我国积累了许多严重的政治问题和社会问题。"文革"结束后,国家的正常秩序亟待重建,遭到严重破坏的经济和文化教育工作亟待恢复,大批的冤假错案亟待平反。但当时中共中央主要领导人提出"两个凡是"【"两个凡是"是指凡是毛主席做出的决策,我们都坚决维护;凡是毛主席的指示,我们都始终不渝地遵循】的错误方针,维护和坚持"左"的错误,使党和国家的工作出现在徘徊中前进的局面。

如火如荼的真理标准问题大讨论

这引起了全国上下的不满。为了反对"两个凡是"的错误方针,思想理论界展开了一场真理标准问题的讨论。这次讨论肯定了"实践是检验真理的唯一标准",否定了"两个凡是"的错误观点,重新确定了实事求是的马克思主义思想路线,这就打破了长期以来的个人崇拜和教条主义束缚。这是一场深刻的思想解放运动,为党的十一届三中全会的召开奠定了思想基础。

【史海泛舟】

1978年5月10日,《理论动态》刊登了一篇经胡耀邦审定的题为《实践是检验真理的唯一标准》的文章。5月11日、12日,《光明日报》《人民日报》和《解放军报》发表和转载了这篇文章。文章论述了马克思主义的实践第一的观点,指出检验真理的唯一标准只能是社会实践;理论与实践相统一是马克思主义的最基本原则。文章发表后,立即引起两种截然不同的反响。绝大多数干部群众热烈支持和拥护文章的观点。在邓小平等老一辈革命家的领导和支持下,中共中央多数领导人和许多老干部,旗帜鲜明地坚持实践是检验真理的标准的马克思主义观点,坚定热情地支持了真理标准的讨论,进一步批评了"两个凡是"的错误方针。

1978年12月18日至22日,中国共产党第十一届中央委员会第三次全体会议在北京举行。这次会议彻底否定了"两个凡是"的方针,重新确立解放思想、实事求是的思想路线,果断地停止使用"以阶级斗争为纲"的口号做出把党和国家的工作重心转移到经济建设上来,实行改革开放的伟大决策。全会决定拨乱反正,审查和解决党内外一大批冤假错案,加强社会主义民主、法制建设。这次会议重新确立了中国共产党的思想、政治、组织路线,实现了新中国成立以来社会主义建设道路上的一次重大的历史转折,会议实际上形成了以邓小平为核心的党的第二代领导集体。

十一届三中全会召开

二、经济体制改革

十一届三中全会以后,经济体制改革逐步展开。经济体制改革是在坚持社会主义制度的前提下,改革生产关系中不适应生产力发展的一系列环节,解放和发展社会生产力。

经济体制改革首先从农村开始。这是因为我国是农业大国,农业经济基础薄弱,原有的人民公社体制经营管理过于集中,分配上平均主义严重,不利于调动人民的劳动积极性,致使农业生产发展缓慢。到1978年,全国还有一亿多农民没有解决温饱问题。为了克服农民生产、生活上的困难,安徽、四川首先实行改革,试行包产到组、包产到户的农业生产责任制,取得良好效果。不久,全国农村实行家庭联产承包责任制。到1982年,全国农村已有90%以上的生产队建立了农业生产责任制。

农民领取生产承包合同书

随着家庭联产责任制的普遍推行,1983年中央决定,撤销国家政权在农村的基层单位人民公社,建立乡、镇政府;撤销作为行政机构的生产大队,建立村民委员会,以促进农村经济的发展。

实行家庭联产责任制后,农业大丰收

以包产到户为主要特征的家庭联产承包责任制,使农民获得了生产和经营的自主权,极大地调动了农民的生产积极性。1984年中国粮食产量突破4亿吨,基本解决了8亿农民的温饱问题。此后,农村改革进入调整产业结构、大力发展乡镇企业时期。

在农村改革的推动下,以增强企业活力为中心环节的城市经济体制改革也迈开了稳健的步伐。1984年10月,中共十二届三中全会通过了《中共中央关于经济体制改革的决定》,城市经济体制改革在全国全面展开。

城市经济体制改革的中心环节是增强企业活力,把企业搞活;目标是建立现代企业制度。在管理上,实行政企分开、简政放权,使企业成为自主经营、自负盈亏的社会主义商品生产者和经营者。在所有制度上,变单一的公有制经济为公有制经济为主体、多种所有制经济共同发展的格局。在分配上,实行按劳分配为主体、多种分配方式并存的分配制度。

通过改革,调动了各方面的积极性,企业有了竞争机制,增强了活力,经济得到快速发展,效益显著提高。

经济体制的改革,调动了各方面的积极性,极大地解放了社会生产力,推动了国民经济的高速发展。

三、对外开放格局的形成

十一届三中全会以后,我国迈出了对外开放的步伐。从1980年起,我国先后建立了深圳、珠海、汕头、厦门和海南五个经济特区。

【史海泛舟】

1979年4月,中共中央工作会议期间,邓小平对广东省委主要负责人说:"划出一块地方,叫做特区,陕甘宁就是特区嘛,中央没有钱,你们自己搞,杀出一条血路来。"1980年,第五届全国人大常委会第十五次会议批准了《广东省经济特区条例》,第一次正式使用"经济特区"这个概念。

在深圳、珠海、汕头、厦门四个地方建立经济特区,主要是因为它们是中国南方对外交通的重要陆路通道或重要海运港口,是著名侨乡,离香港、澳门、台湾较近,在历史上与海外有密切交往。

我国的经济特区是指国家划出一定的范围、实行特殊的经济政策和经济体制的地区。其主要目的是为了更好地吸收和利用国外的资金、先进技术和管理经验,以促进我国经济的发展。"特"在实行特殊的经济政策和经济管理方法。特区的设立,促进了经济的发展,为进一步开放提供了借鉴。

【史海泛舟】

深圳在改革开放前只是一个贫穷的渔村。改革开放以来,深圳发展的综合水平已在世界平均水平之上。1979年,深圳还只有一两座旧楼房,大多是一排排凌乱、破旧的黑瓦平房,到处是横七竖八的臭水沟、坑坑洼洼的瓦砾堆。改革开放30年来,这里发生了翻天覆地的变化。2007年,深圳的国民生产总值为6738亿元,外贸进出口总额为2846亿美元。

1984年,中共中央、国务院决定进一步开放大连、秦皇岛、天津、广州等14个沿海港口城市。1985年又相继把闽南三角区(厦门、漳州、泉州三角地区)、长江三角洲、珠江三角洲等地辟为沿海经济开发区。

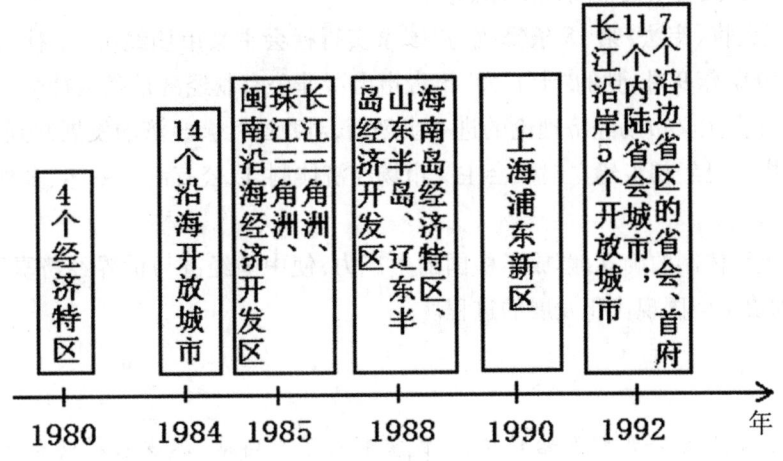

对外开放示意图

1992年,开发上海浦东成为经济建设的重点,同时也成为中国进一步对外开放的标志。

2004年以来,天津滨海新区的开发建设引起世人关注,这一地区的进一步开发开放,可以有效地提升京津冀和环渤海地区的经济发展水平。

目前,中国的对外开放已经形成了从经济特区到沿海开放城市,再到内陆省会城市,从东部到中西部全方位、多层次的新格局。它有力地推动了中国经济的发展,越来越适应经济和科技发展的全球化趋势。

四、社会主义市场经济体制的确立

20世纪80年代末90年代初,中国的改革开放面临着复杂的国内外环境。在国内,改革遇到重重阻力;在国际上,东欧剧变、苏联解体,社会主义运动遭到挫折。中国的改革进入了关键期。

【史海泛舟】

传统观念认为,市场经济是资本主义特有的东西,计划经济是社会主义经济的基本特征。1985年,邓小平在会见外宾时指出:"在某种意义上说,只搞计划经济会束缚生产力的发展。把计划经济和市场经济结合起来,就更能解放生产力,加速经济发展。"

1992年初,邓小平南巡深圳、珠海、上海等地,发表了重要讲话。除了论述社会主义的本质、姓"社"姓"资"的标准问题外,还提出了搞好社会主义市场经济。邓小平的南巡讲话对中国20世纪90年代的经济改革与社会进步起到了关键的推动作用。

【史海泛舟】

1992年邓小平南巡讲话指出:"改革开放迈不开步子,不敢闯,说到底就是怕资本主义的东西多了,走了资本主义道路。要害是姓'资'还是姓'社'的问题。判断的标准,应该主要看是否有利于发展社会主义社会的生产力,是否有利于增强社会主义国家的综合国力,是否有利于提高人民的生活水平。"他还提出社会主义本质是解放生产力,发展生产力,消灭剥削,消除两极分化,最终达到共同富裕。从这个角度看问题,"计划多一点还是市场多一点,不是社会主义与资本主义的本质区别。计划经济不等于社会主义,资本主义也有计划;市场经济不等于资本主义,社会主义也有市场。计划和市场都是经济手段。"

1992年10月,中国共产党第十四次全国代表大会召开。会议明确要坚持党的基本路线不动摇就是要坚持以经济建设为中心不动摇,要抓住机遇加快改革开放和现代化建设的步伐。会议明确指出,我国经济体制改革的目标是建立社会主义市场经济体制。

1993年,全国人大将《宪法》第15条修改为"国家实行社会主义市场经济"。社会主义市场经济第一次写进我国宪法。1997年9月,党的"十五大"报告指出:"非公有制经济是我国社会主义市场经济的重要组成部分。"这是对社会主义市场经济理论的进一步创新,对我国社会经济的发展起到了很大的促进作用。

到21世纪初,中国已经初步建立起社会主义市场经济体制,以公有制为主体、多种所有制经济共同发展的经济格局基本形成。

社会主义市场经济体制的确立,解放了中国的生产力,使中国经济与世界经济真正接轨,大大促进了中国经济的发展,加快了中国现代化发展的进程。

练习与探究

1. 到1962年底,国民经济形势开始好转,农民重新有了自留地,不少农村甚至开始了包产到户。上述现象的出现主要得益于_____。 （ ）

  A. "左"倾错误得以根本纠正 B. 农村经济体制改革的开始
  C. 国家对国民经济的调整   D. 农村土地关系的根本变化

2. 到20世纪80年代末,中国沿海地区对外开放的前后顺序是_____。 （ ）
  ① 沿海开放城市 ② 经济特区 ③ 沿海经济开放区
  A. ①②③ B. ②①③ C. ②③① D. ③②①

3. 探究新中国成立后农村生产关系的四次调整。

第十七章 新中国的外交

导读 新中国成立后,奉行独立自主的和平外交政策,中国政府倡导的"和平共处五项原则"对当时和以后的国际关系产生了深远的影响。

20世纪70年代,随着世界局势的变化,中国的外交取得重大突破。中国恢复在联合国合法席位,实现了中日建交和中美关系正常化,中国外交打开了新局面。

十一届三中全会以后,中国政府对外交政策做出重大调整,积极参加联合国和地区性国际组织的外交活动,为维护世界和平和促进人类的共同发展做出了重大贡献。

第一节 建国初期的外交

一、独立自主的和平外交方针

第二次世界大战以后,世界形势发生了深刻变化。以苏联为首的社会主义阵营和以美国为首的资本主义阵营之间的对立和斗争,成为国际关系的最突出的特点。在这样的国际形势下,新中国诞生。毛泽东向全世界人民宣布,中华人民共和国中央人民政府是中国唯一的合法政府。凡愿遵守平等、互利及互相尊重领土主权等项原则的任何外国政府,新中国均愿与它们建立外交关系。新中国奉行独立自主的和平外交方针,毛泽东形象地把它概括为"另起炉灶""打扫干净屋子再请客"和"一边倒"。

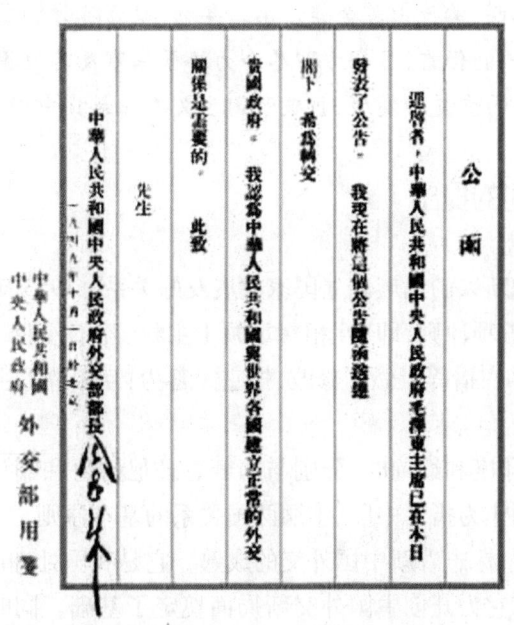

1949年10月1日周恩来签署的公告函

【史海泛舟】

　　第五十四条　中华人民共和国外交政策的原则,为保障本国独立、自由和领土主权的完整,拥护国际的持久和平和各国人民间的友好合作,反对帝国主义的侵略政策和战争政策。

　　第五十七条　中华人民共和国可在平等和互利的基础上,与各外国的政府和人民恢复并发展通商贸易关系。

——摘自《中国人民政治协商会议共同纲领》

　　"另起炉灶"指的是新中国不承认国民政府建立的一切旧的屈辱的外交关系,而要在新的基础上同各国另行建立新的平等的外交关系。这改变了旧中国半殖民地的地位,是新中国实现独立自主的基本保证,解决了新中国如何对待同帝国主义之间的不平等关系和不平等条约的问题。

　　"打扫干净屋子再请客"指的是新中国首先要清除帝国主义在华的残余势力和特权,巩固新生政权,然后再考虑与西方国家建立外交关系的问题。这一政策为新中国和世界各国尤其是资本主义国家建立平等互利的外交关系奠定了基础。

　　"一边倒"指在两大阵营尖锐对立的国际斗争中,中华人民共和国坚定地站在社会主义阵营一边。"一边倒"方针既体现了中国人民反对帝国主义的严正立场,又使新中国在保障人民革命胜利果实、捍卫民族独立和争取和平的斗争中不至于被孤立,有利于迫使资本主义国家无条件承认新中国,与新中国通过谈判建立平等互利的外交关系。

　　"一边倒"方针,是在帝国主义和反动派敌视新中国的历史条件下产生的,是为了打破帝国主义封锁新中国的重大战略举措。它既不意味着中国政府放弃独立自主权利、无原则地倒向苏联,也不意味中国拒绝同英、美等资本主义国家来往。

　　在独立自主外交方针的指导下,新中国积极开展外交活动,建国第一年就和苏联等17个国家建立了外交关系,冲破了美国对中国的外交孤立。

【史海泛舟】

　　1949年10月2日,苏联第一个宣布承认中华人民共和国,并与我国正式建立外交关系。1949年底,毛泽东率领中国代表团访问苏联,举行中苏会谈。第二年初,双方签订《中苏友好同盟互助条约》。条约规定,缔约国一方如果受到第三国的侵略,另一方即尽全力给予军事及其他援助。苏联政府同时给中国三亿美元贷款。这对促进中国经济的恢复和发展,打破帝国主义孤立封锁中国的政策,具有重要意义。

二、和平共处五项原则的提出

　　新中国积极同邻近国家和新兴的民族独立国家发展友好关系。1953年12月,周恩来在接见印度代表团时,第一次提出了和平共处五项原则,即"互相尊重领土主权、互不侵犯、互不干涉内政、平等互惠、和平共处"【和平共处五项原则后来在措辞上做了修改,把它完善为:互相尊重主权和领土完整,互不侵犯,互不干涉内政,平等互利,和平共处】。

　　第二年,周恩来总理访问印度和缅甸时,分别与印度总理尼赫鲁和缅甸总理吴努发表联合声明,双方一致同意以和平共处五项原则作为指导中印、中缅两国关系的基本原则。

　　和平共处五项原则的提出,标志着新中国外交的成熟。它是我国处理国与国之间相互关系,参与国际事务所遵循的一项基本原则。它为开创中国外交新局面奠定了基础。同时,和平共处五项原则在国际上也产生了深远影响,成为处理国与国之间问题的基本准则。和平共处五项原则超越了意识形态和社会制度的差异,以其包容性和开放性逐渐得到国际社会的广泛认可。

周恩来总理访问印度

三、日内瓦会议和万隆会议

1953年朝鲜战争停战以后,美国舰队继续盘踞在台湾海峡,干涉中国内政,并企图从印度支那地区对中国进行军事威胁。1954年4月至7月,为和平解决朝鲜问题和印度支那恢复和平问题,中、苏、美、英、法等国外长,在瑞士召开日内瓦会议。

【史海泛舟】

会议讨论了恢复印度支那和平问题。美国代表团极力阻挠印度支那问题的和平解决。当会议陷入僵局时,中国代表团团长周恩来就印度支那停止敌对行动提出合理建议,推动会议达成《关于恢复印度支那和平的日内瓦公约》。中国代表团在会议上的积极作用,提高了新中国的国际声誉。

中国政府代表团在日内瓦会议上

这是新中国首次以世界五大国的地位和身份参加讨论国际问题。日内瓦会议最终就恢复印度支那和平问题签署了一系列协议,对50年代中期国际形势的缓和做出了积极的贡献。中国代表团在会议上的积极作用和周恩来总理出色的外交才能,大大提高了新中国的国际声誉和地位。

二战后,亚洲民族解放运动蓬勃兴起,一大批亚非国家赢得独立。1955年,众多亚非国家的首脑在印度尼西亚召开了万隆会议,讨论保卫和平、争取民族独立、发展民族经济等共同关心的问题。针对帝国主义的破坏和与会国之间的矛盾与分歧,尤其是一些国家对新中国的误解和疑惧,周恩来总理提出"求同存异"方针促进了万隆会议的成功召开。

【史海泛舟】

万隆会议有29个不同社会制度和意识形态的国家参加。会上,有代表攻击共产主义甚至怀疑中国对邻国搞颠覆活动。针对这种情况,周恩来总理首先向与会各国表明:"中国代表团是来求团结而不是来吵架的","中国代表团是来求同而不是来立异的",他说"亚非绝大多数国家和人民自近代以来都曾经受过,并且现在仍在受着殖民主义所造成的灾难和痛苦","从解除殖民主义痛苦和灾难中找共同基础,我们就很容易互相了解和尊重、互相同情和支持,而不是互相疑虑和恐惧、互相排斥和对立",他强调"我们应该求同存异"。周恩来总理的发言得到了与会代表的热烈欢迎和拥护,促进了万隆会议最终取得成功。万隆会议所体现出的亚非各国人民反对殖民主义、种族主义,争取和巩固民族独立,保卫世界和平,要求亚非国家之间和平相处、友好合作的精神,通常被称为"万隆精神"。

周恩来在万隆会议上的即席发言

万隆会议是第一次没有殖民主义国家参加的亚非会议。万隆会议加强了中国和亚非各国的联系。会后,中国与更多的亚非国家建立了外交关系,扩大了中国在世界的影响。

四、中国恢复在联合国的合法席位

新中国成立之后,中华人民共和国政府成为中国唯一的合法政府,按照国际惯例,理应取得在联合国的代表权。但是,由于美国采取抵制中华人民共和国的政策,中国在联合国的合法席位一直被台湾的国民党集团非法占据。

进入20世纪70年代,随着中国国际地位的日益提高,联合国中亚非会员国的逐年增加,与中国建交的国家越来越多,赞成恢复中国在联合国合法席位的国家也越来越多,美国操纵联合国阻挠中国重返联合国的局面已无法维持

1971年9月20日,第26届联合国大会在美国纽约开幕,从10月18日起,大会就中国代表权问题进行了长达一周的辩论。10月25日,大会就阿尔巴尼亚、阿尔及利亚等23国提出恢复中国在联合国一切合

法权利并立即驱逐台湾的"两阿"提案进行了投票表决。大会以压倒多数的优势通过了这一提案,宣布恢复中华人民共和国在联合国的一切合法权利,这一提案的通过使得美国和日本提出的所谓"中国大陆和台湾国民党'双重代表权'提案",还没来得及表决就成了废案,这是自联合国成立以来美国在联合国遭受的一次"最惨重的失败"。11月1日上午,中华人民共和国的五星红旗第一次在联合国总部大楼前升起。

中国的国旗在纽约联合国总部大楼前升起

中国代表笑逐颜开(左为中国外交部副部长乔冠华,右为中国常驻联合国代表黄华)

中国在联合国合法席位与合法权利的恢复,突出说明了长期以来美国实行孤立中国政策的破产,是中国外交的重大胜利,也有利于中国在国际事务中发挥更大的作用。它反映了世界人民对中国人民友好的历史潮流,极大地增强了维护世界和平、促进人类进步事业的力量。

五、中美关系正常化和中日建交

20世纪70年代初,世界局势发生深刻变化,美国在同苏联的争霸中处于守势。为了扭转不利局面,美国希望改善同中国的关系。

中苏关系恶化,苏联陈兵中国北部边境,严重威胁中国安全。毛泽东和周恩来从调整中、美、苏大三角关系的外交战略需要出发,也希望改善中美关系。

【史海泛舟】

"乒乓外交"是世界外交史上的佳话。1971年4月,在日本名古屋举办的第31届世界乒乓球锦标赛上,美国选手科恩意外搭乘上中国选手的大巴,中国乒乓球运动员庄则栋主动上前搭讪并赠送杭州织锦给科恩,引发中美互邀乒乓球队来访,从此结束了中美之间20多年人员交往隔绝的历史,打开了中美交往的大门。

尼克松访华,周恩来总理在机场迎接

毛泽东会见前来访问的尼克松

1971年7月，美国总统尼克松的国家安全事务助理基辛格秘密访华，就尼克松访华一事达成协议。1972年2月，美国总统尼克松访华。访问期间，毛泽东主席会见了尼克松总统，周恩来总理同尼克松进行了会谈，双方在上海签署并发表了《中美联合公报》，阐述了台湾是中国领土的一部分和只有一个中国的原则，并确认从台湾撤出全部美国武装力量和军事设施的最终目标。这样，中美两国结束了20多年的对抗，两国关系开始走向正常化。随着两国关系的发展，1979年1月1日，中美两国正式建立外交关系。

中美关系的改善直接推动了中日建交。第二次世界大战后，日本追随美国，采取敌视中国的政策。美国谋求同中国缓和关系的活动，却避开了日本，这在日本引起强烈震动。1972年9月，日本首相田中角荣应邀访华，双方签署了中日两国政府联合声明，正式建立外交关系。

周恩来总理会见田中角荣

中美关系的正常化与中日建交，促进了中国外交事业的发展。许多国家纷纷同中国建立外交关系，在国际上掀起了一个同中国建立外交关系的热潮。英国、荷兰、德意志联邦共和国、澳大利亚、西班牙等数十个国家纷纷和我国建交，我国外交出现了新局面。中日建交结束了两国长期敌对的历史，打开了**两国睦邻友好的历史新篇章**，这对于两国关系的发展、亚洲与世界的和平都具有重要的意义。

第二节 新时期的外交

一、新时期的外交方针

20世纪70年代以来，国际形势发生重大变化，新科技革命和世界经济不断发展，和平与发展成为世界的主题。党的十一届三中全会把国家的工作重心转移到经济建设上来，我国进入社会主义现代化建设的新时期。为创造一个和平稳定的国际环境，我国的外交战略和外交政策随之做出调整，反对霸权主义和强权政治、维护世界和平成为我国外交政策的目标。

80年代以来，国际形势发生重大变化，美苏争霸转入均衡相持阶段。随着改革开放政策的实行，中国经济迅速发展，国际地位也不断提高，成为世界政治舞台上的一支重要力量。邓小平根据形势变化，确定真正的不结盟政策，坚持奉行独立自主的和平外交方针，坚决反对超级大国争夺霸权，不依附于任何大国或集团。

【史海泛舟】

"现在世界上真正大的问题,带全球性的战略问题,一个是和平问题,一个是经济问题或者说是发展问题。和平问题是东西问题,发展问题是南北问题,概括起来就是东西南北四个字。南北问题是核心问题。"

——摘自《邓小平文选》第三卷

20世纪80年代末,随着东欧剧变、苏联解体,国际社会主义运动遭遇重大挫折。面对国际上的复杂情况,邓小平审时度势,及时提出了冷静观察、稳住阵脚、沉着应付、韬光养晦、善于守拙、决不当头、有所作为等对外关系指导方针,还确立了独立自主、完全平等、互相尊重、互不干涉内部事务的党际关系。

冷战结束后,国际局势复杂多变,世界多极化和经济全球化不断发展。江泽民继承和发展了邓小平的外交思想,始终不渝地奉行独立自主的和平外交方针,反对霸权主义和强权政治,维护国家的独立、主权和尊严,在和平共处五项原则的基础上广泛建立伙伴关系,推动世界多极化,强调国际关系民主化,争取实现建立国际政治经济新秩序的目标。

进入21世纪,世界多极化和经济全球化深入发展,国与国之间的联系越来越紧密,维护世界和平、促进共同发展成为各国人民的共同愿望。与此同时,国际恐怖主义活动日益猖獗,新的全球性公共安全问题层出不穷。面对世界出现的问题,我国提出了建设持久和平与共同繁荣的"和谐世界"理念。

【史海泛舟】

"和谐世界"是胡锦涛主席在2005年4月参加雅加达亚非峰会时提出的,希望亚非国家"推动不同文明友好相处、平等对话、发展繁荣,共同构建一个和谐世界"。同年7月,胡锦涛主席出访俄罗斯时,"和谐世界"理念第一次被确认为国与国之间的共识,写入《中俄关于21世纪国际秩序的联合声明》,标志着这一理念逐渐进入国际社会的视野。2005年在纪念联合国成立六十周年的首脑会议上,胡锦涛主席对"和谐世界"理念的内涵进行了深入的阐述。

为实现构建和谐世界的目标,中国采取了反对国际恐怖主义、尊重相关国家主权;重视核不扩散条约的实施;反对美国威胁和入侵其他国家;践行"以邻为善、与邻为伴"的方针;重视发展同西方国家的关系;倡议中非论坛,重视落实对非洲的援助等措施。

二、积极参加地区性国际组织的外交活动

为了积极发展同周边国家的睦邻友好关系,1996年4月26日,中国同俄罗斯联邦、哈萨克斯坦、吉尔吉斯斯坦、塔吉克斯坦五国元首在上海举行首次会晤。从此,"上海五国"会晤机制正式建立。2001年6月14日至15日,"上海五国"元首在上海举行第六次会晤,乌兹别克斯坦以完全平等的身份加入"上海五国"。15日,6国元首举行首次会晤并签署《上海合作组织成立宣言》,上海合作组织正式成立。六国元首还签署了《打击恐怖主义、分裂主义和极端主义上海公约》。

上海合作组织会徽

2001年10月亚太经合组织会议在上海举行。中国国家主席江泽民首先发表重要讲话,接着,与会领导人以"新世纪、新挑战:参与、合作,促进共同繁荣"为主题,讨论了世界经济形势和亚太经合组织未来发展方向等问题。会议达成了广泛的共识,通过并发表了《上海共识》和《领导人宣言:迎接新世纪的新挑战》等文件。

参加亚太经合组织会议的经济体领导人在上海科技馆前

1999年,根据部分非洲国家的建议,中国政府倡议于2000年在北京召开中非合作论坛——北京2000年部长级会议,以进一步加强中国与非洲的友好合作,共同应对经济全球化挑战,谋求共同发展。在双方共同努力下,中非合作论坛首届部长级会议于2000年10月在北京举行。会议通过《北京宣言》和《中非经济和社会发展合作纲领》两个历史性文件,中非合作论坛正式成立。

2006年中非合作论坛北京峰会召开

自成立以来,中非合作论坛已成为中非双方集体对话和务实合作的有效平台,中非多边、双边合作机制得到进一步加强,中非合作得以在更大范围、更广领域和更高层次上全面深入发展,特别是2006年召开的中非合作论坛北京峰会暨第三届部长级会议确立了中非政治上平等互信、经济上合作共赢、文化上交流互鉴的新型战略伙伴关系,在中非关系史上具有里程碑意义。

三、以联合国为中心的多边外交

20世纪80年代以来,随着中国改革开放政策的实行和外交政策的转变,中国开始积极、主动参加联合国的各项行动。

参加联合国维和行动。中国1982年开始承担联合国维和费用,1988年正式成为联合国维和行动特别委员会成员国。1990年4月,中国军队向中东停战监督组织派遣5名军事观察员,是中国首次参加联合国维和行动。

20多年来,本着对国际社会高度负责的精神,中国把参与国际维和行动视作维护世界和平,履行一个负责任世界大国应尽国际义务的重要途径。目前,中国是安理会5个常任理事国中派兵最多的国家,是缴纳联合国维和摊款最多的发展中国家。

积极参与多边经济与社会领域机构的活动。1980年中国恢复在国际货币基金组织和世界银行的合法地位;1984年中国成为国际原子能机构的正式成员国;1986年中国被接纳为亚洲开发银行的正式成员;2001年11月,中国成功加入世界贸易组织(WTO),成为世贸组织第143个成员国。

中国代表团团长石广生在多哈签署中国入世议定书

深入参与联合国人权、环保等多个领域的活动。随着经济全球化和世界多极化的深入发展,尤其是中国改革开放的深入开展和综合国力的提高,中国已全面和深入地参与到联合国人权、环保等多个领域的活动中。

在维护人权方面,中国先后签署了《儿童权利公约》《残疾人权利公约》等一系列国际公约。

2006年5月,第60届联大举行新成立的人权理事会的首次选举,中国以146票的高票成功当选新成立的人权理事会成员。中国主张人权理事会以公正、客观和选择性方式处理人权问题,加强不同文明、文化、宗教间的建设性对话与合作。

在环保领域,我国先后签署了《保护臭氧层维也纳公约》《生物多样性公约》《气候变化公约》《京都议定书》等联合国重要环境公约,开始在国际公约的框架下加强环境保护工作。2010年还在天津首次承办了联合国框架下气候变化的正式谈判会议。

新时期的中国外交,为有中国特色的社会主义建设创造了一个良好的外部环境,有利于缩短中国与发达国家的差距,增强中国综合国力。国际上,它有利于维护世界和平与稳定,促进世界经济的发展。

练习与探究

1. 按时间顺序排列下列事件_____。   ( )
① 亚非会议   ② 日内瓦会议   ③ 和平共处五项原则的提出   ④ 与苏联建交
   A. ①②③④   B. ②①④③   C. ④③②①   D. ④②③①

2. 20世纪70年代我国外交关系获得重大突破,取得了许多成就:① 中美建交;② 中国联合国合法席位的恢复;③ 中日建交;④ 中美签订上海联合公报等。以上事件按时间先后排列正确的是_____。
                                                                                ( )
   A. ④①②③   B. ②①③④   C. ③①②④   D. ②④③①

3. 新中国成立以后中美关系发生了怎样的变化?

第十八章 社会主义时期文化的发展和社会生活的巨变

导读 新中国成立后,毛泽东提出了"百花齐放、百家争鸣"的方针,推动了我国科技事业的发展,在原子能、计算机、航空航天领域取得了重大成就。十一届三中全会以后,党中央重新把"双百"方针确立为中国科学文化事业的指导方针,促进了文艺的大发展。

进入21世纪,教育在经济社会发展中的重要性日益凸显,党中央相继提出科教兴国、人才强国战略,从此开始了我国优先发展教育、加快人力资源开发的步伐。

改革开放带来了中国跨越式的大发展,经济腾飞为国人提供了丰厚的物质保障,公路、铁路、民航等现代交通设施的完善方便了国人的出行,电话、手机和互联网的普及密切了人们之间的联系,信息化时代改变了人们的生活方式。随着社会的进步,健身、休闲、娱乐成为生活的重要元素,网购、旅游、微博成为时尚的生活方式,种种迹象表明:改革开放30年,中国人的生活发生了巨大的变化。

第一节 文化科技和教育事业

一、"百花齐放""百家争鸣"

●"双百"方针的提出

中华人民共和国成立后,随着社会制度的变化,人民的生活方式、社会交往方式也发生了很大变化。党中央提出让知识分子在社会主义建设中发挥更大作用。

1956年春,毛泽东在中共中央政治局扩大会议上,正式提出在科学文化工作中,实行"百花齐放,百家争鸣"的方针,即艺术问题上"百花齐放"、学术问题上"百家争鸣"。他还强调"百花齐放""百家争鸣"是一个基本性的同时也是长期性的方针,不是一个暂时性的方针。

【史海泛舟】

1951年,毛泽东为中国戏曲研究院题词"百花齐放、推陈出新";1953年就中国历史研究问题提出了"百家争鸣"的主张。1956年4月,毛泽东在中共中央政治局扩大会议上说,艺术问题上的"百花齐放",学术上的"百家争鸣",应该成为我国发展科学、繁荣文学艺术的方针。"双百"方针指的是在文艺创作上,允许不同风格、不同流派、不同题材、不同手法的作品同时存在,自由发展;在学术理论上,提倡不同学派、不同观点互相争鸣,自由讨论。

"双百"方针提出后,科学技术和文学艺术领域出现了百花齐放、百家争鸣的繁荣景象。

毛泽东手迹:百花齐放 推陈出新

在"双百"方针的鼓舞下,文学艺术界的许多作家、艺术家,扩大生活视野,开拓新的题材和主题,采用多样化的体裁与表现手法,生动描绘人民革命斗争和社会主义建设时期的新风貌,取得了累累硕果。著名的有长篇小说杨沫的《青春之歌》、梁斌的《红旗谱》、柳青的《创业史》;郭沫若的历史剧《蔡文姬》,田汉的《关汉卿》和《文成公主》;老舍的名作话剧《茶馆》;大型舞蹈史诗《东方红》、芭蕾舞《红色娘子军》、民族舞剧《丝路花雨》,歌剧《洪湖赤卫队》等都是贯彻"双百"方针以后的出色作品。那时的文艺期刊也大量增加,仅1956年至1957年出现的文艺期刊就有18种,原有的刊物质量也有提高,版面扩大。这都大大丰富了社会主义时期人民的文化生活。

● **曲折的年代**

但是,"双百"方针并未能坚持贯彻下去。由于政治运动的扩大化,特别是"文化大革命"的到来,一些学术问题被当成政治问题,甚至上升为阶级斗争问题。不同的学术观点,被看作代表不同的阶级利益。一些优秀作品受到错误批判。如,王蒙的小说《组织部新来的青年人》,艾青的寓言诗《蝉的歌》,昆曲《李慧娘》和电影《北国江南》《早春二月》等,都受到政治批判。作者多被划为"右派"或"反动学术权威",许多知识分子受到了伤害,文艺园地百花凋零。自然科学和社会科学的研究也受到很大影响。

【**史海泛舟**】

"文化大革命"开始后,林彪、江青等人推行文化专制主义,很多学术问题被看作政治问题,甚至上升到阶级斗争问题上展开批判,许多知识分子、文艺工作者沦为被专政的对象,科学、教育、文艺界出现了万马齐喑的局面。1966年12月26日,《人民日报》发表的《贯彻执行毛主席文艺路线的光辉样板》一文,首次将京剧《红灯记》《智取威虎山》《沙家浜》《海港》《奇袭白虎团》,芭蕾舞剧《红色娘子军》《白毛女》和交响音乐《沙家浜》并称为"江青同志"亲自培育的八个"革命艺术样板"或"革命现代样板作品",在全国广为推广。一时之间,全国上下拍摄样板戏、学唱样板戏,几乎形成了样板戏一统天下的局面。

● **文艺的春天**

"文革"结束后,文学艺术和学术领域清算了林彪、江青的极"左"路线,党总结社会主义时期文艺工作的经验教训,明确文艺必须植根于人民生活。邓小平指出我们的文艺属于人民,要为人民服务,为社会主义服务。他还强调坚持贯彻"双百"方针,对我国发展科学文化具有重要意义。

20世纪80年代初,中共中央提出加强社会主义精神文明建设,强调在进行经济建设的同时,还要发展教育、科学、文化事业,坚定共产主义理想、信念,加强纪律,建立人与人之间的和睦关系等,以"五讲""四美"为内容的精神文明建设开展起来。

在这种形势下,文艺领域再次呈现繁荣景象,出现了以反映"文化大革命"为主题的"反思文学""伤痕文学"以及以改革实践为主题的文学作品,还有反映丰富的社会生活的戏剧、电影,如《许茂和他的女儿们》《被爱情遗忘的角落》等。科学和文艺工作者迎来了又一个春天。学术讨论空前热烈,文学艺术创作欣欣向荣。

2012年莫言获得诺贝尔文学奖

进入21世纪,随着中国改革开放的深入,文学艺术的内容更加丰富,形式也向多样化发展,中国文化正走向世界。2012年中国作家莫言荣获了诺贝尔文学奖。

二、新中国成立以来的重大科技成就

● **从"两弹一星"到载人航天**

第二次世界大战以后,世界上掀起了一场以计算机、原子能、航空航天技术、生物工程技术等为代表的新的科技革命,即第三次科技革命。在第三次科技革命的影响下,以毛泽东为代表的中国共产党第一代领导集体,在一穷二白、百废待兴的情况下,果断做出发展原子弹、导弹和人造地球卫星即"两弹一星"的战略决策,以打破美、苏等国对核武器、空间技术的垄断。

1964年10月16日,中国第一颗原子弹试爆成功,从此我国跨入了核大国的行列。1967年6月17日,第一颗氢弹试爆成功。

1964年中国第一颗原子弹试爆成功　　　　　大亚湾核电站

中国十分重视和平利用核能,掌握了核技术后,先后建成秦山核电站和大亚湾核电站,用核技术为国民提供电力。

20世纪60年代初,中国仿制近程导弹成功。1964年中国自行设计制造的中近程导弹试验成功。1970年,随着我国第一颗人造地球卫星"东方红一号"的发射成功,中国成为世界上第五个发射卫星的国家。《东方红》乐曲随着卫星响彻宇宙,中国开始进入航天时代。

东方红一号人造卫星　　　　　杨利伟乘"神舟5号"返回地面

1992年,中国政府做出实施载人航天工程的战略决策,载人飞船正式列入国家研制计划。这是中国在世纪之交规模最庞大、技术最复杂的航天工程。1999年起,"神舟"飞船成功进行了4次无人飞行试验,2003年10月15日,"神舟5号"飞船载着宇航员杨利伟升上了太空,经过21小时的飞行,成功返回地面。中国成为世界上第三个掌握载人航天技术的国家。

2007年10月,中国自主研制、发射的第一个月球探测器"嫦娥一号"探测器发射成功,实现了中华民族的千年奔月梦想。"嫦娥一号"是继人造地球卫星、载人航天飞行取得成功后,我国航天事业发展的又一座里程碑,标志着我国进入了世界上具有深空探测能力的国家行列。

2011年11月,"天宫一号"与神舟八号飞船对接成功,中国成为世界上第三个自主掌握空间交会对接技术的国家。2012年6月,"神舟九号"飞船与"天宫一号"目标飞行器成功实现自动交会对接,中国3位航天员首次进入在轨飞行器。至此,中国成为继俄罗斯、美国之后世界上第三个独立掌握载人航天技术、独立开展空间实验、独立进行出舱活动的国家。

● "863计划"

面对世界高技术蓬勃发展和日趋激烈的国际竞争,1986年3月,王大珩、王淦昌、杨嘉墀和陈芳允四位科学家联名上书中央,提出跟踪研究外国战略性高技术动向、发展中国高新技术的建议。

右起:王淦昌 王大珩 杨嘉墀 陈芳允

邓小平迅速做出批示:"此事宜速作决断,不可拖延。"国务院立即组织200多位专家,在充分论证的基础上,研究制订了《高技术研究发展计划纲要》,于1986年11月正式启动。因为该计划是1986年3月提出并批准的,所以简称"863计划"。"863计划"选择对中国未来经济和社会发展有重大影响的生物、航天、信息、能源、自动化、新材料、激光7个领域15个主题项目(后来增加了海洋技术领域)作为突破重点,以追踪世界先进水平。

【史海泛舟】

据不完全统计,截至2005年,"863计划"获得国内外专利8000多项,制定国家和行业标准1800多项,取得了一大批达到或接近世界先进水平的创新性成果,特别是在高性能计算机、第三代移动通信、高速信息网络、深海机器人与工业机器人、天地观测系统、海洋观测与探测、新一代核反应堆、超级杂交水稻、抗虫棉、基因工程等方面已经在世界上占有一席之地。

● 袁隆平与杂交水稻

中国有13亿人口,是世界上人口最多的国家,粮食产量关乎国计民生。为了提高粮食产量,许多科学家付出艰辛的努力,袁隆平是他们中的杰出代表。

在田间研究水稻的袁隆平

1964年,袁隆平偶然发现了一株天然杂交水稻,优势非常明显,这给了他很大启发。经过多年努力,在历经成百上千次试验失败后,1973年,他选育出杂交水稻新品种——南优2号。这种水稻单产一般比常规稻增产20%左右。袁隆平被国际科学界誉为"杂交水稻之父"。2001年,他获得中国国家最高奖项——"国家最高科学技术奖"。

袁隆平是在世界上成功利用水稻杂交优势的第一人。他选育出的杂交水稻不仅大大提高了中国的水稻产量,也被认为有助于解决未来世界性饥饿问题。联合国粮农组织把在全球范围内推广杂交稻技术作为一项战略计划,聘请袁隆平为首席顾问,为一些国家培训技术专家。袁隆平多次获得国际大奖,享有很高的国际声誉。

● **计算机和生物技术的发展**

20世纪50年代中国开始了计算机研制工作。1983年,中国成功研制出第一台每秒运算速度上亿次的计算机,定名为"银河—Ⅰ号";1993年,中国研制出每秒运算10亿次的"银河—Ⅱ"巨型计算机。此后,越来越先进的高性能计算机在十几年间先后问世,表明中国的高性能巨型计算机研制技术已经居于世界前列,加速了国家信息化发展。1997年每秒运算速度130亿次的"银河－Ⅲ"巨型计算机研制成功,标志我国高性能巨型计算机研制技术取得了新的突破,跨入世界先进行列。2008年8月,曙光5000A高性能计算机的研制成功,标志着中国成为世界上继美国之后第二个成功研制出浮点速度在百万亿次超级计算机的国家,也标志着我国生产、应用、维护高性能计算机的能力达到了世界先进水平。

1993年中国研制的每秒运算10亿次的"银河—Ⅱ"巨型计算机

在生物技术方面,1965年,人工合成结晶牛胰岛素在中国首次实现,这也是世界上第一个蛋白质的全合成,开辟了人工合成蛋白质的时代。中国还积极参与人类基因的研究,到20世纪末,中国在依靠基因工程技术改良动植物品种、治疗人类重大疾病的药物研究等方面达到了国际先进水平,为提高国民生活水平和健康水平做出了贡献。

三、现代中国教育的发展

● **人民教育的奠基**

百年大计,教育为本。建国之初,党中央就决定有步骤地对旧有学校教育进行改革。1949年12月,第一次全国教育工作会议在北京召开,会议决定"以老解放区新教育经验为基础,吸收旧教育有用经验,借助苏联经验"来建立人民教育事业;确立教育要为国家建设服务,学校要向广大工农开门,大力提高人民的文化水平。这就成功地将半殖民地半封建教育,改变为沿着社会主义方向前进的新中国的人民教育。

在这一指导思想下,1950年6月至1951年9月,教育部先后召开了全国高等教育、工农教育、中等教育、中等技术教育、初等教育、师范教育和民族教育会议,从加强对师生的思想政治教育、改革旧学制等方面进行调整和改革,从而形成了从初等教育到高等教育的一个新的教育系统,使全体人民都有通过各种渠道受到教育的机会。

毛泽东、周恩来和出席第一次全国高等教育工作会议的代表合影

进入全面建设社会主义时期,制定新中国的教育方针,是人民教育面临的首要问题。毛泽东提出:"我们的教育方针,应该使受教育者在德育、智育、体育几方面都得到发展,成为有社会主义觉悟的有文化的劳动者。"这就确立了全面发展的教育方针。

为满足经济发展对人才的大量需求以及青年们强烈的求学欲望,在发展全日制学校教育的同时,建立起半工半读的学校教育制度,学生可根据需要选择全日制学习或半工半读。

新中国头17年教育与旧中国教育发展比较

	1965年学校数量	比旧中国最多时增长	1965年在校学生数量	比旧中国最多时增长
高等教育	434所	1947年的1.1倍	67.4万人	1947年的3.3倍
中等教育	80993所	1949年的14.1倍	1432万人	1946年的6.9倍
小　　学	1681000所	1949年的4.9倍	11626.9万人	1946年的3.9倍

经过十几年的努力,我国逐步形成比较完整的国民教育体系,学前教育、大中小学教育及成人教育初具规模,全日制、半工半读、业余教育共同发展,培养了大批素质较高的劳动后备军和德才兼备的建设人才。

● **动乱中的教育**

"文化大革命"开始后,很多师生都被卷入"破四旧"批走资派活动中,各地大中小学停课,教育战线一片混乱。

1966年夏,高考制度被废止。大中学校停止招生,工厂停止招工,知识青年上山下乡,参加农业生产劳动;工农管理学校,在校内大办工厂、农场;学制缩短,小学缩短为五年,初中和高中均缩短到两年。

70年代初,高等院校开始招收"工农兵学员",只要群众推荐、领导批准和学校复审,不需要文化课考试就可以上大学,导致大学教育水平下降。

"文化大革命"使中国教育事业受到极大破坏,各行各业专门人才缺乏,整个民族文化素质大大下降,中国与发达国家的差距拉大了。

● **教育的复兴**

"文革"结束后,邓小平刚复出就自告奋勇抓教育。他充分肯定新中国前17年的教育工作,在教育战线全面拨乱反正,整顿教学秩序,恢复中断十年的高考制度,组织编写新教材,倡导尊师重教。

【史海泛舟】

1977年,国务院批转了教育部《关于1977年高等学校招生工作的意见》,中断十年的高考制度恢复。1977年冬天,全国有570多万考生参加了考试。考生年龄参差不齐,最小的只有十三四岁,最大的则有三十六七岁。经过这一次以及1978年夏季的招生考试,全国共有40多万人走进了大学校门。

在实行改革开放的同时,邓小平提出教育应优先发展的思想,国家制定了一系列政策方针,把发展科技和教育事业放在现代化建设的首位,大量增加教育投入,实行"科教兴国"发展战略。

1982年颁布的《中华人民共和国宪法》提出"国家举办各种学校,普及初等义务教育",第一次以国家根本大法的形式对普及义务教育作出明确规定。1983年10月邓小平提出"教育要面向现代化,面向世界,面向未来"的指导方针,教育改革的步伐加快。1985年《中共中央关于教育体制改革的决定》指出要"有步骤地实行九年制义务教育",这是中央首次提出实行九年义务教育。1986年《中华人民共和国义务教育法》通过,规定了政府、学校、家庭和社会保证适龄儿童接受义务教育的责任,以国家立法的形式正式确立了我国普及义务教育制度的目标,开创了中国教育的新纪元。

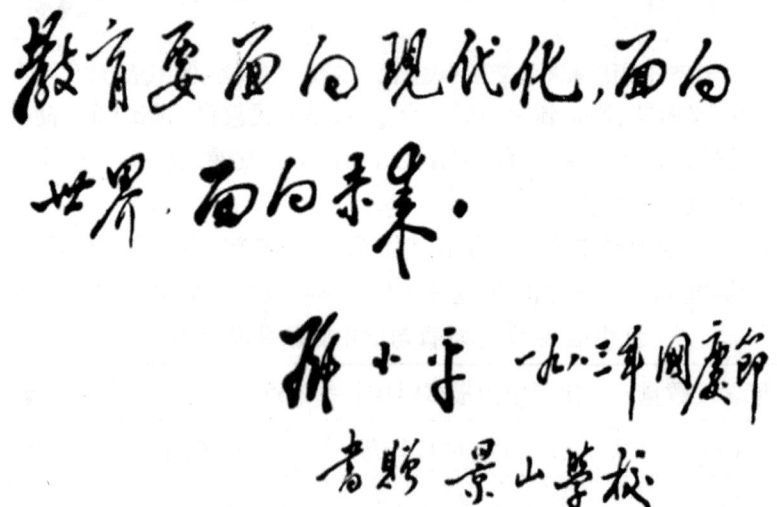

邓小平为景山学校题词

20世纪80年代,我国对中等教育实行普通教育与职业教育并举的方针;对高等教育,增设了一批新兴边缘学科专业、建立了学位制度、改革高校招生与分配制度、扩大学校办学的自主权,使高等教育有了很大发展。

20世纪90年代,为推动高等教育持续发展,国家着手实施发展高等教育的"211工程"【"211工程"指的是力争到21世纪(2000年)建成100所左右接近或达到国际一流大学水平重点高等学校】计划,一批重点高校和重点实验室迅速发展壮大。

在教育投资上,实行国家拨款为主、多渠道筹措经费为辅的体制。社会力量办学也应运而生,启动了"希望工程"。到20世纪末,我国已基本普及九年义务教育和扫除青壮年文盲。

在西部大开发的形势下,国家加大西部地区教育发展的力度。国家出资支持西部一批高校建设,并在西部近200个县建立职业教育中心。国家还增加少数民族地区教育经费,大力推动少数民族地区教育的发展。

2001年,我国基本实现了普及九年义务教育的战略目标。随后,国家加大对义务教育阶段学生的资助力度,把实现免费义务教育作为新的目标。

【史海泛舟】

从2001年秋季开始,国家试行为贫困地区家庭经济困难学生免费提供教科书。2003年,国务院提出要建立健全资助家庭经济困难学生就学制度,争取到2007年,全国农村义务教育阶段家庭经济困难学生都能享受到"两免一补"政策。2007年9月,国家决定免除农村义务教育阶段的学杂费,同时确立中西部农村义务教育阶段家庭经济困难寄宿生的生活费基本补助标准(小学生每生每天2元,初中生3元)。2008年8月,国家决定免除城市义务教育阶段公办学校学生学杂费。至此,我国全面实现城乡免费义务教育。

为落实党的十七大提出的"优先发展教育,建设人力资源强国"的战略部署,2010年教育部颁布《国家中长期教育改革和发展规划纲要(2010－2020年)》,提出"到2020年,基本实现教育现代化,基本形成学习型社会,进入人力资源强国行列"的战略目标。

目前,我国已经建立起覆盖学前教育、义务教育、普通高中教育、中等职业教育和高等教育各个教育阶段的完整的学生资助政策体系,实现了广覆盖、立体式、多元化的资助局面,有效地解决了家庭经济困难的孩子上不起学的问题。

第二节　经济腾飞与生活巨变

一、物质生活的丰富

由于生产力水平较低,在建国后相当长的一段时期,我国生产依然不能满足人们的温饱需求。十一届三中全会以后,随着家庭联产承包责任制的实施,我国的农副产品大幅增加,粮食、肉类、棉花等产量已经位居世界第一。

对内搞活、对外开放,三资企业【三资企业指的是在中国设立的中外合资经营企业、中外合作经营企业和外商独资经营企业】快速发展,我国乡镇企业也异军突起,加上中外贸易频繁,进出口贸易不断发展,如今的中国物资极大丰富,各种产品琳琅满目、数不胜数,极大地满足了人们的生活需要。

改革开放30年,我国的国内生产总值(GDP)【国内生产总值(Gross Domestic Product),简称GDP,指在一定时期内,一个国家或地区的经济中所生产出的全部最终产品和劳务的价值,是公认的衡量国家经济状况的重要指标之一】大大提升,由1978年的3645.2亿元增加到2007年的249529.9亿元,增幅高达68倍。2010年,我国经济总量超过日本,跃居世界第二,成为仅次于美国的世界经济大国,中国经济总量也从2002年占世界经济总量的4.4%提高到了2011年的10%左右。经济发展带来人们收入的节节攀升。

随着收入的增加,人们的衣、食、住、行发生了巨大的变化。饮食上,中国人不再满足于吃饱的需求,而是越来越讲究合理膳食、营养搭配,注重吃得科学、健康,绿色食品、有机食品等概念深入人心。着装上,随着生活水平的提高和观念的变化,人们不再局限于单一的款式、色调,而是越来越讲究色彩、款式,年轻人讲究品牌、追求个性,中年人越来越注重穿出符合个人身份、场合、品位,不求多,但求精成为许多职场人士的不二选择。

值得一提的是,随着经济的快速发展,中华民族的民族认同感增强,中山装、唐装等传统民族服饰日益受到中外人士的欢迎,成为很多人出席重要场合的一种选择。

【史海泛舟】

我国的住房条件也得到极大的改善,不仅人均居住面积有了很大的提高,室内装修也越来越精致,彩电、冰箱、空调等电器从城市走向农村,成为家家户户习以为常的耐用消费品。

二、城镇化进程的加快

城镇化是世界各国工业化进程中必然经历的历史阶段,也是一个国家由落后的农业国向现代化工业国转变的必由之路。

建国之初,我国乡村人口比例占到89.4%,到1978年依然高达82.08%。经过30年的改革开放,2008年我国城镇化率达到45.68%。2011年我国城镇居住人口首次超过农村,城镇化率超过50%,但是依然远远低于发达国家近80%的水平。

2012年11月,党的十八大提出要在全面建设小康社会目标的基础上,努力使"工业化基本实现,信息化水平大幅提升,城镇化质量明显提高,农业现代化和社会主义新农村建设成效显著,区域协调发展机制基本形成","坚持走中国特色新型工业化、信息化、城镇化、农业现代化道路"。

三、四通八达的交通和通讯

改革开放以来,我国不断加大基础设施建设,公路、铁路、水运、航空等交通条件得到了极大改善。

1988年中国大陆第一条高速公路——沪嘉高速公路全线通车,实现了中国大陆高速公路零的突破。2006年7月1日,青藏铁路全线通车,是世界上海拔最高、线路最长的高原铁路。

青藏铁路

【史海泛舟】

从1988年沪嘉高速公路实现中国大陆高速公路零的突破,到2007年中国高速公路里程达到了5.39万公里,位居世界第二。2007年,中国铁路营运里程达到了7.8万公里,位居亚洲第一、世界第三。1999年,中国开始修建高速铁路,截至2010年10月底,中国国内运营时速200公里以上的高速铁路运营里程已经达到7431公里,已经拥有了全世界最大规模以及最高运营速度的高速铁路网。

经济的宽裕和交通的发展刺激了汽车的生产和销售,中国私人汽车拥有量不断增加,从1985年至2007年,年均增长速度高达23.34%。据社科院《汽车社会蓝皮书》(2012-2013年)公布,至2012年6月底,我国私家车数量已经达到了8613万辆,每百户家庭私人汽车拥有量超过21.5辆,中国正式进入了汽车社会。汽车的不断增加对交通基础设施建设提出了更高的要求,也使地铁、轻轨等轨道交通成为众多城市公共交通的新选择。随着对外交往的增加以及生活节奏的加快,飞机越来越成为人们出行的选择,民用航空事业得到快速发展。截至2007年,中国民用航空线达到1506条,其中国际航线290条,民用通航机场建设达到148个,遍及我国的大江南北。

改革开放之初,人们传递信息大多采用寄信和发电报等方式,打电话还只是城市和少数农村人的权利。20世纪末,PP寻呼机、固定电话、大哥大移动电话先后走进人们的生活,方便了人们的联系。

进入21世纪,移动手机的普及率越来越高,几乎人手一部,手机的功能也越来越多,也从通话、发信息到今天看视频、上飞信、浏览网页一应俱全。网络成为人们沟通的重要方式。2012年,中国网民的数量超过5.64亿,互联网普及率达到了42.1%,玩QQ、发微博、网上交友等成为人们习以为常的联系方式。

四、时尚的中国

开放的国门加快了中国融入国际社会的进程。经济全球化趋势下,"请进来"、"走出去"成为中外交往普遍方式,开放、包容、多元、时尚成为中国社会的典型特征。

网络时代,人们的生活方式发生了重大改变。人们不仅通过面对面交往,还通过网络交友,不仅通过逛商场、超市购物,还可以通过网络购物,网上支付、网上交友、网上视频成为人们习以为常的生活方式。

注重休闲娱乐,文化生活丰富多彩。除了看电视、看电影、听传统戏曲以外,越来越多的人走进艺术大厅欣赏大型音乐会、歌剧等西方艺术作品;练瑜伽、健身、KTV成为年轻人和都市白领工作之余的娱乐方式;打太极拳、唱戏、跳舞成为群众喜闻乐见的娱乐项目。

旅游不再为少数人专有,局限于商务、会务、考察等类型,日益成为一种大众化的生活方式,休闲娱乐、探亲访友、生态保健、文化寻根等成为旅游的主导方向,出境游逐年增加。随着人们对旅游个性化的追求,大量背包族和驴友族出现,直接推动了快捷酒店、家庭旅馆的出现和飞速发展。

【史海泛舟】

据国家旅游局《2011年中国旅游业统计公报》显示:2011年全国国内旅游人数26.41亿人次,比上年增长13.2%,其中城镇居民16.87亿人次,农村居民9.54亿人次;公民出境旅游市场继续加速增长,人数达到7025.00万人次,比上年增长22.4%。其中经旅行社组织出境旅游的总人数为2021.92万人次,其中出国游1261.65万人次,比上年增长44.0%,港澳游760.27万人次。

除此以外,化妆、礼仪、模特、音乐会等时尚元素也相继涌入中国。靳羽西、郑明明等时尚人士引领中国人进入了化妆和美发的世界;宋怀桂组织了第一代中国模特并把中国模特带上了西方舞台;超级女声等娱乐节目带来了多元的审美价值,中国社会开始进入个性张扬和价值多元的时代。

练习与探究

1. 1956年,毛泽东提出"百花齐放,百家争鸣"的方针,下列表述正确的有_____。（　　）
   ① 是在三大改造即将完成的背景下提出的　②强调艺术上的"百花齐放",学术上的"百家争鸣"
   ③ 促进了科学技术和文化艺术领域的繁荣　④ 涌现出《定军山》《渔光曲》等优秀电影作品
   A. ①②③　　　　B. ①③④　　　　C. ②③④　　　　D. ①②③④

2. 要制作历史纪实片《改革开放三十年回眸》,下列科技成就可以入选的是_____。（　　）
   ①"神舟"飞船载人航天　　　　　　②银河系列计算机研制成功
   ③第一颗人造地球卫星发射成功　　　④袁隆平培育出"南优二号"杂交水稻
   A. ①②　　　　B. ②③　　　　C. ②③④　　　　D. ①③④

3. 粉碎"四人帮"后,发展高等教育的第一个举措是_____。　　　　　　　　( )

　　A. 新时期教育方针的制定　　　　　B. 教育大革命

　　C. 邓小平提出"三个面向"的方针　　D. 恢复统一高考招生制度

4. 结合所学知识理解"国运兴衰,系于教育"的深刻含义。

下 篇

世界历史

农业文明时代

【单元导读】 古代希腊是西方文明的摇篮。特殊的自然环境,使古希腊的城邦兴起。雅典城邦民主政治经过梭伦改革的奠基、克里斯提尼改革的确立到伯利克里改革走向了发展的黄金时期。雅典民主政治为西方近代民主政治奠定了基础。古希腊特殊的地理环境促进了经济的发展。农业、手工业以市场为导向,工商业特别是海外贸易发达。经济的繁荣和民主政治的发展,使雅典成为希腊政治文化的中心。智者学派和三大思想家的思想主张对后世产生了深远影响。古希腊成为西方人文精神的源头。

古代罗马法律也对世界产生了重要的影响。罗马法经历了习惯法到成文法的转变,经历了公民法到万民法再到自然法的逐步完善,对维护罗马帝国的统治起着重要作用,是影响广泛而深远的古代法律体系。

第一章 古代希腊(公元前8世纪—公元前4世纪)

一、古希腊政治

1. 城邦的兴起

古希腊是由半岛和群岛组成的海洋国家。它东临爱琴海,海岸线曲折,天然良港众多,海岛星罗棋布。半岛上山峦起伏,山势陡峭,很难翻越,形成了一个个地理上相互隔绝的小单元。半岛山多平原少,土地贫瘠,农耕条件先天不足。其有限的陆地被山岭分割成小块,无法形成政治中心,不适合统一国家的形成,却有利于一系列独立自治的城邦国家的形成。这种得天独厚的地理环境为希腊城邦制度的形成与发展提供了必不可少的前提条件。

公元前8世纪至公元前6世纪,希腊出现了两百多个小国。它们一般以一个城市为中心,包括若干村落,史称"城邦"或"城邦国家"。城邦面积狭小,人口不多,虽然彼此分立,但又联系密切。它们拥有基本一致的风俗习惯和语言文字,共同参加奥林匹亚竞技会。小国寡民和独立自主是城邦的基本特征。

希腊城邦内的居民按政治地位可分为三类:①公民。分贵族和平民。贵族拥有大量土地和奴隶,享有政治特权,平民包括小农和手工业者、商人等。②外邦人。无公民权,不能取得土地,主要经营商业及航海业。③奴隶。来自战俘、拐卖、海盗劫掠及某些负债的自由民。公民是希腊社会的主体阶层,是城邦政治的核心力量。根据传统,凡父母祖籍均属本地城邦、拥有一定财产、能自备武装服兵役的成年男子才享有公民资格。

古代希腊

【史海泛舟】

城邦中的公民有资格参加各种公共活动,有权参与城邦行政与司法事务。他们一般有较高的参政素质,珍视个人自由,不愿屈从权威,又敢于表现个性,善于从事政治文化活动,追求智慧与平等,具有强烈的集体荣誉感。

城邦是孕育古希腊民主政治的摇篮。小国寡民的形态下,公民有较多机会直接参与城邦的公共事务,他们也有参政的素质、能力和愿望。城邦内,商品经济发达,手工业和农业与市场联系紧密,公民更容易接受平等互利的观念,民主意识相对强烈。

2. 雅典的民主政治

(1) 梭伦改革

古希腊的城邦大致分为民主制、贵族制和君主制。斯巴达和雅典是最著名的城邦,斯巴达以实行贵族制,雅典则以民主制著称。

在很长一段时间内,雅典城邦中旧氏族贵族实行专横统治。随着工商业的发展,社会矛盾越来越尖锐:新兴工商业者要求发展民主政治以促进工商业繁荣,贫苦农民反对债务奴隶制,贫民准备以武力推翻贵族政权。在此背景下。公元前6世纪初,执政官梭伦推行了政治改革。他根据财产多少将公民分为四个等级,财产越多者等级越高、权力越大;公民大会成为最高权力机关,各等级公民均可参加;建立四百人议事会,前三等级均可入选;建立公民陪审法庭;颁布"解负令",废除一切债务和债务奴隶制。梭伦改革,动摇了旧氏族贵族的世袭特权,保障了公民的民主权利,为雅典民主政治奠定了基础。

梭伦(前638—前559)

(2) 克里斯提尼改革

公元前6世纪末,执政官克里斯提尼继续进行改革。他建立十个地区部落,以部落为单位举行选举;

设立五百人议事会,由各部落轮流执政;每个部落选一名将军组成十将军委员会;制定陶片放逐法。这次改革基本铲除了旧氏族贵族的政治特权,公民参政空间空前扩大,雅典的民主政治确立起来。

【史海泛舟】

陶片放逐法,又称"贝壳放逐法",是古雅典民众大会中的一种特殊投票法。每年举行特别公民大会,公民将其认为可能危害民主政治的人的名字记于陶片上;某人票逾半数(通常认为是6000票),则被放逐国外十年,期满可回国,或提前招之回国,归还财产并恢复其公民权。这一做法,对威胁城邦民主的人有震慑作用,成为维护民主政治的有力武器。

(3) 伯利克里改革

公元前5世纪,伯利克里担任首席将军,继续推进政治改革。改革内容有——扩大公民参政范围:除十将军外,一切官职向所有等级的男性公民开放,执政官用抽签法产生。改革公民大会:公民大会是国家最高权力机关,负责内政外交等重大问题,年满20岁的男性公民都可以参加并有发言权和表决权。改革五百人会议的成员构成和权限:五百人会议的成员通过抽签从10个部落中各选50人参加,分组轮流执政,负责召集公民大会等事务。提高陪审法庭的权力和地位:陪审法庭是国家最高司法和监察机关,由10个部落从30岁以上的男性公民中选举组成,每部落各选600人。扩大十将军委员会的权力:最高的政府官员十将军由公民大会举手选出,十将军委员会统率军队,参与政治,首席将军执掌国家军政大权。制定"公职津贴"制度:为参政公民发放工资和津贴。鼓励公民接受政治教育和文化熏陶,向公民发放"观剧津贴",等等。

伯利克里(前495—前429)

伯利克里在位期间,雅典的民主政治发展到顶峰,被称为雅典民主的"黄金时代"。他的改革使氏族贵族的政治权力被大大削弱,公民基本上已经不再受财产的限制而享有比较充分的民主权利,民主的广泛性和深入性得到了进一步发展。雅典的民主政治进入了最完善的时期。

(4) 雅典民主政治的重大影响

虽然雅典民主只是"成年男性公民当家做主"的政治制度,城邦内的妇女、外邦人、广大奴隶还被限制在权力之外,但是,雅典民主的理论和实践为近现代西方政治制度奠定了最初的基础。民主政治使雅典精神文化领域取得了辉煌的成就。

但是也应该看到,雅典民主是小国寡民的产物。过于泛滥的直接民主成为政治腐败、社会动乱的隐患。狭隘的城邦体制最终无法容纳政治和经济的迅速发展。公元前4世纪后半期,日渐衰微的希腊被北部崛起的马其顿王国所灭。辉煌一时的希腊城邦民主制度便湮没在历史中。

二、古希腊的经济

1. 得天独厚的自然环境

古希腊位于地中海东部,扼欧、亚、非三洲要冲。它的地理范围大致以希腊半岛为中心,包括爱琴海诸岛、小亚细亚西部沿海。这里的自然环境的特点是:群山环抱,丘陵起伏,海陆交错,岛屿众多,海洋占据了大部分面积。这样的自然环境对古代希腊的经济发展产生了重大的影响。

希腊半岛是古希腊最重要的组成部分。它位于巴尔干半岛南端,东临爱琴海,西接爱奥尼亚海。境内多山,缺少大河与平原,土地贫瘠,夏季雨量较少,只有少数平原地区适宜种植谷物,因此发展农业的条件不如古代亚非地区大河流域的国家。但是半岛蕴藏着精美的大理石、优质陶土和丰富的金属矿藏,为手工业发展提供了有利条件;东部沿海一带,海岸线曲折,有许多天然良港,有利于发展经商和航海事业。

小亚细亚西部沿海地带,土地肥沃,海岸线曲折,有许多优良港湾,沿海还分布着一些岛屿。爱琴海是一个岛屿世界,众多的岛屿星罗棋布,有"多岛海"之称。克里特岛作为爱琴海上第一大岛,雄踞西亚、北非和东南欧的中心,海上交通便利,是古代爱琴海流域与西亚、北非之间交往的桥梁。

希腊的自然环境促成了古希腊宽松自由的社会环境,互利互惠的思想观念,开放探索的民族精神,为古希腊经济的发展提供了良好的自然条件。

2. 面向市场的农业和手工业

(1) 农业

公元前8世纪以后(即古希腊城邦出现以后),铁器工具在生产领域里普遍得到应用。农业上使用铁铧犁、铁锄和其他铁制农具,使农田得到深耕,丘陵地带被进一步开垦,耕地面积不断扩大,粮食、葡萄、橄榄的种植都超过了以前的水平。

公元前6~前4世纪的时候,由于耕地面积的扩大,耕作技术的改进(轮种和施肥),农业产量有所提高。希腊人在山坡上广造梯田,栽种良种葡萄和橄榄,以输出葡萄酒和橄榄油换取他们所短缺的谷粮。中小土地所有者(占地十几、几十乃至上百英亩)往往亲自参加耕种或使用若干名奴隶,农忙时也兼用雇工。大土地所有者使用更多的奴隶,且多由奴隶管家代为经营,有的索性将土地出租而收取实物或货币租金。

(2) 手工业

公元前8世纪后,手工业得到了很大的发展。手工业上使用的斧、刀、锯、锤以及其他工具,都是铁制的。酿酒、制陶、榨油等行业在地中海沿岸处于领先地位。冶金业的发展也很迅速,焊铁术和铸铜术已普遍应用。造船方面吸取腓尼基人的技术,能够制造三层桨座的远航大船。公元前6~前4世纪的时候,手工业的发展显得特别突出,虽然与农业相结合的家庭手工业仍然存在,但城市中独立的手工作坊(工场)却起着越来越重要的作用。各类作坊有比较细密的分工,比如,纺织作坊有洗毛、梳毛、纺线、织布、染色;制陶作坊有拌料、成型、上釉、绘画、焙烧;制靴作坊有打样、作底、作帮、缝鞋等。冶金(工具、武器、装饰品)、木工(船、车、家具)、皮革、面包坊等行业,亦各有分工协作的程序。匠人趋向于掌握一门手艺,力求专精和熟练。小型家庭作坊,常辅之以几名奴隶或雇工,中型作坊使用奴隶、雇工十几乃至几十名,大型作坊有多达120名的。一些城邦常有其闻名的产品,如雅典的金属和陶器,科林斯的陶器和纺织品,米利都的纺织品和家具等。

3. 发达的工商业

手工业是商业发展的条件。公元前8世纪后,古希腊的商业贸易也在不断发展。在较为发达的地区出现了集市,商业活动中心正在形成;海外贸易在不断扩大,绘有精美图画的陶瓶、陶罐连同原装的油、酒远销地中海沿岸并从外地输入粮食、手工业原料和奴隶。金属铸币已经出现,商人阶层已经形成。各地的手工业和部分农业开始带有商品生产的性质。

公元前6~前4世纪的时候,希腊各城市多有商业区或指定的市场,大小店铺陈列各类商品。在市场上也买卖奴隶,贩卖奴隶是非常有利可图的。希波战争(公元前499年至前449年)前后,海外贸易蓬勃发展,希腊本土和小亚细亚沿岸出现了众多的著名的港口。金融业进一步发展,古希腊开始出现了专门从事经营货币的行业,有的奴隶主亲自或假手其奴隶开设"钱庄",经营存款放款,抵押信贷,地区转账,从中牟取厚利。

三、西方人文精神的源头

1. 智者学派:人是万物的尺度

随着社会经济的发展和城邦民主政治的不断进步,人们的思想日益活跃,他们已经不再满足于神话世界对客观世界的解释,开始将目标转移到对自然界本身的探讨和解释。

大约在公元前7世纪,古希腊产生了最早的哲学。哲学的本意是"爱智慧",哲学家被称为"爱智慧的人"。泰勒斯是这一时期古希腊哲学的代表人物。他创立了朴素的唯物主义世界观,被誉为西方"哲学之父"。自然哲学家们用自己的头脑探索自然界的奥秘,而不再依赖传统宗教的解释,这是古希腊人开始具有自主意识的体现,标志着古代西方人的精神觉醒。

公元前5世纪,雅典等一些古希腊城邦的奴隶制民主政治发展到顶峰。雅典成为古希腊政治和文化的中心。随着人们越来越多地参与政治生活,人在社会中的地位日益突出。有些学者开始关注和研究"人"本身。于是,智者学派应运而生。

【史海泛舟】

智者学派以教授文法、逻辑、数学、天文、修辞、雄辩等学科为业,是在哲学、逻辑学、认识论、伦理学、政治学、讲演术和其他一系列知识领域内大胆的改革家。他们并不是一个固定的学派,也没有统一的学说,只是在思想倾向上有共同之处,遂被称为一派。

智者学派以人和人类社会为探讨的主题,研究人类,反思人类自己。他们以人的眼光去考察和认识社会的政治、法律问题,关注人与人之间的关系、社会组织、风俗习惯和伦理规范。

智者学派特别强调人的价值。智者学派的代表人物为普罗泰哥拉。他提出"人是万物的尺度",认为人的感觉是判断一切的准绳。他否定了神的意志是衡量一切价值的尺度,树立了人的尊严和权威。他的思想体现了智者学派的主要思想,体现了希腊文化人文主义的本质。

智者学派反对迷信,强调自由,认为一切制度、法律和道德都是人为的产物,因此约束力也是相对的,其兴废都要以人为尺度。在社会道德方面,每个人都应该有自己的判断标准,不应该强求一律。

智者学派强调人作为认识客观事物的主体和意识,否定神或者命运等自然力量对人的作用,树立人的尊严,具有重大的积极意义。但是,智者学派过分强调个人主观感受,忽视了人们认识的共同性,认为没有是非之分,这样的思想给主观随意性和极端个人主义打开了方便之门。

2. 苏格拉底:美德即知识

苏格拉底是与智者学派同时代的思想家。由于智者学派重视人的作用,忽视了道德,于是苏格拉底针对雅典社会世风日下、道德沦丧的现象,倡导"有思想力的人是万物的尺度",希望重新建立人们的道德价值观,以挽救衰颓中的城邦制度。

苏格拉底认为社会中的人应该具备美德,美德来自知识,最高的知识是人们内心深处的道德知识,美德就是关于善的知识,于是他提出"美德即知识"的思想。

苏格拉底(前469—前399)

他提出善是人的内在灵魂,世界上没有自愿作恶,人之所以会作恶是出于无知。他进一步提出教育对美德同样重要,教育可以使人认识自己灵魂之内已有的美德。

苏格拉底开创了希腊哲学的新方向。他对人性本身的研究,使哲学真正成为一门研究"人"的学问。他崇尚知识和自由探索的理性精神,对后世西方哲学产生了深远影响。

【史海泛舟】

苏格拉底,古希腊著名的思想家、哲学家、教育家、公民陪审员,被后人广泛地认为是西方哲学的奠基者。他生于雅典,父亲是雕刻匠,母亲是助产妇。他早年学过雕刻手艺,后弃而从事探索伦理哲学。他知识渊博,擅长辩论,本人没有著作传世,但他的思想言行散见于学生的著述中。他不像智者们那样靠传授知识收取学费,他喜欢在大街上、商场里、朋友家,以提问和交谈的方式探讨问题。公元前399年,苏格拉底受到雅典陪审团法庭审判,被判有罪处以死刑。罪名是腐蚀雅典青年,否定传统的神,而宣传自己的新神。尽管苏格拉底曾获得逃亡的机会,但他仍选择饮下毒堇汁而死,因为他认为逃亡只会进一步破坏雅典法律的权威。

3. 柏拉图和亚里士多德

柏拉图是苏格拉底的学生。他关注的焦点也是人类社会。苏格拉底死后,柏拉图对雅典的民主制度彻底失望。他认为由于个人利益的存在,人们没法认识真理。因此,他认为人本身和周围的世界都是不真实的,唯有"理念世界"才是真实的,理念才是万物的本原。他在《理想国》一书中,根据智慧、品德而不是按出身,把人明确分为三个等级:贤哲、武士、农民和手工业者。他主张明确分工,各司其职:有正义感和理性的"贤人"统治国家,武士保卫国家,农民和手工业者负责生产。柏拉图的这种想法尽管有很多错误,但他鼓励人们独立理性思考,为理性主义的发展奠定了基础。

亚里士多德是柏拉图的学生。他在很多学术领域都取得了卓越成就,是集古希腊科学文化知识之大成的百科全书式的学者。他的最大哲学贡献是创立了逻辑学。他关注自然和人类生活,特别强调在整个自然中人是最高级的。他认为真理高于一切,"我爱我师,但我更爱真理"即为他的名言。亚里士多德为现代许多科学门类奠定了基础,而且使哲学真正成为一门独立学科。他把希腊哲学家爱智慧和好学深思的理性精神发展到顶峰,为后人留下一笔可贵的文化遗产。

柏拉图(前427—前347)

亚里士多德(前384—前322)

练习与探究

1. "公民的权利和义务是按照他们的财产的多寡来规定的,于是,随着工商业奴隶主日益获得势力,氏族制度遭到新的失败。"这是对哪一改革的评价?_____。( )

  A. 梭伦改革   B. 克利斯提尼改革

  C. 伯里克利改革 D. 议事会改革

2. 柏拉图和亚里士多德为师徒关系,以下关于他们两人的说法错误的是_____。( )

  A. 都是人文主义思想家 B. 都注重对人类自身的研究

  C. 都属于智者学派   D. 后者对前者非常尊重,但不盲从

3. 探究智者学派与苏格拉底的思想有何异同。

第二章　古代罗马法律

一、古罗马法律体系形成的社会背景

古罗马法律指的是公元前6世纪至公元6世纪古代罗马制定和实施的全部罗马法律。

【史海泛舟】

罗马原本是意大利半岛上的一个小国。公元前8至前6世纪的罗马尚处于氏族社会向阶级社会过渡时期。这一时期主要是古老氏族的习惯和社会通行的各种惯例，至王政后期国家最后形成时，它们逐渐演变成为习惯法。公元前7世纪后，随着生产力的发展，私有制的出现，罗马社会产生了奴隶主和奴隶两个根本对立的阶级，氏族制度趋于解体。与此同时，"平民"阶层逐渐形成。平民承担罗马大部分的税收和罗马军事义务，但因其不是氏族公社成员，不能享有政治权利，不能与贵族通婚，也不能占有公地。正是平民为争取权利同贵族进行的长期斗争，客观上加速了罗马氏族制度的瓦解，促进罗马奴隶制国家与法律的形成。

公元前509年，罗马奴隶制共和国建立。此后，它便走上了对外扩张的道路，先后战胜同盟中的一些城市和近邻，又征服了意大利半岛南部的土著和希腊人的城邦。公元前3世纪，罗马征服并统一了意大利半岛。此后，罗马又开始向地中海地区扩张，经过三次布匿战争和四次马其顿战争，征服马其顿并控制了整个希腊。又通过叙利亚战争和外交手段，控制了西亚的部分地区。公元前27年罗马帝国建立后至公元1世纪后期，罗马帝国已经建立了二十多个海外行省，控制了欧亚非三大洲的辽阔疆域，统治了不同的民族和众多的人口。

在征服和国家管理过程中，不同民族之间、同一民族不同阶层之间、征服者和被征服者之间出现了千差万别的矛盾和问题。这些问题和矛盾的解决迫切需要建立一套完整的法律体系。

此外，随着罗马版图的拓展，国际交往的扩大，商品经济和贸易的发展，在政治经济活动中产生了许多新问题、新矛盾。这些新的问题和矛盾的解决也需要与时俱进的法律体系。

这些都是罗马法律体系建立的背景。

二、罗马法的演变

罗马法的演变，从法律的形式上看，经历了习惯法【未经政府明确承认却为一般人接受并默认的社会法则。它具有很大的伸缩性和不确定性的缺点】到成文法的过程；从法律体系的结构上看，经历了公民法、万民法和自然法的变化。

1.《十二铜表法》的制定

在罗马共和国的早期，罗马只有习惯法。罗马贵族垄断着立法和司法大权。由贵族担任的法官，常常随意地解释法律，保护自己，损害平民利益。为了改变这种不平等的地位，平民就曾主动组织起来向政府施加压力，要求编纂成文法。

公元前5世纪中期,在平民反对贵族的斗争中,罗马制定了《十二铜表法》【由于这些条文镌刻在12块铜板上发表而得名,它涉及公法与私法、刑法与民法、同态复仇法、氏族继承与遗嘱等】《十二铜表法》的制定标志着罗马成文法的诞生。这部法律内容相当广泛,条文比较清晰。从此审判、量刑皆有法可依,贵族对法律的随意解释受到了限制,在一定程度上保护了平民的利益。当然它也保留了一些比较野蛮的习惯法。

【史海泛舟】

第三表　执行:

一、对于自己承认或经判决的债务,有三十日的法定宽限期。

三、此时如债务人仍不清偿,又无人为其担保,则债权人得将其押至家中拘留,系以皮带或脚镣拴住,但(镣铐)重量最多为十五磅,愿减轻者听便。

第八表　私犯

一、以文字诽谤他人,或公然歌唱侮辱他人的歌词的,处死刑。

三、折断自由人的骨头的,处300阿斯的罚金;如被害人为奴隶,处150阿斯的罚金。

第十表　宗教法

四、出丧时,妇女不得抓面毁容,也不得无节制地嚎哭。

第十一表

禁止平民和贵族通婚。

2. 公民法的局限

《十二铜表法》颁行以后,随着平民与贵族斗争的继续,罗马不断促进国家立法工作的继续。从法律的内容上看,起初罗马法律的适用范围仅限于罗马公民,居住在罗马的异邦人士不能享受此法的保护,因此那时的法律被称为公民法。公民法的内容主要是有关罗马共和国的行政管理、国家机关及一部分诉讼程序问题。公民法存在着明显的缺陷,主要表现为:法律主体范围狭小、内容保守、形式主义色彩浓厚、保留了大量的氏族残余等。

3. 万民法

随着罗马对外征服地区的扩大,罗马的社会政治和经济都发生了巨大的变化,公民法不足以解决帝国疆域内出现的各种复杂的问题。在罗马逐渐出现了普遍适用于罗马统治范围内一切自由民的法律,这就是万民法。

公元前27年罗马帝国建立之后,为了对庞大帝国进行有效统治,帝国的皇帝高度重视法律的制定,把法政大权掌握在自己手里。他们颁布的法令成为罗马法的组成部分。法学家也积极编纂法典,进行法律解释,以充实罗马法律。为了巩固统治,帝国对行省上层阶级大量授予公民权,对无罗马公民权的外邦人给予适当的司法保障。3世纪时,帝国境内的自由民内部公民与非公民的区别不再存在,万民法成为适用于罗马统治范围内一切自由民的法律。

4.《民法大全》的编成

公元6世纪,东罗马帝国皇帝查士丁尼【公元527—562年在位。公元395年,罗马帝国分为东西两个帝国】组织法学家,把历代的罗马法加以系统化和法典化,汇编成了《民法大全》【又称《查士丁尼民法大全》,包括《查士丁尼法律汇编》《法学总论》《法律汇编》《新敕令》四种法律文献】,使罗马法体系最终完成。

三、罗马法的特点和影响

罗马法是伴随着罗马社会的发展变化一步步完善和成熟的。罗马法在发展和形成的过程中,有鲜明的特点。

第一,私法极为发达完善,而公法却不甚发展。罗马法学家将罗马法区分为公法和私法。相比而言,私法发达,而公法却始终未发展到私法的发达程度。这一方面是由于罗马高度发展的奴隶制商品经济为私法的发达提供了条件,另一方面也是因为作为横跨欧亚非三大洲的世界性帝国,东西南北的经济贸易往来等,使当时的立法者和法学家面临的主要问题是解决商品经济关系中的法律问题,这是罗马社会独具的历史条件,也是导致其法制建设以私法为核心的主要原因。

第二,立法形式灵活简便,独具特色。罗马国家的立法不完全依照立法机关的立法程序来进行,而大多是通过最高审判机关的司法实践和法学家的活动。最高裁判官审理案件时颁布的"告示",被国家授予特权的法学家撰写的法律令和其对法律作出的解答,均是罗马法的重要表现形式;其内容构成罗马法的重要组成部分。这种立法形式能对社会生活中出现的各种新的法律关系迅速及时地进行调整,使之适应经济发展的需要。这种灵活简便的立法机制,也促进了罗马法内容和体系上的不断革新与完善,使罗马法得以发展成为奠基在私有制基础之上的"最完备的法律"。

第三,法制建设与法学研究紧密结合。罗马帝国时期,法学教育与法学研究呈现出一派繁荣景象,法学著作琳琅满目,法学学说异彩纷呈,对罗马法的发展起了积极作用。罗马法取得的辉煌成就与罗马法学家的研究成果密不可分,他们不仅积极从事法学研究,开展学术争鸣,普及法律教育,写出大量不同类型的法律著作,包括教材、学术论争、法律解答、法律汇编、法学专著等,而且重要的是他们积极参与国家的立法与司法实践活动,充当立法者与裁判官的顾问,一些法学家的著述与法律解答作为罗马法的重要渊源具有法律效力。罗马法学家的地位与作用,客观上使罗马法在理论性、系统性、完整性、准确性等方面不断升华,也使后世立法难以对它进行任何实质性的修改。

第四,深湛的原则与制度,科学的概念和术语。罗马帝国时期的法学已具备了近现代意义上的法学原则、制度、概念、术语。例如:私人权利平等、私有权无限制、契约自由、遗嘱自由等原则;人法、物法、诉讼法的分类等一系列法律概念和术语。上述这些,均对后世法律和法学产生了深远的影响。

第五,卷帙浩繁、规模巨大的法律编纂。帝国时期,为适应经济发展和政治统治需要,统治阶级对法制建设给予了极大的关注,出现了大量的法律编纂活动,将零散的皇帝敕令加以汇集,这些汇编被称为"法典"。最初几部"法典"是私人的作品。《格利哥里安法典》和《赫摩根尼安法典》就是私人所编。第一部官方法律汇编是《狄奥多西法典》,它包括自君士坦丁皇帝以来的敕令3000多种。公元4世纪末和5世纪初,还出现了一些皇帝敕令和法学家著作合集。正是在上述这些法典和合集的基础上,后来的查士丁尼皇帝才编成了集罗马法之大成的《国法大全》。

罗马法是罗马统治的有力支柱,它为国家权力提供了法律依据,稳定了社会秩序,保护了统治阶级的政治和经济利益,巩固了帝国的社会基础。罗马法保护私有财产,提倡法律面前公民人人平等。这有利于调节社会纠纷,缓解社会矛盾。但是,罗马法也保护奴隶制度,维护奴隶主对奴隶的剥削和压迫。

罗马法是欧洲历史上第一部比较系统完备的法律体系,影响广泛而深远。罗马法对近代欧美国家的立法和司法产生了重要影响。当代很多法律制度中的原则和做法,都可在罗马法中找到源头。

近代时期,资产阶级根据罗马法中的思想,制定保障自己利益的法律。他们还利用和发展了罗马法中的思想和制度,作为反对封建制度,推进资本主义发展的有力的思想武器。

练习与探究

1. 《十二铜表法》是罗马国家制定的,它的适用范围是_____。（　　）

  A. 适用于所有罗马人的法律 B. 调整国内民族关系的法律
  C. 调整公民内部关系的法律 D. 调整罗马人与外来人关系的法律

2. 探究《十二铜表法》与《查士丁尼法大全》的异同。

工业文明时代·西方资本主义的兴起

工业文明时代包括工场手工业时代、蒸汽时代和电气时代,时间跨度从14世纪到20世纪初。

【单元导读】 15世纪,随着欧洲商品经济的发展和资本主义萌芽的出现以及社会条件的成熟,西班牙、葡萄牙等国的航海家迪亚士、达伽马、哥伦布、麦哲伦进行了远洋航行,开辟了新航路。新航路的开辟加强了世界各地的联系,促进了资本主义的发展。新航路开辟后,西班牙、葡萄牙、英国等国加快了海外殖民扩张和争夺。

随着资本主义经济的发展和资产阶级力量的壮大,英国、北美地区爆发了英国资产阶级革命和美国的独立战争。英国确立了君主立宪政体,美国形成了总统制的共和政体。此后,经过不断的政治改革,各自的政治体制逐步得到完善。

资本主义经济的发展引起了思想文化领域的变革。文艺复兴、宗教改革、启蒙运动相继出现。它们打击了欧洲的教会势力,解放了人们的思想,涌现出了一大批思想家和艺术家,为后世留下了珍贵的文化遗产。

第三章 新航路的开辟和早期殖民扩张

一、新航路的开辟

1. 东方的诱惑

15世纪,由于欧洲各国商品经济的发展和资本主义萌芽的出现,货币成为普通的支付手段。作为货币的黄金、白银的需求量日益增加,欧洲人对货币的追求越来越狂热,他们渴望获得制造货币的贵金属——黄金,并且普遍沉醉在"寻金热"之中。那时,旅行家对东方的记述很多,其中影响最大的是《马可·波罗行纪》。这本书描述了中国等东方国家的富庶、繁荣,开阔了欧洲人的眼界,他们对书中关于中国等东方国家遍地黄金的描述深信不疑,很多人渴望到东方"寻金"。

促使欧洲人开辟新航路的又一原因是商业危机。15世纪中期,奥斯曼帝国侵占了小亚细亚、巴尔干半岛等地区,控制了东西方之间的通商要道。土耳其人对过往的商品课以重税,使欧洲市场上的东方商品价格猛涨。欧洲商人渴望寻找一条避开奥斯曼帝国通往东方的少危险、多赚钱的新航路。

西欧生产力和科学技术的发展,为新航路的开辟创造了条件。15世纪时,适宜于大洋航行的多桅、多帆的大型海船制造成功。中国发明的罗盘针欧洲人普遍使用,对确定船只的航向有重要的作用。地理知识有所增加,越来越多的欧洲人相信大地是球形的,认为从欧洲一直向西航行可以到达亚洲,只是不知道在欧洲和亚洲之间还有一个巨大的美洲大陆和两个大洋。

那时西欧局势动荡,各国争斗激烈。西班牙和葡萄牙濒临海洋,都已经完成了政治统一的进程,建立起了中央集权的专制统治,具有相当雄厚的物质力量和必要的组织能力。两国的统治者积极支持海外探险活动,希望获得海外财富,以加强在欧洲的地位。同时,教会也鼓励人们去遥远的东方传播天主教。这是新航路开辟的物质保障和精神动力。

2. 新航路的开辟

为了到达东方,葡萄牙和西班牙分别组织了东西两条海上探险路线。1487年,葡萄牙航海家迪亚士率领一支船队抵达非洲最南端的"好望角"。1497—1498年,葡萄牙人达·伽马沿着迪亚士开辟的航线,绕过好望角到达印度,开辟了欧洲从海上直通印度的新航路。

在葡萄牙人沿着非洲海洋探索航行的同时,意大利航海家哥伦布于1492年在西班牙王室的支持下,横渡大西洋到达今天的美洲大陆。哥伦布虽然没有到达梦想中的亚洲,但他开辟了从欧洲到美洲的航路。

迪亚士(1450—1500)　　达伽马(1469—1524)　　哥伦布(1451—1506)　　麦哲伦(1480—1521)

沿着哥伦布开辟的航路,1519—1522年,葡萄牙航海家麦哲伦在西班牙王室的支持下,率领船队完成了穿越大西洋、太平洋、印度洋回欧洲的环球航行。

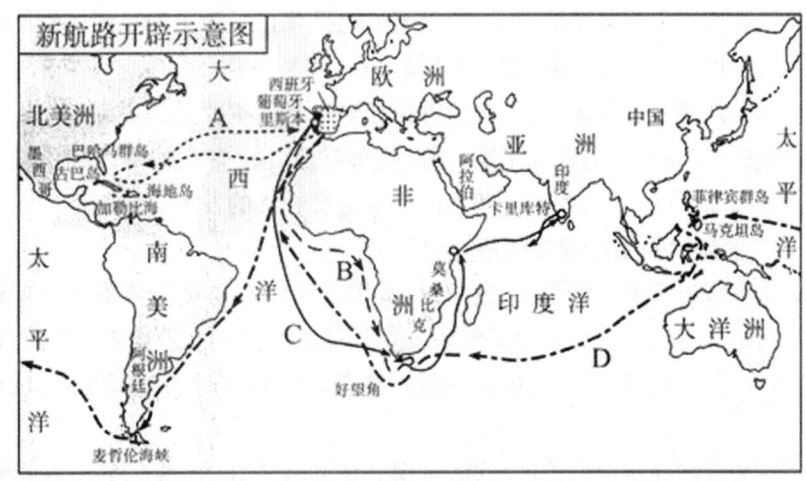

新航路开辟示意图

3. 新航路开辟的重大影响

随着新航路的开辟,葡萄牙和西班牙从海外获得了大量财富,一跃成为欧洲最富有的国家。荷兰、英国、法国等欧洲国家紧随其后,纷纷加入海外探险的行列,开辟了欧洲前往世界各国的航路。随着新航路的开辟,欧洲人发现许多以前根本不知道的地方,他们把这个过程称为"地理大发现"。

新航路的开辟,加强了欧洲同亚洲、非洲、美洲等地的联系,逐渐结束了各地彼此隔绝的状态。各地的文明开始了汇合交融,日益连成一个整体。新航路的开辟,大大促进了不同国家和地区间贸易的发展,贸易的范围空前加大,贸易的数量和品种急剧增加。欧洲的商人开始直接同世界各地建立商业联系,他们把亚洲的茶叶、丝绸、瓷器、香料,非洲的黄金和象牙,美洲的黄金、白银、烟草、玉米以及欧洲的枪支、工艺品等运往各地销售,赚取了丰厚利润。从此,以西欧为中心的世界市场的雏形开始出现。

新航路的开辟也导致了欧洲社会发生了重大变革。首先,它引起了一场"商业革命"。随着贸易规模的扩大和商品种类的增多,商业的经营方式发生了变化,股份公司、证券交易所纷纷出现,商业地位日益重要。商业的中心也由原来的地中海转移到大西洋沿岸。其次,它促进了资本主义的发展。由于黄金、白银的大量流入欧洲,造成了金银价值下跌,物价猛涨,使依靠固定地租为生的封建主势力衰落,从事商业生产的资产阶级实力上升。

二、早期殖民扩张

早期的殖民扩张指的是资本主义原始积累时期,即工业革命前的欧洲列强在亚洲、非洲、美洲的侵略和扩张活动。它以掠夺财富为主要目的,以海外贸易、海盗式掠夺、欺诈性贸易和贩卖奴隶为主要方式。它为欧洲资本主义的发展积累了巨额资本。

1. 葡萄牙和西班牙的殖民扩张

随着新航路的开辟,葡萄牙和西班牙最早走上了殖民征服的道路。

1500年,葡萄牙的船队被大风和洋流带到了南美,无意中发现了巴西,立即以葡王名义占领该地。葡萄牙殖民扩张的主要方向为非洲和亚洲,到16世纪早期,葡萄牙人已占领了非洲东西海岸和印度西海岸的一些据点,控制了欧洲绕非洲到印度的航路。接着,葡萄牙占领了马来半岛上的马六甲,掌握了由印度洋通往太平洋的交通咽喉。从1517年起,葡萄牙人开始和中国通商,后来他们又到了日本。

西班牙的殖民侵略以美洲为主,到16世纪中期,中、南美洲的广大地区,除巴西外,都被划入西班牙殖民帝国的版图之内。16世纪六七十年代,亚洲的菲律宾也逐渐沦为西班牙的殖民地。

西班牙和葡萄牙在殖民地实行残酷的种族奴役政策,横征暴敛。尤其在中、南美洲,殖民者强迫土著居民印第安人在矿井和种植园从事繁重的劳动,印第安人大批死亡。为了满足殖民剥削的需要,欧洲殖民者从非洲把黑人贩运到美洲,于是黑奴制在美洲发展起来。

葡萄牙和西班牙都是封建专制国家,封建统治者掠夺财富之后主要是为了满足个人享受:他们利用海外贸易和海外掠夺的金钱,在西欧各地疯狂采购,因此这些财富并没有在葡萄牙和西班牙形成资本,却流入了英国和荷兰等西欧国家,促进了这些国家和地区资本主义经济的发展。

2. 英国、法国、荷兰的殖民扩张与商业战争

英国人早就积极从事海外活动。但是16世纪时,英国人还没有力量同西班牙和葡萄牙抗衡,去开拓殖民地。从事海外活动的英国人既是商人也是海盗,他们不但贩卖奴隶,还经常截击西班牙从美洲运回来的金银,还不时袭击西班牙的殖民港口。英国的海盗式掠夺是得到当时的英国女王伊丽莎白的鼓励和支持的。

随着资本主义经济的发展和军事实力的增强,英国开始和西班牙、葡萄牙争夺海外财富。1588年,英国打败了西班牙的无敌舰队,开始树立海上霸权并开始在海外积极进行扩张活动。1600年,英国组建东印度公司,专门负责对印度等亚洲国家的殖民侵略。不久,英国又组建伦敦公司等殖民公司,向北美地区渗透扩展。此后的一百多年间,英国在印度控制了许多据点并从18世纪中期开始对印度发动侵略战争,建立殖民地;在北美,英国想通过移民、驱逐原住民的方式建立殖民地。到18世纪的30年代,英国已经在北美的大西洋沿岸建立了13块殖民地。

17世纪初,法国也开始在北美进行殖民活动。经过几十年的开拓,法国在北美建立了一块广大的殖民地,包括新法兰西和路易斯安那。同时,在亚洲和非洲,法国也进行殖民扩张,例如,在印度洋海岸建立本地治理据点,还占有东非的马达加斯加岛。

几乎与英法同时,荷兰也积极进行海外殖民扩张。在政府的支持下,1602年一些实力雄厚的大商人成立了东印度公司。东印度公司控制着印度洋和太平洋的贸易,拥有与殖民政府同等的权力。1623年荷兰又成立了西印度公司,同样具有与殖民政府同等的权力。这些公司积极参与殖民争夺,在世界各地建立殖民帝国。在非洲,从葡萄牙手里夺得好望角殖民地;建立了新阿姆斯特丹为中心的殖民地。在亚洲,在印度沿海建立殖民据点,夺得了马六甲和锡兰,侵入了今天的印度尼西亚一带并一度占领中国领土台湾,还在日本建立了贸易据点。在北美,荷兰也不甘寂寞,建立了新尼德兰殖民地。

【史海泛舟】

荷兰濒临大西洋,背靠欧洲大陆,有着便利的海港,地理位置得天独厚,非常适合海外贸易。由于荷兰自然资源稀缺、本地市场狭小,所以从事商业的人非常多,具有经商和海外贸易的传统。1566 年荷兰就爆发了资产阶级革命。1581 年最终从西班牙的控制下完全独立出来,成为世界上最早的典型的资本主义国家。这些都是荷兰进行海外殖民扩张的有利条件。

3. 罪恶的三角贸易

贩卖黑人奴隶是欧洲殖民者犯下的一大罪行。非洲是欧洲殖民者最早侵入的大陆,血腥的黑奴贸易也从非洲开始。葡萄牙人是入侵非洲的先锋,也是贩卖黑人奴隶的祸首。继葡萄牙人之后,西班牙、英国、法国和荷兰等国相继参与了罪恶的黑奴贸易。17 世纪时,英国和法国是贩卖黑奴的主要国家。当时的欧洲奴隶贩子们从事黑奴贩卖多采取西欧——非洲——美洲的三角航程,即奴隶贩子从西欧出发乘船到非洲;在非洲通过各种卑鄙方式虏获黑人后运往美洲,把黑奴卖给美洲的种植园主;然后再把美洲的金银和工业原料运回西欧。黑奴贸易给奴隶贩子带来了丰厚的收益。英国的一些城市就因黑奴贸易而兴起。

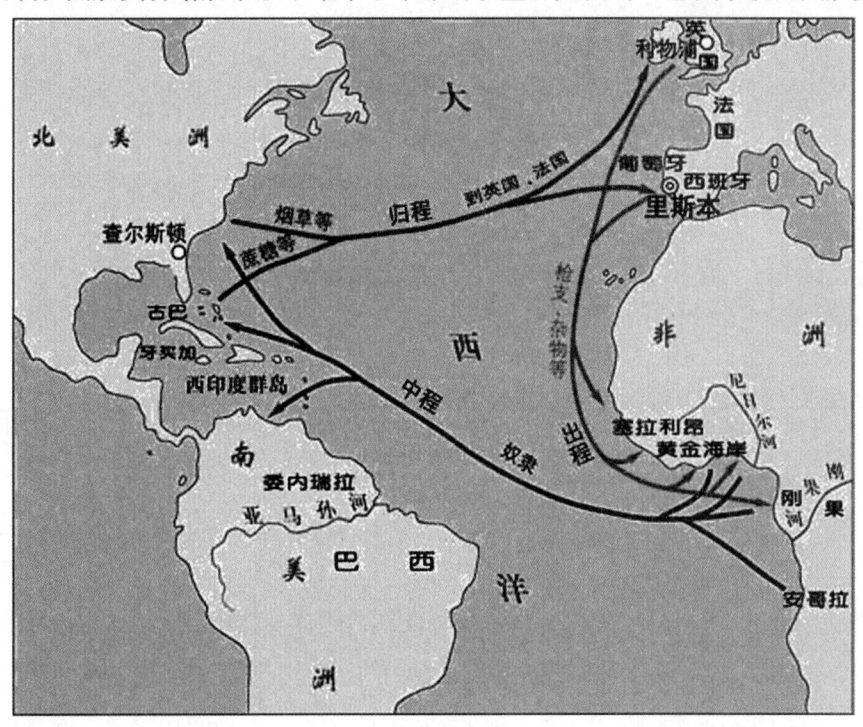

三角贸易示意图

黑奴贸易使非洲的精壮劳动力大量减少,社会经济遭到严重破坏,日渐贫穷和落后。黑奴贸易为殖民地提供了廉价劳动力,促进了殖民地的发展。黑奴贸易为西欧国家提供了大量的原始资本,促进了资本主义的发展。

4. 世界市场的拓展

世界市场是指在世界范围内通过对外贸易联系起来的各国市场的总和。新航路开辟后,世界市场的雏形形成。随着西欧资本主义列强把殖民扩张的魔爪伸向世界越来越多的地方,世界市场得以进一步拓展。

早期的殖民扩张,使欧洲列强从殖民地掠夺了大量财富,转化成了资本,促进了欧洲资本主义的发展。列强的殖民扩张,对殖民地而言是灾难和祸害,它破坏了当地生产力的正常发展,加剧了亚、非、拉地区的落后。客观上讲,也传播了先进的生产方式、生活方式和思想观念。

练习与探究

1. 新航路开辟以后,欧洲的商人和殖民者在欧洲、亚洲、非洲、美洲之间建立了直接的商业联系。这表明_____。( )

　　A. 亚非拉地区资本主义经济开始快速发展

　　B. 世界市场开始建立

　　C. 证明了地圆学说的正确

　　D. 经济活动取代了战争

2. 新航路的开辟对世界市场的形成起到哪些作用?

第四章　英国君主立宪制的形成

一、英国资产阶级革命

新航路开辟以后,处于大西洋航运的中心线上的英国,利用有利的地理位置,积极开拓海外市场。在此期间,一方面,通过海外贸易和海外掠夺,英国人积累了大量资本;另一方面,英国国内制呢业等传统工业迅速发展并扩展到采煤、炼铁和造船等工业领域,手工工场建立并发展起来。资本主义在英国兴起并逐渐发展起来。在农村,英国的贵族地主又通过"圈地运动"【圈地运动指的是14、15世纪在农奴制解体的过程中,英国的新兴资产阶级和贵族地主通过暴力把农民从世代耕种的土地上赶走,圈地养羊,把农民土地变成私有的大牧场的过程】进一步为资本主义的发展积累了资金和自由劳动力并促进了农村资本主义的兴起和发展。

16世纪以来,英国的金融家、大商人和手工工场主的实力增强,逐渐形成了新兴的资产阶级。同时,在农村中还产生了按照资本主义方式经营牧场和农场的新贵族。新贵族和其他资产阶级成员有着共同的利益,他们都要求维护自己的权益,在议会中发挥越来越大的作用。

17世纪初,斯图亚特王朝开始统治英国。国王詹姆士一世及其继任者查理一世都相信"君权神授",独断专横,经常触犯资产阶级利益,又实行宗教专制,迫害清教徒,招致了更多的不满。

【史海泛舟】

英国的"清教徒"是英国"非国教徒"中的一派,他们要求纯洁英国国教,反对在英国国教中保留许多天主教的教义教规,要求简化教会的仪式和活动,提倡清净节俭的生活,这些都适合资产阶级早期追求资本积累的生活理想。清教徒开展的清教运动为资产阶级革命做了思想和舆论上的准备。

1640年英国国王查理一世召开国会,企图使议会通过征税法案以镇压苏格兰人民起义。议会中的资产阶级和新贵族代表不但拒绝通过征税法案,而且明确要求限制王权。英国资产阶级革命由此开始。

1642年,查理一世不甘心失去权力,组织国王军向议会军【英国资产阶级革命时期,各地民兵在议会的旗帜下组成的军队】发起进攻,挑起了内战。内战中,清教徒的著名代表人物克伦威尔在议会军中取得了日益重要的地位。他指挥的议会军于1645年的纳西比战役中打败了国王的军队,取得决定性的胜利,为内战的胜利结束奠定了基础。内战结束后,查理一世经过议会审判,于1649年初以叛国罪在伦敦被送上断头台。此后,英国进入了资产阶级共和国时期。克伦威尔逐渐掌握了大权并于1653年底被宣布为"护国公",成为军事独裁者。克伦威尔死后,英国政局又出现了混乱,资产阶级和新贵族为巩固统治秩序,倾向于斯图亚特王朝复辟。1660年,查理一世之子查理二世登上英国王位。

斯图亚特王朝复辟不久,查理二世就实行反攻倒算。查理二世的继承者詹姆士二世更是变本加厉,不仅压制反对派,还企图在英国复辟天主教,日益引起资产阶级的不满。当时议会中已经形成了两个政党——托利党和辉格党,前者代表地主和英国国教教会的利益,后者代表大金融家、大商人和新贵族的利益,尽管二者代表的阶级利益和政治观点不同,但是大部分都对詹姆士二世的行为不满。1688年6月,议会中的辉格党联合一部分托利党人发动政变,废黜詹姆士二世,邀请荷兰执政威廉及其妻子玛丽,即詹姆士二世的女婿和女儿入主英国。1689年,他们共同登上王位。这场没有流血的"革命"在英国史上被称为"光荣革命"。"光荣革命"标志着英国资产阶级革命的结束。

二、《权利法案》和议会改革

1. 君主立宪制的确立

"光荣革命"以后,议会的权力大增。为了限制王权,英国议会通过了一系列法案,旨在限制王权,最为著名的就是1689年通过的《权利法案》。《权利法案》以明确的条文限制国王的权力,保证议会的立法权、财政权、司法权和军权等。从此,英国议会的权力日益超过国王的权力,国王逐渐处于"统而不治"的地位。英国的君主立宪制从此确立。

君主立宪制的确立,使国家的统治方式从人治走向法治,英国开始进入长期稳定发展的时期。

【史海泛舟】

● 凡未经议会同意,以国王权威停止法律或停止法律实施之僭越权力,为非法权力。

● 凡未经国会准许,借口国王特权,为国王而征收,或供国王使用而征收金钱,超出国会准许之时限或方式者,皆为非法。

● 议会之选举应是自由的。

——《权利法案》

2. 责任制内阁的形成

英国国王很早就有在宫中召集一些贵族、大臣和高级教士开会,商讨国家大事的传统。光荣革命后,国王经常在一个秘密的小房间里召开这种会议,因此人们就称这种会议为内阁会议。18世纪初,内阁还不是一个法定组织,只是少数大臣参加的一种会议。后来,国王不再出席这种会议,内阁会议遂由议会下院中获得多数席位的一派即多数党组织召开。多数党实际上控制了政权。1721年,担任财政大臣的议会下院多数党领袖沃尔波尔经常主持内阁会议,英国的责任制内阁逐渐形成。

责任制内阁简称内阁。内阁的首脑为首相,内阁成员为各部大臣,内阁由下院多数党组成,首相和内阁成员必须是下院议员。首相通常是议会下院多数党的领袖。内阁名义上对国王负责,其实是对议会负责。一个政党成为多数党时就获得了执政地位,党的领袖就会被国王任命为首相。首相的地位非常重要,他有权提名内阁成员即各部大臣,决定国家的重要政策,掌握国家的行政大权。同时,他又通过议会掌握立法权。这样首相实际上掌握了国家大权。

内阁的全体成员对政府事务集体负责并与首相在政治上共进退。如果议会通过对政府的不信任案,内阁就要下台,或者解散议会重新选举。这就是责任制内阁的运行机制。

责任制内阁形成后,英国的辉格党和托利党开始了长期的轮流执政。为了获得多数党地位,即在议会下院获得多数席位,英国的资产阶级政党开展了激烈的竞争。19世纪中期,议会选举成了政党之间的权利角逐,资产阶级议会政党制度开始形成和发展起来。

3. 英国代议制的发展

议会由选举产生的议员组成,代表选民行使国家权力,这就是所谓的代议制。在代议制下,资产阶级通过议会对国家实行集体统治,以防止专制独裁。因此,资产阶级不同集团的权益之争在议会中得以和平方式实现,这样的制度有利于避免暴力冲突。

君主立宪制确立后,议会完全控制了立法、财政预算、王位继承和监督政府等各项权利。随着工业革命的开展,资产阶级和人民大众掀起了一次次要求议会改革的运动,英国不得不进行议会改革。1832年,英国议会进行了选举改革,修改了选举法,对选举权的限制有所放松,大大增加了选民的人数,满足了工业资产阶级的要求,使工业资产阶级获得了更多的议席。1867年,英国进一步降低了选民的财产资格限制,19世纪的六七十年代的议会改革,又进一步扩大了选民范围,重新划分了选区,实行秘密投票,英国的政治制度才逐渐完善起来。直到1969年,英国才规定凡年满18周岁的公民,不分男女,都可以参加下院选举。

英国代议制民主政治的发展,提高了公民的政治权利并推动了资本主义经济的发展,巩固了资产阶级的统治,为其他国家的民主政治提供了借鉴。

三、君主立宪制的特点

英国君主立宪制度是君主制、贵族制和民主制融为一体的混合物。它的主要特点是虽然保留了君主,但由议会掌权,以议会内阁制为核心。在这一政治模式下,真正掌握国家实权的是代议制政府;国王不仅"临朝不理政"而且游离于党派政治纷争之外,无权废除任何法律。但是,国王作为元首,是国家统一的象征;同时,他也是英联邦首脑,起着维系英联邦的纽带作用。

练习与探究

1. 英国革命期间产生了一个意外的局面,革命因反抗一个人的专制开始,却造成了另一个人的独裁。这里的"一个人"和"另一个人"分别是指_____。( )
   A. 詹姆士一世、克伦威尔　　　　B. 查理一世、克伦威尔
   C. 查理一世、詹姆士一世　　　　D. 查理二世、詹姆士二世
2. 下列有关英国责任内阁制的表述,不正确的是_____。( )
   A. 内阁全体成员对政府事务集体负责　　B. 责任内阁制诞生在"光荣革命"之前
   C. 内阁全体成员与首相在政治上共进退　D. 内阁必须从议会选举产生的多数派政党中产生
3. 英国代议制的特点和作用有哪些?

第五章 美国共和政体的形成

一、独立战争

　　1607年,英国人来到北美大西洋沿岸,开始建立第一个殖民地弗吉尼亚,到18世纪30年代,英国人已在北美大西洋沿岸建立了13个殖民地。在此期间大批移民移居北美,其中大多数是英国人,也有不少来自欧洲其他国家,此外还有不少从非洲贩运过来的黑奴。他们为北美的开发做出了重要贡献。

　　当时,英属北美殖民地的资本主义经济发展较快,成为经济发展主流。同时,也存在着许多落后的经济成分。殖民地的统治模式是依照英国政体建立的,每个殖民地都有自己的总督和议会。总督代表英国对殖民地进行统治,拥有行政、经济和军事大权,可以否决议会通过的法案。

　　经过一百多年的发展,英属北美各殖民地的经济来往日益密切,初步形成了统一的国内市场。同时,在长期的交流、融合过程中,英语成为各殖民地的共同语言,逐渐产生了共同的文化。在此基础上,美利坚民族开始形成,民族意识逐渐觉醒。18世纪上半期,启蒙思想在英属北美殖民地得到传播,涌现出一些杰出的思想家,如富兰克林和杰斐逊。英属北美殖民地的民族和民主意识日趋增强。

　　18世纪中期,英属北美殖民地的经济发展迅速,北部工商业发达,中部盛产小麦,南部种植园经济繁荣。北美生产的很多产品甚至能在国际市场上与英国产品一争高低。在1756-1763年的"七年战争"中,为争夺对北美殖民地的控制,英国与法国进行了长期的战争。英国虽然打败了法国,控制了北美大部分地区,但因长期的战争而导致财政困难。于是,英国政府不断地向北美各殖民地增加税收并实行高压政策,对殖民地进行蛮横的压榨和残酷的剥削,英国希望北美永远做它的原料产地和商品市场,竭力压制殖民地经济发展并从殖民地搜刮更多的财富。殖民地人民渴望有一个发展经济的良好环境,他们不满英国的盘剥和束缚,双方矛盾日益尖锐,殖民地人民的反英情绪日益高涨,各种反英组织纷纷出现。1773年冬天发生的波士顿倾茶事件【1773年12月的一个夜晚,一群波士顿人登上一艘来倾销茶叶的英国东印度公司商船,把茶叶倒入大海,这就是波士顿倾茶事件】进一步激化了双方矛盾,成为美国独立战争的导火线。

　　1774年,各地代表齐集费城,举行首次"大陆会议",商讨抗英对策。广大人民纷纷组织民兵,准备武装斗争。1775年4月,一支企图偷袭北美民兵军火库的英国军队与北美民兵在波士顿以北的来克星顿交火,北美独立战争开始。不久,第二次大陆会议在费城召开,决定把汇集在波士顿附近的民兵整编为大陆军,任命华盛顿为总司令。1776年7月4日,大陆会议通过了《独立宣言》。《独立宣言》宣布"一切人生来就是平等的,他们被造物主赋予他们固有的、不可转让的的权利,其中有生命、自由以及追求幸福的权利";在列举了英王的种种罪行后,宣言庄严宣告北美十三个殖民地脱离英国独立,美利坚合众国诞生了。后来,7月4日就成为美国的独立日。

波士顿倾茶事件　　　　　　　　　　　　一身戎装的华盛顿

当时,美国的经济、军事实力都远不如英国,美军在战场上曾一度受挫,。但是,美国军民为了争取国家独立,不畏强敌,顽强抗战。1777年美军取得萨拉托加战役的胜利。萨拉托加战役是美国独立战争的重要转折点。他不仅增强了美国人民必胜的信心,而且开始得到法国等国的军事援助和道义支持。1781年11月,美军在南部的约克镇迫使英军投降。1783年,英国最终承认美国独立。

二、1787年宪法

美国取得独立以后,仍然面临着许多亟待解决的问题,特别是邦联体制【邦联制指的是若干独立主权国家(州)为某种特定目的而组成的一个松散的国家联合】的弊端日益暴露,迫切需要一个强有力的中央政府。在邦联制下,联邦政府无权征税,也不掌握军队。各州的权力很大,有权征兵、征税、发行货币,财政政策更是各行其是。当时各州之间互设关卡,造成商品流通不畅,各地经常发生骚乱,社会动荡加剧。由于没有统一关税,在美国同欧洲的贸易中经常处于不利地位,经济发展更是受到影响。

华盛顿等资产阶级领导人深受启蒙思想的影响,特别是孟德斯鸠三权分立学说的影响。他们同广大人民一样渴望建立一个统一而强大的共和国家。1787年,美国各州代表在费城召开制宪会议,经过几个月的激烈争论,终于通过了一部联邦宪法,这就是1787年宪法。1787年宪法规定美国是一个联邦制国家,联邦的权力高于各州的权力。联邦政府(中央政府)拥有政治、经济、军事、外交大权,如征税、募兵、发行纸币、宣布对外战争以及使用武力恢复地方秩序等。各州可以在不违背宪法的前提下制定地方法律,有一定的自治权,以发挥地方政府的积极性,避免过度集权的弊端。中央集权与地方分权相结合,有利于美国资本主义的发展。

1787年宪法把国家权力分为立法、司法和行政三部分,国会由上议院和众议院组成,掌握立法权。总统是国家元首、政府首脑和军队总司令,掌握国家的行政大权;总统对宪法负责,有权否决国会通过的法律,但是国会复议时若以三分之二多数再次通过,即为有效;总统有权提名任命政府高级官员;总统有权与外国缔结条约,但须得到国会批准方可生效。最高法院掌握司法权,对法律拥有最高司法解释权,最高法院的大法官由总统提名,参议院批准,除非犯罪,终身任职。三权独立,相互制约,以防专制,美国的1787年宪法充分体现了三权分立的原则。

美国的1787年宪法是世界上第一部比较完整的资产阶级成文宪法。它在一定程度上调和了各方面的矛盾,为美国的长期稳定和发展打下了坚实的基础。这部宪法将西欧资产阶级的政治学说与美国实际相结合,在美国建立了资产阶级共和国制度,保障了资产阶级的政治和经济利益,促进了美国资本主义的发展。这部宪法避免了绝对权力的出现,一定程度上保护了资产阶级民主。但是,这部宪法也有很大的局限性,它没有废除南方的奴隶制度,还打上了种族歧视的烙印。

1787年宪法制定讨论场面

练习与探究

1. 美国独立战争的下列史实发生的先后顺序是_____。( )
   ① 萨拉托加战役 ② 《独立宣言》发表 ③ 法国对美国的军事援助 ④ 莱克星顿枪声
   A. ③④①②   B. ④③①②   C. ④②①③   D. ④①②③

2. 《世界文明史》指出:"《联邦宪法》(即1787年宪法)的制定者们在热切希望建立强有力的中央政府的同时,一刻也没有放松对于一切形式的专制政治的警惕。"为"警惕"专制政治,"制定者们"采取的措施有_____。( )
   ① 国家权力分为行政、立法、司法三部分 ② 国会可以随时对总统提出弹劾 ③ 总统任命的官员须经参议院的批准 ④ 联邦法院有权审查行政或立法行为
   A. ①②   B. ①③④   C. ②③④   D. ①②③④

3. 美国《1787年宪法》的原则有哪些?

第六章　人文主义的发展

一、文艺复兴

1. 文艺复兴的兴起

西欧进入封建社会以后,文化经历了一个低潮时期。基督教会垄断了文化和教育。古典文化逐渐衰落,任何新的思想和文化都会遭到天主教会的无情扼杀。社会意识形态和人们的日常生活都被浓烈的宗教气氛笼罩了。人们生活在缺少理性思维的蒙昧之中。

14世纪以来,意大利等工商业城市兴起,资本主义萌芽出现并得到发展。在这些工商业城市中,手工工场主、商人和金融家形成了新兴资产阶级。他们追求财富和人生享受,对神学的说教不感兴趣,力求冲破封建统治和教会的思想控制以发展资本主义。

随着资本主义在欧洲封建社会内部的萌芽、发展,新的意识形态逐渐产生。这种意识形态以反叛基督教神学和旧价值观念为价值取向。反叛的开始需要新权威的支持,而古希腊、罗马的古典文化正好提供了这样的支持和起点。由于古典文化对当时的影响太大,以至于这场思想文化运动和这个时代被冠以"文艺复兴"的名称。

【史海泛舟】

14世纪中叶,在欧洲爆发了一场骇人听闻的大瘟疫,这就是黑死病。据统计,在黑死病肆虐的年代,大约有1/4到1/3的欧洲人口死于这场灾难。在这场灾难中,教会人员大量逃亡,教会威信受到重大损失。天灾过后,一些人对宗教信仰产生了怀疑,因为他们发现笃信基督并没有使他们摆脱厄运。相反,在亲眼目睹自己的妻儿、兄弟、姐妹、朋友接连去世的不幸事实之后,他们似乎突然顿悟:天下根本没有什么神灵保佑,相信上帝不如相信自己。也有些人由对宗教信仰的怀疑而发展为对社会不平等制度的痛恨和反抗以及对自己人生的深入思考,而这种"人的发现"正成为了文艺复兴的巨大推动力。

文艺复兴运动兴起于14世纪,延续到17世纪初期。它起源于意大利,后传入欧洲其他国家。文艺复兴本质上不是古典文化的简单恢复,而是西欧封建社会向资本主义社会过渡的历史变革在意识形态上的反映,是早期资产阶级力图冲破封建束缚的一个重要行动,也预示着近代社会到来的曙光。

文艺复兴时期主要的社会思潮是人文主义。它的核心是:肯定人,注重人性,要求把人、人性从宗教束缚中解放出来。

人文主义思想的主要内容有:反对中世纪神学抬高神、贬低人的观点,肯定人的价值,强调人的可贵;反对中世纪神学的禁欲主义和来世观念,提倡人们现世生活的享乐;反对中世纪的宗教束缚和封建等级观念,要求人的个性解放和自由平等;反对中世纪的蒙昧主义,推崇人的经验和理性,提倡认识自然,造福人生。

人文主义的这种为创造现世幸福而奋斗的进取精神,对人们的思想解放和文化、科学事业的发展,起着巨大的历史作用。

欧洲的文艺复兴有着深远的历史意义。它将人性从宗教神学的束缚下解放出来,动摇了宗教神学的权威,对宗教改革起着推动作用;它适应了资本主义的发展,促进了近代自然科学的发展。

2. 意大利的文艺复兴

文艺复兴运动兴起于意大利不是偶然的。资本主义萌芽最早在意大利出现。此外,意大利是古代罗马的故乡,是罗马古典文化的发源地,中世纪时,希腊、罗马的古典文化的传统也更多地保留在意大利。一些对宗教文化不满的先进知识分子,在古代希腊、罗马文化中找到了共鸣。

意大利文艺复兴的先驱是佛罗伦萨诗人但丁。但丁在其长诗《神曲》中描写现实生活和各色人物。他根据自己的爱憎,而不是教会标准,把历史上和当时的一些人物安排在"地狱"中受罪,或在"天堂"里享受幸福。但丁通过《神曲》谴责了教会,批判了社会现实,歌颂了人的感情和求知精神,揭开了文艺复兴的序幕。

意大利早期新文化代表人物为彼特拉克和薄伽丘。佛罗伦萨诗人彼特拉克不仅是文艺复兴时期研究古典文化的带头人,更重要的是他在文学创作中直接、真实地表达了人间真情。他被称为"人文主义之父"。薄伽丘是佛罗伦萨的散文家和诗人。他的名作是故事集《十日谈》。这是一部现实主义文学巨著。薄伽丘通过《十日谈》揭露和讽刺了教会贵族的糜烂生活,赞扬了市民群众,体现了新兴资产阶级的人生观。

但丁(1265—1321)

薄伽丘(1313—1375)

文艺复兴时期的精神面貌通过艺术,特别是通过建筑、雕塑和绘画生动地表现出来。布鲁内雷斯基是意大利早期文艺复兴建筑的先驱之一。他抛弃了中世纪时盛行的哥特式建筑艺术,运用古典风格与柱式,设计了反映古典建筑形式的佛罗伦萨大教堂,建筑物空间开阔,比例和谐,开创了文艺复兴建筑风格。他还发明了透视画法,在平面上精确表现立体景物,引起了造型艺术的革命。

文艺复兴早期对绘画做出主要贡献的有佛罗伦萨画家乔托。乔托的壁画虽然以宗教题材为主,却力求表现真实的人物形象和多彩的现实世界,因此他被称为近代绘画的奠基者。《哀悼基督》是乔托的名作。

16世纪,意大利文艺复兴进入全盛时期。这一时期出现了"美术三杰":达·芬奇、米开朗琪罗和拉斐尔。达·芬奇多才多艺,不但是个艺术家,还是个科学家。他的代表作《蒙娜·丽莎》和《最后的晚餐》生动深刻地描绘了人物的性格。米开朗琪罗在建筑、绘画、雕刻、诗歌方面都有不少杰作。他雕刻的《圣经》人物大卫像和摩西像,以豪放、刚健、雄伟的形体美为特征。他创作的梵蒂冈西斯廷教皇的屋顶壁画,为世界上最宏伟的艺术作品。拉斐尔博采众长,把绘画艺术发展到一个高峰。他的绘画作品《西斯廷圣母》和《雅典学派》达到了构图和形象完美的极致。

意大利文艺复兴时期的政治思想家马基雅维利,是近代西方政治学的奠基人。他的主要著作有《君主论》。他主张结束意大利分裂,建立强大的中央集权国家。他在《君主论》中强调为了达到目的,可以玩弄权术,

《蒙娜丽莎》

不必考虑采取什么样的手段。他的这一思想被后人称为"马基雅维利主义"。

3. 西欧诸国的文艺复兴

15世纪后期,文艺复兴逐渐扩展到德意志、法国、英国、西班牙等西欧其他国家。

德意志人文主义代表人物伊拉斯谟致力于人文主义精神批判、考订基督教的经典。他的文学名作《愚人颂》,对教皇、主教和封建贵族的愚昧无知、贪婪、淫逸进行了辛辣的讽刺。

英国人文主义的杰出代表是莫尔和莎士比亚。莫尔是空想主义者,他的名著《乌托邦》揭露了英国的圈地运动导致"羊吃人"的不合理的社会现象,反映了资本主义原始积累给人民带来的苦难。莫尔在书中对私有制进行了无情批判,描绘了人类理想社会的基本特征。《乌托邦》对后来的社会主义思想的发展产生了深远的影响。英国的戏剧作家莎士比亚是文艺复兴的巨人之一。他一生创作了37个剧本,另有一些诗作。悲剧《哈姆雷特》是莎士比亚的代表性作品,标志着欧洲文艺复兴时期人文主义文学的最高峰,对欧洲现实主义文学有着深远的影响。莎士比亚的巨作对英国社会进行了广泛而深刻的描述,体现了人文主义的思想。他塑造的人物形象生动,富有个性。莎士比亚写出了人的精神世界的复杂性和思想感情的变化万端。他的作品为世界各国的读者所喜爱。

莫尔(1478—1535)

莎士比亚(1564—1616)

法国人文主义的杰出代表是作家拉伯雷(1495—1553),他竭力维护个人享受尘世美好生活的自由权利。他的长篇小说《巨人传》歌颂了"人"的力量和伟大,说明知识可以使人成为巨人,战胜愚昧和黑暗。

西班牙作家塞万提斯(1547—1616)的长篇《堂吉诃德》,描绘了西班牙社会的广阔画面,讽刺了骑士和武侠精神。

《堂吉诃德》插图

二、宗教改革

中世纪的西欧，天主教会是最有势力的封建主集团，也是封建地主阶级进行精神统治的有力工具。15世纪后半期，随着欧洲资本主义的产生和发展，封建主义走向崩溃，作为中世纪封建统治精神支柱的罗马教廷开始受到冲击，欧洲主权国家开始摆脱教皇控制。文艺复兴则为宗教改革打下了思想基础。

【史海泛舟】

15、16世纪，天主教会成了西欧各国资本主义发展的障碍。天主教会拥有天主教世界地产的三分之一并在领地上享有政治、经济特权。它采取各种手段搜刮钱财，如征十一税、特赦税等。为了维护封建统治，它宣扬天主教神学，给封建制度披上神圣外衣。中世纪的西欧各国，几乎人人都是天主教徒，人们的思想和行动都受到天主教的严格控制。因此，新兴资产阶级反封建的斗争都采取了神学异端的形式。

宗教改革发端于德意志，因为四分五裂的德意志是教皇压榨最严重的地区。天主教会不仅精神上统治着德意志，还从德意志掠夺了大量财富，德意志因此被称为"教皇的奶牛"。1517年，罗马教皇以修缮教堂为名，派人到德意志兜售赎罪券。教皇宣称"只要买赎罪券的钱币落进钱柜叮当一响，买主挂记的那个罪人的灵魂就会立刻从炼狱直飞天堂"。这种骗人的谎言激起了德意志威登堡大学神学教授马丁·路德的极大反感。他在教堂门口贴出了反对兜售赎罪券的"九十五条论纲"，从而揭开了宗教改革的序幕。马丁·路德提出"信仰耶稣即可得救"的原则，认为只要有虔诚的信仰，灵魂可以获得拯救，无需购买赎罪券。他主张每个教徒都有直接阅读和解释《圣经》的权利，而不是盲目听从教皇和教会的说教。他还主张简化宗教仪式，驱逐天主教会势力。马丁·路德发起的宗教改革，得到社会各界的广泛拥护，引发了闵采尔领导的大规模的农民起义，沉重打击了天主教会的势力。16世纪50年代，德意志确立了"教随国定"的原则，即各诸侯国有权决定本国臣民的信仰。

马丁·路德烧毁教皇敕令

闵采尔（1489—1525）

宗教改革迅速由德意志波及西欧各国。法国的加尔文在瑞士进行宗教改革。16世纪30年代，他发表著作《基督教原理》，确认《圣经》的绝对权威，认为人的得救与否是由上帝预定的。后来，他进一步主张废除主教制，建立长老制。加尔文建立民主教会的主张，适应了新兴资产阶级的激进要求，影响遍及欧洲。

16世纪，法国王权强大，在一定程度上摆脱了罗马教廷的控制，但仍然坚持天主教信仰，反对宗教改革。加尔文派在法国被称为"胡格诺"。16世纪下半期，胡格诺和天主教两大集团进行了长达30年的宗教战争。16世纪末，法国国王宣布天主教为国教，但允许信仰新教。

16世纪，英国王权加强，国王为了打击天主教会势力，自上而下推行宗教改革。30年代，英国国会通过《至尊法案》，宣布国王为英国教会的最高首脑，不再从属罗马教皇，但天主教的教义、制度、仪式不变。改革后的教会成为英国国教。后来随着新兴资产阶级力量的增长，又出现了要求清除英国国教中的天主教残余的清教徒运动。

宗教改革是在宗教外衣掩护下发动的一场反对封建统治和罗马教皇神权统治的社会思想变革和政治运动。它打击了西欧的封建势力，为资产阶级革命做了思想准备，为资本主义的发展扫清了障碍；继文艺复兴之后宗教改革进一步冲击了神学对科学和自由思想的禁锢，促进了西欧各国民族文化、教育事业的发展。

三、启蒙运动

17—18世纪，西欧大陆的手工工场广泛建立，资本主义生产关系得到发展，资产阶级已经形成并不断壮大，封建主义和资本主义的矛盾不断加深，封建专制制度已经成为资本主义发展的巨大障碍。在此期间，自然科学取得很大进展，科学技术有了突飞猛进的发展，科学家们揭示许多自然界的奥秘，教会的很多说教已经不攻自破，人们有了更多的自信。新的科学理论为人们提供了思想武器。文艺复兴时期的人文主义已经不能满足时代的要求，人们提出了依据人的理性来思考和判断事物。

在多种因素的作用下，人们要求摆脱专制统治和天主教会压迫的愿望日益强烈，首先在思想领域展开了反对专制统治和天主教会思想束缚的斗争，由此掀起了一场轰轰烈烈的空前的思想解放运动，历史上称之为启蒙运动。

启蒙运动起源于英国，以法国为中心，波及整个欧洲。启蒙思想家们不满足对人性的尊重，要求获得人本身的解放。他们否定一切外在权威，认为判断是非的唯一标准是人的"理性"。所谓"理性"是指人自己思考，运用自己的智力去认识、判断和理解事物的能力。理性是启蒙运动的核心。

从17世纪起，在资本主义的发展中英国和荷兰走在了前列。在这个基础之上，英国最早出现了启蒙运动。英国早期最著名的启蒙思想家之一，是在英国资产阶级革命时期代表资产阶级和新贵族利益的霍布斯。他在其著作《利维坦》中提出了"社会契约论"的思想，认为国家是通过"社会契约"而创造的，君权是人民授予的，这就剥掉了君主所披的"神"的外衣。但是他并不反对君主专制，而是将"君权神授"变成了社会契约所授予。另一个英国著名的思想家是洛克。他对霍布斯的思想进行了一些修正，提出了社会契约学说。《政府论》是洛克的代表作。在国家的职能问题上，他认为契约成立的国家不仅要保障公民的自然权利，还要保护私有财产。在国家政权形式上，他主张立法权、行政权和管理对外事务的权利要分属不同的部门掌握。

霍布斯（1588—1679）

洛克（1632—1704）

18世纪的法国,资本主义的手工工场发展程度较高,同时专制制度达到顶峰,社会矛盾较为尖锐。日益崛起的新兴资产阶级与封建专制统治和天主教会展开了激烈的斗争,涌现出伏尔泰、孟德斯鸠卢梭等一大批启蒙思想家,推动启蒙运动进入高潮。

伏尔泰是法国启蒙运动的领袖。他抨击天主教会,称教皇为"两足禽兽",号召人们粉碎教会这个邪恶势力。他反对君主专制,倡导君主立宪;他提倡"天赋人权",认为人生来就是平等和自由的。他相信法律应以人性为出发点,在法律面前人人平等。伏尔泰的代表作是《哲学通信》《路易十四时代》等。

伏尔泰(1694—1778)　　　　　　孟德斯鸠(1689—1755)

孟德斯鸠出身贵族世家,却接受了时代精神的影响,投身资产阶级思想革命的洪流。他在代表著作《论法的精神》中,发展了英国思想家洛克的分权学说,更明确地提出了立法、司法、行政三权分立的原则。认为立法权应由全体人民享有,司法独立,君主享有行政权。三者相互独立又相互监督,是以权力的制约和平衡为思想核心。孟德斯鸠还反对君主专制,倡导天赋人权。他的学说否定封建专制制度的合理性,奠定了资产阶级有关国家和法的理论基础。

卢梭对18世纪的法国作了更加严厉的批判。在政治观点上,卢梭倡导"社会契约"论和"人民主权"说。他否定封建王权,认为统治阶级如果违反民意,侵犯人权,撕毁大家应遵守的社会契约,践踏公共意志,人民就有权推翻他。卢梭很注重公共意志,反对个人因谋私利而违反公共意志。卢梭还认为,人类不平等的根源是财产的私有,但他不主张废除私有制,只要求进行比较平均的分配。

卢梭(1712—1778)　　　　　　康德(1724—1804)

狄德罗是法国启蒙思想家中另一位具有深远影响的人物,因主编《百科全书》而被视为百科全书派的代表。为这部百科全书撰稿的有著名的思想家和科学家160余人。百科全书派宣扬理性和科学,反对迷信和专制,认为人人享有与生俱来的自然权利,包括财产权、生命权和自由权。

启蒙运动很快从法国传播到其他国家,涌现出了许多启蒙思想家,启蒙运动得到进一步发展。康德是德意志著名的哲学家,著有《纯粹理性批判》等著作,对启蒙运动做了经典总结。康德认为启蒙运动的核心就是人应该自己独立思考,理性判断。他强调人的重要性,提出人就是人,而不是为达到任何目的的工具。

他相信主权属于人民,自由和平等是人生就有的权利,同时坚持人要自律,不能为了个人的自由妨碍他人的自由;自由和平等只能是在法律范围之内的自由和平等。

启蒙运动是17—18世纪欧洲资产阶级反封建反教会运动在思想意识形态上的反映,是继文艺复兴之后欧洲的又一次思想解放运动。启蒙运动冲击了欧洲的封建专制统治,为资本主义取得统治地位作了思想和理论上的准备。

启蒙运动首先为法国大革命做了充分的思想准备。在启蒙思想的影响下,法国推翻了专制王朝,建立了资产阶级统治,传播了自由、平等思想。

启蒙运动的影响远远超出欧洲的范围,极大地鼓舞了殖民地半殖民地人民争取民族独立的斗争。它在美国独立运动中发挥了动员作用,对美国政治制度的建立也影响深远;它鼓励了中国和日本的一批仁人志士为改造社会而斗争。

启蒙运动为人类社会创造了宝贵的精神财富,成为人们追求解放的精神武器,在人类的历史发展进程中发挥了重要作用。

练习与探究

1. 恩格斯说:"意大利是一个典型国家,自从现代世界的曙光在那里升起的那个时代以来,它产生过许多伟大人物。"这里所说的"现代世界的曙光"指的是_____。　　　　　　　　(　　)

   A. 文艺复兴运动　　　　　　　B. 宗教改革运动
   C. 新航路的开辟　　　　　　　D. 资产阶级的革命

2. 18世纪的法国,越来越多的人不再盲从统治者的说教,学会用自己的头脑思考问题。与以往的思想解放运动相比,这一时期他们的思考更侧重于_____。　　　　　　　　(　　)

   A. 追求人身自由和思想自由　　B. 与上帝直接对话
   C. 由神和自然转向人类　　　　D. 批判神权统治

3. 宗教改革的原因有哪些?

工业文明时代·工业革命时代的西方

【单元导读】 18世纪60年代,工业革命最早在英国出现并发展起来,在英国开展半个世纪后开始向欧美国家扩展。工业革命标志着人类进入蒸汽时代,对社会生产力、生产关系、社会生活以及世界市场的形成产生了巨大的影响。

工业革命加速了各国资本主义经济的发展,激化了资产阶级和封建势力的矛盾。1789年,法国爆发了资产阶级革命,经过长期的斗争最终确立了资本主义共和政体。德国则在普鲁士王国的主导下经过三次王朝战争,实现了国家统一并颁布了宪法,建立了君主立宪政体。

随着资本主义的发展,无产阶级迅速壮大,工人运动兴起,社会主义思想活跃。1848年2月《共产党宣言》的发表标志着马克思主义的诞生。从此,无产阶级斗争有了科学的理论指导,社会主义运动更加蓬勃地发展起来。1871年巴黎公社革命爆发,虽然最终失败,但是无产阶级专政的第一次伟大尝试,在国际共产主义运动史上具有重要意义。

19世纪晚期,在先进的资本主义国家发生了以电力的广泛应用、内燃机和新交通工具的创制、新通讯手段的发明为主要表现的第二次工业革命。第二次工业革命使人类进入了电气时代。在这次工业革命的影响下,资本主义经济出现了重大变化——垄断组织形成。19世纪末20世纪初,主要资本主义国家美、德、英、法、日、俄相继进入帝国主义阶段。

由于资本主义发展的不平衡规律的影响,后期的帝国主义国家如德国,同老牌的资本主义国家如英国,在瓜分世界的过程中矛盾激化,导致了协约国和同盟国两大军事集团的出现并最终引发了第一次世界大战。这次大战改变了资本主义世界的面貌。战后,帝国主义战胜国为重新瓜分世界,建立新的国际秩序,通过巴黎和会和华盛顿会议,最终形成了凡尔赛—华盛顿体系。

在两次工业革命的影响下,西方国家在科学技术、文学艺术、思想文化方面取得重大成就,涌现出了一大批卓越的科学家、艺术家、思想家、文学家,为人类社会留下了不朽的成果和作品,丰富了人类文化的宝库。

第七章 第一次工业革命

一、英国工业革命

英国资产阶级革命胜利以后,资产阶级统治在英国逐步得以确立。18世纪时,随着资本主义制度的进一步发展,英国社会稳定,经济发展迅速。当时,英国资产阶级一方面积极发展海外贸易,大肆进行殖民掠夺,积聚了丰厚的资本,拓展了广阔的海外市场和廉价原料产地;另一方面,英国进一步推行圈地运动,获得了大量廉价劳动力。蓬勃发展的工场手工业,积累了丰富的生产技术知识,增加了产量,但仍然无法满足不断扩大的市场需求。这一切,都促使生产手段发生革命性的变革。英国的工业革命呼之欲出。

在新兴的棉纺织行业首先出现革命性的变化。18世纪60年代,哈格里夫斯发明了一种一次能纺出多根纱线的纺织机,他把这种纺织机命名为"珍妮机"。珍妮机的出现引发了纺织生产领域一系列的发明创造。此后,机器生产逐渐扩展到采煤、冶金和交通运输等各行各业。机器生产取代手工劳动,生产效率大幅度提高,工业生产出现革命性的变化。人们把这个过程称之为"工业革命",也称第一次工业革命。

珍妮纺纱机

1785年瓦特研制成改良型蒸汽机并投入使用。它能产生巨大的动力,而且不受自然条件的限制,所以得到了迅速推广,大大推动了机器生产的普及和发展。在这次工业革命中,蒸汽动力广泛运用于各个工业和交通运输部门,标志着人类社会进入"蒸汽时代"。

工业革命期间的一些重要发明

年　　代	内　　容	国　　别	发明人
1765	珍妮纺纱机	英国	哈格里夫斯
1779	骡机	英国	克隆普顿
1785	水力织布机	英国	卡特莱特
1785	改良型蒸汽机	英国	瓦特
1807	轮船	美国	富尔顿
1814	蒸汽机车	英国	史蒂芬孙

【史海泛舟】

由于传统的动力,如风力、畜力、人力和水力等都有很大的局限性,人们迫切需要新的动力来带动日益增多的机器。早在18世纪初,英国就有人在研制蒸汽机,但是效果都不理想。瓦特在吸取前人研究成果的基础上,终于制成了可以被广泛使用的蒸汽机。蒸汽机的原理是,水煮沸以后,产生蒸汽,蒸汽在急速膨胀过程中,释放大量能量,可以用来发动机器。蒸汽机的最大优点是便利可靠,不受气候、地形等自然条件的影响。

瓦特(1736—1819)　　　　　　　　瓦特改良的蒸汽机

1840年前后，英国的大机器生产已经基本上取代了工场手工业，用机器制造机器的机器制造业也建立起来，工业革命基本完成。英国成为世界上第一个工业国家，成为世界上最发达的资本主义国家，成为世界工厂和世界贸易中心。

二、工业革命的扩展

18世纪末以后，工业革命逐渐从英国向欧洲大陆和北美传播。后来，又扩展到世界其他地方。

法国是最早受到工业革命影响的国家之一。18世纪末19世纪初，法国的一些纺织业就已开始使用机器和蒸汽动力，其他工业部门也相继效仿。在大革命和拿破仑战争期间，社会动荡不安，法国工业革命的进程受到一定影响。此后，工业革命才得到较快发展。大约19世纪中期，法国基本完成了工业革命，成为仅次于英国的工业国家。

法国早期工厂

但是，由于中小企业、小农经济长期大量存在，高利贷资本发达等诸多因素的影响，法国企业经济分散，新技术、新机器的发明和推广比较困难，工业劳动力和工业资本相对缺乏，国内市场也不景气，工业革命的发展受到一定阻碍。

美国发展工业的条件得天独厚。国内资源丰富，市场广阔；国际环境优越，少受战争之苦；外国移民特别是欧洲移民的大量涌入，既提供了劳动力，又带来了先进的生产技术和经验。18世纪晚期，美国的纺织业首先引进英国技术，建立工厂。19世纪以后，工业革命得到迅速发展，涌现出了许多新发明，如轧棉机、轮船、缝纫机和拖拉机等，还首先采用和推广了机器零部件的标准化生产方法，大大促进了机器制造业的发展，推动了机器在各行各业的普及。19世纪中期，美国也完成了工业革命。但是，当时美国各地区的工业发展还很不平衡，工业主要集中在东北部。

【史海泛舟】

1793年惠特尼发明的轧棉机使清理棉花的工效提高了近百倍。1813年波士顿商人洛厄尔引进了英国织布机的制造技术。1830年—1850年美国的棉纺织工厂由795座增加到1000多座。继棉纺织业后，到30年代中期，服装业、制革业、玻璃业、羊毛织业等轻工业部门先后实现了机械化。

19世纪早期，德意志的一些地区也开始了工业革命的进程，普鲁士的莱茵地区尤为突出。30年代以后，德意志的纺织、冶金、采煤、农业、化工和铁路运输等部门得到一定程度的发展。但是，四分五裂的政治局面严重阻碍了德意志工业革命的进程。

工业革命在西欧和北美轰轰烈烈进行的同时，也在向其他地区辐射。19世纪中期以后，俄国、日本等国也陆续开始了工业革命。

三、工业革命的影响

工业革命不仅是一场技术革命，也是一场深刻的社会变革，对人类社会的各个方面都产生了极其深远的影响。

从生产力的影响上看，工业革命促进了社会生产力的迅速发展，使商品经济最终取代自然经济，手工工场过渡到大机器生产的工厂，这是生产力的巨大飞跃。正如马克思、恩格斯在《共产党宣言》中所说的"资产阶级在它不到一百年的阶级统治中创造的生产力比过去一切世代创造的全部生产力还要多……"工业革命使社会生产力迅速提高，也说明科学技术就是生产力。

从对资产阶级的影响上看，工业革命极大地提高了劳动生产率，为巩固资产阶级革命成果奠定了坚实的物质基础。它不仅巩固了资本主义各国的统治基础，还使资产阶级的生产方式扩大到世界各地，最终确立了资本主义对世界的统治。

工业革命还引起了社会结构的重大变革，使社会日益分裂为两大对立的阶级——工业资产阶级和无产阶级。资产阶级的力量日益强大，希望巩固并加强自身的经济和政治地位。他们要求进一步解除封建束缚，实行自由经营、自由竞争和自由贸易。为了达到自己的目的，资产阶级开始进行斗争，展开了自由主义改革运动，自由资本主义发展起来。无产阶级辛勤劳作，直接创造财富，却越来越相对贫困，他们为了改善自己的生产和生活条件，同资产阶级进行斗争，工人运动逐渐兴起。两大阶级的对立和斗争逐渐明显和尖锐。

工业革命使世界的联系日益密切，世界市场基本形成。机器大工业生产的产品不再满足于国内市场，需要更广阔的世界市场；工厂所需要的原料也要来自世界各地。资产阶级竭力在全世界拓展市场，抢占原料产地，使世界贸易的范围和规模迅速扩大。蒸汽机车和轮船的出现大大改变了交通条件，世界的联系更为便捷。资产阶级凭借工业革命带来的强大经济和军事实力，在亚洲、非洲和拉丁美洲等地建立殖民地或半殖民地,他们推销产品,收购原料,把越来越多的地区纳入资本主义世界市场之中。19世纪中期后,一个以欧美资本主义为主导的世界市场基本形成。

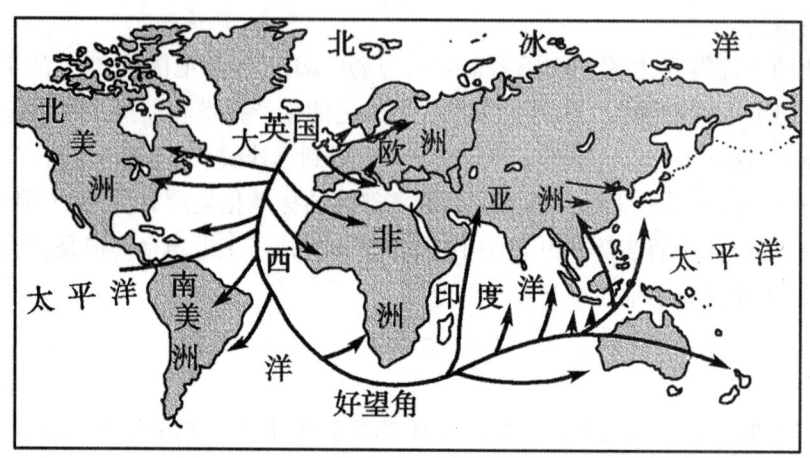

19世纪英国海外贸易示意图

工业革命还把大量劳动力从农村引向城市,开始了城市化进程,城市在国家社会经济中的地位日益重要。在此过程中,人们的生活方式和价值观也在逐渐发生着变化。

练习与探究

1. 为英国工业革命提供了劳动力资源并促进国内市场扩大的因素是_____。（　　）
   A. 海外殖民扩张　　　　　　　B. 圈地运动的进行
   C. 手工工场的发展　　　　　　D. 资产阶级代议制度的确立
2. 工业革命完成的标志是_____。（　　）
   A. 大机器的推广　　　　　　　B. 交通运输工具的革新
   C. 大机器生产基本取代工场手工业　D. 工厂的广泛建立
3. 工业革命为什么首先在英国出现?

第八章 法德民主政体的建立

一、法兰西共和政体的确立

1. 法国资产阶级革命

18 世纪的法国是欧洲大陆上典型的封建君主专制国家。农业占国民经济的统治地位,工商业也很发达。以封建贵族和教会为代表的封建势力十分强大,作为统治阶级他们竭力维护君主专制统治,专制政府不断提高税收,工商业不堪重负,国内关卡林立,经济秩序混乱,严重阻碍资本主义经济的发展。资产阶级对统治阶级的不满和反抗越来越激烈,阶级矛盾尖锐。

18 世纪以来,启蒙运动在法国日益兴盛,涌现出了一大批杰出的启蒙思想家。他们公开反对君主专制,抨击宗教神权,号召人民争取自由和民主。启蒙思想为法国革命的爆发奠定了思想基础。

为了解决日益严重的财政危机,1789 年 5 月,法国国王路易十六被迫在凡尔赛宫召开三级【革命前夕,法国社会分成三个等级:教士和贵族为第一、第二等级,占全国绝大多数的农民、工人、城市平民和资产阶级属于第三等级】会议,企图向第三等级增税。第三等级代表要求制定宪法限制王权,实行改革。后来第三等级的代表宣布单独组成代表全国人民的国民会议,不久改名为制宪会议,把制定宪法作为自己的主要任务。路易十六表面上顺应第三等级的要求,暗地里调动军队,准备武力镇压。巴黎人民群情激愤,于 7 月 4 日攻占了被视为专制统治象征的巴士底监狱,由此揭开了大革命的序幕。

攻占巴士底监狱

攻占巴士底监狱后,法国各族人民纷纷起义。当时,制宪会议实际上已经成为法国最高的行政和立法机关。为了改造法国,制宪会议陆续通过决议,宣布取消农奴制,废除教会和贵族特权。制宪会议还发布《人权宣言》,公开宣称人生来而且始终是自由平等的,自由、财产、安全和反抗压迫是不可动摇的人权。

1791年,制宪会议颁布了一部宪法,规定法国为君主立宪制国家。

面对法国的革命,欧洲的封建君主们异常恐慌,扬言进行武装干涉;逃往国外的法国贵族也力图反攻法国;军队中的一些军官背叛革命。在革命形势严峻的背景下,1792年8月,巴黎人民再次发动起义,攻占王宫,推翻君主制。1792年9月,法国召开国民大会,废除国王,建立共和政体,即法兰西第一共和国成立。但是共和制和君主制的斗争并没有结束。1799年11月9日,拿破仑发动了雾月【1799年11月法国共和历为雾月】政变,成立政府,自认第一执政,后又改为终身执政。1804年,拿破仑加冕称帝,即历史上的拿破仑一世。他建立的帝国就是法兰西第一帝国。

拿破仑上台后,在一定程度上保护了大革命的成果。1804年,拿破仑颁布《民法典》即《拿破仑法典》,确立了资本主义的立法规范。对外,拿破仑表现了他卓越的军事才能,多次打败欧洲的反法同盟并把西欧和中欧的广大地区置于他的统治之下。但是,拿破仑在取得内外战争胜利的同时,也面临着经济和军事的危机。1813年10月,法国在德意志境内的莱比锡被欧洲联军打败。第二年,反法联军攻入巴黎,拿破仑退位,法兰西第一帝国灭亡。1815年,法国波旁王朝复辟。

《人权宣言》原文

拿破仑(1769—1821)

波旁王朝复辟后,逐步强化封建专制统治,实行宗教压迫,维护旧贵族的利益。1830年,国王查理十世强行解散议会。7月底,巴黎人民第三次发动武装起义推翻波旁王朝,建立君主立宪政体,即"七月王朝"。"七月王朝"维护金融资产阶级的利益,导致工商业资产阶级的不满。1848年2月,巴黎又爆发革命,工人占领了王宫,烧毁了国王的军政府,很快又成立了临时政府,即法兰西历史上的第二共和国。不久,就任第二共和国总统的路易·拿破仑,即拿破仑的侄子逐步集大权于一身,于1852年12月宣布称帝,建立帝国,这就是法兰西第二帝国。1870年,普法战争爆发,法国战败,巴黎人民于1871年3月发动起义推翻第二帝国,建立了新的法兰西共和国,即法兰西第三共和国。法兰西第三共和国的成立标志着法国大革命的结束。

2. 法国共和政体的确立

法兰西第三共和国成立后,各派政治力量就建立什么样的政治体制又展开了激烈的斗争。1875年,由于广大人民群众的坚决拥护,国民议会以一票之多通过了法兰西第三共和国宪法,从法律上正式确立了共和政体。

宪法规定立法权属于议会,议会由参议院和众议院组成,众议院议员由成年男子直接选举产生,任期四年;参议院由间接选举产生,任期九年,每三年改选其中的三分之一。参议院有权否决众议院的决议案。总统由参议院和众议院联席会议选出,任期七年,可连选连任。

宪法规定国家的行政大权由总统掌握,总统是国家元首和军队最高统帅,有权任命部长级高官、缔结条约和实行特赦;经众议院同意有权任命内阁,经参议院同意有权解散众议院。

法兰西第三共和国宪法颁布以后,资产阶级共和派经过艰苦斗争,终于掌握了众议院、参议院、内阁和总统等关键职位。资产阶级共和政体的确立和巩固,为工业资产阶级提供了分享政权的机会,为法国资本主义的进一步发展奠定了基础。

二、德意志帝国君主立宪制的建立

1. 德意志的统一进程

德意志的前身是东法兰克王国,在德意志民族神圣罗马帝国时期(962—1806),国家长期处于分裂状态。在拿破仑军队的冲击之下,1806年德意志民族神圣罗马帝国灭亡,取而代之的是由34个邦和4个自由城市组成的"德意志联邦",这依然是一个松散的联合体,国家依旧处于四分五裂的状态。国内帮派林立,各自为政,严重阻碍了统一市场的形成和资本主义的发展,国内要求统一的呼声越来越高,统一成为历史发展的必然趋势。

普鲁士是德意志的一个重要邦国,专制色彩浓厚,经济军事实力强大。1862年,普鲁士国王威廉一世任命俾斯麦为宰相,开始了德意志的统一进程。俾斯麦推行"铁血政策"。他认为"德意志的统一不是空谈,而是要用铁与血",即普鲁士必须以武力来统一德意志。为此,"铁血宰相"俾斯麦对内进一步加强军事力量,以军事力量作为外交后盾施展外交手段,通过1864年对丹麦战争、1866年普奥战争和1870年普法战争,完成了德意志的统一大业。

德意志的统一结束了德国的四分五裂状态,为德意志向外侵略扩张和经济迅速发展铺平了道路,它削弱了法国、奥地利,改变了欧洲的政治格局。它保留了很大成分的军国主义传统,使德国成为欧洲最具有侵略性的国家。

俾斯麦(1815—1898)

2. 德意志帝国宪法的颁布

1871年1月,普鲁士国王威廉一世在凡尔赛宫接受加冕,成为德意志皇帝,德意志帝国建立。不久德意志帝国宪法颁布,确立了德国君主立宪政体。

宪法规定,德国是联邦国家,其中普鲁士王国占特殊地位;皇帝和宰相是帝国国家制度的中轴,权力极大。皇帝掌握国家大权,是国家元首和军事统帅。皇帝有权任命官员,召集、解散议会和决定对外政策等。宰相主持内阁工作,由皇帝任命而不是由议会选举产生,任期由皇帝决定,只对皇帝负责。

宪法规定,议会是立法机构,议会实行两院制,由联邦议会和帝国议会组成。联邦议会(相当于上议院)由各邦代表组成,权力很大,议长为帝国宰相,议员由君主任命;负责法律的审批。帝国议会(相当于下院)由成年男子按照普遍、平等的选举法选举产生,权力较小,具有立法权,但任何法律必须经过联邦议会和皇帝的批准才能生效;无行政监督权。

【史海泛舟】

德意志帝国宪法

第十一条 联邦的主席职位属于普鲁士国王,普鲁士国王享有德意志皇帝的尊称。皇帝在国际关系上为帝国的代表,以帝国的名义宣战与媾和,同外国缔结同盟及其他条约,委派并接受使节。以帝国名义宣战,必须取得联邦议会的同意,除非联邦的领土或其海岸已遭受攻击……

第十五条 联邦议会的主席职务及其事务的领导权属于由皇帝任命的帝国宰相……

第十八条 皇帝委派官吏,命令他们宣誓效忠帝国并在必要情况下命令他们退职……

——《德意志帝国宪法》

德意志帝国的政治制度,是一种不彻底的和不完善的代议制。君主制被保留了下来,容克地主的政治经济地位没有受到根本触动,军国主义传统得以延续,阻碍了资产阶级民主改革的彻底完成。但是,德国资产阶级性质的君主立宪制度的确立,使德国迈入了资本主义的门槛,有利于德国资本主义工业的发展,使德国跻身世界强国之列。

练习与探究

1. 标志法国资本主义共和政体最终确立的是_____。　　　　　　　　　　　　　　　（　）
   A. 1791年宪法　　　　　　　　　B. 1875年宪法
   C. 拿破仑法典　　　　　　　　　D. 法兰西第二帝国灭亡

2. 德意志帝国宪法的最大特点是_____。　　　　　　　　　　　　　　　　　　　　（　）
   A. 专制主义色彩　　　　　　　　B. 军国主义色彩
   C. 确立君主立宪制　　　　　　　D. 议会有参与制定法律的权力

3. 探究德国君主立宪制和英国君主立宪制的异同。

第九章　马克思主义的诞生及巴黎公社

一、马克思主义诞生的历史条件

随着资本主义的迅速发展,资本主义制度的各种弊病日益暴露。一方面,自1825年英国爆发第一次资本主义经济危机以来,几乎每隔十年,资本主义国家就会经历一次经济危机,每次经济危机,社会经济都会遭到严重破坏。另一方面,在资本家日益富裕的同时,工人的生活条件没有得到改善,工人的政治权利非常有限,社会不平等促使社会矛盾日益激化,每次经济危机都会加剧工人贫困和社会动荡。广大工人对恶劣的劳动条件和生活状况越来越不满,工人运动由此兴起。

工人运动的早期形式主要表现为自发地捣毁工厂机器。后来,工人运动日趋成熟,在争取改善经济待遇的同时,也积极要求提高自己的政治地位。19世纪三四十年代,欧洲爆发了法国里昂工人起义(1831年和1834年)、英国宪章运动(1836年)、德意志西里西亚织工起义(1844年)三次大规模的工人运动,把工人运动推向高潮。工人运动虽然失败,但它表明无产阶级已经觉醒并作为一支独立的政治力量登上政治舞台。工人运动的实践越来越需要科学理论的指导,同时也为科学理论的创立提供了必要的条件。

卢德运动中工人捣毁机器

面对资本主义制度暴露出来的种种弊端,为了探究矛盾的症结所在,找到社会发展的良策,当时的英法等国的许多有识之士进行了不懈的探索,空想社会主义者就是其中的代表。法国的圣西门、傅立叶和英国的欧文就是其中的著名代表。他们抨击资本主义的种种弊端,提出了一些改造社会、建立理想社会的美好设想,但这些设想无法实现,被称为空想社会主义。

圣西门(1760—1825)　　　　傅立叶(1768—1830)　　　　欧文(1771—1858)

二、《共产党宣言》的发表

马克思、恩格斯对资本主义制度进行了深入的研究和分析,批判地继承了德意志的古典哲学、英国的古典政治经济学和英法的空想社会主义,在总结工人运动经验的基础上创立了马克思主义理论。

马克思(1818—1883)　　　　　　　　　恩格斯(1820—1895)

在创立科学理论的同时,马克思、恩格斯还积极指导无产阶级政党的组建工作。1846年,他们在布鲁塞尔建立了共产主义通讯委员会,宣传马克思主义理论,筹备建党。1847年底,他们出席在伦敦举行的共产主义者同盟代表大会并受大会委托起草同盟纲领,这就是1848年2月发表的《共产党宣言》。

《共产党宣言》阐述了马克思主义的基本原理,阐明了社会发展的客观规律。它充分肯定了资本主义制度取代封建制度的进步作用;同时指出随着生产力的发展,资本主义已经不能适应社会化大生产的需要。因此,资本主义必将被社会主义取代。

《共产党宣言》还明确指出阶级斗争在阶级社会中推动历史发展的重要作用,揭示了无产阶级的历史使命即用暴力推翻资产阶级统治,建立无产阶级政权。另外,还号召全世界无产者联合起来,同资产阶级进行斗争。

《共产党宣言》的发表,标志着马克思主义的诞生。从此,无产阶级斗争有了科学的理论指导,社会主义运动更加蓬勃地发展起来。

三、巴黎公社

1870年普法战争爆发。9月初,法国战败,法国皇帝和10多万法军官兵被俘。巴黎人民闻讯,发动起义,推翻了第二帝国的统治,建立了法兰西第三共和国。资产阶级组织了国防政府。后来又建立了以资产阶级政客梯也尔为首的临时政府。资产阶级政府一方面对围攻巴黎的普鲁士军队屈膝投降,签订割地赔款条约,一方面秘密调集军队准备以武力解除巴黎人民的武装——国民自卫军。

1871年3月18日,政府军偷袭了位于巴黎市内的蒙马特尔高地,企图夺取国民自卫军大炮,被群众发现。大批群众和国民自卫军战士纷纷拿起武器,向政府军发动反攻,很快占领了巴黎城内的战略要地,临时政府狼狈逃往巴黎郊外的凡尔赛。3月28日,巴黎人民经过选举,建立了自己的政权——巴黎公社。

【史海泛舟】

1870年9月中旬,普鲁士军队包围了巴黎,当时,巴黎有十多万武装的国民自卫军,后经扩充,达到三十多万,此外,外省还有几十万法国正规军,完全可以和普军一战,但是,国防政府却采取了投降政策,大批正规军不战而降。1871年1月28日,梯也尔政府同德国签订草约和约,同意割让阿尔萨斯和洛林,赔款50亿法郎。

巴黎公社成立以后,采取了一系列革命措施。在政权建设方面,经过民主选举产生的公社委员会是最高的权力机构,拥有立法权和行政权;废除旧军队、旧警察,代之以国民自卫军;取消了资产阶级法庭,建立了自己的司法机构;公职人员由民主选举产生,人民有权监督和罢免;任何一个公职人员的薪金不得超过一个熟练工人的工资。在社会经济方面,没收逃亡资本家的工厂,交给工人合作社管理;监督铁路运输和军需生产;实行八小时工作制;组织工人合作社,改善劳动条件等等。在教育方面,用世俗教育全面取代宗教教育、实行义务教育。

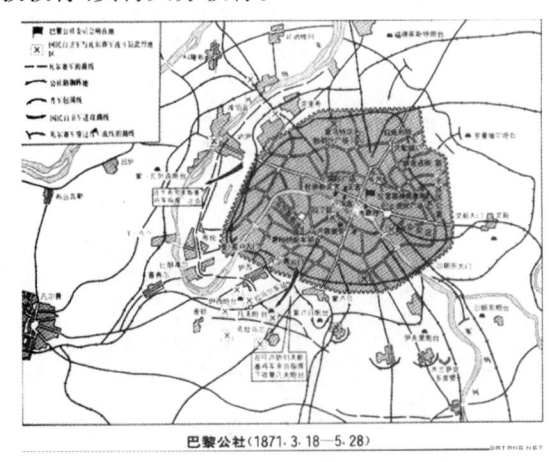

巴黎公社防御图

巴黎公社的成立

但是,巴黎公社没有接管法兰西银行,也没有同外省的革命者取得联系,更未能发动广大农民。临时政府利用法兰西银行的财力支持,积极调动军队,向巴黎公社发动疯狂进攻。巴黎人民奋起保卫自己的政权。5月底,巴黎公社终因寡不敌众,被扼杀在血泊里。

巴黎公社虽然失败了,但是,它是无产阶级推翻资产阶级统治、建立无产阶级专政的第一次伟大尝试。它的实践丰富了马克思主义关于无产阶级革命和无产阶级专政的学说,为国际社会主义运动提供了宝贵的经验和教训。公社战士同强大敌人战斗中所表现出的英勇不屈、视死如归的精神将永垂史册。

练习与探究

1. 马克思主义是关于人类社会发展的重要学说。马克思主义诞生的标志是_____。（ ）

   A. 《共产党宣言》的发表　　　　B. 巴黎公社的建立

   C. 第一国际的成立　　　　　　　D. 十月革命的爆发

2. 巴黎公社是无产阶级革命的一次伟大的尝试，因为巴黎公社_____。（ ）

   A. 是在推翻法兰西第二帝国基础上直接建立的

   B. 推动了第一国际的建立

   C. 标志着无产阶级第一次登上政治历史舞台

   D. 在打碎资产阶级国家机器方面提供了有益的经验

3. 马克思主义诞生的条件有哪些？

第十章 第二次工业革命

一、第二次工业革命

19世纪下半叶,欧美主要国家确立了资本主义的生产方式,出现了相对稳定的政治局面,资本主义经济有了长足的发展。随着世界市场的初步形成,资产阶级进一步在世界范围内倾销商品,掠夺原料,攫取了更多的资本。第一次工业革命后,欧美各国科学家们孜孜不倦地进行新的科学探索,取得了丰硕的成果。

【史海泛舟】

第一次工业革命和资本主义的迅速发展,使自然科学的研究工作在19世纪进入了空前活跃并取得重大突破的高潮期。在物理学方面,英国物理学家焦耳在19世纪40年代发现能量守恒和转化定律;英国科学家法拉第于1831年成功发现电磁感应现象,提供了发电机的理论基础。在生物学方面,19世纪30年代德国植物学家施莱登和德国动物学家施旺在前人研究的基础上,提出了细胞学说;1853年英国生物学家达尔文正式出版了《物种起源》,提出了进化学说。在化学方面,俄国化学家门捷列夫于1869年发现了元素周期律,奠定了无机化学的基础。

自然科学的突破为资本主义发展所要求的新技术革命准备了条件。19世纪中后期,很多科学研究成果都应用于生产,各种新发明、新技术层出不穷,带来了社会生产力的巨大飞跃。人们把这一历史进程称为第二次工业革命。第二次工业革命从19世纪70年代开始到19世纪末20世纪初基本完成。在第二次工业革命期间,科学技术的突出发展主要表现在电力的广泛应用、内燃机和新交通工具的创制、新通讯手段的发明等方面。

电力的广泛应用是第二次工业革命的一个显著特征。它使世界跨进了电气时代。1866年,在前人研制的基础上,德国人西门子研制成了发电机。1870年,比利时人格拉姆发明了电动机。后来,几经改进,发电机和电动机逐渐完善,70年代已经可以投入实际使用。这样电能和机械能的互换得以实现,电力开始被用来带动机器,成为补充和取代蒸汽动力的新能源。随后,电灯、电话、电车、电报、电影放映机等纷纷出现。1882年法国学者德普勒发现了远距离送电的办法。同年,美国著名发明家爱迪生在纽约创建了美国第一个火力发电厂。远距离输电技术的发现和电厂的建立,使电可以输送到很远的地方,供人们使用。电力作为一种新能源的广泛应用,不仅为工业提供了方便而廉价的新动力,而且有力地推动了一系列新兴工业的发生。以发电、输电、配电为主要业务的电力工业和制造发电机、电动机、变电器、电缆、电线等电力设备的工业迅速发展起来。

爱迪生(1847—1931)及其发明的白炽灯

内燃机的创制和使用是第二次工业革命的又一重大成就。在内燃机的创制和使用方面,德国走在前列。19世纪七八十年代,以煤气和汽油为燃料的内燃机相继诞生,90年代,柴油机创制成功。内燃机的工作效率远远高于蒸汽机,大大提高了工业部门的生产能力,特别是迅速推动了交通运输领域的革新。1885年,德国人卡尔·本次成功制造出第一辆由内燃机驱动的汽车。此后,19世纪末20世纪初,以内燃机作为发动机的火车机车、轮船和飞机相继研制成功并投入使用。

三轮汽车

莱特兄弟制成的飞机

电讯事业的迅速发展是第二次工业革命的另一显著特征。继19世纪30年代有线电报发明后,1876年美国人贝尔发明了电话,1895年意大利电气工程师和发明家马可尼研制成了无线电报。电话和无线电报的问世为快速传递信息提供了方便,从此,世界各地的经济、政治、文化联系进一步加强。

由于内燃机使用的是汽油、柴油等石油制品,内燃机的广泛使用,也推动了石油开采业和石油化工工业的发展。科学家们还从煤和石油等原材料中,提炼出多种化学物质并以此作为化工原料,制成染料、塑料、药品、炸药和人造纤维等多种化学合成材料,大大丰富了人们的生活。

科学技术也推动了钢铁工业等传统工业的进步。1856年英国人贝西默发明了底吹酸性空气转炉炼钢法,1864年法国人马丁和德国人西门子兄弟同时宣布发明平炉炼钢法,1875年英国人托马斯发明了碱性转炉炼钢法,使炼钢的

贝尔(1847—1922)试通电话

质量明显提高,产量持续增长。在制造业和建筑业中,人们越来越多地使用钢材取代原来的木材和铁。

同第一次工业革命相比,第二次工业革命存在着明显的特点。首先,第一次工业革命时,许多技术发明都来自于工匠的实践经验,科学和技术尚未真正结合;第二次工业革命时,技术发明是在科学发展的基础上进行的,自然科学的新发展同工业生产紧密地结合起来,科学在推动生产力方面发挥着更重要的作用。其次,第一次工业革命首先在英国发生,重要的新机器和新的生产方法主要是英国人发明的,其他国家都是在英国的影响下进行的,而且发展进程相对缓慢;第二次工业革命则是同时发生在几个先进的资本主义国家,新的技术和发明超出了一国的范围,更加广泛,发展也比较迅速。第三,第二次工业革命为一些相对后进的国家提供了发展机遇,当时的德国、日本尚未完成第一次工业革命,对他们来说,两次工业革命交叉进行,从而更能实现经济的快速发展。

第二次工业革命极大地促进了生产力的发展,丰富了人们的物质生活。新技术新发明的不断涌现和广泛应用,新兴工业部门的突飞猛进,传统工业的升级改造,都促使人类社会生活发生日新月异的变化。同时,由于各国工业革命发展的不平衡,也促使主要资本主义国家在世界经济中的地位发生了变化,美国和德国发展较为迅速,逐渐成为领先世界的资本主义工业强国。相反,老牌资本主义国家英法则发展相对缓慢,地位逐渐下降。第二次工业革命还为主要资本主义国家的对外侵略准备了更强大的科技、经济和军事实力,他们开始以更凶猛的势头加紧对世界各地的殖民侵略。

二、垄断组织的出现

在第二次工业革命的影响下,资本主义经济开始发生重大变化。一方面,科技的巨大进步,推动了生产的迅速发展,生产规模越来越大,集中程度越来越高,成千上万人的工厂已经出现。另一方面,为了适应资本主义大生产的要求,提高劳动生产率,追求更高的利润,资产阶级着手提高管理水平,调整生产组织形式。一些大企业在一定程度上,放弃了资产阶级一贯的自由竞争原则,采取各种形式,控制产品生产、价格和市场,形成了垄断组织。19世纪末20世纪初,在主要资本主义国家,垄断组织普遍出现。垄断资本家通过兼并或联合的方式组成更大的垄断组织,控制一个或几个部门商品的生产、价格和市场。垄断很快渗入资本主义社会的许多方面,成为这一时期资本主义的一个重要特征。

垄断组织的出现在客观上一定程度适应了生产力发展的需要,促进了生产力的进一步发展。但是,随着经济实力的增长,控制着垄断组织的垄断资本家越来越多地干涉国家的政治生活并逐渐控制了国家政权。资本主义国家逐渐成为垄断组织利益的代表。垄断组织还跨出国界,形成国际垄断组织,他们要求从经济上瓜分世界,促使各资本主义国家加紧对外侵略扩张。19世纪末20世纪初,主要资本主义国家美、德、英、法、日、俄等陆续进入帝国主义阶段。

漫画:垄断组织操控的美国参议院

三、世界市场的最终形成

第二次工业革命比第一次工业革命发展得更为迅猛，也更为广泛，他们在多个国家和几乎所有工业领域同时展开，促进了生产力的巨大发展，世界各地的经济联系更加密切了。

第二次工业革命中出现了许多新兴交通工具和通讯手段，大大加强了世界各地的联系，为世界市场的最终形成提供了物质条件。汽车、火车、轮船、电报、电话等设备为货物的运输、人员的往来、信息的交流传播提供了便利条件。

1869年印度工人铺设电缆

在第二次工业革命的推动下，国际分工越来越明显。亚洲、非洲、拉丁美洲等地区的非工业国家，生产的粮食和原料源源不断地运往工业国家，工业化国家则把生产的工业品销往世界各地，促使世界市场的进一步发展。

第二次工业革命期间，资本主义列强在全世界划分势力范围和殖民地，掀起了瓜分世界的狂潮。19世纪末20世纪初，世界基本上被资本主义列强瓜分完毕，亚洲、非洲、拉丁美洲等广大地区基本上沦为殖民地或半殖民地。资本主义在输出商品、掠夺原材料的同时，直接向殖民地或半殖民地输出资本；殖民地和半殖民地的民族资本主义工业开始了艰难的发展历程，以欧美资本主义国家列强为主导的资本主义世界体系最终建立起来了。

练习与探究

1. 在第二次工业革命中诞生的新兴工业有_____。（   ）
   ① 造船 ② 钢铁 ③ 电力 ④ 石油 ⑤ 化工 ⑥ 汽车
   A. ③④⑤⑥   B. ①②③④   C. ②③④⑤   D. ②③④⑤⑥

2. 19世纪末20世纪初，垄断组织出现是社会的一种进步，这主要是指_____。（   ）
   A. 它提高了国家干预能力   B. 使人类社会进入电气时代
   C. 它适应了生产力的发展   D. 它缓和了资本主义社会的基本矛盾

3. 世界市场是怎么一步步形成的？

第十一章　第一次世界大战与凡尔赛—华盛顿体系

一、第一次世界大战

1. 战前的国际形势

19世纪末20年代初,在资本主义经济政治发展不平衡规律的作用和影响下,帝国主义国家围绕着争夺世界霸权和殖民地,展开了激烈的斗争,欧洲列强之间的矛盾纷繁复杂,但基本矛盾有三对,即法德矛盾、俄奥矛盾和英德矛盾。

法德矛盾十分尖锐。普法战争中战败的法国,失去了原来在西欧和中欧的霸主地位,国内各个阶层一致要求报仇雪恨,德国为了防止法国东山再起,极力扩充军备。

俄奥矛盾的表现是对巴尔干半岛的争夺。多年来,俄国打着大斯拉夫主义的旗号,向巴尔干半岛上的南方斯拉夫人居住地区进行扩展,地处中欧的奥匈帝国也在向巴尔干半岛西北部扩张,又怕在自己统治下的南方斯拉夫人,脱离奥匈帝国的统治而独立。

英国从它传统的外交政策出发,力求维持欧洲大陆势力的均衡,既不愿意德国过分强大,也不愿意看到俄国的势力在巴尔干半岛过于膨胀。随着在殖民地问题上的冲突的加剧,英德矛盾开始激化,逐渐成为帝国主义国家之间的主要矛盾。

19世纪七八十年代,德国、奥匈帝国和意大利建立了针对俄国和法国的三国同盟,1879年,在俾斯麦的推动下,德奥签署了"同盟条约",这个条约具有明显的反俄性质。后来,由于意大利在同法国争夺突尼斯的斗争中失败,俾斯麦趁机拉拢意大利,共同对付法国。1882年,德、奥、意三国签署了"同盟条约",三国同盟正式建立。德国成为三国同盟的核心。

一战前的巴尔干半岛

为了对付"三国同盟",1892年,法国和俄国达成了军事协议,它规定一旦法国遭到德国或是德国支持的意大利的进攻,俄国将以全部军事力量进攻德国,一旦俄国遭到德国或是德国支持的奥匈帝国的进攻,法国应以全部的军事力量来进攻德国。俄法同盟形成后,欧洲开始出现两大军事集团对峙的局面。随着英德矛盾发展成为帝国主义之间的主要矛盾,英国调整同法国、俄国的关系,在1904年和1907年分别签署英法协约和英俄协约。这样,欧洲两大军事集团最终形成。

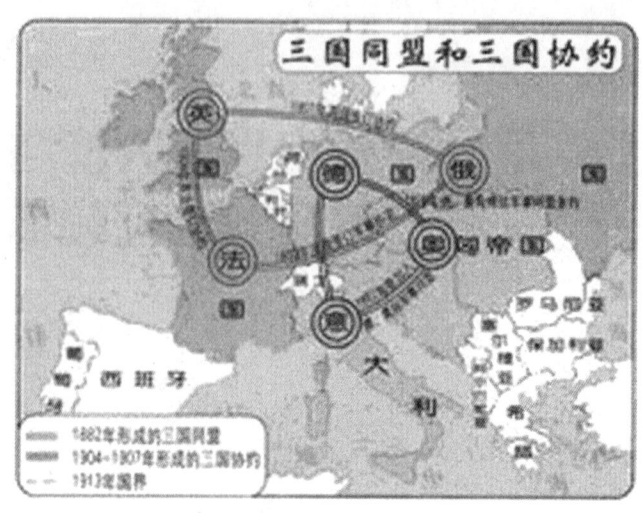

三国同盟和三国协约

2. 第一次世界大战

1914年6月28日(塞尔维亚国庆),奥匈帝国皇储费迪南大公夫妇在萨拉热窝视察时被塞尔维亚青年加夫里若·普林西普枪杀,成为第一次世界大战的导火线。

一个月后,奥匈帝国在德国的支持下,以萨拉热窝刺杀事件为借口,向塞尔维亚宣战。接着德、俄、法、英等国相继投入战争。第一次世界大战爆发。交战的一方为同盟国的德国和奥匈帝国以及支持他们的奥斯曼帝国、保加利亚。另一方为协约国的英国、法国和俄国以及支持它们的塞尔维亚、比利时、意大利、日本等国。原属同盟国的意大利,考虑到利害关系,加入到了协约国方面作战。日本也想趁欧洲帝国主义忙于第一次世界大战的有利时机,进一步在东亚扩张势力和侵略中国,它以1902年同英国缔结的"英日同盟"为借口,在1914年对德国宣战并迅速占领德国在中国山东的势力范围。

第一次世界大战是一场帝国主义之间的分赃不平衡的帝国主义战争,对交战双方来说都是非正义的战争,尽管塞尔维亚是为了保卫自己的主权和独立而战,它所从事的战争具有正义的民族解放的性质,但这并不能从根本上改变整个战争的非正义性。

第一次世界大战爆发后,战争主要在欧洲战场上进行。英、法、比等国的军队同德军对抗的西线,俄国军队同奥匈帝国、德国军队对抗的东线,是主要战线,其中西线具有决定性的作用。在巴尔干、意大利等地,双方也展开了激烈的战争。这次战争可以分为三个阶段:

1914年是战争的第一阶段。在这一年里德军根据战前制定的施里芬计划,首先在西线发动大规模的进攻,由于马恩河等战役中法、英、比三国军队的奋力抵抗和俄国在东线的进攻,致使德军速战的计划破产。西线作战的双方修筑战壕,长期对峙,转入阵地战。

马恩河战役中的法军

1915—1916年为战争的第二阶段。由于双方都把1916年看作是决定性的一年,所以这一年里出现了三次大型的陆地上战役,即西线的"凡尔登战役"、"索姆河战役"和东线俄军的夏季攻势。在海上,日德兰海战役后,英国仍然牢牢控制着制海权。这一阶段,大战的战略主动权转移到了协约国一方。

1917—1918年为战争的第三阶段。1917年,美国参加对德作战,中国等国也相继投入战争,协约国的阵营增加到27个国家,俄国爆发"二月革命"和"十月革命",退出了帝国主义战争。1918年11月,德国宣布投降,第一次世界大战以同盟国的失败而告终。

第一次世界大战历时四年多,30多个国家、15亿人口被卷入了战争,伤亡人员3000多万,经济损失3400多万美元,对人类造成了巨大的物质和精神上损害。第一次世界大战严重削弱了帝国主义的力量,摧毁了地处欧洲东部和亚洲北部的沙皇俄国、地处欧洲中部的德意志帝国、地处欧洲中部和巴尔干西北部的奥匈帝国等欧洲古老的封建帝国,英国、法国和意大利等帝国主义国家被削弱,昔日地跨欧亚非三洲的伊斯兰教封建军事帝国奥斯曼帝国也宣告解体。战争后期,地处欧洲东部的俄国无产阶级在帝国主义的链条上打开了薄弱的一环,取得了十月社会主义革命的胜利,具有划时代的历史意义。第一次世界大战是一场非正义的帝国主义之间的战争,给全世界各国人民带来了沉重的灾难。战后初期,资本主义国家的无产阶级革命运动和亚、非、拉美的民族解放运动出现了高涨的新局面。

二、凡尔赛—华盛顿体系的确立

1. 巴黎和会的召开

1918年11月,第一次世界大战宣告结束。胜利的协约国便积极筹划召开和平会议,讨论战后国际秩序问题。1919年1月18日至6月28日,和会在法国巴黎及近郊凡尔赛宫召开。27个战胜国代表、一些殖民地国家、新成立的国家以及一些社会团体的代表参加会议。中国北洋政府作为战胜国派代表团出席。战败国被禁止与会,苏俄也被排除在外。这次会议由英、法、美、意、日五个主要战胜国的政府首脑和外长组成的"十人会议"主持,实际上由英、法、美三个帝国主义大国操纵。英国首相劳合·乔治、法国总理克理孟梭和美国总统威尔逊决定了和会一切重大问题。

【史海泛舟】

美国总统威尔逊带着他宣扬已久的"十四点原则"参加会议。那些原则表面上冠冕堂皇,实际上包藏着美国攫取战后世界领导权的打算。英国要求削弱德国海军,剥夺它的殖民地,要求德国支付战争赔款,但是为了防止法国势力的过分膨胀,又不主张过多削弱德国。法国要求最大限度地削弱自己的宿敌和对手德国,重建法国在欧洲大陆的霸权,除了要收回阿尔萨斯和洛林以外,还要求索取尽可能多的战争赔款。意大利要按它同英法签订的密约扩大领土。日本要求把它在战争中攫取的利益合法化,即占有德国在太平洋上的诸岛和德国在中国山东的权益合法化。

如何处置战败的德国是巴黎和会讨论的中心问题。经过几个月的争吵,1919年6月28日,对德和约即《凡尔赛和约》在凡尔赛宫签订。

《凡尔赛和约》规定:关于领土问题,法国收回普法战争期间失去的阿尔萨斯和洛林;萨尔煤矿交给法国开采15年,萨尔区由国际联盟代管15年,期满后经公民投票决定其归属。莱茵河西岸的德国领土由协约国军队占领15年,东岸50千米以内的区域为非军事区,德国不得设防。德国和奥地利不得合并。和约还规定了德国和波兰的边界。战前德国的全部海外殖民地分别由英法日比等国以"委任统治"的形式合法地加以瓜分。关于军事,和约禁止德国实行普遍义务兵役制,不准保留军用飞机等和主力舰、潜水艇,但允许保留10万陆军,以维护国内秩序和边境安宁。关于赔款问题,和约规定赔款总额应由赔款委员会在1921年确定;在赔款确定之前,德国应先支付200亿金马克。

【史海泛舟】

中国的山东问题是巴黎和会上斗争最激烈的问题之一。作为战胜国之一的中国，理应收回战前德国在我国山东的权利。但是和会不顾中国的反对和抗议，竟然决定把德国原在中国山东攫取的权利交给日本。这种强权政治大大激怒了中国人民，导致"五四"反帝爱国运动的爆发。在全国人民的反帝爱国运动的推动下，中国代表团拒绝在和约上签字。

对德和约签订以后，协约国又相继同奥地利、保加利亚、匈牙利和土耳其签订和约。《凡尔赛和约》连同这些条约构成了所谓的"凡尔赛体系"。

这些条约的签订使欧洲和中东的政治格局发生了很大的变化。首先，奥匈帝国解体，奥匈分离；奥地利把南部的一些领土割给了意大利；在奥匈帝国原来的属地上建立新的国家捷克斯洛伐克；一部分领土并入塞尔维亚，成为南斯拉夫，另一部分领土归还波兰。其次，土耳其丧失了更多的领土和属地，在欧洲仅保有伊斯坦布尔及其附近地区。

构成"凡尔赛体系"的一系列条约建立了资本主义世界战后的新秩序，但也隐含着许多矛盾。其一，和约的掠夺性必然加深战败国和战胜国之间的矛盾。例如，德国人就认为这是"强加的和平"，后来成为法西斯德国撕毁条约的口实。其二，这些条约是战胜国之间互相妥协下的产物，不可能消除他们之间的根本矛盾。由于分赃不均，巴黎和会建立的国际新秩序必然不能持久。

2. 国际联盟的建立

国际联盟是第一次世界大战结束后不久成立的一个国际组织。美国总统威尔逊非常赞成这个主张并将此纳入他的"十四点原则"，力主建立国际联盟这样一个组织。巴黎和会开幕不久就决定成立以威尔逊为首委员会，起草国际联盟盟约并决定把盟约作为组成部分载入和约中。1920年初，国际联盟在日内瓦正式成立。最初有44个国家加入，以后陆续增加到60多个国家。

国际联盟所在地——日内瓦万国宫

国际联盟盟约声称，成立国联的目的在于增进国际间的合作，保持世界的和平和安全；凡对任何一个国联会员国有战争行为，国联应给予经济甚至军事制裁。但是，国联的决议需要所有出席会议的会员国全体同意才能成立，所以制裁侵略后来被实践证明只不过是一句空话。

【史海泛舟】

国联的主要机构有：①会员国全体代表大会，它每年至少在日内瓦召开一次。按规定，它具有广泛的权力，可以处理国联范围内和影响世界和平的任何事务。②国联行政院，最初由英法等5个常任理事国和4个非常任理事国的代表组成。③秘书处，是处理国联日常事务的机构。美国总统威尔逊积极倡导建立国联，但是美国参议院因为巴黎和会的结果对美国不利，拒绝批准《凡尔赛和约》，也拒绝参加国联。国联实际上由英法操纵。在第二次世界大战期间，国联名存实亡。1946年，联合国成立，国联宣告解散。

3. 华盛顿会议

1919年巴黎和会所建立的凡尔赛体系暂时调整了帝国主义战胜国在西方的相互关系。但在远东、太平洋地区，它们之间的矛盾仍很尖锐。日本利用第一次世界大战期间的有利条件，积极在该地区进一步扩展势力。美国一方面对巴黎和会的结果不满，另一方面对日本扩张不安，急欲拆散英日同盟，从而导致美日矛盾迅速发展。同时，列强的争夺也导致各国海军军备竞赛的加剧。在此背景下，由美国总统沃伦·加梅利尔·哈定倡议，召开国际会议，讨论限制海军军备和协调帝国主义列强在东亚、太平洋地区的关系。1921年11月至1922年2月，美国、英国、日本、法国、意大利、比利时、荷兰、葡萄牙和中国在美国首都华盛顿举行会议。美国在会上居于主导地位。

华盛顿会议有两个主要议题，一是限制海军军备问题，二是远东和太平洋问题。为此，除由九国代表参加的大会外，还设立了由美、英、日、法、意五国组成的"缩减军备委员会"和由九国组成的"远东和太平洋问题委员会"。这次会议实际上是在美、英、日三国操纵下进行的。

经过激烈较量，参加会议的各国达成了一系列协议、条约和决议案，其中主要有：

四国条约全称《关于太平洋区域岛屿属地和领地的条约》，由美、英、日、法四国于1921年12月签署。条约规定，缔约国相互尊重彼此在太平洋区域内岛屿属地和领地的权利，如相互间发生权利的争端而未能通过外交途径获得满意解决时，应举行缔约国会议以便考虑解决；如权利受到任何国家侵略行为的威胁时，缔约各国应全面进行协商，以便"联合地或单独地采取最有效的措施"应付局势。条约生效后，英日同盟协定应予终止。四国条约是美国外交的胜利，条约以体面的形式葬送了英日同盟。

五国条约全称《限制海军军备条约》，由美、英、法、意、日五国于1922年2月签署。条约规定五国主力舰【主力舰指排水量在万吨以上，或装有炮口直径在8英寸以上大炮的非航空母舰的军舰】总吨位限额比例为5∶5∶3∶1.75∶1.75。条约同时规定美、英、日在太平洋地区所占岛屿要塞一律维持现状，不得建立新的海军基地和要塞，但夏威夷群岛、澳大利亚和新西兰等地除外。《五国条约》的签订是列强在海上实力对比问题上暂时妥协的结果，它使美国在海军军备上取得了与英国相等的地位，从而标志着英国海上霸权的终结。但条约只对两类舰种作了限制，因此并未从根本上缓和列强对海上霸权的争夺。

九国条约全称《九国关于中国事件应适用各原则及政策之条约》，由与会国于1922年2月6日签署。九国条约名义上尊重中国的主权与独立及领土和行政的完整，实际上确认了美国的"门户开放"和各国在华工商业"机会均等"的侵略原则，为美国在中国的扩张扫除了障碍。它结束了第一次世界大战爆发后日本在中国占有的优势地位，使中国再次成为列强共同宰割的对象。这也为日后美日矛盾的进一步发展埋下了伏笔。

华盛顿会议的中心议题是中国问题。列强在东亚和太平洋地区的霸权之争，集中反映到对中国的霸权之争上。中国北洋政府的代表在中国人民反帝斗争的压力下，在会上提出了收回山东主权和废除"二十一条"的要求。英美为抵制日本的扩张，也反对日本独霸中国。在美英斡旋下，中日两国于1922年2月4日在会外签订了《解决山东悬案的条约》及其附约，规定：恢复中国对山东的主权，日本将胶州湾德国旧租借地交还中国，中国将其全部开为商埠并尊重日本在该区域内的既得利益；日军撤出山东，青岛海关归还中国，胶济铁路及其支线由中国向日本赎回，前属德国人的煤矿由中日合办。这样，山东问题得到一定程度的解决，但日本在山东仍继续保持相当大的势力。

华盛顿会议是巴黎和会的继续。它确定了战后帝国主义在东亚和太平洋地区的统治秩序，完成了战后帝国主义重新瓜分世界的凡尔赛—华盛顿体系。凡尔赛—华盛顿体系是帝国主义国家之间关系的一次重大调整。它的建立是战后初期战胜国列强实力较量的结果，是分赃和妥协的产物。凡尔赛—华盛顿体系暂时缓和了帝国主义在西方、远东亚太地区的关系，客观上维持了欧洲形势的稳定，有利于战后资本主义经济的恢复发展。但是，凡尔赛—华盛顿体系没有改变世界的基本格局——资本主义列强剥削和压迫广大落后国家和地区。因此,资本主义大国和殖民地、半殖民地人民的矛盾依然存在。该体系不但没有消除列强之间的矛盾,反而分赃不均,矛盾进一步激化、复杂,从而注定凡尔赛—华盛顿体系必然崩溃的命运。

练习与探究

1. 下列关于一战中同盟国集团失败原因的表述,正确的是_____。（ ）
   ① 经济实力总体上处于劣势　② 作为非正义一方,失道寡助　③ 战略上出现重大失误
   ④ 内部矛盾不断尖锐
   A. ①②③　　　　B. ②③④　　　　C. ①③④　　　　D. ①②③④

2. 英美两国在巴黎和会上支持日本享有德国在山东的权利,而在华盛顿会议上却转而支持中国的要求,出现这一变化的原因是_____。（ ）
   A. 中国人民的斗争直接打击了英美在华的统治
   B. 为了遏制日本在亚太地区的扩张势力
   C. 中国在国际舞台上的地位日渐提高
   D. 日本已没有再被继续利用的价值

3. 巴黎和会与华盛顿会议有哪些相同点和不同点?

第十二章　工业革命时期的西方文明

一、物理学的重大进展

1. 经典力学的创立

文艺复兴运动不仅解放了人们的思想,也对科学研究产生了重大影响。伽利略,意大利数学家、天文学家,科学革命的先驱。伽利略生活的时代正是欧洲历史上的文艺复兴时期。1611年,伽利略自制了一架望远镜用于观察天体,他发现了木星的四颗最亮的卫星等许多人们肉眼看不到的星体,证实了哥白尼"日心说"的正确性,开创了天文学的新时代。伽利略还很注重实验,他通过科学实验,发现了自由落体定律、加速度概念、摆的振动以及抛物体的运动规律,开创了以实验事实为根据并具有严密逻辑体系的近代科学,为后来牛顿经典力学的创立和发展奠定了基础。他因此被誉为"近代科学之父"和"近代实验科学的奠基人"。

在伽利略研究的基础上,牛顿确认了物体宏观运动的规律。牛顿,英国著名的科学家,1687年出版了他的科学巨著《自然哲学的数学原理》。这部著作是这一时期自然科学的最重要的代表作,包括自然科学多个领域的内容,但最主要的是力学方面的内容。在这部著作中,牛顿提出了物体机械运动的三大定律(惯性定律、加速度定律、作用与反作用定律)和万有引力定律。这些定律构成了一个统一的体系,把天上和地下的物体运动概括在一个理论之中。人们把牛顿提出的这些力学理论称为牛顿力学体系,它的建立成为近代科学形成的标志。这是人类认识史上对自然规律的第一次理论性概括和综合。

牛顿(1643—1727)

伽利略(1564—1642)

2. 相对论和量子论

经典力学认为,时间和空间与物体运动无关,存在着绝对静止和绝对的时间。这与人们的一般看法一致。但是到了19世纪,随着物理学研究的进展,经典力学无法解释一些新问题,面临着挑战。

爱因斯坦,德国著名的物理学家。1905年,26岁的爱因斯坦发表了《论动体的电动力学》,首次创立了狭义相对论。根据狭义相对论,物体运动与时间、空间不是相对孤立的而是有机的联系在一起的;物体运动时,运动速度增加,质量也会相应增加,空间、时间随着物体运动而变化,运动着的物体在运动方向上长度缩短,时间变慢。根据这一理论,爱因斯坦推导出了著名的公式 $E=mc^2$,即能量等于质量乘光速平方。

这个能量转化原理就是后来人们利用原子能的最基本的理论基础。

在许多物理学家还没能接受狭义相对论的时候，爱因斯坦又于1916年完成了广义相对论。广义相对论是关于引力的理论，它认为由于物质的存在，空间和时间会发生弯曲，因此引力场实际上是一个弯曲的时空。

相对论的提出是物理学领域的一次重大革命。它否定了经典力学的绝对空间，深刻揭示了时间和空间的本质属性。它也发展了牛顿力学，将其概括在相对论力学之中，推动物理学发展到一个新的高度。

爱因斯坦（1879—1955）

普朗克（1858—1947）

19世纪末20世纪初，电子和放射线的出现打开了原子的大门。人们对物质的认识深入到原子内部。大量的实验证明微观的粒子运动不能用经典力学的理论来解释。普朗克，德国物理学家，于1900年提出了著名的量子假说。他认为，物体辐射时放出的能量是不连续的、分散的，而且是微粒性的；可以假定存在着一个最小的不可再分的能量单元"量子"，物体在放射辐射和吸收辐射时都是以"量子"作为单位的。量子论与物理学界几百年来信奉的"自然界无跳跃"的原则发生了冲突，遭到了许多物理学家的反对，但也得到了一些科学家的支持。爱因斯坦利用量子理论成功地解释了光电效应，丹麦物理学家玻尔提出了有关原子的量子理论。20世纪30年代，量子力学建立起来。

量子论使人类对微观世界的基本认识取得了革命性的进步，成为20世纪最深刻、最有成就的科学理论之一。它与相对论一起构成了现代物理学的基础。相对论和量子论弥补了经典力学在认识宏观世界和微观世界方面的不足。它们的提出，不仅推动了物理学自身的进步，而且开阔了人们的视野，改变了人们认识世界的角度和方式。

二、科学进化论的创立

16世纪以来，随着资本主义的产生，资产阶级为维护自身的政治、经济利益开始在意识形态领域展开了反封建斗争，文艺复兴、启蒙运动、宗教改革有力地冲击了基督教神学，摧毁了基督教的精神独裁，促使人们思想解放。面向现实世界、重视实践、崇尚理性的追求蔚然成风。可以说，欧洲思想解放的高潮是催生进化理论思想的重要条件。

17—18世纪，资产阶级革命和工业革命相继发生，促进了资本主义的发展。资本主义的发展一方面为科学技术的发展创造了条件，另一方面又对科学技术提出了新的要求。可以说，资产阶级革命和工业革命对进化论的诞生起了巨大的推动作用。

17世纪，科学技术飞速发展，英国科学家胡克用自制的显微镜观察软木片，发现了许多被分割开的小室，他称之为细胞。19世纪30年代德国植物学家施莱登和德国动物学家施旺在前人研究的基础上提出了细胞学说。细胞学说的确立和完善为生命科学的研究奠定了基础。

【史海泛舟】

1838年，德意志植物学家施莱登总结了细胞研究的成果，提出：细胞是一切植物结构的基本单位，植物发育的基本过程就是活细胞的形成过程。第二年德意志动物学家施旺把这一学说扩展到动物研究领域。他认为，包括动物在内的一切有机体实际上都是由细胞构成的，生命的共性是细胞。19世纪50年代，德国医生马克等人把细胞学说和胚胎学说结合起来进行研究，证明了精子和卵子原来都是最简单的细胞，在发育的过程中细胞可以复制。这个复制的过程称为细胞分裂，细胞发育的过程就是细胞分裂的过程。细胞学说得到进一步完善。

生物进化的阐释是一个长期的过程。19世纪初，法国著名的生物学家拉马克通过对自然现象的观察，提出了生物从低级向高级发展进化的观点。他肯定了环境对物种变化的影响，提出了两个著名的原则——"用进废退"和"获得性遗传"，即经常使用的器官就会发达，不用就会退化；后天获得的新特性可能会遗传下去。早期的生物进化思想开始形成。拉马克是历史上第一个提出比较完整的进化理论的学者，他的观点为达尔文创立进化论奠定了重要基础。

达尔文（1809—1882），英国科学家，1859年出版了《物种起源》一书，创立了生物进化论学说。达尔文认为，生物既不是上帝创造的，也不是一成不变的，而是进化而来的，一切生物都经历了由低级向高级、由简单到复杂的发展过程；生物的进化是连续的，没有不连续的突变；生物现存的物种具有共同的原始起源，不同物种的变异是"自然选择"的结果。关于自然选择，他认为生物都有过度繁殖的倾向，即每个物种产生比能存活的多得多的后代，但是生物的生存资源有限，因此他们必须通过竞争来实现，他说的竞争有种内竞争、种间竞争，还包括生物同无机环境的竞争。在这个过程中，物种不断发生变异，凡是能够较好适应环境而发生变异的个体，将获得较多生存和繁殖的机会，而那些发生了有害变异的个体将会遭到淘汰。那些被自然选择了的微小的有利变异，通过世世代代的传递，逐渐积累为显著的变异，从而形成生物新种。这就是以自然选择为基础的生物进化学说。这一原理被后人归纳为"物竞天择，适者生存，自然选择"。

达尔文的进化学说是对进化论研究成果全面、系统的科学总结，是进化论发展史上划时代的里程碑。达尔文的进化论从根本上推翻了长期统治生物学界的"神创论"，是生物学的一次伟大综合，使生物学成为真正意义上的科学。达尔文把"变化""发展"的观念引入科学领域，对欧洲思想界、科学界和宗教界产生了巨大影响。恩格斯称它为19世纪自然科学的三大发现之一（另两个是细胞学说和能量守恒和转化定律）。

三、繁荣的文学艺术

1. 文学

工业文明时代的欧洲文学先后经历了17世纪的古典主义文学、18世纪的启蒙运动时期的文学、18世纪末19世纪开始的浪漫主义文学及其随后的现实主义文学以及20世纪的现代主义文学。这里只讲述后三种文学形式的辉煌成就。

● 浪漫主义文学

18世纪末19世纪的最初30年是浪漫主义文学在欧洲盛行的时代。当时的欧洲革命和战争频仍，动荡不已，政治中的黑暗、社会的不平等，特别是法国大革命确立的资本主义社会秩序，使人们感到现实远不像启蒙思想家描绘得美好。另一方面，英国工业革命虽然给资本家带来了财富，但工人生活条件却很恶劣。于是，社会各阶层，特别是知识分子，对启蒙思想家设想的"理想王国"深感失望，努力寻找新的精神寄托。这种社会情绪反映在文学创作领域就产生了浪漫主义文学。浪漫主义文学在政治上反对封建制度，不再突出人的理性,而是深入发掘人类的感情世界,通过瑰丽的想象和夸张的手法塑造特点鲜明的人物形象。在创作风格上以想象力丰富的构思和跌宕起伏的情节为主要特征。到19世纪30年代,浪漫主义发展到顶峰。

这一时期,西欧的浪漫主义文学硕果累累。雨果是浪漫主义文学最杰出的代表。他的长篇小说《巴黎圣母院》以离奇、紧张的故事情节,鲜明夸张的人物、绚烂多彩的场面和浓郁的抒情气氛成为当时浪漫主义小说的代表作。这部小说通过埃斯梅拉达的悲惨遭遇和无辜被残酷处死的结局,抨击了教会虚伪、残酷和专制制度的黑暗、野蛮。《悲惨世界》是雨果的另一部浪漫主义长篇小说,它以卓越的艺术魅力展现了资本主义的残酷现实。在英国,雪莱的《解放了的普罗米修斯》鼓励人们为争取自由和理想而斗争。在德意志,诗人海涅在长诗《德国,一个冬天的童话》里,对自己国家的分裂和落后、君主专制的腐败和资产阶级的软弱进行了抨击,抒发了强烈的爱国情怀。

雨果(1802—1885)　　　　雪莱(1792—1822)

● **现实主义文学**

现实主义文学是浪漫主义文学之后、于19世纪30年代出现在欧美并开始占主导地位的资产阶级文艺思潮。19世纪30年代以后,欧美资本主义国家的社会矛盾日趋尖锐,浪漫主义对未来的设想不再适应社会现实。现实主义文学兴起,逐渐成为文学的主流。现实主义文学关注社会问题,典型地再现社会风貌,深入剖析社会生活的本质,揭露和批判社会的罪恶。

法国出现了巴尔扎克、司汤达、莫泊桑等现实主义文学大师。司汤达的《红与黑》标志着第一部批判现实主义文学的诞生。巴尔扎克的《人间喜剧》展现了19世纪上半期法国社会生活的方方面面,堪称资本主义"社会百科全书"。英国狄更斯的《大卫·科波菲尔》《雾都孤儿》《双城记》是了解19世纪英国社会的好教材。19世纪的俄国,处于沙皇专制和奴隶制度之下,也涌现出了一批现实主义文学家。普希金的诗体小说《叶甫盖尼·奥涅金》和列夫·托尔斯泰的小说《安娜·卡列尼娜》《战争与和平》《复活》等都是享誉世界文坛的名著。这一时期,美国作家马克·吐温的作品批判了美国社会中的种族歧视现象,痛斥了资本主义金钱至上的丑恶本质。

● **现代主义文学**

现代主义是20世纪出现的思想与艺术方面与传统艺术迥然不同的许多思潮和流派的统称。现代主义是资本主义垄断时期的产物。19世纪末期以来,西方的社会科学技术飞速发展,工业化程度不断提高。资本主义进入了一个文明的阶段。但是两次世界大战、席卷资本主义世界的经济危机和严重的社会问题深刻影响了文学的发展,表现西方社会精神危机的现代主义成为文学主流。现代主义文学强调集中表现自我;手法比较怪诞,故事开头和结尾没有明确的理由;故事背景模糊不清,因果关系不明,语言风格背离传统。美国作家海明威的《老人与海》、爱尔兰剧作家《等待戈多》是现代主义文学荒诞派的典型。

2. 美术、音乐和影视艺术

同文学一样,美术和音乐也经历了浪漫主义、现实主义和现代主义。

●在18世纪末19世纪初,新古典主义美术诞生。它强调理性,往往以古代历史和现实重大事件为题材;在表现形式上,它突出理性,注重画面的严整与和谐。法国画家大卫的《马拉之死》《拿破仑加冕》表现了法国大革命和拿破仑统治时期的重要历史事件和人物。法国画家安格尔的《泉》则充分体现了人体美和古典美的完满结合。

拿破仑统治结束后,人们对资产阶级思想家推崇的理性王国感到失望,在美术领域就产生了浪漫主义美术。浪漫主义美术注重情感表现和画面整体的完整和统一,但不拘泥细节;它特别强调色彩的作用,画面丰富多彩,辉煌瑰丽。19世纪前期,法国浪漫主义画家德拉克洛瓦的代表作《自由引导人民》典型表现了这一画派风格特征。

《自由引导人民》

19世纪中期,注重表现社会现实的现实主义美术兴起。代表人物有法国的米勒和俄国的列宾等。米勒的《播种者》《拾穗者》反映了农民生活和情感。列宾的《伏尔加河上的纤夫》深刻展现了俄国的社会现实,表达了对劳动人民悲惨处境的深切同情。

《伏尔加河上的纤夫》

19世纪后半期随着社会经济的发展和科技的进步,一批青年画家以"不关心主题思想为宗旨",反抗保守沉浮的主题思想。他们借助当时的光学领域的新成就,醉心于光和色的研究,强调捕捉光和色之下世界万物的"瞬间印象",表现微妙的色彩变化。法国画家莫奈是印象派画家的代表,《日出·印象》是他的代表作品。到了19世纪末20世纪初,印象画派强烈主张个性的抒发。作品大多线条粗犷、形式夸张、色彩明快。荷兰的梵高是这一时期印象画派的著名代表。他的作品《向日葵》让人感受到灼热阳光下的灿烂。法国画家塞尚擅长画静物,色彩反差强烈,立体感强。《樱桃和桃子》是他的代表作品。他被称为"现代绘画之父"。

20世纪的两次世界大战给人们的心灵造成了巨大创伤;工业化带来的快节奏加剧了人们的紧张感,传统的艺术表现形式已经无法满足人们的精神需求,加上科技的进步,艺术家们开始尝试用新的表现形式和艺术精神进行创作。他们开创的形形色色的与传统美术迥然不同的新流派,统称现代主义美术。现代主义美术的主要特征为反传统和反理性,重视"自我感受"和"自我表现",流露出悲愤、消极、悲观、失望等各式各样的复杂心理。如西班牙画家毕加索的《格尔尼卡》。

● 音乐

浪漫主义音乐是在浪漫主义文学的影响下,于19世纪初在欧洲兴起的。它以奥地利和德意志为中心,到19世纪中期走向鼎盛。浪漫主义音乐一改古典主义的崇尚理性、重视规范、要求感情的风气和形式,把注重抒情性、自传性和个人心理刻画的形式和突出个人感受作为自己的主要特征。德意志音乐家贝多芬的晚期作品是连接古典主义和浪漫主义音乐的桥梁,他被称为"乐圣"。他将古典主义音乐推向新的高峰,又开创了浪漫主义音乐的先河。他的交响乐作品表达了反对封建专制,歌颂资本主义的思想感情。浪漫主义音乐的杰出代表还有奥地利的约翰·施特劳斯。他被誉为"圆舞曲之王"。《蓝色的多瑙河》是他最著名的作品。

19世纪欧洲的歌剧和民族乐派也取得辉煌成就。意大利音乐家威尔第的《茶花女》、法国歌剧家的《卡门》是这一时期歌剧的代表作品。俄国柴可夫斯基的《天鹅湖》是民族乐派的代表。

20世纪,现代主义音乐兴起,轻松活泼,通俗易懂,在世界各地广为流传。起源于美国的爵士乐在一战后受到空前欢迎。二战后,以摇滚、蓝调和新爵士乐为代表的音乐更加通俗化,吸引无数听众。其中,摇滚乐最为有名。摇滚乐的代表人物是美国的"猫王"普莱斯利。英国的"甲壳虫"摇滚乐队也是风格独特的摇滚乐代表,代表着摇滚乐在英国的主要成就。

● 影视艺术

影视艺术是在第二次科技革命的背景下产生的满足人们感性娱乐和精神需求的文化。第二次科技革命使人类进入电气时代,科学技术和生产力的巨大发展,为影视业的出现奠定了物质基础。社会的巨大变化、人类新的精神需求、商业利润的驱动成了影视艺术发展的动力所在。19世纪末,法国卢米埃尔兄弟制成兼有拍摄和放映功能的活动电影机。1895年底,他们首次向公众放映自己拍摄的电影短片,标志着电影的诞生。电影的发展经历了无声电影到有声电影的过程。1927年,美国首次拍摄成功有声音、有对白、有音乐和歌唱的有声电影,电影进入有声时代。此前的电影黑白无声,又叫"默片"。无声电影的代表有美国人格里菲斯拍摄和导演的《一个国家的诞生》以及苏联电影《波将金号战舰》。1935年,世界第一部彩色电影《浮华世家》拍摄成功。第二次世界大战后,电影技术随着科学技术的发展日新月异,宽银幕和立体声电影等相继问世。

卓别林是"默片"时代最负盛名的电影艺术家,他塑造的经典艺术形象,给人们带来了无尽的欢笑和泪水,更留下了对社会弊端的无情戏谑和讽刺。

20世纪20年代中期,电视出现;1929年,英国伦敦首次播送了电视节目;30年代播出世界上第一部电视剧,首次开办每天两小时的电视广播。30年代末,英国拥有了电视机的家庭已达两万户。40年代初,美国开始试播彩色电视节目。二战后,电视进入大规模的普及运用阶段。

电影电视艺术的出现是社会进步的产物,直接反映了人类在科技方面的进步。它有很强的娱乐性和艺术鉴赏性,对人类生活的影响无处不在;丰富了人类的精神生活,改变了人类的生活方式。

卓别林(1889—1977)

四、马列主义

1. 马克思主义

工业革命后,资本主义得到了迅速发展。同时,资本主义制度的各种弊端也日益暴露,工人运动逐渐兴起。工人阶级为了自己的政治权利和经济利益,进行独立的斗争并把斗争矛头指向资本主义剥削制度。

19世纪三四十年代欧洲工人运动的兴起,无产阶级已经作为一支独立的力量登上政治舞台。独立工人运动的兴起,迫切需要科学理论来指导,同时也为科学理论的创立提供了阶级基础。

马克思、恩格斯一方面深入工人群众,揭露并分析资本主义制度,指导建立共产主义通讯委员会,出席并领导共产主义者同盟代表大会;另一方面,进行理论研究,创立科学理论。马克思在借鉴德意志古典哲学、英国古典政治经济学、英法空想社会主义的基础之上形成了无产阶级自己的思想体系——马克思主义。

1847年底,马克思和恩格斯出席了在伦敦举行的共产主义者同盟代表大会并受大会委托起草同盟纲领。这份纲领就是1948年2月发表的《共产党宣言》。

《共产党宣言》阐明了阶级斗争学说,指出阶级斗争构成了阶级社会历史进程的基本内容并推动阶级社会的发展;阐明了资本主义社会两大对抗阶级——资产阶级和无产阶级的发生、发展和斗争的过程,科学地断言:"资产阶级的灭亡和无产阶级的胜利是同样不可避免的"。《共产党宣言》还集中表达了无产阶级专政思想,还阐明了无产阶级政党学说。《共产党宣言》显示了共产主义事业坚定的必胜信心,最后提出的战斗口号是:"全世界无产者,联合起来!"

【史海泛舟】

马克思主义包括历史唯物主义与辩证唯物主义、马克思主义政治经济学和科学社会主义三部分。历史唯物主义和辩证唯物主义是马克思主义哲学部分。

历史唯物主义是关于人类社会发展一般规律的科学。马克思主义哲学的重要组成部分,科学的社会历史观和认识、改造社会的一般方法论,又称唯物史观。

辩证唯物主义是客观世界的最一般规律的自觉反映。它看到物质是自然界和人类社会一切现象的基础,世界的统一性在于它的物质性。它认为意识是物质世界长期发展的产物,是人脑这一高级组织的物质的机能,是人脑对客观世界的能动的反映。辩证唯物主义又是彻底的辩证法,是最完整深刻而无片面性弊病的关于发展的学说。它揭示了事物内部矛盾双方的相互联系和相互斗争是事物发展的内在原因,是一切现象自我运动的根据的客观真理。辩证唯物主义是人类认识发展史的科学总结,它建立在现代科学和先进社会实践的基础上并随着科学和实践的发展而不断丰富发展。辩证唯物主义的产生,是人类认识史和哲学史上的伟大革命,它把伟大的认识工具给了人类,特别是给了工人阶级。它是人类认识世界和改造世界的锐利武器。

马克思主义政治经济学的基本观点主要包括在马克思的重要著作《资本论》中。它以唯物史观的基本思想为指导,从分析商品这一资本主义的经济细胞出发,通过深刻分析资本主义生产方式,论述了资本主义社会的经济运行规律,揭露了资本主义的内在矛盾,揭示出资本家对工人剥削的秘密在于占有工人的剩余价值,揭穿了资本主义迅速发展的"秘密",暴露了资本主义残酷剥削工人阶级的丑恶本质,也指出了工人阶级之所以极其贫困的原因。它揭示了资本主义社会发展的规律,指出了资本主义必然灭亡和无产阶级的必然胜利都是不可改变的,是历史发展的必然趋势,这就为无产阶级的革命斗争提供了理论武器,增强了无产阶级革命斗争的决心和信心。

科学社会主义阐明生产社会性和生产资料资本主义私人占有形式之间的矛盾发展,必然导致社会主义取代资本主义，以生产资料的公有制取代生产资料私有制，科学地论述了资本主义必然灭亡、社会主义必然胜利的客观规律。科学社会主义指出了无产阶级和资产阶级的斗争是现代社会变革的巨大杠杆，无产阶级是作为资产阶级的掘墓人出现的。

无产阶级专政是达到消灭一切阶级和进入无阶级社会的过渡。因此，在无产阶级专政条件下，要对整个社会进行改造，发展生产力，进行社会主义建设，逐步实现由社会主义社会向共产主义社会过渡的伟大目标。此外，科学社会主义科学地阐明了无产阶级政党在无产阶级革命和建设中的作用。科学社会主义具有鲜明的实践性，与无产阶级革命运动联系最直接、最密切，是马克思主义理论体系的核心。

《共产党宣言》的发表，标志着科学社会主义的诞生，标志着马克思主义的诞生。从此，无产阶级进行斗争有了科学理论的指导，社会主义运动得到蓬勃发展。

2. 列宁主义

随着俄国资本主义经济的发展，19世纪七八十年代，俄国的无产阶级队伍不断壮大，人数大大增加，开始成为一支独立的政治力量。80年代，普列汉诺夫开始在俄国宣传马克思主义，马克思主义在俄国广泛传播开来，俄国出现了一批马克思主义小组。列宁在中学时代就开始阅读马克思的《资本论》等著作，接受了革命思想。大学毕业后参加了俄国革命中心的圣彼得堡的一个马克思主义小组，还发动过工人进行罢工，组织政党。列宁创办报纸、撰写文章，宣传革命理论，很快成了俄国社会主义组织的领导人物。20世纪初，列宁完成了建立俄国无产阶级政党的工作。

列宁(1870—1924)

1903年，俄国社会民主工党第二次代表大会召开。在列宁的坚持下，大会通过决议，把实现无产阶级专政写入党的纲领，这在当时的第二国际是没有先例的，在大会选举中央领导人时，支持列宁的一派占了多数。这次会议是俄国无产阶级政党建立的标志，也是列宁主义诞生的标志。

【史海泛舟】

1895年，列宁因为从事革命活动被沙皇政府流放到西伯利亚三年。在列宁流放期间，来自俄国各地的9名代表，于1898年在明斯克秘密召开了俄国社会民主工党第一次代表大会。但是这次大会没有制定党的纲领。

列宁主义是伟大导师列宁同志在领导俄国革命的实践中，坚持马克思主义和新的历史时代的无产阶级革命运动相结合而创立的。它深入研究了资本主义发展到帝国主义阶段的规律，总结了无产阶级和资产阶级阶级斗争的新经验，概括了20世纪初期社会科学、自然科学发展的最新成果，创造性地运用和发展了马克思主义，从而使马克思主义理论达到了一个新阶段。列宁主义和马克思主义一样，它的普遍原理是世界无产阶级及其政党的指导思想的理论基础。因此，它常常和马克思主义一起合称为马克思列宁主义。列宁主义继承了马克思主义，是帝国主义时代的马克思主义。

【史海泛舟】

1924年斯大林在《论列宁主义基础》一书中系统地论述了列宁主义并把它定义为："列宁主义是帝国主义和无产阶级革命时代的马克思主义。"列宁在新的历史条件下对马克思主义发展所作的贡献是多方面的，他提出的新思想、新观点是很丰富的。构成列宁主义的核心内容主要有以下6个方面。①帝国主义理论。②无产阶级革命理论。③民族殖民地问题理论。④无产阶级专政理论。⑤建设社会主义的理论。⑥新型无产阶级政党的理论。

列宁主义的基本原则:社会人群最重要的区别在经济基础决定的阶级,阶级(资产阶级和工人阶级)之间是对立的,而且对立的矛盾不可调和;工人阶级要以暴力推翻资产阶级的政权,建立无产阶级的政权。无产阶级政权的国家实行集权的公有制。

练习与探究

1. 近代科学形成的标志是_____。　　　　　　　　　　　　　　　　　　　　　　( )
   A. 伽利略自由落体定律的提出　　　　　B. 牛顿力学体系的形成
   C. 普朗克量子理论的提出　　　　　　　D. 爱因斯坦相对论的提出

2. 19世纪英国诞生的一项伟大理论,戳穿了"上帝创造了万物"的谎言,把越来越多的人从宗教神学的无知、愚昧和落后中解放出来。该理论是_____。( )
   A. 经典力学　　　B. 相对论　　　C. 进化论　　　D. 量子论

3. 探究浪漫主义文学和现实主义文学出现的历史背景。

信息革命时代

【单元导读】 第一次世界大战后期,1917年俄国爆发了十月革命,建立了世界上第一个社会主义国家。为了战胜国际帝国主义的武装干涉和经济封锁,巩固新生政权,恢复国民经济,俄国在经济上先后实行了"战时共产主义政策"和新经济政策。1922年苏联成立。在社会主义改造和建设时期,苏联逐渐形成了社会主义建设模式,即斯大林模式。

凡尔赛—华盛顿体系确立后,资本主义国家大都进入了短暂的相对稳定的发展时期。但是,好景不长,1929—1933年,资本主义世界爆发了空前严重的经济和政治大危机。为了摆脱危机,美国实施了罗斯福新政,缓和了国内矛盾;德国、日本则先后确立了法西斯专政,走上了对外侵略扩展的道路。在西方国家的绥靖政策下,德意日法西斯的侵略气焰更加嚣张,最终导致了1939年到1945年的第二次世界大战。

第二次世界大战以后,雅尔塔体系确立。在美苏两极格局下,资本主义阵营和社会主义阵营进行了长期的"冷战"对峙。为了重建战后世界经济秩序,1944年7月,44个国家代表签署了《布雷顿森林协定》。根据这个协定,很快国际货币基金组织和国际复兴开发银行在美国成立。1947年,23个国家签署了《关税与贸易总协定》,三大经济支柱的成立标志着战后资本主义经济体制的形成。

战后,斯大林模式的弊端日益暴露。苏联相继进行了赫鲁晓夫改革、勃列日涅夫改革和戈尔巴乔夫改革。由于苏联社会长期积累的矛盾没有得到解决和戈尔巴乔夫的改革偏离了社会主义方向,最终导致了东欧剧变和苏联解体。

东欧剧变和苏联解体,使得世界两极格局走向解体。两极格局结束后,世界格局朝着多极化的趋势发展。政治上一超多强,经济上区域集团化和全球化趋势更加明朗。

从20世纪四五十年代开始,以原子能、电子信息、航天技术为标志的第三次科技革命出现。这次科技革命的规模、深度和影响远远超过了前两次,极大地促进了生产力的发展,改变了世界的面貌、人们的生活习惯和思维方式,使人类进入了信息时代。生产力的发展为文学艺术的发展提供了物质基础。现代文学艺术呈现出了多元化的特点。西方文学艺术中,现代主义成为主流;苏联出现了"解冻文学";亚非拉文学则发展迅速,具有自己的特色。

第十三章 第一个社会主义国家

一、十月革命

1. 革命前的俄国

近代的沙皇俄国是以莫斯科公国为中心不断兼并邻近国家而逐步形成的。经过沙皇彼得一世的改革,俄国的经济和军事力量不断壮大。沙皇俄国开始走上海外侵略扩张的道路。19世纪60年代沙皇政府实行农奴制改革后,俄国的资本主义经济有了一定的发展,但是俄国的经济发展比较缓慢,远远落后于其他资本主义国家,劳动人民生活贫困。20世纪初,俄国进入了帝国主义阶段,但是它的农奴制残余和沙皇专制依然严重。国内的阶级矛盾、民族矛盾十分尖锐。

第一次世界大战中,貌似强大的沙皇俄国充分暴露了它的弱点。参战以后,俄国经济受到致命打击,工业减产,农业萎缩,交通运输混乱。战争进一步激化了各种社会矛盾。随着战场形势的进一步恶化,不仅下层群众想改变现状,就连资产阶级也想推翻沙皇制度,为资本主义的发展争取更大空间。俄国成帝国主义链条上最薄弱的环节,一场革命即将爆发。

【史海泛舟】

20世纪初,俄国的工业生产总值已占世界第五位。一战前,俄国资本主义垄断组织已经在国家经济生活中起决定性作用。约有200个全俄或省一级的垄断组织,控制着80多种主要产品的生产,在工业中占统治地位。俄国的12家大银行集中了全国银行资本的80%。商业和交通运输等重要经济部门也都操纵在垄断组织的手中。但是俄国的封建农奴制残余非常严重。农村保留着贵族大地主土地所有制和封建剥削形式,政治体制上保留着沙皇专制制度。沙皇以贵族地主阶级为主要支柱,依靠军队和警察对人民进行残暴统治。在此情况下,俄国的垄断资本不得不依附沙皇制度以求得生存和发展,但他们内心又对沙皇的专制统治不满。更为重要的是,俄国无产阶级有自己的革命政党——布尔什维克党的正确领导。

1917年3月,俄国人民在布尔什维克党的正确领导下,举行了武装起义,在短短几天里就推翻了统治俄国长达三百多年的罗曼诺夫王朝。这次革命发生在俄历二月,被称为"二月革命"。在革命中,首都彼得格勒的工人和士兵建立了新政权——工兵代表苏维埃并建立了自己的武装。二月革命后,当时的苏维埃领导人支持临时政府,临时政府掌握了实权。俄国出现了苏维埃和资产阶级临时政府两个政权并存的局面。

2. 俄国十月革命的进程

二月革命后,临时政府不顾人民的死活,继续参加帝国主义战争。在这关键时刻,长期流亡国外的俄国革命领袖列宁于1917年4月回到彼得格勒。他发表了著名的《四月提纲》,提出将俄国革命从资产阶级民主革命转变为社会主义革命的任务,提出了实行土地革命和退出帝国主义战争的主张。

列宁回到彼得格勒

1917年7月,俄军在前线遭遇惨败。消息传到彼得格勒,50万工人和士兵举行示威游行,遭到了临时政府军队的血腥镇压。两个政权并存的局面结束。在列宁的领导下,布尔什维克党决定举行武装起义,夺取政权。11月6日晚,起义开始。11月7日,起义工人和士兵占领了彼得格勒的重要据点。次日凌晨又攻占了临时政府所在地——冬宫，推翻了以克伦斯基为首的资产阶级临时政府。接着莫斯科等城市的武装起义也相继取得成功。因为这次革命发生在俄历十月，因此被称为"十月革命"。

攻打冬宫

在攻打冬宫的炮声中，全俄工人士兵代表苏维埃代表大会开幕。这次大会通过了列宁起草的《告工人、士兵和农民书》，正式宣布临时政府被推翻，全部政权归苏维埃。为了解决广大群众最关心的问题，这次大会通过了《土地法令》和《和平法令》。《土地法令》规定，没收地主的土地，实现土地国有化，将土地分配给劳动者使用。《和平法令》向一切交战国政府和人民建议，立即缔结停战协定，通过谈判实现不割地不赔款的和平。1918年春，苏维埃政府同德国政府签订布列斯特和约，退出第一次世界大战。选举产生了第一届工兵代表苏维埃政府，即人民委员会，列宁当选为人民委员会主席。这次大会的召开标志着苏维埃政权在俄国的建立。

3. 伟大的开端

十月革命是人类历史上第一次取得胜利的社会主义革命，它由无产阶级领导，以建立体现社会公正的社会制度为目的。它的胜利开辟了人类历史的新纪元。它打破了资本主义一统天下的局面，向世界宣告一种新的社会制度从理想变成现实。

十月革命后的苏俄，建立了世界上第一个无产阶级领导的、以工农联盟为基础的社会主义国家。为俄国的社会发展开辟了一条新的道路，也为世界各国无产阶级革命斗争树立了光辉的榜样。在十月革命的影响下，战后初期欧洲出现了革命运动的高潮局面。许多国家的无产阶级把希望的目光投向了新生的社会主义国家苏俄。德国和匈牙利等国的无产阶级以苏俄为榜样，一度建立起了本国的无产阶级政权。在战后革命运动高涨的形势下，领导国际共产主义运动的国际组织——共产国际于1919年诞生。

俄国十月革命，打击了帝国主义的统治，动摇了帝国主义的后方，极大地支持和鼓舞了殖民地半殖民地人民的解放斗争，为亚洲、非洲、拉丁美洲民族解放运动的发展提供了有利的外部条件。战后初期的亚洲出现了甘地领导的、印度人民反对英国殖民统治的"非暴力不合作"运动和凯末尔领导的土耳其争取民族独立的民族解放战争等，他们沉重地打击了帝国主义势力。

二、"战时共产主义"政策

十月革命胜利后，新生的苏维埃政权准备进行社会主义建设，但是，俄国被推翻的贵族、地主和资产阶级因权力的丧失，勾结起来，组成白军，向苏维埃政权发动进攻；英法美日因不满俄国单独与德国媾和，又惧怕共产党政权会影响到本国的资产阶级统治，企图在苏维埃政权立足未稳时一举将其扼杀，于是派军队支持白军，进行武装干涉。

【史海泛舟】

1918年夏,苏俄进入了艰难困苦的国内战争时期。那时,反革命势力控制了全国约3/4的国土、3/5的人口。苏维埃政权管辖地区的燃料、原料和粮食供应极其困难,40%的工厂停产,红军战士和城市居民面临着断粮的危险。苏维埃政权经受着严峻的考验。

面对敌人的强大进攻,苏维埃政权集中全国的物力、财力支持红军、战胜敌人,在经济领域采取了一系列措施。这些措施主要包括:把大中小企业全部收归国有;实行余粮收集制;取消一切自由贸易;一切生活必需品均由国家集中分配;实行普遍义务劳动制,强制劳动,"不劳动不得食"。这些措施因兼有"战时"和"共产主义"两种特色,所以被称为"战时共产主义"政策。

【史海泛舟】

1919年初,苏维埃政权颁布了有关余粮收集制的法令,规定农民除保留口粮、种子粮和饲料粮外,全部按国家规定价格交售给国家。因卢布迅速贬值,农民实际上是将粮食无偿借给了国家。政府还派遣征粮队,携带武器下乡征粮,连农民的部分口粮也被征走。余粮收集制在短期内取得了明显效果,缓解了城市的饥荒,保证了对前线的粮食供应,成为扭转战局的一个重要因素。但是这一政策严重损害了农民的利益,造成了农民的不满,甚至反抗。

战时共产主义政策的实施,使苏维埃政府能够在残酷的战争条件下,最大限度地集中全国的财力物力,保障军事上的胜利。1919—1920年,苏俄人民在布尔什维克党的领导下,粉碎了国内外敌人的武装干涉,取得了国内战争的胜利,巩固了苏维埃政权。但是,"战时共产主义"政策毕竟是特殊时期采取的非常措施。他排斥商品和市场,无条件地征收农民余粮,严重损害了农民的利益。它并不是向社会主义过渡的正确途径。

三、新经济政策

四年的世界大战和三年的国内战争使苏俄的经济濒于破产,加上1921年的天灾造成的饥荒,人民的生活十分困苦。国内战争结束后,苏俄继续实行"战时共产主义"政策,引起了严重的经济和政治危机。广大农民开始对余粮收集制不满,许多地区发生了农民暴乱。1921年2月,苏俄的一个海军基地甚至发生了兵变。

为了解决国内的经济困难和政治危机,根据列宁建议,俄共在1921年3月召开的"十大"上通过了《关于以实物税代替余粮收集制》的决议。从此,苏俄进入了实施新经济政策时期。新经济政策要点包括:农业方面,以固定粮食税代替余粮收集制,农民在缴纳粮食税后剩下的粮食归自己自由支配;工业方面,一些涉及国家经济命脉的重要工矿企业仍归国家经营,中小企业允许私人开办,国家暂时无力开发的矿山、森林、油田等政府以租让的方式允许外国资本家经营;在流通方面,初期实行产品交换,后来允许自由贸易。同时,废除平均主义配给制,实行工资级别制。

新经济政策的实施表明,列宁和布尔什维克党放弃了从战时共产主义政策,直接过渡到社会主义的设想,开始从国情出发,利用市场和商品货币关系来扩大生产,改善和巩固工农联盟,逐步向社会主义过渡。新经济政策的实施,受到了广大工人农民的欢迎,提高了人民的生产积极性,促进了经济的迅速恢复,有利于稳定政治形势。到1925年,苏联国民经济的恢复工作基本完成。

四、"斯大林模式"

在取得国内战争胜利的形势下,1922年底,由俄罗斯联邦、乌克兰、白俄罗斯和外高加索联邦组成的苏维埃社会主义共和国联盟正式成立。苏维埃社会主义共和国联盟简称"苏联"【苏联成立后加盟共和国不断增多,到1940年8月,共有15个加盟共和国;外高加索联邦于1936年撤销,改建为格鲁吉亚、亚美尼亚和阿塞拜疆三个加盟共和国】。

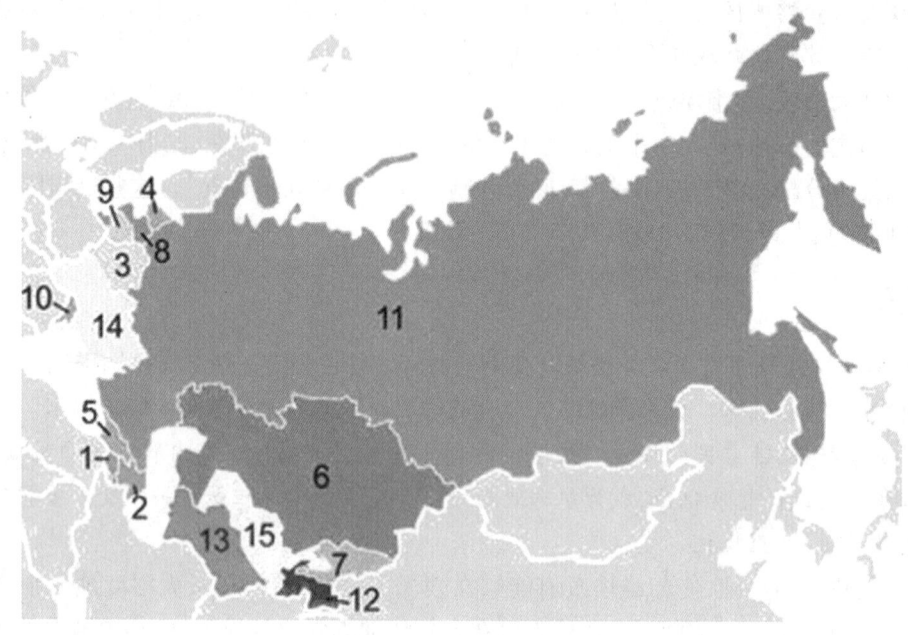

苏联15个加盟共和国分布示意图

示图说明:1. 亚美尼亚 2. 阿塞拜疆 3. 白俄罗斯 4. 爱沙尼亚 5. 格鲁吉亚
6. 哈萨克 7. 吉尔吉斯 8. 拉脱维亚 9. 立陶宛 10. 摩尔多瓦
11. 俄罗斯联邦 12. 塔吉克 13. 土库曼 14. 乌克兰 15. 乌兹别克

1924年1月列宁逝世。此后,斯大林的领导地位逐步确立,国家的经济政策发生了变化。1925年联共(布)十四大通过了社会主义工业化的方针,决定把苏联农业国变为工业国。1927年,联共(布)"十五大"又通过逐步开展农业集体化的方针。此后,新经济政策逐渐被取消。

为了迅速增强经济实力和国防力量,苏联采取了优先发展重工业的方针,由农业和轻工业为重工业的发展提供资金。在经济体制上实行单一的公有制,实行高度集中的计划经济,建立相对独立于资本主义世界市场之外的经济体系。

社会主义建设时期的斯大林(1878—1953)

苏联工业化中的重要工程之一——第聂伯河水电站

为了加强对农业的管理,摆脱粮食供给困难,苏联推行了农业集体化运动,把分散的农民组织到集体农庄里。到1937年,超过90%的农户加入到集体农庄。

为了把社会主义改造和建设的成就用法律的形式固定下来,1936年苏联召开了第八次苏维埃代表大会。大会通过了苏联新宪法。新宪法规定,苏联是工农社会主义国家,它的经济基础是生产资料的社会主义所有制,实行各尽所能,按劳分配的原则,它的政治基础是各级劳动者代表苏维埃。新宪法的颁布,标志着斯大林时期高度集中的社会主义经济政治体制的形成。

斯大林执政时期开创的社会主义建设模式,被称为"斯大林模式"。它开辟了一种不同于市场经济的计划经济体制和新型的工业化模式。在这一模式下,国家按照统一计划调配人力、物力和财力资源,在较短的时间内实现经济的迅速发展。通过两个五年计划,苏联建成了比较齐全的工业体系,基本上实现了以重工业为中心的国家工业化,增强了综合国力。据苏联官方统计,1937年的苏联工业总产值超过了德、英、法,跃居欧洲第一位、世界第二位。苏联经济实力的迅速增长,也为后来反法西斯战争的胜利奠定了物质基础。

但是,斯大林模式存在着严重的弊端:片面发展重工业,导致农业和轻工业长期落后,农、轻、重比例失调,致使人民生活水平提高缓慢;国家从农民手里拿走的太多,农民的生产积极性不高;长期运用行政命令管理经济,否定价值规律和市场机制的作用,限制商品货币关系,压制了地方和企业的积极性,阻碍了苏联经济的持续发展;在政治上,斯大林模式权力高度集中,缺乏群众监督,造成官僚主义盛行,导致苏共日益脱离群众。特别是这种高度集中的计划经济体制和政治体制长期得不到有效的改革而日益僵化,成为以后苏联解体的一个重要原因。

练习与探究

1. 列宁说"假如没有帝国主义战争,俄国也许会过几年甚至几十年也不会发生反对资本主义的革命。"对这句话的正确理解是_____。 ( )

    A. 没有第一次世界大战就没有俄国社会主义革命

    B. 第一次世界大战激化了社会矛盾,推动了革命的爆发

    C. 第一次世界大战教育了人民,使革命运动高涨

    D. 俄国爆发革命必须具备"战争"这个条件

2. 邓小平说过,计划经济不是社会主义国家特有的,市场经济也不是资本主义国家特有的。社会主义国家进行市场调节的典型事例是_____。 ( )

    A. 苏俄的战时共产主义政策   B. 苏俄的新经济政策

    C. 苏联高度集中的经济体制   D. 美国的罗斯福新政

3. 如何评价苏俄的战时共产主义政策和新经济政策?

第十四章　1929—1933年大危机和罗斯福新政

一、1929—1933年大危机

1. 大危机的爆发

一战后，美国由战前的债务国变成了债权国，纽约成为世界金融中心之一。20年代美国经济出现繁荣景象，美国的汽车工业、电器业和建筑业等工业部门显示出蓬勃生机；商品丰富，物资充足。

【史海泛舟】

20世纪20年代的美国，经济发展神速，被很多美国人称为"繁荣年代"。这一"繁荣"时期正是在共和党人柯立芝任美国总统期间(1923—1929)，历史上又称为"柯立芝繁荣"。当时家电丰富，建筑市场蓬勃，商品似乎取之不尽，一切显得富足而舒适。根据当时消耗的材料估计，美国的建筑工业的产值从1919年的120多亿美元增长到1928年的175亿美元。最令人吃惊的是私人汽车的猛增，汽车大王福特生产出"人人可以买得起的车"。20年代，美国生产出全世界小汽车总量的85%。1929年，美国平均5人就拥有一辆小汽车。面对如此美景，难怪很多美国人乐观地认为，自己的"美国梦"正在实现。

由于资本主义基本矛盾的存在，在"繁荣"的表象背后潜伏着严重危机。首先，美国20年代的繁荣建立在不稳定的基础上。少数垄断组织控制着国家的经济命脉，这就造成国民收入分配不均，贫富差距越来越大。一方面，资本家攫取了高额利润；另一方面，广大劳动人民日益相对贫困。20年代，国民收入的1/3为占人口5%的最富有者所占有；1929年，约60%的美国家庭收入仅够维持生活，他们的收入在全国总收入中尚不足24%。这就限制了社会实际消费能力的增长，造成市场的相对狭小。

其次，分期付款和银行信贷刺激了市场的虚假繁荣。20年代后半期，美国市场日益盛行分期付款，以此来刺激消费，造成市场的虚假繁荣。这种繁荣不是社会实际消费能力的增长而是一种提前消费的形式，随之而来的必然是消费的疲软。而资本家为眼前利润驱使，盲目扩大生产，使得生产和市场的矛盾日益尖锐。

【史海泛舟】

当时美国的商业市场流行"一美元首付，一美元月供"。据统计，1924—1929年，分期付款销售额从20亿美元增加到35亿美元。那时农民贷款购买土地、化肥和农业设备；城里人贷款买汽车、收音机、洗衣机；投资者贷款购买股票。1926年约有70%的汽车，是用分期付款的形式购买的。

第三，无限制的股票投机活动。当时美国的股票投机活动非常猖獗，不但职业投机者，一些普通的美国人也参与股票的投机，把它作为致富的捷径。人们不但把自己的积蓄全部投入，甚至向银行贷款购买股票，结果造成这一时期股票价格被大幅度哄抬，发展到令人难以相信的极端，股票以其账面价值的3倍到20倍的价格卖出。这大大增加了金融市场的不稳定性，为货币和信贷系统的崩溃准备了条件。

1929年10月24日，美国纽约华尔街股票市场的形势急转直下，股票暴跌。人们疯狂抛售股票，造成股市崩盘。股市崩溃很快引起一系列连锁反应，一场空前规模的经济危机爆发。这场危机首先是大批银行倒闭;接着工商企业大量破产,生产锐减,市场萧条;失业人数激增,人民生活水平下降;农产品价格下跌,农民收入减少,很多人濒于破产。美国历史上的"大萧条"时期来临了。

2. 大危机的特点和影响

从美国爆发的危机,迅速扩展到其他主要资本主义国家,演变成世界性的资本主义经济危机,各主要资本主义国家相继出现经济衰退和萧条。这次危机延续的时间特别长。从1929年6月美国开始出现生产下降起,一直到1933年,前后长达5个年头。当时,资本主义国家的经济周期一般约为8~10年。这一次危机就延续了将近5年,占据了平均经济周期进程的一半以上。这次危机的范围特别广。这次危机影响到整个资本主义世界,甚至蔓延到殖民地和附属国,造成工业、农业、商业和金融部门的全面危机。这次危机破坏性特别大。1933年与1929年相比,整个资本主义世界工业生产下降了1/3以上,资本主义世界贸易总额缩减了2/3,失业工人超过3000万。这场危机造成的物质损失超过了第一次世界大战。

【史海泛舟】

1933年同1929年相比,整个资本主义世界工业生产下降了37.2%,其中美国下降46.2%,德国下降40.6%,法国下降28.4%,英国下降16.5%,日本下降8.4%,各国的工业产量倒退到20世纪初甚至19世纪末的水平。同时期内,资本主义世界的贸易总额缩减了2/3,贸易实物量缩减了1/4以上。美德法英四国共有约29万家企业破产,出现了大片机器"墓地",长达几十公里的工厂死气沉沉,厂用铁路上野草丛生。资本主义世界工人失业人数急剧增长,最高时全失业人数达3000万以上,半失业人数达1000—1500万。各国的失业率达到30%到50%。

1929—1933年的大危机给资本主义世界沉重的打击,使资本主义制度固有的一切矛盾空前尖锐化,结束了20年代出现的相对稳定的局面。危机给各国劳动者带来了巨大灾难,激起了劳动人民对资本主义制度的不满和反对资本主义情绪的高涨。

空前严重的经济危机也加剧了帝国主义国家在世界范围的争夺。为摆脱危机,各资本主义国家纷纷向殖民地、半殖民地国家进行商品倾销,转嫁危机,加剧资本主义国家与殖民地半殖民地间的矛盾;各资本主义国家为抢夺商品输出地而矛盾重重。为了在经济上划分势力范围,各种对立的货币集团相继出现,英镑区、法郎区和美元区,把统一的资本主义的世界经济体系割裂了。外汇倾销盛行,贸易保护主义空前发展,使资本主义国家之间的经济关系遇到了许多人为的障碍,陷入了巨大的混乱之中。

这次经济危机还加速了法西斯主义在德国、日本和意大利的发展,使这些国家走上了大肆对外侵略扩张的道路,加速了第二次世界大战的爆发,给世界的文明和进步带来了巨大的灾难。

1929—1933年的经济危机还成了国家垄断资本主义空前发展的一个重要转折点。严重的经济危机迫使一些主要资本主义国家的政府加强了对经济的干预。它们纷纷寻求对策,以图缓和和避免经济危机。鼓吹国家干预经济,用国家垄断资本主义的手段和措施进行"反危机"的凯恩斯主义也应运而生。美国罗斯福新政,正是在这一背景下产生的。

二、罗斯福新政

1. 胡佛的反危机措施

1929年3月,前任财政部长共和党人胡佛就任美国总统。作为自由放任主义哲学信徒的胡佛,在美国经济危机的沉重打击下,继续奉行自由放任主义,让经济进行"自我治疗",他反对政府干预经济,拒绝稳定股市的建议,甚至否决国会的救济方案,他只要求工商界和劳工自愿组织起来,共同维持生产和投资,稳定工资和物价并削减个人和公司所得税,以鼓励企业投资。1930年,胡佛政府大幅度提高关税,导致其他国家也纷纷高筑关税壁垒,反而加剧了世界性经济危机。胡佛的经济措施没能阻止经济继续恶化的趋势,导致下层民众的苦难不断加深,阶级矛盾日益尖锐。越来越多的人希望有一个强有力的政府,采取有力措施迅速改善经济状况。

2. 罗斯福新政

面对不断恶化的经济危机和社会危机,1932年民主党总统候选人富兰克林·罗斯福凭借自己渊博的学识、独到的见解、出众的口才、亲和的形象和克服危机的坚定信心,击败了试图连任的胡佛,当选为美国第32任总统。

福兰克林·罗斯福18岁考入哈佛大学,攻读政治、历史和新闻,以后又在哥伦比亚大学攻读法律。从政后担任纽约州参议员、州长。中年时因患病,双腿瘫痪,他是美国历史上唯一一个4次连任的总统。

罗斯福(1882—1945)

【史海泛舟】

这个国家需要行动,而且现在就行动起来。我们最大的首要任务,是使人民有工作可做……由政府本身直接募工,可以部分地完成这一任务,政府对待这项任务就像对待战争的紧急状态一样。

——罗斯福就职演说(1933年3月4日)

罗斯福上台以后,对国家经济实行全面干预,在金融、工业、农业和社会福利等方面大刀阔斧地推行了一系列改革措施,历史上称其为"罗斯福新政"。罗斯福新政的主要内容有:

财政金融方面,下令银行暂时休业整顿,逐步恢复银行的信用;放弃金本位制【在金本位制下,金币可以自由铸造,银行券可自由兑换金币,黄金可以自由输入输出】,使美元贬值以刺激出口;扩大联邦储备委员会的权力,管制证券业。

在工业方面,政府加强对工业的计划指导,通过《国家工业复兴法》。根据《国家工业复兴法》,各个工业企业制定本行业的公平经营规章,确定各企业的生产规模、价格水平、市场分配、工资标准和工作日时数等,以防止出现盲目竞争引起的生产过剩,通过国家干预,调整企业关系和劳资关系,以缓和阶级矛盾。

农业方面,大力调整农业政策。成立农业调整署,用行政手段调节市场,给减耕减产的农户发放经济补贴(农民缩减大片耕地,屠宰大批牲畜,由政府付款补贴),同时调整农产品结构,防止农产品过剩,提高并稳定农产品价格。

社会福利方面,政府为加强救济工作,建立联邦紧急救济署,发放救济资金,推行"以工代赈"大力兴建公共工程,缓和社会危机和阶级矛盾,增加就业,刺激消费和生产;加强社会保障措施,为老人、残疾人、失业者和儿童提供社会保障。

政治方面,新政期间,联邦政府还进行一系列社会立法。罗斯福签署《全国劳工关系法》,使工人有权组织自己的工会。同时还成立了全国劳工关系委员会,保障工人的基本权利,提高了工人的政治地位。

新政虽然未能完全消除危机,但使美国经济逐渐走出了低谷。20世纪30年代前半期,美国经济开始小幅回升,后半期出现明显复兴的迹象,工商业和国民经济状况也有明显改善。到1939年,美国的工业生产水平创历史新高,农业生产保持稳定,农民收入有所提高;对外贸易趋向活跃,失业人数减少,人民生活得到改善。1940年,美国国民收入基本恢复到大危机爆发前的水平。

罗斯福新政开创了国家干预经济的新模式,对美国以及许多资本主义国家经济政策的发展产生了重要影响,从此资本主义告别了自由放任政策占统治地位的时代,迎来了国家干预经济为特征的国家垄断资本主义时期。

罗斯福新政一定程度上减轻了经济危机对美国经济的严重破坏,使美国渡过了经济大危机,促进了社会生产力的恢复,为二战的胜利准备了物质基础。罗斯福新政缓和了社会矛盾,遏制了美国的法西斯势

危机期间完成的田纳西水利工程

力,巩固了资本主义统治,保证了美国的民主。新政在很多方面改变了美国人的生活。它改变了美国人的政治生活。美国联邦政府的规模、职能,特别是总统的权力急剧扩大,联邦政府的影响以前所未有的程度渗透到美国的日常生活中。正是因为罗斯福新政使得美国总统的权力急剧扩大,所以美国的共和制也称为总统制共和制。它还改变了美国人的经济生活。在危机期间初步建立的社会保障体系,使社会弱势群体相当数量的成员首次享有法定的经济保护。

罗斯福新政的实质是在维护资本主义制度的前提下做出的政策性调整,是资本主义生产关系的调整。不可能改变资本主义制度的本质,因此就不可能解决导致经济危机爆发的资本主义制度的基本矛盾,也不能从根本上消除经济危机。

【史海泛舟】

在1929—1933年的大危机下,为了走出危机各主要资本主义国家走上了不同的道路。德国、日本走上了对外扩张的战争道路。美国在罗斯福政府的领导下,通过和平手段、政策的调整,走出了困境。罗斯福新政能够成功,是有一定原因的。首先,美国在危机前已经是世界经济霸主,它有雄厚的经济实力,有能力干预国家经济。其次,美国自独立战争以来,形成了民主传统,使美国避免走上德日独裁集权的对外扩张型路线,可以说美国的民主政治制度和传统是罗斯福新政成功的政治保障。再次,美国借鉴了苏联的计划经济的经验。最后,罗斯福本人信念坚定,作风民主,在关键时刻,果断采取一些与时俱进的措施,保障了新政的向前推进。

练习与探究

1. 1933年初,美国已经有半数银行倒闭,完全失业人数达到1500万—1700万人。还有许多人处于半失业状态,这表明30年代大危机_____。（ ）

  A. 波及范围广   B. 持续时间特别长

  C. 破坏性特别大   D. 加剧了世界局势的紧张

2. 美国实行的罗斯福新政与以往的资本主义改革相比,最突出的不同点是_____。（ ）

  A. 调整农村产业结构   B. 彻底否认自由放任经济政策

  C. 完善社会保障体系   D. 国家政权对经济的全面干预

3. 人类应该从1929—1933年大危机中吸取哪些教训?

第十五章　第二次世界大战

一、二战前的国际形势

1929—1933年的大危机,遍及世界主要的资本主义国家,造成了各主要资本主义国家经济的大衰退和国内政治危机。各主要资本主义国家为了走出这次大危机,采取了不同的政策。在专制色彩浓厚的德国、日本走上了对内集权、对外扩张的法西斯【法西斯一词源于拉丁文"束棒"(Fasces),此系古罗马高级长官的一种权力标志】专政道路并最终成为第二次世界大战的战争策源地。

1. 德日意法西斯专政的建立

● **德国法西斯专政的建立**

20世纪,德国经济主要是在美英资本的扶植下,靠着对战胜国的势力范围进行经济渗透而发展起来的,对国际市场的依赖非常严重,所以,德国受经济危机的冲击尤其严重。面对经济萧条,社会动荡形势,德国的魏玛政府显得软弱无能。统治阶级越来越倾向于建立一个独裁政府,对内镇压不断高涨的群众运动,稳定统治秩序;对外继续打破凡尔赛体系的束缚,提高德国的国际地位,为德国夺取势力范围和世界霸权。

【史海泛舟】

在世界经济危机的冲击下,德国工业生产从1929年开始直线下降,到1932年8月达到了最低点,整个工业生产下降了40.6%,仅次于美国,占资本主义世界第二位,其中生产资料和消费品的生产指数退到19世纪末20世纪初的水平。全部工业开工率仅为33.4%,全国2/3的工人处于失业和半失业状态。魏玛政府一方面裁减政府职员,削减工资、失业救济金、养老金等;另一方面给垄断资本家和容克地主以巨额资助,企图扭转危机的趋势。但是,事与愿违,这种做法反而损害了资产阶级和广大工人、农民的利益,激化了社会矛盾,加剧了经济危机。

经济危机给纳粹党提供了千载难逢的机会。希特勒和法西斯组织纳粹党利用经济危机造成的混乱形势,大肆活动,积极扩张势力,他们打着当时流行的社会主义和民族主义的招牌,进行蛊惑人心的宣传。被危机推入绝境的广大下层民众不满魏玛政府的无能,往往落入纳粹党设下的圈套。纳粹党骗取了日益广泛的支持,势力大增。同时,希特勒还竭力讨好军队,加紧与统治阶级勾结。

【史海泛舟】

纳粹党向各个阶层特别是下层民众许下了种种美好的诺言,提出了各种诱人的口号和计划。它向工人打出"社会主义"的旗号,声称"我们的民族社会主义要打破占有的特权,要把德国工人的解放扩展到分享红利、分享所有权和分享领导权"并保证执政后消除经济危机和失业现象,保证每个人都有工作和面包。纳粹党还扮演农民代言人的角色,告诉农民,不但要提高他们的地位,还要给他们经济援助。纳粹党还利用全体民众痛恨凡尔赛条约,希望民族自强的心理和要求,以全民族利益代表者的面目出现,打出复兴德意志民族的旗帜,宣扬民族复仇主义,高呼扩大生存空间,"用德国的剑为德国的犁取得土地"。

于是,大批民众涌向纳粹党。1929年到1933年,纳粹党员从15万上升到35万、80万和100万。

1932年夏天,德国举行国会选举,纳粹党一跃成为国会第一大党。1933年初,德国总统兴登堡任命希特勒为德国总理。从此,德国走上了对内实行法西斯独裁统治,对外积极扩张的道路。世界大战的欧洲策源地形成了。

希特勒(1889—1945)和兴登堡(1847—1934)

政治上纳粹党上台后不久,就制造了"国会纵火案",借以打击德国共产党,进而取缔纳粹党以外的所有政党,逐渐掌握了国家的大权。1934年,兴登堡病死,希特勒集总统、总理和军队最高统帅于一身,成为国家元首。同时,纳粹党还疯狂迫害犹太人,推行种族灭绝政策。法西斯独裁统治在德国建立起来。

经济和文化思想上,希特勒政府大力发展军事工业及相关的民用工业,实行国民经济军事化;严密控制文化教育领域,用纳粹党的说教钳制人们的思想。

军事上,从1935年开始,德国公开撕毁凡尔赛和约,大量扩充陆军,积极重建空军并开始建造军舰。

对外关系上,1933年,德国为了放手扩军备战,退出国联。1936年,德军开进莱茵非军事区,进一步撕毁了凡尔赛和约。

● 日本法西斯专政的建立

日本经济基础薄弱,国内市场狭小,受到经济危机的打击十分严重。工业生产普遍下降,失业人数激增;农产品价格惨跌,大批农民破产。阶级矛盾尖锐起来。

【史海泛舟】

1930年,日本的进出口贸易分别比1929年下降了30%和32%,1931年又比1930年减少了57%和53%。日本是岛国,资源贫乏,市场狭小,外贸的缩减直接影响到工农业生产。从1929年到1931年,日本工业总产值下降32.9%。一些主要的工业部门开工率只能达到50%。米价大幅度下跌,部分农作物的价格甚至抵偿不住运输费。

在这种形势下,法西斯势力趁机发展。日本法西斯主义的主要特点之一是以军部为核心力量。军部是日本法西斯化的主要决策者和推动者,军部要求在天皇的名义下建立法西斯独裁政权,实行对外侵略扩张,为了达到这一目的,军部法西斯分子制造了一连串暗杀政变等恐怖事件。日本政府的政策一步步走上了对内独裁、对外扩张的道路。

【史海泛舟】

在世界经济危机的打击下,日本工农群众的处境每况愈下,中间阶层的经济和社会地位极不稳定,自耕农和小地主不断破产,自由职业者和企业员工面临求职、竞争和失业"三座鬼门关"。日本法西斯分子迎合中下层民众不满现状的心理要求,趁机提出"打倒财阀和政党""重点解决满蒙问题"等口号,以反对垄断资本和鼓吹对外转嫁金融危机。1930年11月14日在军部势力的支持下,法西斯少壮派组织"爱国社"成员暗杀了滨口首相。从此法西斯势力和军部少壮派势力日益嚣张。

1931年,日本发动了侵略中国东北的"九·一八"事变,霸占了中国东北。

1936年,一批法西斯青年军官发动"二·二六"兵变,企图建立以他们为首的军部法西斯政权。这次兵变虽然由于军阀集团的内讧而未能得逞,但军部的势力却大大加强了。

不久,受军部控制的广田弘毅上台组阁,建立军事法西斯专政。对内禁止工人罢工,限制人民言论、结社、新闻和出版自由;加紧扩军备战。对外制定侵略扩张的基本国策,积极准备扩大侵略战争。世界大战的亚洲策源地形成了。

● 意大利法西斯独裁统治的确立

意大利法西斯独裁统治比日本和德国建立得早。第一次世界大战中意大利损失惨重,虽然在一战中跻身战胜国行列,但是并没有真正在凡尔赛会议上捞到好处。一战结束后,意大利就爆发了经济危机。经济的衰退导致国内阶级矛盾尖锐,革命运动此起彼伏;导致国内政局不稳,内阁更迭频繁。

在一战造成的社会动乱的历史背景下,意大利法西斯组织得以滋生。1919年3月,墨索里尼建立"法西斯战斗团"(法西斯运动由此得名)。一些怀有民族沙文主义的中小资产阶级和对社会不满、找不到正确出路的工人投入法西斯阵营。1921年11月,以墨索里尼为领袖的法西斯党——国家法西斯党在罗马成立。1922年10月底,意大利国王下令墨索里尼组织政府。法西斯专政在意大利开始初步建立。

墨索里尼(1883—1945)

墨索里尼上台后,开始为建立法西斯独裁统治做准备。他建立法西斯最高委员会,为最高统治机构;取缔其他政党的武装组织,解散皇家卫队;组建"国家安全志愿民兵"作为法西斯统治和实行对外侵略扩张的后备力量;强迫议会通过有利于建立独裁统治的新的选举法。1925年,墨索里尼在国王的支持下,公开宣布用武力镇压反法西斯活动。此后,墨索里尼不断采取措施建立独裁体制,最终于1938年解散了议会。

2. 德意日的对外侵略和三国轴心的形成

● 德意日的对外侵略

为了转移国内矛盾,争夺世界霸权,抢占更多的殖民地和势力范围,法西斯国家积极进行对外侵略扩张,逐步把世界推向战争。日本和意大利法西斯首先在亚洲和非洲点燃了侵略战火。

在亚洲,1937年,日本发动了全面侵华战争。面对装备精良的日本侵略者,中国人民不畏强暴,奋起抗战。饱受日本殖民统治之苦的朝鲜人民,也为争取民族解放展开了英勇斗争。当时,许多流亡中国的朝鲜爱国者,纷纷组织义勇队,同中国抗日军民一起抗击日本侵略者。

在非洲,意大利早就对战略位置十分重要的埃塞俄比亚垂涎三尺。1935年,意大利军队在大量飞机坦克的配合下,分兵几路对埃塞俄比亚发动了进攻。埃塞俄比亚军民的武器装备极其落后,但他们英勇顽强,意大利侵略军速胜的企图没有得逞。

面对意大利的侵略行径,西方大国采取了姑息纵容的绥靖政策。英法控制的国联,迫于世界舆论,不得不宣布意大利为侵略国并对它实施经济制裁。但是,却没有把石油等重要战略物资列入禁运范围,英国掌握下的苏伊士运河还照旧供意军使用。美国推行"中立"政策,禁止美国船只向交战双方运送武器。显然,这些政策都有利于意大利,不利于埃塞俄比亚,事实上助长了意大利的侵略气焰。

意大利侵略埃塞俄比亚形势图

【史海泛舟】

第一次世界大战以后,英法美等国的统治阶级为了保住自己的既得利益,竭力避免战争,宁愿牺牲一些局部利益。因此,面对法西斯国家日益嚣张的侵略形势,他们处处退让,企图以牺牲弱小国家的利益,满足法西斯国家的侵略欲望,以求得自身一时的太平并尽可能地把法西斯这股祸水引向苏联。这种姑息养奸的做法统称为"绥靖政策"。绥靖政策的主要推行者为英法,美国的"中立"实质上也是一种绥靖。

为了尽快占领埃塞俄比亚,意军加紧了攻势,甚至惨无人道地对手无寸铁的平民狂轰滥炸,释放毒气。1936年,意大利军队攻陷了埃塞俄比亚首都。不久,意大利正式宣布吞并埃塞俄比亚。

1936年2月,西班牙左派政党组织的人民阵线在大选中获胜,成立了共和国政府。共和国政府进行了一系列改革,打击法西斯势力。同年夏天西班牙法西斯军官佛朗哥发动叛乱,西班牙内战爆发。德意两国法西斯政权害怕西班牙人民阵线的胜利会推动西欧各国人民反法西斯斗争,危及自身的统治地位,同时也为了控制西班牙这一战略要地,保障军工燃料的供应,决意支持佛朗哥叛军。1936年7月28日开始,德意两国公开武装干涉西班牙内战。整个战争期间,共有25万意大利官兵和5万德国官兵在西班牙作战,两国还向西班牙叛军提供大量的武器和弹药。虽然有苏联等国家进步人士组成的"国际纵队"对西班牙共和国政府的支持,但是依然没有能阻止反动势力的进攻。1939年春,叛军攻陷西班牙首都马德里,共和国政府被颠覆。西班牙建立了以佛朗哥为首的法西斯独裁政权。

法西斯国家从对外侵略中获得了巨大的物力、人力资源,占据了许多战略要地,实力大增。西方大国的纵容政策使法西斯国家更加有恃无恐。世界局势朝着扩大战争的方向发展。

● 三国轴心的形成

在侵略扩张过程中,德、意、日法西斯与英、法、美等西方大国的矛盾日益加剧,处于共同利益的需要,法西斯国家都有结盟的意图。德意两国同属法西斯国家,意识形态相似,对凡尔赛体系极不满意,强烈要求改变现存的世界秩序,加上侵略扩张中需要相互支持,所以德意两国首先于1936年10月秘密签订《德意议定书》,商定在对外侵略中加强合作,形成了"柏林——罗马"轴心。德日两国在政治、经济和军事诸方面有许多相似之处,都抱有对外扩张的野心。但是它们又感到时机尚不成熟,不愿过早刺激西方大国,因此竭力贴上"反共"的标签。1936年11月,德日代表在柏林签订《德日反共产国际协定》。一年后意大利加入《反共产国际协定》,从而形成了"柏林——罗马——东京轴心"。从此,法西斯国家相互支持,肆意扩大侵略战争,世界大战迫在眉睫。

3. 慕尼黑阴谋

1938年春,德国吞并了奥地利;接着希特勒以保护捷克斯洛伐克境内的德意志少数民族利益为借口,又将矛头指向了捷克斯洛伐克,对捷克斯洛伐克提出了领土要求。面对德国法西斯侵略,英法采取纵容政策,希望把德国的侵略矛头引向苏联。因此,不但不支持盟国捷克斯洛伐克,反而逼迫捷克让步,企图牺牲捷克斯洛伐克的利益,与希特勒达成妥协。同年9月,英法德意四国首脑张伯伦、达拉第、希特勒、墨索里尼在德国的慕尼黑签订协定,在没有捷克斯洛伐克代表参加的情况之下,强行把捷克斯洛伐克的苏台德区割给德国。历史上把这种做法称为"慕尼黑阴谋"。至此,绥靖政策达到顶点。

慕尼黑协定的签订,产生了极其消极的影响。德国法西斯的侵略公然受到鼓励。希特勒于1939年吞并了捷克斯洛伐克的其他地区。德国的经济实力和军事实力大大增强,加速扩大了战争的进程。苏联构筑的集体安全努力归于失败,对英法更加不信任。1939年8月,苏联为了自己的国家的安全,同德国签订《互不侵犯条约》。

德军开进布拉格

二、二战的进程

1. 二战的爆发和扩大

● 第二次世界大战的爆发

1939年9月1日,德军集中强大兵力,在大批坦克、飞机的配合下对波兰发动了突然袭击。波军奋起反抗,但陈旧的武器装备和落后的战术根本无力对抗德军的闪电战。波军节节败退,国土大片沦陷。9月3日,英法对德宣战,第二次世界大战全面爆发。英法对德宣战后,并没有发动大规模进攻致使波兰孤军奋战,很快覆亡。苏联趁德军东进之际,也占领了波兰东部,进而向西扩展疆域,建立了"东方战线"【第二次世界大战爆发后,苏联派兵进入波兰,占领了波兰东部大部领土;第二年,经过苏芬战争,又从芬兰割得一部分领土;接着,又把波罗的海沿岸的立陶宛、拉脱维亚和爱沙尼亚三国并入苏联。同时,苏联还吞并了罗马尼亚的比萨拉比亚等地方,建立了一条从波罗的海至黑海的"东方战线",把苏联战线向西推进了几百公里】。

1940年春夏之交,德军开始在西线大举进攻北欧和西欧诸国。德军相继占领了丹麦、挪威、卢森堡、荷兰、比利时等国。同时,德军绕过法军苦心经营的马其诺防线,侵入法国境内。被德军追击到法国敦刻尔克的大约40万英、法、比军队经过奋战,大部分成功地渡过了英吉利海峡,撤到英国境内。6月德军对法国军队发动总攻,意大利也趁机对法国宣战。不久,法国投降。戴高乐将军在英国组织"自由法国"运动,领导法国人民,继续抵抗侵略者。

法国的溃败

1940年秋天,德军对英国发动了猛烈的空袭和潜艇战,企图使英国屈服。历史上称为"不列颠之战"。英国新上台的首相丘吉尔领导英国人民,坚持斗争粉碎了希特勒的图谋。

● 第二次世界大战的扩大

1941年6月23日清晨,德军集中大量兵力对苏联发动了全面进攻,苏德战争爆发,第二次世界大战扩大。苏德战争初期,在德军"闪电战"的攻击下,苏军接连失利,大片西部领土沦陷。10月,德军进攻莫斯科。苏联军民在斯大林领导下奋起抵抗。第二年初,苏军展开反击,取得了莫斯科保卫战的胜利。这是大战开始以来德军在苏德战场遭到的第一次重大打击,它打破了德军"不可战胜"的神话。

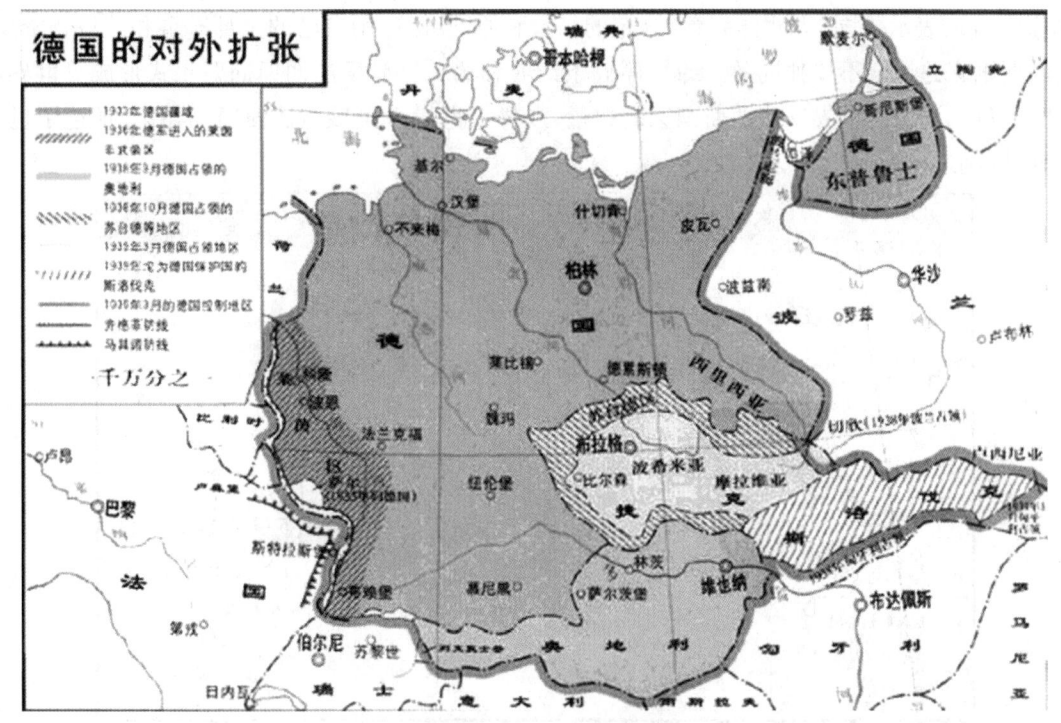

1939—1942 年德意志在欧洲的扩张

德国在欧洲侵略的屡屡得手,也刺激了日本对亚洲、太平洋地区的侵略欲望。1940 年日本正式抛出了"大东亚共荣圈"计划并加紧对印度支那的侵略,激化了同美国、英国等国的矛盾。美英等国对日禁运钢铁、石油等战略性物资。为了取得东南亚的战略资源,同美国长期对抗,日本军部决定对美国在太平洋的最大海军基地——珍珠港发动突然袭击。1941 年 12 月 7 日清晨,从日军军舰上起飞的飞机突然出现在珍珠港上空,对港内的美军舰船狂轰滥炸,以微小的代价重创了美国的太平洋舰队。第二天,美英对日宣战。不久,德意对美国宣战。第二次世界大战进一步扩大。在不到半年的时间里,日军占领香港、关岛、马来亚、新加坡、缅甸和印度尼西亚等地,在军事上暂时处于优势。太平洋战争爆发后,第二次世界大战达到最大规模。

【史海泛舟】

苏联为了抵御德军可能的进攻,做了一些备战准备。例如,同日本签订中立条约,稳住日本,避免两线作战;把一些重要的国防工业东迁,加紧东部地区的经济建设。这些措施对苏联日后长期抗战和取得最后胜利有重要作用。卫国战争初期,苏军的失利是由诸多因素造成的:大批优秀的指挥员在大清洗中丧生,苏军战斗力受到严重的削弱;临战之前尽管多次得到德军即将进攻苏联的情报,但苏联领导人坚持认为德国在打败英国之前不会侵略苏联,没有作临战准备;苏军在防御战略上犯了严重的错误,把主要兵力和军用物资配置在国境线附近,致使战争一开始就遭到德军闪电战的沉重打击。前线防线一旦被突破,很难组织起纵深防御。

2. 第二次世界大战的转折

●世界反法西斯同盟的建立

在珍珠港事件以前,面对法西斯势力的不断扩张,美国处于自身安全利益的考虑,改变以往的"中立"态度,加强了对英国等国的援助。苏德战争爆发后,美英决定联合苏联共同反对法西斯。1941 年秋,罗斯福和丘吉尔在太平洋上的一艘军舰上会晤,发表了联合宣言,史称《大西洋宪章》。《大西洋宪章》表示要共同反对纳粹暴政,尊重各国的领土和主权完整,倡导自由、和平,反对侵略并决定增加对苏援助。珍珠港事件以后,越来越多的反法西斯国家联合起来。1942 年初,苏、美、英、中等 26 个国家在华盛顿共同签署了

《联合国家宣言》,表示赞同《大西洋宪章》规定的宗旨和原则,保证用自己的全部军事和经济物资反对德、意、日法西斯国家并约定不单独同敌人缔结停战条约或和约。世界反法西斯同盟正式形成。世界反法西斯同盟建立以后,壮大了世界反法西斯国家的力量,鼓舞了世界人民反对法西斯的斗志,加速了世界反法西斯战争的胜利进程。

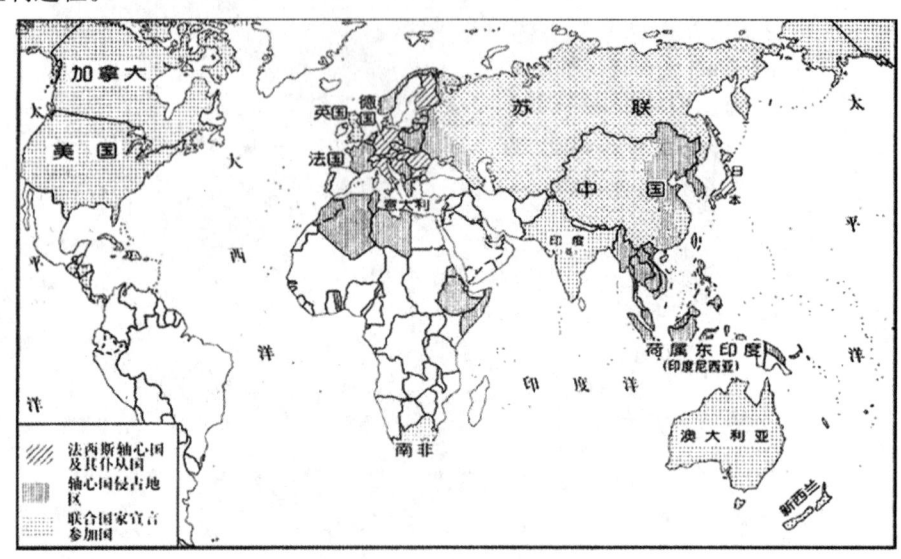

第二次世界大战形势图

● **斯大林格勒战役**

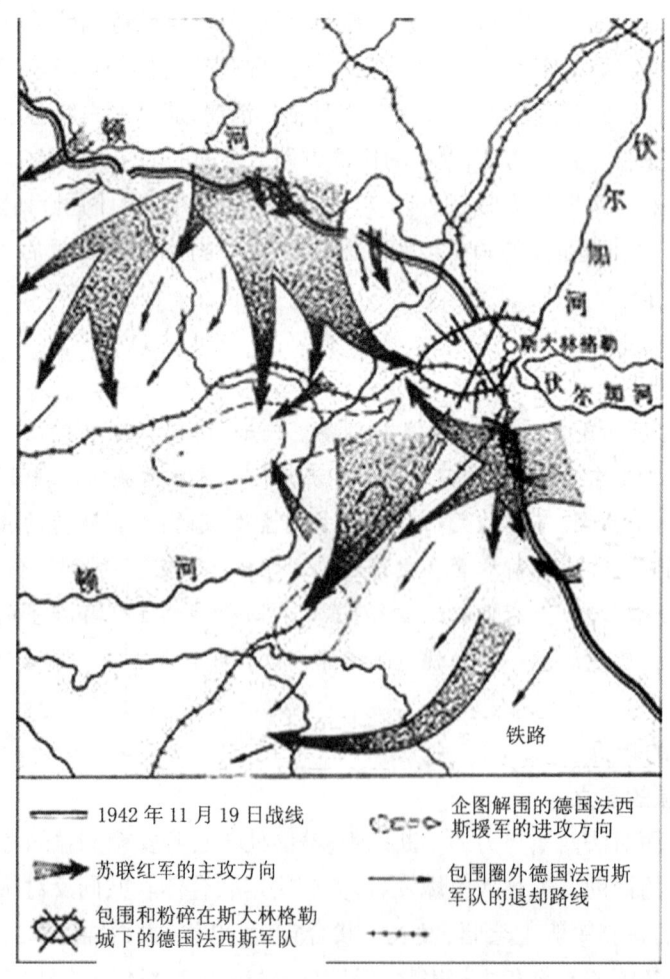

苏军在斯大林格勒附近围歼德军示意图

莫斯科战役以后,受到重大损失的德军武力再次对苏联发动全面攻势。希特勒决定集中力量进攻南线,企图占领苏联的战略要地斯大林格勒,以便夺取苏联南方重要的粮食、石油产区,进而包抄莫斯科。1942年夏,德军集中150多万兵力和大批飞机、坦克,南北夹击,向斯大林格勒发动猛烈进攻。

斯大林格勒的苏军守军殊死抵抗,德军始终未能完全占领这座城市,反而消耗了有生力量。苏军赢得了聚集反攻力量的宝贵时间。同年冬,苏军突然发动大规模反攻,分割包围了斯大林格勒的德军主力;第二年春,取得了斯大林格勒战役的辉煌胜利。从此,苏军开始转入战略反攻。

斯大林格勒战役改变了苏德战场的形势,大大鼓舞了世界各国人民,促进了世界法西斯集团内部的瓦解。斯大林格勒战役推动了整个战争形势的转折,是第二次世界大战的重要转折点。

● 中途岛海战

1942年6月,日本军部为了摧毁美军太平洋舰队,派出一支庞大舰队,进攻美军驻守的中途岛。美军破译了日军密码,掌握了日军的作战计划,伏击日本舰队,取得了巨大成功。太平洋战场形势发生了重大转折,日军被迫由进攻转为防御,美军则由防御转为进攻。

中途岛海战日美参战兵力比较

	航空母舰(艘)	其他舰船	飞机
美国	3	23	233
日本	8	约200	约700

【史海泛舟】

中途岛海战,日本共损失4艘航空母舰,1艘重巡洋舰,332架飞机,2000多人,其中包括数百名有经验的飞行员和机务人员,另有1艘重巡洋舰和2艘驱逐舰受重伤。而美军只损失1艘航空母舰,1艘驱逐舰,147架飞机和307人。

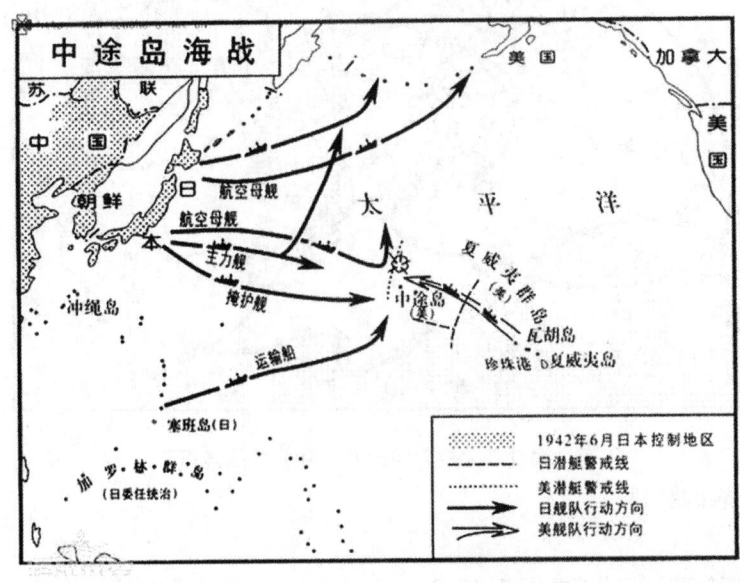

中途岛海战示意图

● 阿拉曼战役

太平洋战争爆发以后,原来准备增援北非的英军部队和装备被调往亚太地区而北非德军的力量却得到增强。1942年1月,德军在隆美尔指挥下,向英军反击,很快打到阿拉曼附近。阿拉曼地位重要,一旦德军打到苏伊士运河和巴勒斯坦一带,就可切断英军在北非的生命线,还可进入红海,侵入印度,与日军会师。英国被迫任命新的司令官,补充武器,反击德军。从1942年10月英国将军蒙哥马利率军反击,阿拉曼战役开始。从阿拉曼战役打响到1943年2月,英军不仅击退德军,还使北非德军遭到重大损失。阿拉曼战役不仅使法西斯国家的进攻势头完全丧失,其后续行动还使北非德意军队的生存受到严重威胁,它是北非战场的转折点。

● **欧洲第二战场的开辟**

在反法西斯战争发生根本转变的形势下,1943年11月,美、英、苏三国首脑罗斯福、丘吉尔和斯大林在伊朗首都德黑兰举行会议,通过了关于对德作战中的一致行动和战后合作宣言并决定于1944年内在欧洲开辟第二战场。在此期间,中、美、英三国政府首脑在埃及的开罗会晤并于1943年12月初发表《开罗宣言》。《开罗宣言》明确规定日本所窃取的中国领土,如中国东北、台湾和澎湖列岛等必须归还给中国。

【史海泛舟】

我三大盟国此次进行战争之目的,在于制止及惩罚日本之侵略……三国之宗旨在剥夺日本自1914年第一次世界大战开始以后在太平洋所夺得的或占领之一切岛屿,在使日本所窃取于中国之领土,例如满洲、台湾、澎湖群岛等,归还中华民国。

——开罗宣言

1944年6月,美英等同盟国军队在法国诺曼底登陆,开辟了欧洲第二战场。苏军在东线向德军发动猛攻。从此,盟军开始两面夹击德军。不久,盟军进入巴黎,法国光复!

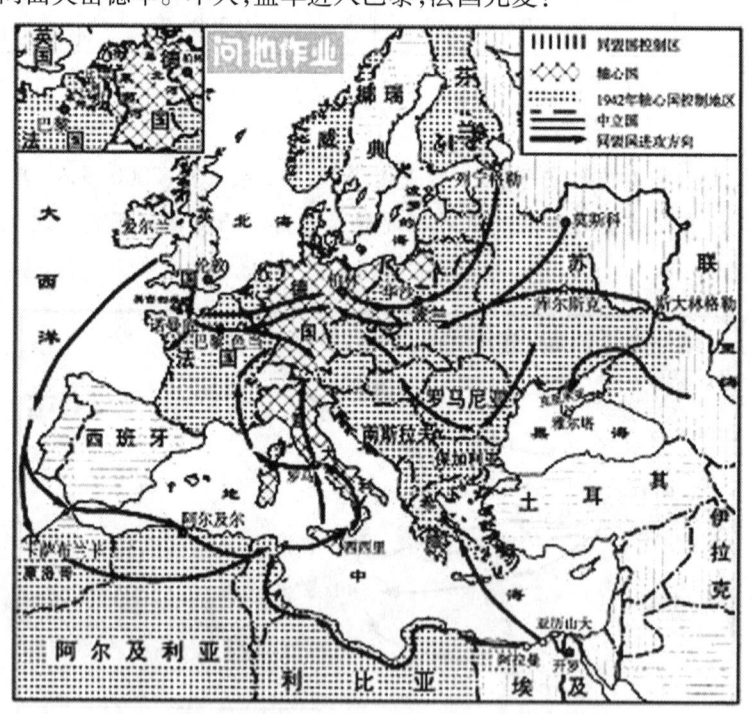

第二次世界大战后期的欧洲和北非战场形势

3. 第二次世界大战的胜利

● **意大利投降**

当阿拉曼战役出现转机时,英美盟军于1942年11月8日在西北非登陆。1943年3月,英美军队向北非的德意军队发动进攻。当年5月13日,没能撤退的25万德意军队向美英军队投降,北非战事结束。

1943年7月,美英军队在西西里岛和意大利南部登陆并很快占领该地区。意大利经历几次失败,主力部队丧失殆尽,国内经济崩溃,人民群众和广大士兵反战情绪高涨,军事、经济和政治面临全面危机。在此情况下,意大利发生政变,墨索里尼政府垮台。1943年9月,意大利投降,法西斯轴心国开始瓦解。

【史海泛舟】

9月初,意大利新政府签订无条件投降的停战协定。希特勒闻讯大惊,派伞兵救出被囚禁的墨索里尼,组织傀儡政府并派德军占领战略要地,负隅顽抗。1945年意大利全境才得以解放。

● 德国法西斯的溃灭

1945年年初,在欧洲战场上,苏军和西线盟军从东西两个方向攻入德国境内。东南欧人民纷纷举行武装起义,打击侵略者。

为了加快反法西斯战争的最后胜利和解决战后面临的重大问题,苏、美、英三国首脑斯大林、罗斯福、丘吉尔在苏联的雅尔塔举行会议。会议的主要内容有:彻底消灭德国军国主义和法西斯主义,惩办战犯,实现战后德国的民主化,准备在战后成立联合国,苏联在欧洲战争结束后三个月参加对日作战。

【史海泛舟】

雅尔塔会议在进一步协调盟国的行动,加快战胜德日法西斯的步伐上起到重要的积极作用。但是参加会议的三大国首脑在苏联参加对日作战和战后世界的安排问题上,为了维护自己国家的利益,不惜牺牲他国的权益。如三国共同签订的《关于日本的协定》规定:"苏美英三国领袖同意,在德国投降及欧洲战争结束2个月或3个月内,苏联将参加同盟国方面对日作战";其条件是:外蒙古的现状须予维持;大连商港国际化并保障苏联在该港的优越权益,苏联租用旅顺港为海军基地;中东铁路和南满铁路应由苏中合办公司共同经营,须保证苏联的优越权利和中国对满洲的全部主权;千岛群岛交给苏联。

同年4月,美苏军队在易北河会师。同时,苏军攻克柏林,希特勒自杀身亡。5月8日。德国正式签署无条件投降书。至此,欧洲战争以反法西斯国家的胜利告终。

苏军攻克柏林

● 日本无条件投降

在亚洲太平洋战场,美军展开猛烈进攻,向日本本土步步逼近。在亚洲大陆,中国等国的抗日武装也开始大举反攻。1945年夏,苏、美、英三国首脑斯大林、杜鲁门【1945年4月罗斯福总统逝世,副总统杜鲁门继任总统】和丘吉尔在柏林附近的波茨坦会晤,重申了雅尔塔会议关于处理德国问题的精神。会议期间以中、美、英三国的名义发表了促使日本无条件投降的《波茨坦公告》。

8月,美国向日本的广岛、长崎各投下一颗原子弹;苏联也对日宣战,苏联围歼了在中国东北的日本关东军;中国的八路军等抗日武装向日军全面反攻。日本法西斯走投无路,于8月15日宣布投降;9月2日,正式签署无条件投降书。至此第二次世界大战以反法西斯力量的胜利宣告结束。

三、第二次世界大战的影响

第二次世界大战是一次世界反法西斯战争。它是人类历史上规模最大的一次战争,在很多方面产生了深远影响。

这场战争给人类造成了前所未有的破坏和灾难。从战争全面爆发到结束,历时整整六年,战火蔓延欧亚非三大洲,先后有61个国家,80%的世界人口卷入战争。损耗了大量财富,夷平了许多城市,毁坏了无数工厂、住宅和交通设施,无数生灵涂炭。

这场战争摧毁了法西斯主义、运动和政权,战后在法西斯国家的废墟上开展了非法西斯化和非军国主义化运动。战争教育了各国人民,争取和平进步的思想日益深入人心。

这场战争沉重打击了国际帝国主义,促进了民族解放运动的蓬勃发展。战争打垮了德日意帝国主义,削弱了除美国以外的其他帝国主义国家,使帝国主义的殖民统治严重动摇,殖民地、半殖民地人民在战争中力量壮大,为争取民族解放创造了有利条件。

这场战争促进了国际社会主义力量的壮大。苏联的国际地位大大提高,成为世界上最强大的国家之一。世界上许多国家建立了人民民主政权,走上了社会主义道路,社会主义越出了一国的范围。

这场战争在客观上推动了科学技术和军事思想的迅速发展。大战期间,为了战争需要,各国投入大量人力、物力和财力,发展相应的科学技术,制造了新式武器。战后,这些科学技术用于和平事业,大大推进了人类的文明进步。大战中,各国遵循的军事理论和学说受到了严重的考验,"闪电战""积极防御""总体战""大战略"等战略思想都有不同程度的发展,对战后初期的诸兵种协同作战和两线作战问题的认识,也有不同程度的提高。

练习与探究

1. 已故英国史学家约翰·惠勒·贝内特说:"(这个协定)是西方国家的极大耻辱,德国的征服政策,就像两股并行的溪水在奔流,他们将在一点交叉。"该协定的签订,把绥靖政策推向了顶峰。这一协定的签订地点是_____。 (　　)
   A. 柏林　　　　B. 科隆　　　　C. 慕尼黑　　　　D. 汉堡

2. 雅尔塔会议作出的决定是_____。 (　　)
   ① 在欧洲开辟第二战场　② 战败的德国由苏、美、英等国分区占领　③ 欧洲战争结束后三个月内,苏联参加对日作战　④ 日本应无条件投降　⑤ 战后建立联合国
   A. ①②⑤　　　B. ②③⑤　　　C. ③④⑤　　　D. ①⑤

3. 比较两次世界大战的相同之处。

第十六章 二战后的两极格局

一、雅尔塔体系

第二次世界大战后期,在雅尔塔等国际会议上,美英苏等国讨论了结束战争、处理战争遗留问题和战后和平问题,达成了若干协议。

第二次世界大战极大地改变了世界主要国家政治力量的对比。战后初期,在西欧各国普遍衰落形势下,美国成为资本主义世界头号强国,英法等西欧国家不得不唯美国马首是瞻。军事上,美国拥有世界上最强大的常规军事力量,垄断了原子弹,在世界各地建立了几百个军事基地。经济上,美国企图凭借自己的经济实力控制更广阔的世界市场。战后的美国希望凭借强大的军事经济实力更多地干预世界事务。

但是,第二次世界大战中的苏联是抗击德军的主要力量。战后,它的影响大增,成为唯一能够与美国相抗衡的政治军事大国。

大战结束后,世界大国开始按照雅尔塔等国际会议确立的基本原则,重新划分世界版图和势力范围,建立新的国际关系格局,这就是雅尔塔体系。雅尔塔体系原则上倡导和平、民主,但是,它建立在美苏实力均势基础之上,事实上划分了美苏的势力范围。这标志着以欧洲为中心的传统的国际格局被美苏两极格局取代,国际关系进入了一个新时代。

二、两极格局下美苏冷战的新变化

● 美苏两极格局的形成

随着二战的结束,美苏意识形态领域的矛盾逐渐突出,国家利益的冲突加剧,战时同盟关系开始破裂。美国不满足于领导资本主义世界,它还企图遏制苏联和社会主义力量的壮大,称霸世界;苏联当然也不会屈从美国的意志,希望在世界事务中发挥更大的影响。

美国对苏联等社会主义国家的冷战,是指除战争以外的一切敌对活动和对抗形式,杜鲁门主义的提出,马歇尔计划的实施和北大西洋公约组织的建立等都是冷战的表现。

1946年英国前首相丘吉尔在美国密苏里州的富尔顿发表演说,对二战时的盟友苏联大肆攻击,呼吁西方国家共同对付苏联。这次演说发出了以美国为首的西方国家对苏联等社会主义国家实行"冷战"的最初信号。

继丘吉尔在美国发表国会演说后,1947年3月,美国总统杜鲁门在国会发表演说,提出以"遏制共产主义"作为国家政治意识形态和对外政策的指导思想。这些政策和纲领后来被称为"杜鲁门主义"。此后,以美国为首的西方资本主义国家,对苏联社会主义国家采取了除武装进攻之外的一切敌对行动。美苏"冷战"从此开始。

杜鲁门主义提出后不久,针对欧洲国家普遍出现的经济困难,美国国务卿马歇尔提出了"欧洲复兴计划",即马歇尔计划。这是杜鲁门主义的一次大规模运用,它以经济手段为美国控制西欧铺平了道路。1948年,这一计划开始实施。

杜鲁门(1884—1972)在国会发表演讲

在实施马歇尔计划的同时,美国还策动西方资本主义国家建立起"遏制"苏联的军事政治集团。1949年,美国、加拿大、英国、法国等12个国家的代表在华盛顿集会,签订了《北大西洋公约》,建立了北大西洋公约组织,简称"北约"。

北约是一个反对苏联和东欧国家的军事政治集团。它的成立是美国遏制苏联、称霸世界的重要行动,加剧了"冷战"的程度。

在美国的"冷战"攻势面前,苏联和社会主义国家在政治、经济和军事领域采取了相应的反击措施。1947年9月在波兰成立了以苏共为首的"共产党和工人党情报局",协调和统一欧洲各国共产党、工人党的行动,以便和以美国为首的资本主义的对抗。1949年初,苏联、保加利亚等国成立了经济互助委员会,以对抗马歇尔计划,打破资本主义世界对社会主义国家的经济封锁。1955年,苏联和波兰、阿尔巴尼亚、保加利亚等国在波兰首都华沙签署《友好合作互助条约》,组成华沙条约组织,简称"华约"。

北约和华约对峙图

北大西洋公约组织和华沙条约组织的建立,标志着以美苏为首的两大军事政治集团对峙局面的形成。

● **柏林危机和两个德国的形成**

"冷战"开始后,美国对社会主义国家开始进行军事包围,在具有战略意义的地区不惜以武力相威胁,从而加剧了世界的紧张局势,形成了全面"冷战"和局部热战的局面。为了适应霸权政策的需要,美国采取分裂德国和扶植西德的政策。1947年初,美英将它们在德国的占领区首先合并,以后法国占领区也合并进来;1948年,西方国家占领区单独实行货币政策。作为反击措施,苏联全面切断了西方占领区同西柏林之间的水陆交通,在自己控制的地区发行新货币。这就是所谓的1948年的"柏林危机"。这场危机持续了近一年时间。美国利用这次"柏林危机"造成的紧张局面,加快了分裂德国的步伐。1949年,在美国的策划下,德国西部成立了德意志联邦共和国。接着,在苏联的支撑下,德国东部建立了德意志民主共和国。两个德国的出现,对战后欧洲和整个国际局势都产生了深刻的影响。

柏林墙

● **朝鲜战争和越南战争**

美国在欧洲实行冷战政策的同时,在亚洲先后进行了两场局部战争:1950—1953年的侵略朝鲜的战争和60年代初到1973年侵略越南的战争。

1950年6月,朝鲜内战爆发。美国操纵联合国安理会通过决议,指责朝鲜民主主义人民共和国是"侵略者"。战争爆发后的第三天,美国即宣布援助韩国;同时命令第七舰队开入台湾海峡,干涉中国内政;又操纵安理会通过决议,组成以美军为主的所谓"联合国军",扩大侵朝战争,很快将战火烧到中朝边境。在朝鲜军队和中国人民志愿军的打击下,1953年,美国不得不在停战协定上签字。

50年代中期以后,美国利用法国在越南的失败,排挤法国,插手越南事务,在越南南方培植代理人。在美国的支持下,越南南方成立了"越南共和国",形成同北部的越南民主共和国对立的局面。为支持南部政权镇压人民革命,60年代初,美国以提供军事援助、派遣顾问等方式,发动了"特种战争"。1964年,美国又把战争扩大到越南北方。这样,美国就将对越南南方的"特种战争"扩大为对整个越南的"局部战争"。接着,美国向越南南方直接派遣侵略军,最多达到50多万人。这场侵略战争持续到1973年。

● **古巴导弹危机**

1962年,苏联开始向古巴运送导弹,准备在古巴建立导弹基地,以改变苏联在核力量对比中处于的不利地位。美国很快发现苏联在古巴秘密建立导弹基地,美国总统肯尼迪下令对古巴实行军事封锁。战争一触即发。经过对峙和谈判,苏联最终从古巴撤走导弹,危机结束。

漫画:古巴导弹危机

在美苏两极格局的局面下,全面"冷战"和局部热战在世界上交替出现,世界长期不得安宁。但是,美苏两国并未发生大规模的直接冲突,从而在近半个世纪里避免了新的世界大战的爆发。

练习与探究

1. 促进美苏对外争霸策略发生攻守变化的根本原因是_____。（　）
   - A. 与中国关系如何
   - B. 第三世界兴起
   - C. 国家领导集团的决策能力
   - D. 各国的经济军事实力

2. 2010年是世界反法西斯战争胜利65周年,战争中,美、苏、英等国召开了一系列国际会议,达成了若干协议,由此形成了雅尔塔体制。这一体制的实质是_____。（　）
   - A. 维护战胜国利益,保持世界和平
   - B. 以实力为依据,美苏划分势力范围
   - C. 维护反法西斯同盟,共同主宰世界
   - D. 两个阵营成立,形成争霸局面

3. 探究雅尔塔体系、两极格局、"冷战"的关系。

第十七章　战后资本主义世界经济体系的形成

一、资本主义战后新变化

●发达国家的垄断资本主义

1929—1933年的世界经济危机暴露出传统资本主义体制不适应生产力发展的弊端。二战后,发达国家吸取20世纪30年代经济大危机的惨痛教训,普遍放弃自由放任的传统,接受凯恩斯主义,采取了利用国家权力对经济进行大力干预的政策。

【史海泛舟】

当时,主张国家干预经济的凯恩斯主义经济理论最为盛行,他的理论为西方主要资本主义国家政府接受和采纳。凯恩斯,1883年6月5日出生于英格兰,英国著名经济学家,被后人称为"宏观经济学之父"。1936年,凯恩斯出版了他的代表作《就业、利息和货币通论》。他主张加强国家对经济的干预,采取积极措施增加公共开支,降低利率,刺激投资和消费,以提高有效需求,实现充分就业。凯恩斯的经济学说,是对传统资本主义经济理论的一次革命,二战后在资本主义世界盛行,并造就了五六十年代的高经济增长。

战后,主要资本主义国家纷纷向一些投资大、风险大、有关国计民生的重要工业部门投资,建立国营企业,实行国有化。在经济发展过程中,资本主义政府为加强对经济的管理,开始制订经济计划,指导经济发展,以避免生产的无政府状态,保证对经济发展的规划和引导。同时政府还扩大开支,直接采购以及用税收等财政政策调节社会生产。

用国家的力量调节经济,一定程度上避免了私人资本生产的盲目性,保障了生产的社会性。

从二战结束到20世纪70年代初期,西方资本主义国家普遍奉行国家干预经济的宏观调控,并取得了一定成功,出现了经济发展的"黄金时期"。

1973年底,资本主义世界出现了战后最严重的一次经济危机。这次经济危机从英国开始,很快席卷各主要资本主义国家。危机期间,工业生产大幅度下降,企业大量破产,失业人数和贸易赤字猛增。70年代后期,经济危机结束,经济开始恢复并有所增长。但是,再也没有恢复到危机前的发展速度。从此,主要资本主义国家经济结束了稳定发展时期,进入了滞涨阶段,经济发展缓慢,甚至出现停滞现象,与通货膨胀同时并存。

在此情况下,资本主义各国立即进行调整,适当减少国家对经济的干预。英美等国逐渐发展出一种政府干预和市场相结合的经济模式。

●建立"福利国家"

第二次世界大战结束后,西方主要资本主义国家为缩小贫富差距,减少因贫困引发的社会问题,进行了政策的调整,使"福利国家"发展起来。

随着社会福利政策的推行,西方主要资本主义国家逐步建立起包括医疗保健服务、养老、住房、失业保险、教育等在内的福利国家制度。20世纪六七十年代,福利国家的发展日渐完善。1973年经济危机后,"福利国家"的发展在一些国家受挫,但是仍在继续发展。

"福利国家"制度是在政府干预与市场相结合、国有制与私有制并存的"混合经济"下,实现充分就业、收入均等、社会福利、社会保障这些政策目标的总称。覆盖社会多个方面的福利项目,使穷人受惠不少,对社会稳定起到一定的积极作用。"福利国家"制度也使一些国家的财政支出扩大,造成财政赤字,降低了人们的工作积极性。

【史海泛舟】

战后,垄断资产阶级及其国家力图通过推行福利国家制度,使工人阶级的贫困状况趋于"分散化",以防止和控制因许多人无法生活下去而发生社会动乱。因此,他们把"福利国家制度"作为阶级对抗的一种缓冲器,用来削弱工人运动以维护社会资本再生产所要求的共同的外部条件。同时,战后发达资本主义国家的社会生产力在一定时期的迅速发展,也为"福利国家制度"的推行提供了物质基础。所以,"福利国家制度"是现代资本主义条件下阶级矛盾趋于激化、战后国家垄断资本主义进一步发展的产物。

● 第三产业的兴起和"新经济"的出现

第三产业又称服务业,是相对于农业、制造业这两大产业或物质生产部门而言的。二战后,由于科学技术的进步、社会生产力的发展、公众生活水平的提高以及社会消费需求的多样化,美国等经济发达国家的第三产业的发展迅速,远远超过了物质生产部门。第三产业在国民经济中的比重、就业人数在劳动力中所占比重都迅速上升。

第三产业的繁荣,是第一、第二产业劳动生产率提高的结果,又反过来以其新技术特别是微电子技术改造传统工业和农业,从而促进了第一、第二产业经济竞争力的提高。他还增加了就业,扩大了市场,改善了资源配置,拓宽了经济活动领域,并在一定程度上缓和了经济周期性波动,使经济发展产生质的变化。

【史海泛舟】

第三产业包括商业、运输业、金融、保险、房地产业、电信业以及水、电、煤气供应等公共事业,也包括教育、法律、医疗保健、娱乐、休闲旅馆、饭店服务行业等。随着经济的发展和社会生活水平的提高,第三产业的范畴不断扩大。

二战后,美国努力应用先进的科学技术成果,革新生产技术,发展新兴工业,使一大批新兴产业如电子计算机、原子能、半导体、宇航以及激光等工业应运而生,极大地推进了经济的发展。20世纪90年代初开始,在经济全球化和信息技术革命的推动下,美国经济实现了长达十年的持续增长。当时的美国《商业周刊》称这一现象为"新经济的胜利"。"新经济"这一概念出现。美国的"新经济",是在经济全球化形势下的一种以知识经济为基础,以信息技术为主导的新的增长模式。

【史海泛舟】

所谓"新经济"是建立在信息技术革命和制度创新基础上的经济持续增长与低通货膨胀率、低失业率并存,经济周期的阶段性特征明显淡化的一种新的经济现象。"新经济"一词最早出现于美国《商业周刊》1996年12月30日发表的一组文章中。新经济是不同于传统经济——工业经济的一种新型经济——知识经济。"新经济"包括了三个要素:经济全球化为背景,知识经济为基础,信息技术为主导。"新经济"的实质,就是信息化与全球化,"新经济"的核心是高科技创新及由此带动的一系列其他领域的创新。促成"新经济"出现的现实环境是全球经济一体化。信息技术革命的推进,新经济的发展,必然导致全球一体化进程的加快。

二、世界货币体系的建立

第二次世界大战给交战双方都带来了巨大的冲击,西欧国家普遍衰落;美国的经济实力却空前膨胀,成为世界最大的债权国。

由于英国在战争中遭到了巨大的损失和破坏,以英镑为中心的资本主义世界货币体系已经难以维系。第二次世界大战后期,如何建立一个有利于世界经济持续稳定发展的机制,成为重建战后世界秩序的关键。美国企图建立以自己为主导的资本主义世界货币体系。

1944年7月,在美国新罕布什尔州的布雷顿森林,美国、英国、法国、苏联、中国等44个国家的代表举行了联合国国际货币金融会议。会议通过了以美国怀特计划为基础的《联合国货币金融会议最后决议书》及附件,这些文件统称为《布雷顿森林协定》。《布雷顿森林协定》的签订标志着布雷顿森林体系的形成。

布雷顿森林会议图

1945年,根据《布雷顿森林协定》,国际货币基金组织和国际复兴开发银行成立,以美元为中心的世界货币体系建立起来了。

国际货币基金组织的宗旨是稳定国际货币体系,主要任务是稳定国际汇率,消除妨碍世界贸易的外汇管制。在货币问题上促进国际合作,对在国际收支出现暂时困难的成员国提供短期贷款。

【史海泛舟】

国际货币基金组织(简称:IMF)是1945年12月27日在华盛顿成立,由188个国家参与的组织,致力促进全球金融合作、加强金融稳定、推动国际贸易、协助国家达到高就业率和可持续发展。中国是该组织创始国之一。1980年4月17日,国际货币基金组织正式恢复中国的代表权。美国是国际货币基金组织的最大股东,具有17.69%的份额,中国仅占4%,显然不能准确反映中国在世界经济中日益增加的重要性。国际货币基金组织这种以经济实力划分成员国发言权和表决权的做法与传统国际法的基本原则显然是背离的,引起了不少国家尤其是发展中国家的不满。

国际复兴开发银行又称世界银行,1945年成立。初期的宗旨是致力于战后的欧洲经济复兴,后来则转向全球性的发展援助,为成员国提供长期贷款和技术援助。

【史海泛舟】

1945年12月27日,国际复兴开发银行宣告成立。该银行有两个附属机构,即国际开发协会和国际金融公司。国际复兴开发银行贷款条件:贷款对象一般限于会员国;借款国在不能按合理条件从其他渠道获得资金时,才能向银行申请贷款;专款专用,世界银行的贷款一般都是项目贷款,即规定贷款必须用于一定的工程项目,以期促进生产发展与经济增长。该行只在特殊情况下发放非项目贷款,用以解决进口物资设备的外汇需要或战胜自然灾害,实现经济发展计划的资金需要。国际复兴开发银行贷款特点:贷款用途广,期限较长;贷款数额不受份额限制;审批和管理较为严格。

国际复兴开发银行

国际货币基金组织和国际复兴开发银行的总部都设在华盛顿,由美国人担任关键职务。美国凭借强大的经济实力,认缴的资金多,获得最大的投票权。因此,美国取得了对这两个机构绝对的控制权。一个以美元为中心的世界货币体系建立起来了,这就是布雷顿森林体系。

《布雷顿森林协定》规定美元与黄金直接挂钩,美元充当黄金的等价物或代表,官价为每盎司黄金等于35美元。协议还规定,国际货币基金组织会员国的货币与美元保持固定的汇率。通过布雷顿森林体系,美国掌握了资本主义世界的经济命脉。

布雷顿森林体系的建立为世界货币关系提供了统一的标准和基础,有利于维持战后世界货币体系的正常运转,为世界经济的恢复和发展创造了条件。但是这个体系也加强了美国在国际金融领域的特权和支配地位。它确立了美国在二战后的霸主地位,满足了美国对外扩张的需要,成为美国扩张的工具。

三、资本主义贸易体系的确立

19世纪末至20世纪初资本主义进入垄断阶段,各主要资本主义国家逐渐放弃自由贸易政策,纷纷实行贸易保护主义。1929—1933年的世界性经济危机促使各国政府加强了贸易保护主义措施,造成国际贸易进一步萎缩,深刻的教训促使各国开始认识到国际贸易协调与合作的必要性。

1947年,美国、中国等23个国家在日内瓦签署了《关税与贸易总协定》。关贸总协定的宗旨是降低关税,减少贸易壁垒,在实施互惠和非歧视的基础上实现国际贸易自由化,改善了自由贸易的环境,推动了战后世界经济的发展。从1995年1月1日起,由世界贸易组织(World Trade Organization,简称WTO)取代。

关贸总协定不是一个正式的国际组织,也不是联合国的一个专门机构,但是在工作上同联合国有关机构联系密切。关贸总协定是战后第一个以法律形式调整国际贸易关系的体制,体现了自由贸易的精神,推动了战后世界经济的发展。美国试图通过这一组织操纵世界贸易,进行经济扩张。

国际货币基金组织、国际复兴开发银行和"关贸总协定"这三大经济支柱调整了世界经济关系。三大经济支柱的出现是世界经济朝着体系化和制度化方向发展的反映。在此基础上,战后资本主义世界经济体系形成。

练习与探究

1. 战后资本主义世界经济体系形成的基础包括_____。（　　）
   ① 世界银行　② 国际货币基金组织　③ 联合国大会　④ 关贸总协定
   A. ①②③④　　　B. ①②③　　　C. ①②④　　　D. ②③④

2. 世界银行、国际货币基金组织、关税与贸易总协定这三大支柱的出现，积极意义在于_____。（　　）

   A. 利于二战后各国经济的恢复和发展
   B. 利于美国的经济扩张
   C. 直接推动了马歇尔计划的实行
   D. 利于世界经济朝着体系化和制度化方向发展

3. 探究战后资本主义世界经济体系形成的过程和影响。

第十八章 二战后苏联的改革

一、赫鲁晓夫改革

二战结束后,苏联进入和平建设时期,斯大林模式的弊端日益显露。特别是农业集体化的消极影响越来越明显:沙皇统治下的俄国曾是粮食出口国,但这个时期的苏联却存在粮食短缺问题;农民没有生产积极性,农业的单位面积产量仅及欧洲其他国家平均产量的三分之一;片面发展重工业,忽视农业、轻工业的发展,也不利于人民生活水平的提高。1953年,斯大林逝世。苏联政局一度动荡,后来赫鲁晓夫上台。他在稳固了自己的地位之后,开始调整政策,试图对斯大林模式进行改革。

1956年,苏共召开第二十次代表大会,赫鲁晓夫在内政、外交方面提出了一些新的观点。大会结束后,代表们还听取了赫鲁晓夫作的反对斯大林个人崇拜的秘密报告。会后,苏联的报刊掀起了批判斯大林的高潮,同时进行了大规模的平反工作。

赫鲁晓夫(1894—1971)

【史海泛舟】

在苏共二十大闭幕的当夜,赫鲁晓夫突然通知代表再次开会,向他们作了《关于个人崇拜及其后果》的报告,即"秘密报告"。报告指控斯大林滥用职权,违背集体领导原则,破坏社会主义法制,犯有支持和批准大规模迫害无辜的"罪行",此外,还在农业危机、卫国战争和对外政策等方面犯有一系列错误。但是赫鲁晓夫对问题的分析过于肤浅,评价也不公允,把这些问题归咎于斯大林的个人品质问题。赫鲁晓夫号召人们揭露和肃清个人崇拜在各个领域的恶果。报告长达4个多小时,在代表中引起强烈反响。秘密报告打破了人们对斯大林的个人崇拜,震惊了世界。在国际上,帝国主义国家借此掀起反苏反共的浪潮,一度造成东欧局势的动荡。

热烈欢送垦荒的苏联青年

针对斯大林模式的弊端,赫鲁晓夫把经济改革的重点放在农业方面。改革的内容包括:取消农产品的义务交售制,实行收购制,提高收购价格,增加农民收入;鼓励农民和农场职工发展家庭副业,扩大集体农庄和国营农场的自主权;大规模开垦荒地,提高粮食产量,提倡种植玉米。

【史海泛舟】

赫鲁晓夫强调大规模开荒是增加谷物生产最容易最迅速的方法,于1954年2月正式提出开荒计划,同年3月,苏共中央作出决议,计划在两年内开垦1300万公顷荒地。开荒运动在最初几年取得了一定的成绩,改善了粮食生产状况。1954—1956年,全国共开荒约3600万公顷。1958年全国粮食总产量达13470万吨,比1953年增长了56%,而其中开垦荒地生产的粮食占40%左右。同年,全部收购谷物中57.7%来自开垦区。截至1962年,全国共开荒达4200万公顷,播种面积扩大了30%左右,谷物种植面积扩大了70%左右。开荒运动,不仅缓解了国家粮食供应紧张状况,而且减轻了农民负担,改善了农民的生活。但是,开荒运动也破坏了生态平衡,导致了垦荒区严重的风蚀和沙暴。

工业方面,废弃部门管理体制,将部分中央企业的管理权下放给加盟共和国;给企业部分权利;一定程度上承认企业和个人的物质利益,调动生产者的积极性。

尽管赫鲁晓夫的改革措施在一定程度上冲击了斯大林模式并取得了一些成效,但他对斯大林模式的弊端缺乏科学认识,在理论上没有突破,只是在维持原有的经济体制的基础上进行局部的改革,无法从根本上突破这一模式。苏共还提出了"20年建成共产主义"的目标,严重脱离苏联实际。赫鲁晓夫的改革缺乏全面一贯的战略方针和思路,带有很大的盲目性,加上赫鲁晓夫本人作风急躁,反复无常,造成了很大的混乱。1964年10月,赫鲁晓夫黯然下台,他的改革随之告终。

二、勃列日涅夫改革

勃列日涅夫上台后,试图纠正赫鲁晓夫时期的混乱,继续进行经济体制的改革。他对赫鲁晓夫的政策做了一些调整,如恢复部门管理制度,加强对经济的集中领导。

勃列日涅夫把改革重点放在工业方面:推行新经济体制,注意运用价值规律,扩大企业的经营自主权。在农业方面,采取扩大农场和农庄的自主权,降低农产品计划收购指标、提高农产品价格,放松对个人副业的限制等。

勃列日涅夫执政时期是苏联经济发生重大变化和军事实力迅速增长的时期。在他执政的前8年里,经济改革有所发展,综合国力显著增强,与美国的经济差距有所缩小,军事实力达到了与美国相匹敌的水平。但是在他执政的后期,改革近乎销声匿迹,苏联在表面的繁荣下,经济停滞,社会矛盾尖锐,人民不满情绪增长,国家处于危险的境地。

勃列日涅夫(1906—1982)

勃列日涅夫时期苏联经济增长速度的下降

时间	国民收入平均年增长率	工业总产值年增长率
1966—1970年	7.8%	8.5%
1971—1975年	5.7%	7.4%
1976—1980年	4.3%	4.4%

勃列日涅夫的改革,依旧没有突破原有的经济体制框框,只是对原有体制进行小修小补。勃列日涅夫

执政后期,指导思想日趋保守。苏联为了维持超级大国的地位,与美国争霸,注重发展重工业特别是与军事有关的工业部门。但是军备竞赛的加剧,消耗了大量的人力、物力和财力资源,又导致经济负担不断增加。1975年以后苏联的经济增长率逐渐下降,经济发展进入停滞时期。

三、戈尔巴乔夫改革

20世纪80年代中期,苏联出现了社会动荡、经济增长速度下降、人民生活水平逐步下降的危机局面。1985年,戈尔巴乔夫上台执政。他认为,苏联必须进行根本性的变革和改造,提出了"加速发展战略",着手进行改革。

为了缓解经济困难,他首先进行经济改革。改革的重点是用经济管理方法代替原来的行政命令,实际上承认了市场对经济的调节作用。政府减少指令性计划指标,代之以指导性的计划指标;通过了一系列法规,调整苏联的所有制结构,个体劳动者和合作社得到了迅速发展;企业开始实行各种形式的租赁和承包,并出现了与国外合资的企业;一些集体农庄和国营农场也开始实行租赁制或建立家庭农场。但这些经济改革措施缺少宏观决策和相应的配套措施,加上戈尔巴乔夫仍没有放弃苏联的传统做法,继续优先发展重工业,致使经济不断滑坡,人民生活水平继续下降。

戈尔巴乔夫(1931—)

经济改革没有迅速取得预期成果的情况下,戈尔巴乔夫把改革的重点转向政治领域,提出了"人道的、民主的社会主义"思想以取代科学社会主义,最终导致国内局势的失控和苏联的解体。

练习与探究

1. 赫鲁晓夫改革之所以最终未获成功,其主要原因是_____。( )
   A. 未能提高苏联的综合国力　　　　B. 未在政治上采取改革措施
   C. 未改变两极格局的局面　　　　　D. 未根本突破旧有的政治经济模式

2. 从苏联社会主义改革的历程中,我们可得出以下结论_____。( )
   ① 突破传统的束缚是经济体制调整和创新的前提
   ② 因为积重难返,苏联社会主义改革步履艰难,效果不大
   ③ 社会主义改革具有复杂性、艰巨性和曲折性
   ④ 改革必须具有实事求是的科学精神
   A. ①②③　　　B. ①②③④　　　C. ①②④　　　D. ②③④

3. 探究赫鲁晓夫、勃列日涅夫、戈尔巴乔夫改革的异同点。

第十九章　两极解体到一超多强

一、欧洲的联合与日本的崛起

●欧洲共同体的成立

二次世界大战使欧洲丧失了世界经济中心的优势地位,在美苏两极格局下,西欧受到美国的控制和苏联的威胁,为了提高国际地位和影响力,欧洲各国需要加强合作,实现欧洲的联合。此外,在战后经济发展过程中,西欧国家的经济联系日益密切,为联合提供了有利条件。共同的地域使欧洲国家拥有共同的文化遗产和心理认同感,为欧洲走向联合提供了可能。

1951年,法国、联邦德国、意大利、荷兰和卢森堡等国决定把各自的煤钢联营建立欧洲煤钢共同体,这个共同体促使政治宿敌法国和德国之间的矛盾化解,迈出了欧洲联合的第一步。1958年,六国又组成了欧洲经济共同体和欧洲原子能共同体。1967年,三个机构合并,统称为欧洲共同体。欧洲共同体的主要目标是争取成员国之间逐步实现商品、人员、劳务和资本的自由交流,进一步促进经济的发展。欧洲共同体成立后,西欧国家不断加强经济合作,经济实力大大增强。

随着经济实力的增强,西欧国家开始摆脱美国的控制,推行独立自主的外交政策。从20世纪70年代起,欧洲共同体国家在一系列重大问题上采取共同政策,对外尽量"用一个声音说话",进一步加强政治上的联合。

欧洲共同体总部大厦

【史海泛舟】

在西方国家中,法国总统戴高乐首先向美国的领导地位发起挑战。他主张欧洲应该是"欧洲人的欧洲",主张欧洲联合起来,摆脱美国人的控制。1960年,法国试爆原子弹成功,增强了法国实力。1964年,法国又冲破美国人设置的反华阵线,与中国建交。1966年,法国正式退出北约"军事一体化"机构。戴高乐领导下的法国与美国相抗衡,表明西方资本主义阵营出现了分化。

●日本的崛起

第二次世界大战期间日本经济遭到了严重破坏。战争结束后,美国为铲除军国主义的社会经济基础,推动日本进行民主改革,进一步消除了生产关系中的封建落后因素。这就为日本经济的恢复和发展奠定了基础。

1948年,在美苏"冷战"加剧的情况下,美国决定开始帮助日本恢复经济。美国首先一再削减直至免除日本对美国的战争赔偿,并将之前拆除的日本工业设备全部还给日本,同时向日本提供恢复生产急需的资金和物资。

朝鲜战争和越南战争期间,美国在日本大量采购军火、给养,使日本通过提供商品和劳务得到大量"特需"收入。朝鲜战争和越南战争促使美国等西方国家扩军备战,掀起一股采购物资潮,这为日本商品进入世界市场敞开了大门。

日本政府根据国内外经济形势,制定了合乎国情的经济发展战略:重视发展教育、发展新兴工业,把发展经济作为立国的主要方针,提出"贸易立国""出口第一"的口号。

在国际事务中,日本采取低调姿态,外交上以日美为基轴,依靠美国的保护发展对外经济联系。

这些都促进了日本经济的发展。1956—1972年,日本经济进入高速发展时期。到20世纪80年代,日本已经成为仅次于美国的世界第二大经济大国。

随着经济实力的膨胀,日本开始谋求在国际舞台上发挥独特作用,提出了谋求"政治大国"的目标。日本改变了战后初期向美国一边倒的外交政策,实行以日美关系为轴心的全方位外交,与美国既有联盟又有摩擦。日本的崛起使两极格局受到冲击,世界格局出现多极化趋势,形成了资本主义世界美、欧、日三足鼎立的局面。

二、不结盟运动的兴起

二战后,民族解放运动蓬勃发展,亚非拉许多国家获得了民族独立。20世纪50年代中期开始,新独立的亚非拉国家不愿介入美苏之间的斗争,希望保持和平中立,主张团结起来,采取不结盟的外交政策。

在南斯拉夫、印度、埃及领导人铁托、尼赫鲁、纳赛尔的倡议和推动下,1961年第一届不结盟国家和政府首脑会议在南斯拉夫首都贝尔格莱德举行。会议表示,不结盟国家决心共同努力,制止新殖民主义和帝国主义统治的一切形式和表现。这次会议的召开标志着不结盟运动的正式形成。

不结盟运动会议

不结盟运动奉行独立自主、非集团化、不结盟政策,反对帝国主义、新老殖民主义、种族主义、霸权主义,维护世界和平,主张国际关系民主化和建立国际经济新秩序。不结盟运动推动了民族解放运动的深入发展,加速了帝国主义殖民体系的崩溃。它的兴起标志着第三世界的崛起,标志着第三世界作为一支独立的政治力量登上国际舞台,在一定程度上冲击了美苏两极格局。

三、东欧剧变和苏联解体

● **东欧剧变**

受苏联改革和国内经济困难的影响,自20世纪80年代后期开始,东欧局势发生了激烈的动荡,各国执政党纷纷丧失政权,社会制度随之发生了变化。

1989年,波兰成为第一个发生巨变的东欧国家。同年,民主德国大量公民外逃,政局出现动荡;政府宣布拆除柏林墙,开放东西柏林边界。第二年10月,民主德国并入联邦德国,实现了两德的统一。

拆除柏林墙

除罗马尼亚以外的东欧各国的变化,大体经历了三个阶段:一是执政的共产党或工人党由于内外部的原因,在经济和政治上面临着严重的困难,党内出现了反对派,与党外的反对派相呼应。二是执政党在国内外的各种压力下,不断对反对派妥协退让,甚至放弃社会主义原则,实行政治多元化、多党制,承认反对派的合法地位,反对派得以扩大势力。三是反对派向执政党夺权,通过不断制造动乱,施加压力,使执政党陷入困局,然后通过大选夺取政权,个别国家甚至通过武装冲突实现政权更迭。

【史海泛舟】

罗马尼亚政变:1989年,罗马尼亚西部城市蒂米什瓦拉,因抗议解除一名持不同政见的神父职务举行的群众示威,演变成骚乱。不久,布加勒斯特也开始骚乱,军队倒戈。罗马尼亚共产党和国家领导人齐奥塞斯库夫妇被捕,并被秘密处决。救国阵线委员会取代共产党执政。

东欧国家的巨变是各国长期积累起来的各种矛盾的总爆发,是各种因素综合作用的结果。发生巨变的原因主要有:从内部看,东欧各国都是中小国家,共产党执政后,照搬了苏联政治、经济体制,长期受制于苏联,实际上没有取得独立自主的权利;东欧大多数国家改革成效不大,经济发展缓慢,同西欧国家差距越来越大,经济危机诱发政治危机和社会危机。在政治上执政党忽视民主法治建设,日益脱离群众。从外部看,苏联的戈尔巴乔夫改革后,给东欧国家松绑,他的"人道的、民主的社会主义"纲领和"新思维"推动了东欧各党的改组、分裂和蜕变;西方国家长期推行"和平演变",在贷款、贸易、科技等方面诱压东欧国家,促使它们向西欧靠拢。

1991年,经互会解体、华约组织解散,苏联在欧洲构筑的政治、经济、军事体系全面崩溃。东欧剧变的实质是各国放弃社会主义道路,社会制度发生根本变化。

● **苏联解体**

勃列日涅夫改革后期,苏联已经出现严重社会问题,"繁荣"的表象下掩盖着深刻的危机。戈尔巴乔夫上台以后,由于经济领域的改革困难重重,便转到政治领域的改革上。他用"人道的、民主的社会主义"取代科学的社会主义,逐步背离了社会主义方向。他提出的"民主化"和"公开性",引起了人们思想的混乱,纵容了自由化思想。他的政治改革揭开了潜伏已久的社会矛盾。

1990年苏共中央全会决定放弃党在国家中的领导地位,实行多党制。潜伏已久的民族矛盾爆发,民族分裂活动愈演愈烈。1991年8月,苏共中央公布了《苏维埃主权共和国联盟条约》,把苏联变成一个松散的联邦。"八·一九"事变改变了苏联国内政治力量对比,叶利钦及其支持者,迅速掌握了国家大权,苏联共产党被排挤出政权之外,国家性质随之发生重大改变。1991年底,俄罗斯等11个苏联加盟共和国的领导人宣布成立独立国家联合体。这样,苏联不复存在了。苏联的解体,标志着存在40多年的两极格局和"冷战"的结束,世界多极化的趋势越来越明显。

【史海泛舟】

1991年8月19日,苏联副总统亚纳耶夫等领导人趁戈尔巴乔夫总统休假,宣布国内实行紧急状态,由副总统代行总统职务,并成立"紧急状态委员会"。"苏联紧急状态委员会"的行动遭到了俄罗斯领导人叶利钦等人的抵制,各加盟共和国的领导人纷纷声明支持叶利钦。叶利钦控制了局势。21日晚,经历了三天的"八·一九"事变以失败结束。

四、多极化趋势的加强

冷战结束后,世界格局发生了重大变化,美国成为世界上唯一的超级大国。美国极力构筑以自己为主导的单极世界,其他国家则主张推进多极化进程。

冷战的结束,为欧洲的统一提供了历史性的机遇。1992年,欧共体各国在荷兰的马斯特里赫特正式签订了《欧洲联盟条约》,目的是使欧洲一体化向纵深发展,成立欧洲的政治及经济货币联盟。1993年,欧洲联盟正式成立。1999年1月,欧洲单一货币——欧元正式启动。随着实力不断增强,欧洲的国际地位也不断提高。

除欧盟以外,日本、俄罗斯和中国等多个政治力量也在不断发展壮大。日本将两极格局的瓦解视为自己跻身政治大国的最好时机,极力争取在联合国安理会常任理事国的席位。苏联解体后,俄罗斯取代了苏联在联合国的地位,并拥有可以与美国匹敌的军事力量。作为最大的发展中国家,中国极力推动建立公正合理的国际政治新秩序,反对霸权主义,维护世界和平。

经过十多年的对话、谈判和斗争,世界格局呈现出"一超多强"的局面,多极化趋势进一步发展。迄今为止,世界格局的多极化仍然只是一个趋势。多极化的形成将是一个漫长而复杂的过程。

练习与探究

1. 不结盟运动正式形成的标志是_____。( )
   A. 1955年亚非会议召开
   B. 1956年南斯拉夫、埃及、印度三国首脑会议
   C. 1961年第一次不结盟会议召开
   D. 1973年第四次不结盟首脑会议

2. 1991年12月25日19时38分,克里姆林宫上空飘扬了69个春秋的苏联"锤子和镰刀"国旗,在暮色中被匆匆降下。在同一根旗杆上,俄罗斯白 蓝红三色国旗徐徐升起,苏联从此成为历史。苏联解体对国际关系的直接影响是_____。( )
   A. 美国独霸了世界　　　　　　B. 世界朝着多极化格局发展
   C. 两种社会制度的矛盾完全消失　D. 两极格局瓦解

3. 探究世界多极化趋势加强的特点和表现。

第二十章 世界经济的区域集团化和全球化趋势

一、世界经济的区域集团化

●从欧共体到欧洲联盟

欧洲共同体成立后,欧洲一体化并没有止步不前。1968年,欧共体成员国建立了关税同盟:各成员国之间取消各种关税,实现了贸易自由化,对外建立起共同的关税率。关税同盟的建立加强了成员国之间的联系,1980年,欧共体成为世界最大的贸易集团。

同年,欧共体成员国达成了实施共同的农业政策的三项原则:农产品自由流通和实行统一农产品价格;建立共同的农业基金;实施共同财政支持。共同农业政策的实行,推动了欧共体成员国农业的发展,加强了成员国的联合,为欧洲共同体实施更多共同政策提供了经验。

1985年6月,欧共体首脑会议批准建立内部统一市场。1986年2月,欧共体各成员国正式签署文件建立统一的大市场,逐步消除内部有形的、无形的一切关税壁垒。1993年1月,欧共体宣布统一大市场基本形成并正式投入运行。

在欧共体统一大市场建立基础上和两极格局瓦解的有利条件下,1992年,欧共体成员国正式签署了《欧洲联盟条约》,目标是建立欧洲经济货币联盟和欧洲政治联盟。1993年,欧洲联盟的成立,标志着欧共体从经济实体向经济政治实体过渡。1999年,欧盟单一货币欧元正式问世;2002年1月1日,欧元正式在市场上流通。欧盟在经济领域已经取得了突出的成就,成为当今世界经济格局中的重要力量。它有利于欧洲经济的稳定发展,符合欧洲整体利益和欧洲各国的利益,改变了世界格局,提高了欧洲的国际地位。

欧盟旗帜

欧盟成员国分布示意图(截至2013年)

●北美自由贸易区

20世纪80年代中后期,欧洲一体化的发展非常迅猛,日本的实力也在急剧增强,美国在国际经济中的绝对优势地位面临挑战。为了应对来自欧洲和日本的挑战,美国加强了和加拿大、墨西哥的合作。1992年,美国与加拿大、墨西哥签订了《北美自由贸易协定》。1994年,北美自由贸易区正式成立。

根据协议,北美自由贸易区将用15年时间,逐步取消关税及其他贸易壁垒,实现商品、劳务、资本等的自由流通。

建立北美自由贸易区,加强了三国之间的经济合作和交往,促进了这一地区的经济增长。无论是美国,还是加拿大和墨西哥,都在加快产业结构的调整,提高生产效率,增强国际竞争力。三国之间努力通过自由贸易实现发达国家与发展中国家优势互补,增强区域集团的实力。

北美自由贸易区成立后,中美和南美的一些国家希望加入,美国也积极推动把北美自由贸易区扩大到整个美洲,以建立以美国为中心的美洲自由贸易区。

● 亚太经济合作组织

20世纪80年代,在世界经济区域集团化发展的影响下,亚洲太平洋地区也开始谋求建立经济合作组织。1989年,澳大利亚等12国在澳大利亚首都堪培拉举行亚太经济合作会议首届部长级会议,亚太经济合作组织成立。

1991年,亚太经合组织汉城会议,通过《汉城宣言》正式确定该组织的宗旨和目标是:相互依存,共同受益,坚持开放的多边贸易体制和减少区域内贸易壁垒。同年,中国正式加入,中国台北和中国香港以地区经济体名义加入。

亚太经合组织领导人会议

亚太经合组织自成立以来,在贸易和投资自由化、贸易和投资便利化以及经济技术合作三个方面取得了成就。亚太经合组织地跨亚洲、大洋洲、北美洲和南美洲四大洲,成员国之间存在着文化和历史的差异,对其经济集团化的发展有一定的影响。

● 东南亚国家联盟

在欧洲一体化成功的影响下,为了促进区域发展,1967年8月7-8日,印度尼西亚、泰国、新加坡、菲律宾四国外长和马来西亚副总理在曼谷举行会议,发表了《曼谷宣言》(《东南亚国家联盟成立宣言》),正式宣告东南亚国家联盟成立。1976年,东南亚国家联盟第一次首脑会议在印尼巴厘岛举行,五国首脑签署《东南亚友好合作条约》和《东南亚国家联盟协调一致宣言》。1999年,文莱、越南、老挝、缅甸和柬埔寨加入东南亚国家联盟。2002年,东南亚国家联盟10国启动自由贸易区。东南亚国家联盟的建立促进了内部各国社会经济的发展和地区的稳定,扩大了在亚太地区乃至世界上的影响。

东南亚国家联盟

【史海泛舟】

东盟经济共同体建设成效显著。2010年1月,文莱、印尼、马来西亚、菲律宾、新加坡、泰国等6个老东盟成员国实现零关税的商品达54457种,占所有商品的99.11%,平均关税税率从2009年的0.79%降为0.05%。柬埔寨、老挝、缅甸、越南4个新东盟成员国将98.96%的产品关税降至0.5%,平均税率从2009年的3%降为目前的2.61%并计划于2015年实现零关税。

二、世界经济的全球化趋势

● **经济向全球化发展**

从新航路的开辟开始世界各民族各地区的经济联系开始增多。工业革命以后,资本主义经济在世界范围内获得了空前的发展,世界市场迅速扩大。二战以来,交通运输技术迅速发展,特别是20世纪90年代以来信息技术的迅猛发展,把世界各国各地区更加紧密地联系在一起,加速了原材料、资本和劳动力的国际流动。跨国公司和各种国际组织成为经济全球化的强有力的推动者。两极格局的瓦解也为经济全球化扫清了障碍,绝大多数国家都实行了市场经济体制,推动了世界经济向全球化发展。

经济全球化是把双刃剑,它既加速世界经济发展和繁荣,也加剧了全球竞争中的利益失衡。发达国家凭借资金技术市场和经营管理方面的绝对优势成为经济全球化最大的受益者。对于广大发展中国家来说,经济全球化既是机遇,也是挑战。由于发展中国家的经济基础较差、技术水平低等原因,在经济全球化中处于劣势和被动的地位。因此发展中国家在全球化过程中必须保持清醒的头脑制定合理对策,在积极主动的参与中谋求发展。

● **世界贸易组织的建立**

关贸总协定成立后,通过组织多边贸易谈判,缓解了国际贸易中的矛盾,促进了国际贸易的发展,推动世界经济的增长。

但是,关贸总协定不是一个常设组织,而是一个临时适用的多边贸易协定,存在着诸多弊端,特别是在解决争端时缺乏法律性的强制措施。为了适应世界经济发展的需要,1995年,世界贸易组织取代关贸总协定,规范化和法制化的世界贸易体系开始建立起来。

世贸总部大楼

世界贸易组织致力于促进各国市场的开放,调解贸易纠纷,实现全球范围内的贸易自由化。它通过多边贸易,促使各成员国之间逐渐取消贸易壁垒,使各国通过贸易获得生活水平的提高和经济的繁荣。世贸易组织成立以来不断发展,其成员之间贸易额已占全球贸易总额的90%以上。

世界贸易组织努力减少其成员间的不平等,对发展中国家和贸易小国的利益给予足够的重视。

● **中国加入世界贸易组织**

中国是关贸总协定的创始成员国之一。1986年,中国正式提出恢复关贸总协定缔约国地位的申请,开始了漫长的复关过程。

世界贸易组织成立后,中国经过与世界贸易组织所有成员的艰苦谈判,2001年12月,正式加入世界贸易组织。

中国加入世界贸易组织,促进了中国的经济发展,进一步完善了社会主义市场经济体制。同时,中国的加入也将促进世界经济的增长,有利于建立完整的世界贸易体系。

中国加入世界贸易组织也带来压力和严峻的挑战。市场的进一步开放、关税的大幅度减让,使国内一些产品、企业和产业面临更强的竞争,有些产业会受到冲击,中国的企业正在不断提高自身的竞争能力,以适应新的国际经济形势。

练习与探究

1. 欧洲联盟、亚太经济合作组织和北美自由贸易区是当今世界三大著名区域集团,欧洲联盟与后两者相比,主要不同点是_____。( )

    A. 典型地反映了世界经济区域集团化趋势加强

    B. 合作程度最高,合作领域最广泛,合作成效最显著

    C. 典型地反映了世界经济的全球化趋势加强

    D. 发达国家与发展中国家组成的经济合作组织

2. 20世纪五六十年代,在世界经济发展过程中,国家间的合作日益密切,欧洲出现了"欧洲共同体",亚洲出现了东南亚国家联盟,进入20世纪90年代,世界性的经济交往更加密切,出现了"世界贸易组织"等机构。以下能说明这一趋势出现的原因是_____。( )

    ① 市场经济体制在全球范围普遍被认可　　② 新的科学技术革命的发生

    ③ 国家间的经济差距日益缩小　　④ 国际金融的不断发展

    A. ①②③　　　　　　B. ②③④　　　　　　C. ①②④　　　　　　D. ①③④

3. 探究经济全球化的原因和影响。

第二十一章　二战后的科技文化

一、第三次科技革命和信息时代

从 20 世纪四五十年代开始的新科学技术革命,以原子能技术、航天技术、电子计算机技术的应用为代表,还包括人工合成材料、分子生物学和遗传工程等高新技术。这次科技革命被称为"第三次科技革命"。第三次科技革命是人类文明史上继蒸汽技术革命和电力技术革命之后科技领域里的又一次重大飞跃。

第三次科技革命的出现,既是由于科学理论出现重大突破,科学技术的发展具备了一定的物质、技术基础,也是由于社会发展的需要,特别是第二次世界大战期间和第二次世界大战后,各国对高科技迫切需要的结果。

【史海泛舟】

●原子能技术领域:二战即将结束时的两颗原子弹将人类带入了原子时代。此后,人们开始更深层次的原子科学研究。二战后,原子能技术用于发电。从 1954 年,苏联建成第一座核电站起,到 1992 年底,全世界正式运转的核能发电站就有 400 多座,发电量占世界总电量的 17%。

●航天科技领域:德国在二战期间研制的 V-1、V-2 导弹让人们认识到了火箭的巨大威力,还有尚未投产的 V-3 导弹的理论资料和图纸,可以说是人类今后 20 年航天科技的奠基石。

●制导科技领域:德国二战时使用的 FX-1400 和 HS-293 两款空对舰无线电制导炸弹,开创了制导领域的先河,并引申为现在的光学制导、激光制导、电视制导、卫星制导等多种制导方式。

●喷气科技领域:德国研制并投产的 ME-262 喷气式战斗机将飞机从活塞提升到了涡轮,大大提高了飞机的时速并为今后的超音速飞行做了铺垫。

●电子计算机领域:美国 1946 年投入使用的第一台电子计算机最初是用于炮弹弹道的,战后开始逐渐用于社会各行各业。

二战期间和战后出现的新兴科学技术

时间	国家	新科学技术
1945 年	美国	原子弹爆炸
1946 年	美国	电子计算机正式诞生
1947 年	美国	晶体管面世
1954 年	苏联	第一座核电站建成
1957 年	苏联	第一颗人造卫星上天
1960 年	美国	激光器出现
1964 年	美国	集成电路计算机问世
1973 年	美国	重组 DNA(脱氧核糖核酸)生物基因工程首创成功
1977 年	美国	超大规模集成电路投入使用
1981 年	美国	第一架航天飞机升空

第三次科技革命首先在美国兴起。这绝非偶然现象,而有其客观必然性。这集中表现在两个方面:一是由于战后初期美国拥有雄厚的物质基础、众多优秀的科技人才、蓬勃向上的民族创新精神、优越的地理环境和巨大的市场容量等方面的优势,它们为第三次科技革命首先在美国兴起创造了前提条件和可能性;二是战后以来,美国政府高度重视科技,积极采取措施推动科技事业的发展,直接促成第三次科技革命首先在美国兴起。

空间技术的利用和发展是这次技术革命的一大成果。1957年,苏联发射了世界上第一颗人造地球卫星,开创了空间技术发展的新纪元。1958年,美国也发射了人造地球卫星。1959年苏联发射的"月球"2号卫星成为最早把物体送上月球的卫星并于1961年用飞船将宇航员加加林送进了太空。美国不甘落后,开始了60年代规模庞大的登月计划,终于在1969年实现了人类登月的梦想。70年代以来,空间活动由近地空间为主转向飞出太阳系。1981年4月12日,美国第一个可以连续使用的哥伦比亚航天飞机试飞成功,并于两天后安全降落。它身兼火箭、飞船、飞机等3种特性,是宇航事业的重大突破。1970年以来,中国宇航空间技术迅速发展,现已跻身于世界宇航大国之列。

原子能技术的利用和发展。1945年和1949年,美国与苏联分别成功地试爆原子弹后,1952年美国又试制成功氢弹。1953年—1964年间,英国、法国和中国相继试制核武器成功。原子能的技术首先被应用于军事领域,和平利用原子能工业也有一定发展。1954年6月,苏联建成第一个原子能电站。1957年,苏联第一艘核动力破冰船下水。到1997年,全世界正式运行的核能发电站共有433座,核能发电约占全世界发电总量的17%。其中,美国和法国约有150座。

电子计算机技术的利用和发展是另一重大突破。20世纪,科学技术迅速发展,需要处理堆积如山的计算数据,迫切要求改革计算工具,电子计算机应运而生。此后,电子计算机飞速发展,特别是微电子技术崛起后,电子计算机的发展更为迅猛。它不仅在工农业生产、科学研究和国防建设中得到广泛应用,而且渗透到社会生活的各个领域。

电子计算机是现代信息技术的核心,它的迅速发展和广泛运用,使信息技术发生了质的飞跃,使信息与物质、能量共同构成了现代社会的三大资源。因此电子计算机在新技术革命中具有划时代的意义。

【史海泛舟】

20世纪40年代后期的电子管计算机为第一代计算机。1959年出现晶体管计算机,运算速度每秒在100万次以上,1964年达到300万次。60年代中期,出现许多电子元件和电子线路集中在很小的面积或体积上的集成电路,每秒运算达千万次,它适应一般数据处理和工业控制的需要,使用方便。70年代发展为第四代大规模集成电路,1978年的计算机每秒可运算1.5亿次。80年代发展为智能计算机。90年代出现光子计算机、生物计算机等。大体上每隔5—8年,运算速度提高10倍,体积缩小10倍,成本降低10倍。中国自行设计研制的"银河"大型计算机每秒也可计算上亿次。

第三次科技革命同前两次技术革命相比有三个特点:首先,科学技术在推动生产力的发展方面起越来越重要的作用,科学技术转化为直接生产力的速度加快。其次,科学和技术密切结合,相互促进。随着科学实验手段的不断进步,科研探索的领域也在不断开阔。最后,科学技术各个领域之间相互联系加强,在现代科技发展的情况下,出现了两种趋势:一方面学科越来越多,分工越来越细,研究越来越深入,另一方面学科之间的联系越来越密切,相互联系渗透的程度越来越深,科学研究朝着综合性方向发展。

第三次科技革命推动了社会生产力的发展。以往,人们主要是依靠提高劳动强度来提高劳动生产率。在第三次科技革命条件下,主要是通过生产技术的不断进步、劳动者的素质和技能不断提高、劳动手段的不断改进来提高劳动生产率。

第三次科技革命促进了社会经济结构和社会生活结构的重大变化。第三次科技革命造成第一产业、第二产业在国民经济中比重下降,使得第三产业的比重上升。为了适应科技的发展,资本主义国家普遍加强国家对科学领域研究的支持,大大加强了对科学技术的扶持和资金投入。随着科技的不断进步,人类的衣、食、住、行、用等日常生活的各个方面也发生了重大的变革。

第三次科技革命推动了国际经济格局的调整。随着科学技术的发展和世界各国经济的相互依存、联系的日益紧密,科学技术在国际经济竞争中的地位也日益重要。科学技术水平的差距进一步加剧了发达国家与发展中国家的经济差距。因此,第三次科技革命对每一个发展中国家来说,既是机遇,又是挑战。

二、文学艺术

●西方的文学艺术

第二次世界大战后,西方现代主义文学继续发展。现代主义文学从传统文学表现自我和反映现实这两极的并立转向集中表现自我。在艺术手法上一反传统:语言反传统习惯;故事情节的开头和结尾没有一个明显的理由,行动的延续常常被意识的延续取代;故事的背景不明确,使读者不能理解其中的因果关系。

【史海泛舟】

1952年,法国荒诞剧作家贝克特创作的《等待戈多》一剧是当时西方现代主义文学荒诞派的代表作。这部剧主要写两个流浪汉在荒野路边的一棵树下等待戈多的情况,可是戈多是谁,他们相约何时见面,连他们自己也不清楚,但他们仍然苦苦地等待着。为了解除等待的烦恼,他俩没话找话,前言不搭后语,胡乱地交谈,他们一会儿谈到忏悔,一会儿谈到应该到死海去度蜜月,一会儿又讲到《福音书》里救世主和贼的故事;他们还要说一些无聊的话,做出无聊的动作。黄昏时,他们等来了一个男孩——戈多的使者。他告诉两个可怜的流浪汉,戈多今晚不来了,但明天晚上准来。第二天依然如故,唯一变化的是树上长出了几片叶子。人们纷纷猜测戈多是谁,贝克特本人对此不置一词。有人问他戈多是谁,他说:"我要是知道了早就在戏中写出来了。"1953年,这部戏在巴黎上演引起轰动,连演300多场不衰。尽管荒诞派戏剧不同于西方传统的戏剧理论,但还是被西方文学界接受,其影响从法国蔓延到欧美。

现代主义文学反映了西方人心灵的迷惘和痛苦,反映了西方精神生活的危机。现代主义作家认为,人应该是绝对自由的,但是他们又处处感到现实偏偏不让他们获得这种自由。现代主义作家在现实生活中找不到精神归宿,他们的作品就是这种精神危机的产物。

《等待戈多》剧照

20世纪西方的现代主义美术和现代主义音乐同样表现西方人精神的创伤。二战前,通俗音乐通常包括爵士音乐、拉丁美洲的伦巴和探戈等歌舞音乐、一般电影歌曲、世界流行的地方性音乐。二战后，它们的名目更多，除上述类别外，又加进去了摇滚乐、乡村与西部音乐、迪斯科等。通俗音乐的结构比较短小简练，常与舞蹈结合在一起，并强调即兴性。它节奏强烈、清晰。随着电子工业的发展，现代通俗音乐越来越强调借助和运用电子手段。在录音制作和实况演出时，话筒的操作技术已成为重要的表现手段。

甲壳虫乐队在演出

　　电影是20世纪的艺术。20世纪前半期，美国好莱坞电影称雄于电影王国几十年。二次大战后，各国各民族电影兴起，好莱坞一枝独秀的局面被打破。经过近百年的发展、演变，电影已成为与人类社会生活关系最密切的艺术。电影艺术既有综合性，又不失其独立性，是融文学、戏剧、音乐、舞蹈、绘画、建筑、摄影、服饰等艺术于一身的崭新艺术。电影的市场大、流通快、信息量大而且直观，它已经成为十分重要的传播媒介。

　　二次大战后，电影艺术也呈现多元化的倾向。在意大利和联邦德国出现了一些优秀的现代主义电影，如《罗马，不设防的城市》《偷自行车的人》《罗马11时》《莉莉·玛莲》等。在法国等国出现了现代主义的电影作品。70年代，美国好莱坞克服了战后初期的危机，又迅速发展起来。好莱坞电影保持浓厚的商业气质，它迎合大众时尚，能不惜工本，用高科技、大明星来制作影片，参与世界市场的激烈竞争，以获取高额利润。战后好莱坞拍摄的影片数以千计，鱼龙混杂，良莠不齐，较有影响力的影片有《星球大战》《侏罗纪公园》《泰坦尼克号》等，好莱坞可谓电影世界的万花筒。

《泰坦尼克号》剧照

●苏联的文学艺术

20世纪上半期,苏联文学生机勃勃。高尔基的小说《母亲》等作品奠定了苏联社会主义文学的基础。十月革命胜利后,一大批优秀作家深入生活,创作了许多反映苏联社会巨大变革的优秀作品,如阿·托尔斯泰的《苦难的历程》三部曲、奥斯特洛夫斯基的《钢铁是怎样炼成的》、肖洛霍夫的《静静的顿河》等。这些作品展示了社会主义文学的风采,享有世界声誉。

【史海泛舟】

长篇小说《静静的顿河》是肖洛霍夫的代表作。它生动地描写了从第一次世界大战到国内战争结束这个动荡的历史年代顿河哥萨克人的生活和斗争,表现苏维埃政权在哥萨克地区建立和巩固的艰苦过程及其强大生命力,揭示一切反动落后势力必然失败灭亡的命运。小说的主人公葛利高里是中农哥萨克,具有热爱自由、探索真理的性格。最后他回到了建立了苏维埃政权的家乡。小说场景宏大、画面生动、气势恢宏。这部小说荣获了1965年诺贝尔文学奖。

赫鲁晓夫时期,文学界提出了"写真实""积极干预生活"的口号。文坛局面既活跃又相当混乱。作家爱伦堡的小说《解冻》触及了不少尖锐的社会问题,反响很大,引出一批文学作品,西方称之为"解冻文学"。

【史海泛舟】

在解冻文学的作品中,有的是真实反映现实和历史、展示普通人日常生活和命运的好作品;有的是片面反映甚至丑化现实和历史而引起争论或批评的作品,如帕斯捷尔纳克的小说《日瓦戈医生》等。《日瓦戈医生》这部小说的主人公开头是个"憧憬革命"的高尚青年,但十月革命后他哀叹"整个人类的生活方式遭到破坏和毁灭"。他备尝艰辛,最后倒毙街头。这本书在苏联国内未能发表,1957年在意大利出版。资本主义国家竞相印行。作者还被授予1958年诺贝尔文学奖。苏联对此反应强烈,作家协会将帕斯捷尔纳克开除,只是在他做了检讨并拒绝前去领奖之后,才恢复了他的会籍。

勃列日涅夫时期,文艺思想日趋平稳和消沉。随着戈尔巴乔夫"民主化""公开性""新思维"的推行,苏联文艺作品的审查制度被打破,一些过去禁止出版的文学作品大量发表,造成思想上的混乱。

苏联的艺术取得了显著成就。苏联的一些优秀影片深受人们喜爱。国内外古今文学名著也大部分被搬上银幕。苏联的音乐和芭蕾舞都自成一派,闻名于世。最著名的音乐家是肖斯塔科维奇,最著名的芭蕾舞艺术家是乌兰诺娃。

●亚非拉美的文学

现代时期,亚非拉美人民的民族民主运动空前高涨,亚非拉美的文学也随之崛起,出现了许多颇具影响的作家和作品。印度跨世纪的作家泰戈尔以他在诗歌、小说、戏剧等领域的丰富创作,成为印度近现代文学的光辉代表。普列姆昌德是印度现代文学的奠基人,印度现代民族主义文学的代表。1936年发表的长篇小说《戈丹》是他一生创作的高峰。作者站在时代的高度,提出了印度民主革命最紧迫的农民问题。

朝鲜文学和非洲文学也都有长足的发展。它们的主流是表现爱国主义精神和反殖民压迫的思想。20世纪30年代,朝鲜的革命文艺活动非常活跃,《血海》《卖花姑娘》等剧本揭露了日本帝国主义的残暴,反映人民的苦难和革命觉悟。后来这些剧本又改编成电影和长篇小说。朝鲜作家李箕勇的长篇小说《图们江》勾画了朝鲜民族解放斗争的历史图景,反映了从爱国义兵运动到抗日胜利的朝鲜近现代历史。

20世纪下半期,随着非洲民族解放运动的发展,现代非洲文学也繁荣起来。

著名的现实主义作家有埃及的马哈福兹和南非的戈迪默,他们先后于1988年、1991年获得诺贝尔文学奖。马哈福兹于50年代创作的三部曲《宫间街》,奠定了他在阿拉伯文学中的地位。女作家戈迪默的长篇小说《一世界的陌生人》,描写南非种族隔离社会中人们是怎样变得相互陌生的。

60年代在拉丁美洲出现了被称为"魔幻现实主义"的文学流派。它是现代主义文学的一个流派,称为拉丁美洲文学的主流。哥伦比亚的马尔克斯等作家,因创作"魔幻现实主义"优秀文学作品,荣获诺贝尔文学奖,为拉美文学赢得了世界声誉。马尔克斯的代表作品是《百年孤独》,描写了布恩迪亚家族七代人的传奇故事以及加勒比海沿岸小镇马孔多的百年兴衰,反映了拉丁美洲一个世纪以来风云变幻的历史。

练习与探究

1. 第三次科技革命中,发展最为迅速、应用最为广泛的是_____。　　　　　(　　)
   A. 原子能　　　　B. 电子计算机　　　　C. 航天技术　　　　D. 遗传工程
2. 被西方称之为"解冻文学"的作品最早出现在_____。　　　　　　　　　(　　)
   A. 斯大林时期　　　　　　　　　　　B. 赫鲁晓夫时期
   C. 勃列日涅夫时期　　　　　　　　　D. 戈尔巴乔夫时期
3. 比较第二次科技革命与第三次科技革命的影响。

世界历史专题

第二十二章　重大改革

一、梭伦改革

梭伦(前638—前559),生于雅典,古希腊时期雅典城邦著名的改革家、政治家、诗人,是古希腊七贤之一。他出身于没落贵族,年轻时一边经商一边游历,到过许多地方,考察社会风情,与商旅为伍。他反对贵族专权,同情平民,在古希腊城邦中享有威望。

公元前594年,梭伦以其威望和功绩当选为雅典城邦的"执政兼仲裁"("执政官"),开始进行具有宪政意义的一系列经济、政治和社会改革运动。史称"梭伦改革"。

1. 梭伦改革的历史背景

雅典城邦平民与贵族之间矛盾尖锐。在政治上,贵族占据首席执政官等重要职位,把持作为最高决策机关、监察机关和审判机关的长老会议,架空作为最高权力机关的公民大会。长老会议有权选举和制裁执政官,议员为终身任职,执政官卸任后自动转为议员。公民大会名义上是最高权力机关,但是没有实际权力。在经济上,雅典农民极其贫苦。贵族通过高利贷、土地兼并等方式盘剥平民,以致平民无力还债成为"六一汉",直至全家沦为债务奴隶。贵族在政治上的专横和经济上的压榨激起平民的反抗,导致雅典政局动荡不安。公元前632年,雅典爆发了主要由平民参加的武装暴乱,卫城一度被占领。

雅典城邦工商业奴隶主阶层与贵族之间矛盾尖锐。公元前8世纪以后铁农具广泛使用,雅典农业生产力提高。除谷物生产外,葡萄、橄榄的种植也发展起来。手工业和造船业也发展起来。手工业上使用的斧、刀、锯、锤以及其他工具,都是铁制的。酿酒、制陶、榨油等行业在地中海沿岸处于领先地位。冶金业的发展也很迅速,焊铁术和铸铜术已普遍应用。造船方面吸取腓尼基人的技术,能够制造三层桨座的远航大船。公元前6—前4世纪的时候,手工业的发展显得特别突出,虽然与农业相结合的家庭手工业仍然存在,但城市中独立的手工作坊(工场)却起着越来越重要的作用。手工业是商业发展的条件。公元前8世纪后,古希腊的商业贸易也在不断发展。在较为发达的地区出现了集市,商业活动中心正在形成;海外贸易在不断扩大,绘有精美图画的陶瓶、陶罐连同原装的油、酒远销地中海沿岸并从外地输入粮食、手工业原料和奴隶。金属铸币已经出现,商人阶层已经形成。各地的手工业和部分农业开始带有商品生产的性质。随着工商业的发展,工商业奴隶主阶层开始形成并壮大起来。随着经济实力的日益增强,工商业奴隶主对

陶瓶上的绘画反映了雅典制陶工场的场景

旧贵族的政治专权越来越不满，展开了要求分享政治权利的斗争。他们的改革呼声越来越强烈，由此导致了雅典社会阶级关系的变动。

梭伦当选为首席执政官，立志改革振兴城邦。雅典的社会动荡严重阻碍了社会经济的发展。雅典附近的梅加拉等城邦经济实力已经超过了雅典，梅加拉甚至一度占据了雅典的萨拉米斯岛，沉重打击了雅典的海上贸易，雅典曾几次发兵都没有夺回。雅典统治者腐朽无能，激起了工商业奴隶主和广大平民的愤恨，梭伦"疯诗人事件"激起了雅典人的爱国热情和民族尊严。公元前600年左右，梭伦被任命为指挥官，夺回了萨拉米斯岛，声望大增，梭伦当选为首席执政官并被授予"仲裁人"和"立法者"的权力，进行改革。

【史海泛舟】

为了激起雅典人民的战争斗志。"疯"了的梭伦经常出现在雅典的中心广场上。只见他脸色苍白，呼吸急促，双手不住地擂打着自己的胸部，招来许多围观的百姓。这时，他就会对着人群大声朗读他的诗篇："啊，我们的萨拉米斯，她是多么美丽，又多么使我们留恋，让我们向萨拉米斯进军，我们要为收复这座海岛而战，我们要雪洗雅典人身上的奇耻大辱……"在人们的惊叹、惋惜声中，梭伦滔滔不绝地朗诵着，终于用激越的诗篇激起了雅典人的爱国热情和民族尊严。

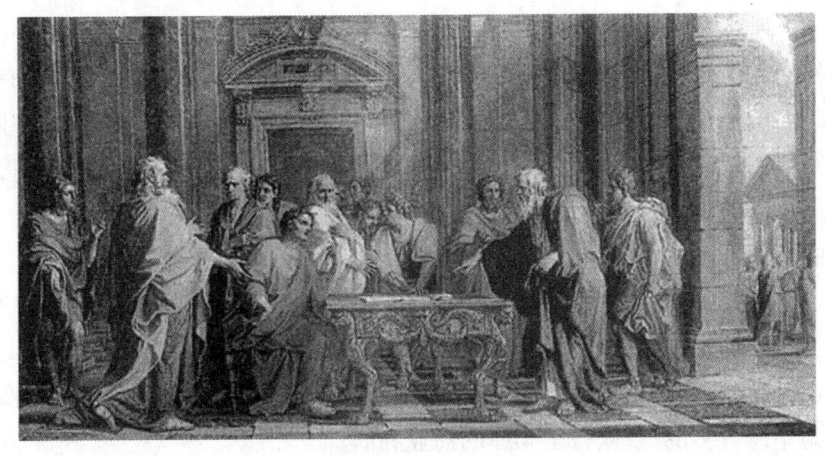

梭伦改革前的辩论

2. 梭伦改革的主要内容

颁布解负令。梭伦上台的第一个重大改革就是颁布解负令。这一法令废除雅典公民以人身作抵押的一切债务，禁止再以人身作抵押借债，禁止把欠债的平民变为奴隶。由国家出钱把因无力还债而被卖到异邦为奴的人赎回并废除了"六一汉"制度，因债务而被抵押的土地一律归还原主。为了防止贵族任意兼并土地，防止获得自由的雅典人重新沦为奴隶，梭伦颁布法令，规定个人占有土地的最高限额。同时，为杜绝贵族任意侵占平民财产，梭伦还制定了"遗嘱法"，规定无子女者有权按照自己的意愿，将遗产交给指定的继承人。这样就防止了新的债务奴隶的产生。改革以后，贵族土地兼并受到制约，逐渐失去了扩展势力的物质基础。改革解除了债务奴隶制对平民的威胁，将广大平民从债务奴隶制的枷锁中解放出来，成为享有自由权利的公民，形成了民主政治必须具备的公民群体。从此，为了获得更多的劳动力，雅典积极对外扩张，掠夺奴隶，走上了奴役外邦奴隶的道路。

确立财产等级制度。为了废除世袭贵族的垄断权利，他在雅典公民中推行不再以出身而是以财产的数量来划分公民等级。按一年农产品收入的总量把公民分为4个等级（按年收入的谷物等产品的数量分别列为500斗、300斗、200斗和200斗以下四级），各等级的政治权利依其财力大小而定。第一等级可担任一切官职；第二等级的公民可以担任除司库（即财政官，一种执政官）以外的高级官职；第三等级可任低级官职；第四等级的公民不能担任公职，但有权参加公民大会和民众法庭。同时，不同的等级所尽义务也有差别。例如，在军事义务方面，第一、第二等级提供骑兵，自备军械、军装和马匹。第三等级提供重装步兵,他们自备军械和军装,但不需提供马匹。他们是构成雅典军队的主要成分。第四等级主要是充当轻装步兵和一般水手,不用自带军备,只带棍棒。财产等级制度的改革并未实现公民之间的真正平等,打破了贵族依据世袭特权垄断官职的局面,使工商业奴隶主分享了政治权力,也使下层平民获得了一定的公民权利。

改革国家权力机构。为了进一步打破贵族专权,梭伦推行国家权力机构改革。他恢复公民大会作为国家的最高权力机关,规定公民代表大会有权决定战争、媾和等国家大事并有选举国家公职人员的权利。公民大会,包括第四等级在内的所有公民都可以参加。这一举措大大提高了广大公民参政议政的积极性,削弱了贵族长老会议的权力,赢得了广泛的支持。设立四百人会议作为公民大会的常设机构,作为最高行政机关。四百人会议由4个部落各选100人组成,除了第四等级外,其他公民皆可当选。四百人会议是公民大会的常设机构,主要职责是为公民大会拟定议程,预审提案,准备决议,实际上掌握了最高统治权。在司法方面,设立陪审法庭(也译为民众法庭,相当于最高法院),作为最高司法机关,任何公民都有权上诉。陪审法庭的陪审员由所有等级的公民经抽签方式选出。陪审法庭受理并裁决公民投诉或上诉的案件,扩大了公民的权力。还制定新法典取代德拉古的严酷法律,只保留了其中有关杀人罪的部分,使整个雅典法较有人道色彩。

鼓励发展农工商业。农业上,禁止粮食出口,抑制粮价;改进水渠灌溉系统,提倡种植经济作物;鼓励橄榄油等经济作物出口。手工业上,规定凡雅典公民必须让儿子学一门手艺,吸引鼓励有技术的外国人迁居雅典。商业及其他:改革币制和度量衡;确定私有财产继承自由的原则;倡导节俭,抑制奢侈浪费;惩罚游手好闲之徒。这些措施大大促进了雅典手工业和商业的发展,使其很快成为古代希腊最繁荣的工商业城邦。同时,加强了工商业奴隶主和平民的经济实力,为雅典民主政治奠定了经济基础。

3. 梭伦改革的影响和意义

梭伦改革大大促进了雅典的繁荣与发展。梭伦改革是雅典城邦乃至整个古希腊历史上最重要的社会政治改革之一,它为雅典城邦的振兴与富强开辟了道路。梭伦改革大大促进雅典农业和工商业的发展,使雅典很快成为古代希腊最繁荣的工商业城邦。雅典生产的陶器、酒类等大量出口,雅典商船出没于爱琴海沿岸各地,甚至是地中海许多港口,获得了丰厚的商业利润。

梭伦改革动摇了贵族专制统治,奠定了城邦民主政治的基础。解负令将广大平民从债务奴隶制的枷锁中解放出来,成为享有自由权利的公民,形成了民主政治必须具备的公民群体。以财产多寡来确定公民的政治权利,打破了贵族政治专权的局面,使工商业奴隶主分享了政治权利,也使下层平民获得了一定的公民权利。恢复公民大会的权利、设立四百人会议和公民陪审法庭等国家权力机构的改革措施,也在一定程度上确保了公民参与国家事务的政治权利。

梭伦改革开启了西方权力划分的先河,为后世民主政治的发展积累了宝贵经验。另外,渗透在改革中的"中庸"精神为雅典民主政治和西方民主政治提供了价值基础。

梭伦改革有很大的局限性。梭伦改革的主要目的是消除矛盾,稳定雅典的社会秩序,因此他扮演了"调停者"的角色,很多改革措施都带有折中色彩,改革存在不可避免的历史局限性。梭伦以财产资格确定公民不同的政治权利,富有的第一、第二等级在国家政权中占据着绝对的优势,下层公民没有充分的参政议政的权利。梭伦改革后,贵族的实力虽有所削弱,但仍然比平民享有更多的政治权利,氏族制度残余仍得以存续。贵族凭借血缘门第,照样拥有世袭占有土地的特权。结果,贵族对权力的削减不满,下层平民需要进一步改革的愿望也没有得到实现,贵族和平民的矛盾没有根本解决。非公民仍然没能享有民主的权利,女性没有政治权利。

二、欧洲的宗教改革

1. 宗教改革的历史背景

● 天主教会的专横统治

基督教,公元1世纪产生于罗马帝国东部,4世纪初期定为罗马帝国的国教,11世纪(1054年)分裂为东西两部分——东正教和天主教。在黑暗的中世纪时期,教会统治着几乎整个欧洲。天主教的领袖是罗马的主教,后来成为教皇。到13世纪初天主教确立了对西欧的大一统神权统治。教皇在罗马建立了天主教会的最高权力机构,称为教廷。天主教会通过整顿教会,不断拓展势力,与封建王权展开权力之争并以征服"异教徒"为名,组织进行了持续近两百年的"十字军东征"。

中世纪的欧洲,封建割据严重,王权衰弱,当时教皇英诺森有这么一句话:"教皇权力好比太阳,国王权力犹如月亮,它的光是向着太阳借来的。"可以看出天主教势力空前强大,罗马教皇确立了对西欧的大一统神权统治。

经济方面,天主教会是西欧最大的封建主,教会拥有天主教世界全部耕地的三分之一,获取大量的封建地产收入,并向民众征收"十一税"。教会还通过兜售"赎罪券"等方式搜刮钱财。当时的德意志就被称为"教皇的奶牛"。

政治方面,一方面天主教建立了等级森严的教阶制度,罗马教皇高高在上;另一方面教权凌驾于王权之上,教会不断干涉各国的政治权力。

在思想文化领域,教会占据着意识形态领域的统治地位。它垄断所有的教育、文化和舆论机构,成为封建统治阶级和封建制度的精神支柱。教会规定了统一的《圣经》版本,掌握了《圣经》的解释权,即使文学作品也要蒙上浓厚的宗教色彩。

在社会生活方面,天主教的影响无处不在。天主教国家几乎人人信教,既是天主教徒,又是国家的臣民,一个人从生到死都离不开教会。

天主教会的统治主要是通过思想压迫与控制实现,主要的惩治机构就是宗教裁判所。对于违背宗教教义规定的人物,宗教裁判所都将进行严厉制裁。宗教裁判所前后共历时约500年。

【史海泛舟】

西班牙宗教裁判所历时较久,凶残恐怖,用来镇压异端,包括迫害阿拉伯人和犹太人。15世纪以后,西班牙的宗教裁判所最为残暴,仅1483年至1820年,判处的异端分子达38万多人,被火刑处死的达10万余人。16世纪中叶,教皇在罗马建立最高异端裁判所。18、19世纪,西欧各国宗教裁判所先后被撤销。1908年教皇把罗马最高裁判所改为圣职部,主要职能是监视和处罚参加进步活动的教徒,查禁各种进步书刊,革除教徒的教籍和罢免神职人员等。

● 宗教"异端"运动

中世纪时,人们在反对宗教统治的斗争中常常采用与教会说法不一样的"异端"宗教思想发动民众。这就是历史上的"异端"运动。中世纪西欧市民公开的异端主要有四个派别:意大利的阿诺德派、法国的阿尔比派、英国的威克里夫派和捷克的胡司派。阿诺德派认为教产是罪恶之源,拥有财产的神职人员不能得救,斥责教皇是用火和剑维护权威。1155年,教皇在德皇的支持下处死了阿诺德。阿尔比派流行于法国南部以及阿尔比城。他们对神职人员的贪婪和腐败极为不满,认为世间物质的东西都是邪恶的,灵魂的救赎,摆脱罪恶才是高尚的,否定了教会特权。

威克里夫派出现在14—15世纪的英国。英国人威克里夫把《圣经》由拉丁文翻译成英文,撰文系统地阐述了"异端"学说。他认为,信徒和上帝之间不需要任何中介人,任何统治权都来自上帝的恩典和命令。

他还认为《圣经》是唯一的教条,每个人只要相信《圣经》,按《圣经》行事就行,根本不需要教会和教士,宗教教规和仪式也没有必要。他还抨击了教会敛财和教士的奢侈腐败,要求国家没收教会的财产,拒绝教皇对英国的掠夺。

捷克的胡司派则揭露高级教士的奢侈与残暴,要求取消教会地产,废除繁琐的宗教仪式和等级森严的教阶制度,要求教会权力服从世俗权力,主张教士用民族语言传教。他还将《圣经》从拉丁文译成捷克文。后来胡斯被教会处以火刑。胡司派上承阿尔比派、威克里夫派,下启路德派、卡尔文派,地位重要,影响深远。他的思想引发了声势浩大的反对封建统治的大起义。

市民的"异端"思想,有力地冲击了天主教会神权的合法权威,反映了市民阶级建立"民族教会"或"廉价教会"的愿望,为16世纪西欧的宗教改革提供了可借鉴的历史遗产。

● 欧洲社会的新变化

14至16世纪,西欧社会从中世纪向近代过渡,当时西欧所发生的社会变动主要表现在三方面:

第一,经济上,随着生产力的发展与技术的进步,新兴的资本主义萌芽破土成长,封建生产方式开始瓦解。新航路开辟以后,西欧各国的海外贸易和殖民扩张日益拓展,促进了资本主义的发展。

第二,政治上,资产阶级与新贵族开始形成,反对封建贵族的特权与分裂割据。英、法两国的封建君主在与资产阶级、新贵族联盟的基础上建立了政治集权的"新君主制"。他们加强政治集权,推行重商主义,奖励文化创造,有力促进了民族国家的发展。但在意大利、德意志还存在着分裂割据,迫切需要政治统一。

第三,思想文化领域出现了新兴资产阶级反封建、反神权的文艺复兴运动。人文主义者批判中世纪教会的蒙昧、禁欲说教与封建的等级制度,鼓吹个人的自由、平等与欲望,提倡竞争进取精神与科学求知的理论,极大地推动了人们的思想解放与观念更新,构成了对天主教神权的巨大冲击。

在这样的社会背景下,16世纪西欧的宗教改革都把矛头对准罗马教会对欧洲的大一统神权统治,要求通过改革建立适应于民族国家发展的"民族教会"或适应于资产阶级兴起需要的"廉价教会"。

2. 马丁·路德的宗教改革

● "九十五条论纲"

15至16世纪,德意志出现了资本主义萌芽。德意志的经济有了显著发展。但是德国在政治上处于四分五裂的状态,阻碍了社会经济的发展,也为教会的剥削提供了方便。每年流入罗马教廷的财富数额巨大,德国被称为是"教皇的奶牛"。教会不仅控制了德意志人的精神世界,还是德意志最大的封建主,据统计,在马丁·路德生活的十六世纪初,每年从德国流入罗马教廷的财产达30万金币,而与此同时德国的帝国税收才仅仅1.4万金币。这是德国宗教改革的根本原因。

马丁·路德是德意志威登堡大学神学院博士,是教授《圣经》的老师。他是德国最早用德文对照《新约》《旧约》原文授课的教授之一。他十分痛恨罗马教会在德意志的神权统治与经济搜刮。

1517年,罗马教皇以修缮教堂为名,派人到德意志兜售赎罪券。教皇宣称"只要买赎罪券的钱币落进钱柜叮当一响,买主挂记的那个罪人的灵魂就会立刻从炼狱直飞天堂"。这种骗人的谎言激起了德意志威登堡大学神学教授马丁·路德的极大反感。他在教堂门口贴出了反对兜售赎罪券的《关于赎罪券的九十五条论纲》,简称"九十五条论纲"。他认为赎罪券不能赦免罪过,因为教皇无权赦免,只有上帝才有赦免权,人们依靠内心的虔诚忏悔就能获得上帝的赦免。

马丁·路德(1483—1546)

马丁·路德的"九十五条论纲"发表后,消息很快传遍德意志,激起各地反教廷的风潮,揭开了宗教改革的序幕。

马丁·路德的主张迎合了封建统治者摆脱罗马教廷束缚的要求,得到他们的支持。教皇开除了马丁·路德的教籍,宣布他的学说为"异端",要他在60天内承认错误。路德坚持斗争,将教皇的敕令焚烧以示与教皇决裂。

● **马丁·路德宗教改革的主要内容**

在同教廷辩论的过程中,马丁·路德发表了《致德意志基督教贵族书》等一系列文章,系统地阐发了自己的宗教改革主张。

马丁·路德的宗教改革的理论基础是所谓的"因信称义"。在马丁·路德看来,人的原罪使得人的本性破坏,只有内心信仰虔诚才能与上帝直接沟通,去恶向善,获得上帝的拯救,外在的一切苦修与事功都达不到这个目的。因此他主张减少教堂、修道院,简化宗教仪式。他还提出神职人员也可以结婚生子。

马丁·路德坚持《圣经》是信仰的神圣权威。每个信徒都应当阅读《圣经》,完全可以对《圣经》的含义作出个人的价值判断与理解,任何人都无权剥夺别人的信仰自由的权利。他进一步指出,既然人人都能与上帝直接沟通,能自主阅读和理解《圣经》,那么人人在上帝与《圣经》面前都是平等的,根本不需要教士和教会作为人们与上帝沟通的中介。教会应当是教徒的结社,教士是教徒选出来的公仆。

马丁·路德,还强调国家权力为神所授,是唯一合法的权力。世俗统治者的权力应当高于教权并支配教权;德意志应当停止向教廷纳贡,取消教廷最高宗教司法权,建立本民族的教会。

● **马丁路德宗教改革的历史影响**

马丁·路德的宗教改革主张,在德意志各地引起极大反响,迅速得到广泛传播。不少宗教团体陆续接受了马丁·路德的宗教思想。

马丁·路德宗教改革也掀起反对罗马教廷的风潮,推动了广大下层民众的反封建斗争。1524—1526年,德国爆发了闵采尔领导的农民起义,起义军占领城市和封建主庄园,捣毁教堂,沉重打击了天主教会和封建势力。

但是马丁·路德明确反对农民战争,要求人民服从政府。农民起义失败后,马丁·路德继续宣传宗教改革主张。在此期间,为了方便德意志人民自己阅读《圣经》,他把《圣经》译成德文。这既有利于宗教改革的拓展,也促进了德意志民族语言的发展。此后,德意志东北部的萨克森和普鲁士等地的诸侯相继改信路德派基督教并乘机夺取天主教的财产。德意志南部、西部的诸侯仍然信奉天主教。双方多次发生战争。1555年德意志的新、旧教诸侯签订和约,规定诸侯有权决定其领地中的臣民的信仰。这就是所谓"教随国定"的原则。从此,路德派取得了合法的地位。

通过宗教改革,人们不再盲目迷信罗马教廷的说教,出现了新的基督教派,称为新教。这场改革首次在天主教神权统治体系中打开一个缺口,为欧洲其他国家和地区的宗教改革开辟了道路。

三、俄国农奴制改革

1. 俄国农奴制改革的历史背景

● **俄国农奴制的确立和发展**

早在10至11世纪,在基辅罗斯就出现了农奴制。基辅罗斯的王公、贵族、教会夺取村社的土地,建立大庄园,成为大土地所有者,不少农民被迫处于依附地位。15世纪末到16世纪初,以莫斯科公国为中心,统一的俄罗斯国家开始建立。在此期间,俄国的农民被奴役化程度日益加深。17世纪中叶,俄罗斯的农奴制正式形成。

【**史海泛舟**】

俄罗斯农民农奴化的过程是通过这一时期颁布的一系列的法律条文确立的。1497年,《伊凡三世法典》规定,只有在晚秋的尤里节(俄历 11 月 26 日)前后各一星期,农民才能由一个主人转到另一个主人。封建农奴制开始在全国范围内确立。1581 年,伊凡四世(雷帝)为保证地主拥有劳动力,实行禁年,剥夺农民在尤里节前后的出走权。1592—1593 年,沙皇政府在全国实行土地和户口登记。凡记入地主名下的农民便成为农奴,自由人只要替他人做工达 6 个月以上便沦为奴仆。1597 年,沙皇下诏规定地主有权追捕逃亡期未满 5 年的农民,农民更加牢固地被束缚在地主的土地上。

18 世纪以后,历代俄国沙皇都采取措施强化农奴制。彼得一世【1682—1725 年在位】甚至允许私营企业主购买整个村庄的农奴。18 世纪中后期,沙皇曾经将一百多万自由农民连同土地赏赐给贵族宠臣,还把农奴制扩展到新吞并的乌克兰、波兰等地。在农奴制下,地主占有的土地和农奴是其不可侵犯的私人财产。可以公开出售,可以抵押贷款。

俄国农奴

19 世纪中叶,俄国 90% 以上的人口住在农村,农村一半的人口是农奴。农奴们过着贫困不堪的生活,不仅要被强制在领主的庄园中无偿劳动,还要承担很重的赋税。

贫困的生活、残酷的剥削和压迫不断激起农奴的反抗。沙俄政府统计,1826－1854 年,共发生了 709 次农民起义,平均每年达 24 次以上。沙皇政府的警察局长在给沙皇的报告中惊恐地说:"农奴制度是国家脚下的火药库。"

● 俄国资本主义经济的发展

工业革命在英国出现后,扩展到欧美许多地方。俄国也受到影响。俄国于 19 世纪 30 年代开始工业革命。资本主义工厂逐渐代替手工工场,机器生产开始代替手工劳动。1840 年俄国从国外输入的机器,价值为 101 万卢布,到 1850 年已达 268 万 5 千卢布。在采用外国机器的同时,俄国也开始制造和采用本国的纺织机、织布机和缫丝机。至 19 世纪中叶,俄国纺织品的产量居世界第五位。其他工业部门如冶金、采矿和造船业也开始使用机器。30 年代以后,蒸汽动力的使用较为普遍。

【史海泛舟】

1815 年俄国的工厂为 4189 个,到 1858 年增至 12256 个。工人人数由 1804 年的 224882 人增至 1860 年的 859950 人,其中雇佣工人占 61.4%。在纺织工业和丝织工业中,农奴劳动已完全被雇佣劳动所代替。尽管这些雇佣工人主要是向地主和国家缴纳代役租的农民,但是,在对于企业主的关系上,他们毕竟还是"自由的"劳动力出卖者,是在封建农奴制经济的条件下发展起来的资本主义关系。

但是在农奴制下,俄国既缺乏工业革命必需的自由劳动力,也缺乏工业投资,更提供不了必要的国内市场,这一切使得俄国的工业革命远远落后于西欧其他国家。据统计,农奴制改革前,俄国的蒸汽动力不到英国的 1/12,生铁产量只是英国的 1/8,铁路长度仅是英国的 1/10 强。

越来越多的有识之士认识到,农奴制已经成为俄国社会发展的重要障碍,废除农奴制的呼声越来越高。

● 俄国新思潮的涌动

19 世纪初,俄国参加了对拿破仑的战争。在对拿破仑帝国战争中,一些青年军官到了欧洲中、西部,感受了西欧的经济发展和社会进步,对俄国保留农奴制和封建专制非常不满。1825 年,青年军官们发动武装起义,试图推翻沙皇的封建专制,废除农奴制,虽然遭到镇压而失败,但它促进了人民的觉醒,标志着俄国革命运动史的开端,对后来的俄国革命产生了重大影响。此次起义史称"十二月党人起义"。

俄国十二月党人起义

19世纪四五十年代,俄国的知识分子开始对国家现状和未来展开了激烈的争论,不管是守旧派、改革派还是激进派都对农奴制表现出了不满,发出了改革的呼声。

赫尔岑因言获罪被迫流亡英国,他在英国创办杂志、发表文章鼓吹农奴解放。车尔尼雪夫斯基也撰文公开批评旧制度。

● **克里米亚战争的影响**

一度称霸欧洲的土耳其奥斯曼帝国,到19世纪上半期迅速衰落,中央政权不断削弱,被奥斯曼帝国长期统治的地区处于四分五裂状态或名存实亡,已成为昔日帝国的"遗产",这为早已觊觎的欧洲列强打开了争夺的方便之门。俄罗斯为了在地中海和西亚地区扩张势力,攫取土地,同时转移国内矛盾,1853年派兵侵入奥斯曼帝国。俄国的行动侵犯了英法的利益,英法便与奥斯曼帝国签订同盟条约,派兵进入克里米亚半岛,英法又不想打垮俄国,于是战争仅限于克里米亚半岛,因此历史上又称为"克里米亚战争"。

克里米亚战争爆发后,由于俄军武器装备匮乏陈旧,交通运输落后,指挥系统无能,后勤供应不足,加上出身农奴的俄国士兵,营养不良,饥饿、疾病、寒冷使俄军非战斗减员严重。1855年,俄军被围困一年后战败投降

克里米亚战争给俄国带来严重的影响。克里米亚战争的失败彻底暴露了农奴制的落后和腐朽,战争耗费了大量的人力物力,使经济状况更加恶化,使一切矛盾表面化和尖锐化。战争中,由于政府加重了盘剥,农民苦不堪言,纷纷暴动,深深震撼了封建统治。此时有些地主已经看到了农奴制不如资本主义更为有利可图,开始放弃自然经济,逐步转向商品经济。1855年,俄军败局已定的情况下,沙皇尼古拉一世服毒自尽,亚历山大二世继位后,面对内忧外患不得不走上一条自上而下的改革道路。可以说克里米亚战争的失败是诱发俄国农奴制改革的直接因素。

2. 俄国农奴制改革内容

亚历山大二世上台以后,为了化解日益激化的矛盾,增强国力,重振俄国的大国威望;巩固统治,维护沙皇专制政权,不得不进行农奴制改革。在经过充分的酝酿和准备之后,1861年3月3日(俄国2月19日),亚历山大正式签署一系列废除农奴制的法令和宣言,史称"二·一九法令"。"二·一九法令"主要包括以下一些内容:

宣布自法令颁布之日起,农奴获得人身自由。地主再也不能把他们当成私有财产任意买卖、赠送和抵押。他们享有公民权利,可以签订契约、提起诉讼、自由结婚、经商、做工和拥有合法财产。

法令规定土地仍属地主所有,但农民可以赎买一块份地。农民除了要交付赎金,还要承担各种临时义

务。份地多少和农民承担什么义务都可以订立契约。农民获得份地时,首先要以现金形式支付土地赎金的20%—25%,赎金高于当时土地实际价格的二三倍。其余款项由政府以有息债券代付,农民必须在49年内还清本息。只有本息还清后,农民才拥有土地的合法权利。同时规定,每个男劳动力前两年每年必须服劳役40天,之后转化为代役租,直到付清赎金为止。

法令规定由村社负责农民份地赎金和赋税的缴纳,付清赎金后,农民必须得到村社的同意才能脱离村社。

3. 农奴制改革的进步与局限

俄国1861年的农奴制改革使俄国的生产关系一定程度上适应了生产力的发展,实现了生产方式由封建性向资本主义方式的过渡,是俄国历史的重大转折点。

亚历山大二世(1818—1881)

俄国1861年的农奴制改革使广大农奴获得人身自由,提高了农民生产积极性,改革后很快出现农民分化,从而产生农业资本主义。

它促进了俄国农业经济的发展和农业资本主义经济发展。它为俄国资本主义经济的发展提供了必需的劳动力、市场和资金,促进了俄国工业资本主义迅速发展。随着工业革命的推进,俄国工业生产大幅度增长,农村中资本主义的成分也得以增长。

它也推动了政治体制、司法制度、军事、教育等方面的近代化。它在政治体制方面做了深层的改革,建立了地方和城市的自治机构;在司法制度方面,参照西方的司法制度,进行了改革。这场改革使政治上一向专制独裁的俄国也出现了一些民主化的气息。军事上,它实行普遍义务兵役制,建立西方式的军事管理体系。在教育近代化方面,它鼓励社会和个人办学,扩大大学的自主权,允许引进西方书籍。在思想近代化方面,西方资产阶级的思想和统治方式开始传入俄国,越来越多的俄国人看到了差距,变革的愿望日益强烈。

"二·一九法令"实际上是妥协的产物。这次改革没有改变沙皇专制主义的本质,沙皇只是在形势所逼下作了一些"让步"。一方面,专制统治没有改变;另一方面,各地地主都竭力要在改革方案中只反映自己的最高利益。它的局限性具体表现在以下几个方面:

第一,不彻底性。改革后,俄国在政治、经济、文化等方面仍保留有大量的封建残余,这使俄国具有军事封建帝国主义的特点。农奴制的大量残余,使劳动人民受到资本主义和封建残余的双重剥削和压迫,农民很大程度上仍被束缚在土地上,贵族地主土地所有制仍然存在,封建剥削方式在农村继续保留。

第二,掠夺性。"解放"后的农奴被剥夺得一干二净。

第三,欺骗性。改革远远没有满足农民的要求,而且农民大量的土地和金钱被地主夺去,改革后农民土地比原来还少,无法维持生计,只得重新佃种地主土地,受到更大的盘剥与奴役。

因此1861年的俄国农奴制改革并不彻底。它以牺牲农民利益来发展资本主义,必然给发展中的资本主义带来不良影响(特别不利于国内市场的扩大)。它并没有触动沙皇专制制度,尤其是农奴制残余保留较多。俄国农奴制改革后社会矛盾依然尖锐,农民暴动和起义不断。所以俄国还面临着民主革命的任务。

四、日本明治维新

1. 明治维新的历史条件

●德川幕府统治下的日本

17世纪初,德川家族在江户拜领征夷大将军,设立幕府,建立起统一中央集权的幕府统治,史称德川幕府,开始了260多年的统治。日本德川家族在日本的统治是通过幕府的形式实现的。幕府的最高首领是将军,由德川家族的人世袭。当时,天皇虽然享有崇高威望,名义上是国家的最高统治者,但并没有实权,实权掌握在幕府将军手中。将军也是最大的封建主,直接管理着全国四分之一的土地和许多重要城市,全国其他地区分成大大小小两百多个"藩",藩的首领大名享有藩的世袭统治权,但必须听命于将军。将军与大名都养着自己的家臣即武士,武士从将军或大名那里得到封地和禄米,但必须效忠将军或大名,这些武士一般是职业军人,拥有佩刀的特权,他们构成了幕府统治的基础,从而形成了由幕府和藩构成的封建统治制度即幕藩体制。德川幕府为了从思想意识上培养武士这个支柱,大力宣扬武士应具有忠、义、勇的"武士道"精神,使武士为其效力和卖命。

日本武士

为巩固德川幕府统治下的日本秩序,德川幕府实行严格的封建等级制度。将军、大名、武士占日本全国人口的10%,属于统治阶级。工商业者占人口的10%,经营工商业,受到统治阶级的歧视;"农"约占全国人口的80%,是受压迫受剥削的主要群体,他们不仅交租还要负担各种杂役和劳役。社会等级森严,世袭不变,互不通婚,衣食居住都有区别。

德川幕府建立后,为巩固统治,防止外部势力对日本的侵入,开始实行闭关锁国政策。从1633年起曾多次发布"锁国令",严禁日本人与外国贸易,禁止日本与海外交往,把外国商人和传教士驱逐出境,只许同中国、朝鲜、荷兰等国通商,而且只准在长崎一地进行,对外商业活动受到严格控制。幕府还规定日本人不得出国,也不许在国外的日本人回国,甚至禁止制造适于远洋航行的船只。实行限制工商业政策,对工商业者采取歧视态度,严格限制手工工场的规模,实行商品专卖,设立关卡,对工商业者财产恣意没收,严重阻碍了工商业的发展和资本主义生产方式的出现。

18世纪上半期开始,资本主义萌芽的产生和发展,冲击了封建自然经济。德川幕府统治建立后,全国形成了统一的市场,农民负担相对减轻,生产积极性提高,因此农业生产迅速发展。农业生产的发展,使农村手工业也迅速发展并逐步同农业分离,新的手工业中心和商业中心也随之形成。商业性农业和手工业的发展引起了农村自然经济的日益解体。新的生产方式的出现,从根本上动摇了幕府统治基础。同时,社会矛盾日益尖锐,封建主变本加厉地剥削农民,大幅度提高地租,增加各种捐税,农民无法承受沉重的剥削和压迫,工商业者也不满严格的限制和掠夺。19世纪中叶,中下级武士阶层地位恶化,迫于生计,不得不冲破封建等级观念和法规的束缚,去做教师、医生或从事商业和手工业,有的甚至投身为商人家中的养子,武士的特权和利益

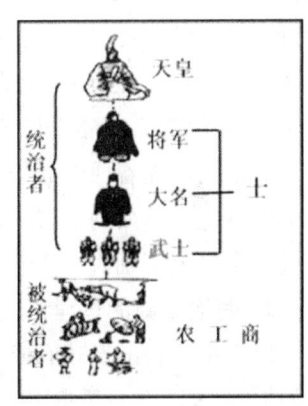

日本封建等级制度

受到挑战,逐渐滋生出反抗幕府统治的思想。1837年大盐平八郎起义直接导致日本封建社会统治基础开始动摇。

● **黑船事件**

1853年,美国海军准将马休·佩里率领舰队进入江户(今东京)岸的浦贺,把美国总统米勒德·菲尔莫尔写给日本天皇的信交给了德川幕府,要求同日本建立外交关系和进行贸易。因为佩里舰队的军舰全部是黑色的,船上的蒸汽机又冒着黑烟,故日本历史上把这次事件称为"黑船事件"。1854年,佩里再次帅舰队来到日本,与日本幕府签订了《日美亲善条约》,又名《神奈川条约》,日本同意向美国开放除长崎外的下田和箱馆(函馆)两个港口并给予美国最惠国待遇等。此后,英国、俄国、荷兰、法国也迫使日本签订类似条约。日本逐渐开始陷入半殖民地的危机之中。紧锁国门200年的日本,不得不打开大门,面向世界。

日本国门打开以后,欧美国家廉价的工业品大量倾销日本,日本传统的纺织业遭到沉重打击,手工工场大量倒闭,工人大量失业。同时,西方商人利用日本市场和国际市场黄金价格的差额,大量套取黄金,造成日本黄金大量外流,钱价下跌,米等生活必需品价格上涨。经济混乱,造成人民生活更加困难,民众纷纷

揭竿而起,社会动荡,危机加剧。此外,西方资本主义侵略客观上刺激了日本资本主义的发展。生丝、茶叶等生产部门,由于出口的增加,一些经营相关产品的富裕农民、工场主、商人的经济实力有了较大增长。一些有识之士看到工业文明的优势,从国外购进设备、建立工厂。长期受幕府排挤的长州、萨摩等西南诸藩的大名们看到幕府的无能,开始采取自强措施,为以后日本社会的改革奠定基础。

● 倒幕运动

随着日本民族危机的加深,要求改革的呼声越来越高。幕府的软弱和无能引起了有责任心的武士的不满,一些中下级的武士以"尊王攘夷"为口号,走到了政治改革的前台。他们发动群众,刺杀幕府的当权者。在西方势力的强大压力下,幕府也为了维护自己的统治,严厉镇压"尊王攘夷"运动。

尊王攘夷运动失败后,许多有识之士认识到,要想改变日本现状,实现富国强兵,必须推翻幕府统治。于是,尊王攘夷运动演变为倒幕运动。1865年春,长州藩尊王攘夷派领袖高杉晋作提出开港讨幕的战略,决定不再提攘夷,转向武装倒幕并与萨摩藩结成秘密军事同盟。与此同时,英国也权衡利害,改变策略,援助倒幕派。幕府方面则投靠法国,发动征讨长州藩的战争。此时人民起义风起云涌,沉重打击幕府。长州藩联合倒幕势力英勇抗击,同年9月迫使幕府撤军。

明治天皇(1852—1912)

1867年孝明天皇死,太子睦仁亲王(即明治天皇)即位,倒幕势力积极结盟举兵。11月8日,天皇下达讨幕密敕。1868年(戊辰年)1月3日,天皇发布《王政复古大号令》,废除幕府。德川庆喜在大阪宣布"王政复古大号令"为非法。1月27日,以萨、长两藩为主力的天皇军5000人,在京都附近与幕府军1.5万人激战,德川庆喜败走江户。战争由此开始,天皇军大举东征,迫使德川庆喜交出江户城,至11月初平定东北地区叛乱诸藩。1869年春,天皇军出征北海道,于6月27日攻下幕府残余势力盘踞的最后据点五棱郭(在函馆),战争结束,日本全境统一。1877年,西南战争爆发,这场战争是倒幕运动的尾声,也是日本资产阶级革命余波。随着西南战争中萨摩军的失败,由天皇操纵、主导政权的封建军国主义国家的建立,标志着日本资本主义革命的结束。这场内战把日本从腐朽落后的幕府封建统治下解放出来,为日本建立统一的近代国家奠定基础。

2. 明治维新的过程和主要内容

以天皇为首的新政府成立后,1868年4月6日发布具有政治纲领性的《五条誓文》,6月11日公布《政体书》,9月3日天皇下诏将江户改称东京,10月23日改年号为明治,1869年5月9日迁都东京并颁布一系列改革措施。这就是日本的明治维新。明治维新的内容有:

政治方面,废除旧体制。1869年6月,明治政府强制实行"版籍奉还""废藩置县"政策,将日本划分为3府72县,建立中央集权式的政治体制,且天皇一切权力集于一身。废除传统时代的"士、农、工、商"身份制度,将皇室亲缘关系者改称为"皇族",过去的公卿诸侯等贵族改称为"华族",幕府的幕僚、大名的门客等改为"士族",其他从事农工商职业者和贱民一律称为"平民",只是实现了形式上的"四民"平等,各等级间允许相互交往,但仍存在等级之分。为减轻因"版籍奉还"而连带的财政负担,政府通过公债补偿形式,逐步收回华族和士族的封建俸禄。此外亦颁布武士《废刀令》以及建立户籍制度基础的《户籍法》。

经济方面,大力发展经济。引进西方近代工业技术,设立工部省管理工商业;改革土地制度,废除原有土地政策,许可土地买卖,实施新的地税政策;废除各藩设立的关卡;统一货币并于1882年设立日本银行(国家的中央银行);撤销工商业界的行会制度和垄断组织,推动工商业的发展。

【史海泛舟】

1871年,明治政府派出以右大臣岩仓具视为首的大型使节团出访欧美,考察资本主义国家制度。在富国强兵、殖产兴业、文明开化的口号下,政府积极引进西方科学技术,以高征地税等手段进行大规模原始积累,建立了一批以军工、矿山、铁路、航运为重点的国营企业。与此同时,引进缫丝、纺织等近代设备,建立示范工厂,推广先进技术。招聘外国专家,派留学生出国,培养高级科技人才。由于过重的财政负担曾经引起财政危机,80年代初政府把一批国营企业和矿山廉价出售给与政府勾结因而拥有特权的资本家,即所谓政商。鼓励华族、地主、商人及上层士族投资经营银行、铁路及其他企业。80年代中期起,以纺织业为中心,开始出现产业革命的高潮。

教育方面,设立文部省,管理全国教育,颁布教育改革法令——《学制》,发展近代资产阶级性质的教育。开始逐步建立小学、中学、大学的三级教育体制。其中,小学教育为义务教育,所有儿童必须上学。同时日本选派留学生到英、美、法、德等先进国家留学。教育改革为日本经济社会的发展提供了源源不断的人才。但是,日本的教育强调效忠天皇,向学生灌输武士道、忠君爱国等思想,带有浓厚的封建色彩。

军事方面,改革军队编制,陆军参考德国训练,海军参考英国海军编制并于1872年颁布征兵令,实行义务兵役制,取消武士垄断军事的特权。此外明治政府亦发展国营军事工业,大力发展军事装备;设立军事院校,培养军事人才;同时,日本增加军费,命令所有日本军人接受武士道精神,效忠天皇、对天皇负责。1890年日本已经建立起一支拥有5000多名现役军人和30多艘舰艇的现代军队。

社会方面,推行文明开化政策。提倡学习西方社会文化及习惯,翻译西方著作。政府大力鼓励神道教,同时亦容许其他宗教的存在。交通方面,改善各地交通,兴建新式铁路、公路,到了1914年,日本全国铁路总里程已经超过7000公里。司法方面,仿效西方,颁布刑法、民法、民商法等法律,逐步建立资本主义性质的司法制度。

1873年日本取消基督徒传教的禁令。

3. 明治维新的影响和评价

明治维新使日本迅速崛起,通过学习西方,"脱亚入欧",改革落后的封建制度,走上了发展资本主义的道路,利用日趋强盛的国力,逐步废除与西方列强签订的不平等条约,收回国家主权,摆脱了沦为殖民地的危机,成为亚洲唯一能保持民族独立的国家,最终进入了近代化。而后随着经济实力的快速提升,军事力量也快速强化,更在1895年以及1904—1905年,分别于中日甲午战争与日俄战争中击败昔日强盛的两个大国——清帝国(1644—1911)和沙皇俄国(1721—1917),因而跻身于世界资本主义列强的行列。可以说,"明治维新"是日本历史的转折点,日本从此走上独立发展的道路,并迅速成长为亚洲强国,乃至世界强国。20世纪初,日本逐步成为帝国主义中的一员。

另一方面,虽然明治政府锐意改革,但较为偏重促使国家强盛,也遗留了许多问题如天皇权力过大,出身藩地的有权有势者长期掌控国政,形成势力庞大的"藩阀政治"体系,土地兼并依然严重,新兴财阀垄断市场。这些负面问题与日后发生并累积的一些难以解决的社会问题相互影响,最终直接或间接促使日本走上侵略扩张的道路。

练习与探究

1. 公元前8—前6世纪,雅典处于贵族政治时代,平民与贵族的矛盾日益尖锐。这一时期雅典贵族把持的权力机关有_____。 ( )

    ① 首席执政官　② 长老会议　③ 公民大会

    A. ①②③　　　　B. ①②　　　　C. ①③　　　　D. ②③

2. 马丁·路德发表《九十五条论纲》的直接原因是_____。 ( )

    A. 教皇派人到德意志兜售赎罪券

    B. 德意志四分五裂的局面阻碍了经济发展

    C. 教会在德意志大肆搜刮财富

D. 马丁·路德受人文主义的影响

3. 史学界普遍认为俄国1861年农奴制改革有利于资本主义发展,主要体现在_____。（　　）
① 专制政体趋于瓦解　② 积累了资金　③ 解放了劳动力　④ 结束了国内割据
A. ①②　　　　　B. ②③　　　　　C. ①④　　　　　D. ①②③

4. 日本明治维新产生的作用有_____。（　　）
①推动了日本政治民主化　②使日本摆脱民族危机,成为近代亚洲强国　③使日本走上了对外扩张之路　④使日本彻底扫除了封建势力
A. ①②③④　　　B. ①②③　　　　C. ①③④　　　　D. ②③④

5. 从原因、目的、任务和主要内容方面比较日本明治维新和俄国农奴制改革的不同点。

第二十三章 民主思想

一、启蒙思想

1. 启蒙运动的兴起

18世纪的法国仍然是一个君主政体的国家,专制和天主教会控制着国家的社会生活和人民的思想,农村在封建领主和教会的盘剥下已是满目疮痍,宫廷贵族挥霍无度、国库空虚。天主教会与专制王权相互勾结,推行文化专制主义、蒙昧主义,疯狂残害不同信仰者和有进步思想的人们。与专制制度严重衰败景象形成鲜明对照的是新兴进步力量的壮大,他们强烈要求冲破旧制度在政治、经济、思想方面的束缚。

在文艺复兴运动的推动下,自然科学取得很大进展。科学家们揭示了许多自然界的奥秘,天主教会的很多说教不攻自破,人们有了更多的自信。人们要求摆脱专制统治和天主教会压迫的愿望日益强烈,首先在思想领域展开了反对专制统治和天主教会思想束缚的斗争,由此掀起了一场轰轰烈烈的空前的思想解放运动,历史上称之为启蒙运动。

法国先贤祠

启蒙运动是发生在17、18世纪欧洲的一场反封建、反教会的思想文化解放运动,它为革命做了思想准备和舆论宣传,是继文艺复兴运动之后欧洲近代第二次思想解放运动。

【史海泛舟】

法语中,"启蒙"的本意是"光明"。当时先进的思想家认为,迄今为止,人们处于黑暗之中,应该用理性之光驱散黑暗,把人们引向光明。他们著书立说,积极地批判专制主义、宗教愚昧和特权主义,宣传自由、平等和民主。启蒙运动发生在18世纪的欧洲,最初产生在英国,而后发展到法国、德国与俄国。此外,荷兰、比利时等国也有波及。法国是启蒙运动的中心,法国的启蒙运动与其他国家相比,声势最大,战斗性最强,影响最深远,堪称西欧各国启蒙运动的典范。法国启蒙运动的领袖是伏尔泰。他的思想对18世纪的欧洲产生了巨大影响,所以,后来的人曾这样说:"18世纪是伏尔泰的世纪。"

启蒙思想家伏尔泰和卢梭都具有统一欧洲的思想,这一思想最终得以实现的事件是1993年欧盟建立。

2. 启蒙运动时期的思想家

洛克指出人们按契约成立国家的目的是保护私有财产,因此国家不应干涉公民的私有财产。洛克甚至进一步认为私有财产是人权的基础,没有私有财产无人权可言。

在政权形式上,他赞成君主立宪制,主张国家的立法权、行政权和处理外交事务的权力应分属议会和君主。而他的立法、行政和外交的分权思想,后来为孟德斯鸠所继承和发展,变成了立法、行政、司法的现代三权分立模式。

洛克(1632—1704)　　孟德斯鸠(1689—1755)　　伏尔泰(1694—1778)　　卢梭(1712—1778)

孟德斯鸠反对君主专制,提出"三权分立"学说。他认为国家的权力应分为立法权、行政权和司法权,并分属于三个不同的国家机关,三者相互制约、权力均衡。他还认为国家的法律不能违背人的理性,法律应当是理性的体现。孟德斯鸠学说否定了封建专制制度的合理性,奠定了资产阶级有关国家和法的理论基础。他的代表著作是《论法的精神》《波斯人的信札》等。

伏尔泰提倡天赋人权,认为人生来就是自由和平等的,一切人都具有追求生存、追求幸福的权利,这种权利是天赋的,不能被剥夺。他主张人一生下来就应当是自由的,在法律面前人人平等,他曾经说过:"我不能同意你说的每一个字,但是我誓死捍卫你说话的权利。"

伏尔泰还尖刻地抨击了天主教会的黑暗统治,他把教皇比作"两足禽兽",把教士称作"文明恶棍",说天主教是"一切狡猾的人布置的一个最可耻的骗人罗网",号召"每个人都按照自己的方式同骇人听闻的宗教热狂作斗争"。他不反对财产上的不平等。在反对君主专政的同时,他又赞成实行"开明专制"。主要著作有《哲学通信》《路易十四时代》等。

卢梭强调天赋人权、人民主权、社会契约说、革命合法性,认为私有制是人类不平等的根源,理性是不可靠的。卢梭还强调"公共意志",认为它非常重要,公民应接受它的统治。"公共意志"的具体形式就是法律,遵守法律的行为就是自由的行为。他从根本上反对君主的存在。卢梭的思想主张在法国大革命中成为罗伯斯庇尔领导的雅各宾派的理论旗帜,对欧美各国的革命产生了深刻影响。他的著作主要有《社会契约论》《论人类不平等的起源和基础》等;

在法国启蒙思想家中,卢梭对法国封建社会进行的批判最为严厉,最为激烈。卢梭是一位激进的民主主义者,他的思想精华和基本原则是人民主权思想。卢梭继承了洛克的"人民主权说",进而提出"主权在民"的主张,他认为一切权利属于人民,权利的表现和运用必须体现人民的意志。政府和官吏是人民委任的,人民有权委任他们,也有权撤换他们,甚至有权举行起义,消灭奴役压迫人民的统治者。这就是人民主权思想。

【史海泛舟】

孟德斯鸠与伏尔泰、卢梭合称"法兰西启蒙运动三剑侠"。

孟德斯鸠的著述虽然不多,但其影响却相当广泛,尤其是《论法的精神》这部集大成的著作。三权分立学说是古代希腊、罗马政治理论的发展,它体现了人民主权原则,奠定了近代西方政治与法律理论发展的基础,也在很大程度上影响了欧洲人对东方政治与法律文化的看法。他所提出的三权分立学说成为当今民主国家的基本政治制度的建制原则。

伏尔泰是十八世纪法国资产阶级启蒙运动的旗手,被誉为"思想之王""法兰西最优秀的诗人""欧洲的良心"。他是启蒙运动的领军人物,是启蒙运动的杰出领袖。

卢梭认为,人类最初处于原始的"自然状态",在这个时期,不存在私有制和不平等,私有制使人与人之间产生不平等。国家是因订立契约而产生,人民是制订契约的主体,由此他提出"人民主权"的思想,国家主权不能分割,也不能转让,必须表现人民的意志,法律是"公意",在法律面前人人平等,君主不能高于法律。

康德指出启蒙运动的核心就是人应该独立思考,理性判断。强调人的重要性,提出人就是人,不是达到任何目的的工具,即"人非工具";相信主权属于人民,自由和平等是人生来就有的权力,但同时坚持人要自律,自由和平等只能在法律的范围之内。从1781年开始,9年内他出版了一系列涉及广阔领域的有独创性的伟大著作,短期内带来了一场哲学思想上的革命。他的代表作主要有《纯粹理性批判》《实践理性批判》《判断力批判》等。

康德(1724—1804)

3. 启蒙运动的影响

启蒙运动是一次空前的思想解放运动,启迪了人们的思想,动摇了专制统治,为人民取得统治地位做了思想和理论的准备,推动了法国大革命爆发。它使民主共和的思想深入人心,促进了近代科技进步,极大鼓舞了殖民地和半殖民地人民争取民族独立的斗争,在人类历史发展进程中发挥了重要作用。

【史海泛舟】

启蒙运动的倡导者将自己视为大无畏的文化先锋,并且认为启蒙运动是以引导世界走出充满着传统教义、非理性、盲目信念以及专制为目的的一个时期(这一时期通常被称为黑暗时期)。这个时代的文化批评家、宗教怀疑派、政治改革派皆是启蒙先锋,但他们只是松散、非正式、完全无组织的联合。当时的启蒙知识的中心是巴黎,法语则是共享语言。

戊戌变法受启蒙运动影响最大的是君主立宪制。19世纪末20世纪初,中国出现一批启蒙学者,他们翻译欧洲启蒙思想家的名著,介绍他们的思想,对中国的思想界、学术界起了重要的推动作用。1898年戊戌变法失败后,严复把T.H.赫胥黎的《天演论》、孟德斯鸠的《论法的精神》、亚当·斯密的《国富论》、H.斯宾塞的《群学肄言》以及J.S.米尔(旧译穆勒)的《群己权界论》和《穆勒名学》等7部著作译成中文出版。辛亥革命后南京国民政府的《中华民国临时约法》,基本思想精神是天赋人权、三权分立、自由、平等、民主和法制的思想,显然其基本思想精神源于启蒙运动。

二、美国《独立宣言》

1.《美国独立宣言》的发表

早在独立前的一百多年间,欧洲启蒙思想就开始在北美传播。在欧洲启蒙思想的熏陶下,北美殖民地也产生了自己的启蒙思想家,代表人物是本杰明·富兰克林(1706-1790)和托马斯·杰斐逊(1743-1826),他们反对奴隶制,主张人民享有自由、平等的权利并且喊出了:"没有代表权,就不得征税"的口号。可以说启蒙运动为《独立宣言》的发表奠定了理论基础。

在整个18世纪60年代和18世纪70年代之间,英国和其北美殖民地之间的关系日益紧张。英国议会对殖民地不断征税,但在议会中却没有殖民地的代表。英国议会分别颁布《糖税法》(1764年)、《印花税法》(1765年)、《汤森税法》(1767年),引发殖民地人民的反抗。虽然北美人民最初的想法并不是完全独立,但是托马斯·潘恩的《常识》于1776年在北美发表,改变了人们的看法。

托马斯·潘恩的《常识》是一本不到50页的小册子。在这本小册子中,托马斯·潘恩以简练而生动的语言准确地回答了北美殖民地人民所关心的问题并从一个全新的角度指出了北美殖民地独立的必要性。托马斯·潘恩呼吁,殖民地人民必须与英国一刀两断,建立自己的共和国。他

托马斯·杰斐逊(1743—1826)

强调真正的权力必须而且只有来源于人民。托马斯·潘恩的思想代表了美国革命中激进派的主张。他的理论激励了更多的北美殖民地人民,特别是中下阶层的人民,坚定地投身于独立战争。至此,战争的目的已转向殖民地的独立。

1760年代与1770年代间,英属北美殖民地与英国间关系持续激化,终在1775年爆发列克星敦和康科德战役,成为美国独立战争之先声。托马斯·潘恩于1776年出版的小册子《常识》等更加掀起了反不列颠的风潮。《独立宣言》是一份于1776年7月4日由托马斯·杰斐逊起草并由其他13个殖民地代表签署的最初声明美国从英国独立出来的文件。

《独立宣言》的签署

1776年6月7日,在大陆会议的一次集会中,弗吉尼亚州的理查德·亨利·李提出一个议案,宣称:"我们以这些殖民地的善良人民的名义和权力,谨庄严地宣布并昭告:这些联合殖民地从此成为而且名正言顺地应当成为自由独立的合众国;它们解除对于英王的一切隶属关系,而它们与大不列颠王国之间的一切政治联系亦应从此完全废止。"6月10日大陆会议指定一个委员会草拟《独立宣言》。实际的起草工作由托马斯·杰斐逊负责。7月4日《独立宣言》获得通过并分送13个州的议会签署及批准。这13个州分别是:新罕布什尔州,马萨诸塞州,罗德岛州,康涅狄格州,纽约州,新泽西州,宾夕法尼亚州,特拉华州,马里兰州,弗吉尼亚州,北卡罗来纳州,南卡罗来纳州,佐治亚州。

1776年6月,马萨诸塞州的约翰·亚当斯、宾夕法尼亚州的本杰明·富兰克林、弗吉尼亚州的托马斯·杰斐逊、纽约州的罗伯特·李文斯顿、康乃迪克州的罗杰·谢尔曼(即后世所称之五人小组)聚集起草文告以宣示独立的决心。五人小组决议,宣言由托马斯·杰斐逊独立起草后对富兰克林与亚当斯展示,富兰克林一人至少修订了其中48处。杰斐逊后据此誊录了一份修订版,由五人小组于1776年6月28日上午呈大陆议会。

2.《独立宣言》的内容

《独立宣言》由四部分组成:第一部分为前言,阐述的政治哲学主要是自由和民主。内容包括人人平等、天赋人权以及政府的组成和社会契约等内容。第二部分高度概括了当时资产阶级最激进的政治思想,即自然权利学说和主权在民思想。第三部分历数英国压迫北美殖民地人民的条条罪状,说明殖民地人民是在忍无可忍的情况下被迫拿起武器的,力陈独立的合法性和正义性。在第四部分中,《独立宣言》郑重地立誓,宣布美国的独立。宣誓的誓词以基督教和契约理论作为依据,体现出了北美殖民地人民已经在语言、宗教信仰、社会思想的基础上达到了同一。

【史海泛舟】

《独立宣言》并非1776年7月4日签署的,7月4日是决议采用宣言的日期,之后进行了印刷。议会代表们大多于1776年8月2日签署宣言。1776年7月4日,大陆议会决议采用此宣言,其手写之初稿由议会主席约翰·汉考克与秘书查尔斯·汤森(Charles Thomson)签署后,即送往数个街口外的约翰·当列普(John Dunlap)印刷厂印制。当晚即印出150份至200份的印刷本,今称当列普单面印刷版(Dunlap broadside)。其中一份于7月6日送达乔治·华盛顿将军手中,他于7月9日对驻扎于纽约的部队宣读。尚存的25份当列普单面印刷版为此宣言最古老之现存版本,手写之原稿今已不存。

1776年7月19日,大陆议会裁示,手抄誊录一份印刷版的宣言以供与会代表签署。这份抄本的原稿由提摩西·梅拉克(Timothy Matlack)在议会秘书之协助下大字正体誊录而成。大部分与会代表于1776年8月2日签署此宣言,依据各人所代表的殖民州之地理位置,由北而南排序。数名代表因未出席会议,须于日后补签,其中有两名代表甚至根本没有签署。后来才加入大陆议会的代表们允获补签,最终共有56名代表签署此宣言。这份原稿今展示于国家档案署。约翰·杜伦巴尔之名画常遭误解,认为是《独立宣言》签署人之群像,但实为五人小组上呈大会其成果。1777年1月18日,大陆议会裁示,此宣言应更广为传布。经由玛丽·凯瑟琳·高达德(Mary Katharine Goddard)制作第二份手抄本。第一份手抄本上仅列出汉考克与汤森的姓名,第二份手抄本方列明所有的签署人。

3.《独立宣言》的历史影响

《独立宣言》的中心思想是宣布美国独立,一方面,它深刻地阐述了资产阶级民主主义原则即资产阶级的平等学说、天赋人权学说、主权在民学说、人民革命权利学说,等等。

《独立宣言》受美国共和主义精神所影响,即以它为自由权的基本架构。另外,《独立宣言》中也反映启蒙时期的哲学,包含自然律、自决与自然神论等观点。宣言中的理想,甚至其中一些片断,直接引用英国哲学家约翰·洛克的著作。

实际上,若干史家相信《独立宣言》曾用以作为宣传工具,即美国人尝试为其叛英行为立说,以说服不愿起事的殖民地加入并对可能施以援手的外国阐明自己起事的正当性。《独立宣言》亦曾用以结合大陆议会成员。《独立宣言》包含多名开国元勋的基本理念,其中若干日后编入美国宪法中。

《独立宣言》推动了世界历史的发展。《独立宣言》最重要的作用是将欧洲启蒙运动时期产生的天赋人权和社会契约思想转化为现实政治的原则,由于它是最早的阐明了天赋人权的政治纲领,因此马克思称它是"第一个人权宣言"。《独立宣言》充满着革命精神,在人类历史上第一次以政治纲领的形式宣告了民主共和国的原则,将人民主权首次贯彻到了新兴资产阶级的建国实践中。它直接影响了1789年的法国大革命,推动了整个欧洲的反封建斗争,也给拉丁美洲和亚洲民族独立运动以巨大推动力。宣言所体现的民主共和思想,也使中国资产阶级思想家受到启迪和鼓舞,为辛亥革命爆发奠定了思想基础,推动了中国民族解放运动的发展。

《独立宣言》虽然指出"人人生而平等"的原则,但在当时,宣言所标榜的自由平等权利只能是资产阶级的权利,反映了资产阶级的阶级本质,是为资本主义制度服务的。

三、法国《人权宣言》

《人权和公民权宣言》简称《人权宣言》,1789年8月26日颁布,是在法国大革命时期颁布的纲领。《人权宣言》以美国的《独立宣言》为蓝本,采用18世纪的启蒙学说和自然权论,宣布自由、财产、安全和反抗压迫是天赋不可剥夺的人权,阐明了司法、行政、立法三权分立的原则,法律面前人人平等,私有财产神圣不可侵犯。

1. 《人权宣言》颁布的社会背景

18世纪资本主义在法国部分地区已相当发达,出现许多手工工场,个别企业雇佣数千名工人并拥有先进设备。金融资本雄厚。资产者已成为经济上最富有的阶级,但在政治上仍处于无权地位。农村绝大部分地区保留着旧的地主土地所有制并实行严格的等级制度。由天主教教士组成的第一等级和贵族组成的第二等级,是居于统治地位的特权阶级。其他公民如农民和城市平民组成第三等级,处于被统治地位。特权阶级的最高代表是波旁王朝国王路易十六。18世纪末,第三等级同特权阶级的矛盾日益加剧,特权阶级顽固维护其特权地位。在第三等级中,农民和城市平民是基本群众,是后来革命中的主力。资产者则凭借其经济实力、政治才能和文化知识处于领导地位。

在路易十五当政时期(1715-1774),由于人民极度不满国王的统治,国王不断遭到各种抨击。由此形成了启蒙运动,涌现出了伏尔泰、孟德斯鸠、卢梭、狄德罗等一大批思想开明的人物,天赋人权、君主立宪、三权分立、主权在民等思想应运而生并且日益深入人心。

1789年5月5日路易十六在凡尔赛宫召开三级会议,企图对第三等级增税,以解救政府财政危机。第三等级代表则要求制定宪法,限制王权,实行改革。6月17日第三等级代表宣布成立国民议会,7月9日改称制宪议会。路易十六调集军队企图解散议会,激起巴黎人民的武装起义。

2. 《人权宣言》的发布

革命爆发后,各个城市纷纷仿效巴黎人民,武装起来夺取市政管理权,建立了国民自卫军。在农村,到处都有农民攻打领主庄园,烧毁地契。不久,由人民组织起来的制宪会议掌握了大权。这一年,制宪会议颁布了"废除一切旧义务"的"八月法令",紧接着又通过了穆尼埃起草的《人权宣言》。宣言的思想基础是洛克和卢梭等欧洲启蒙学者的"自然法"和"社会契约思想"。

3. 《人权宣言》的内容

它的主要内容包括:人们生来而且始终是自由的,在权利上是平等的,这些权利就是"自由、财产、安全和反抗压迫"。

宣言还宣布,国民议会在上帝面前并在其庇护之下确认并宣布下述的人与公民的权利:在权利方面,人们生来是而且始终是自由平等的,除了依据公共利益而出现的社会差别外,其他社会差别,一概不能成立;任何政治结合的目的都在于保护人的自然的和不可动摇的权利;整个主权的本原,主要是寄托于国民;自由就是指有权从事一切无害于他人的行为;法律仅有权禁止有害于社会的行为;法律是公共意识的表现;除非在法律所规定的情况下并按照法律所指示的手续,不得控告、逮捕或拘留任何人;任何人在其未被宣告为犯罪以前应被推定为无罪,即使认为必须予以逮捕,但为扣留其人身所不需要的各种残酷行为都应受到法律的严厉制裁;意见的发表只要不扰乱法律所规定的公共秩序,任何人都不得因其意见,甚至信教的意见而遭受干涉;自由传达思想和意见是人类最宝贵的权利之一;人权的保障需要有武装的力量;为了武装力量的维持和行政管理的支出,公共赋税就成为必不可少的;社会有权要求机关公务人员报告其工作;凡个人权利无切实保障和分权未确立的社会,就没有宪法;私人财产神圣不可侵犯,除非当合法认定的公共需要所显然必须时,且在公平而预先赔偿的条件下,任何人的财产不得受到剥夺;等等。宣言还强调国家的最高权力来自于人民,任何团体、任何个人都不得行使主权未明确授予的权力。

4.《人权宣言》的发展

大革命时期的人权宣言也不是法国历史上人权宣言的全部,除此以外,第二次世界大战结束以后法国还制定了《新人权宣言》草案。

1945年10月21日法国经全民投票产生了战后第一届制宪会议,着手起草宪法。宪法草案分为新人权宣言和宪法本文两个部分,由制宪会议分别草拟通过,最后作为完整的宪法草案提交全民复决。不少宪法与政治史论著都叙述了1946年4月19日第一届制宪会议通过的宪法草案。实际上这只是宪法本文草案部分。而对于另一部分,即由制宪会议在13天前的1946年4月6日通过的《新人权宣言》草案,人们几乎未予注意和研究。1946年5月5日在对整个宪法草案进行全民公决时,有80%的选民参加了投票,投票人中53%的人投了反对票,只有47%的人投赞成票。这样,连同《新人权宣言》草案在内的整个宪法草案就被全民投票否决了。

《新人权宣言》草案虽然未能被正式批准生效,可是这并不构成忽视乃至否定其历史意义的充分理由。首先,《新人权宣言》草案与宪法本文草案是作为一个不可分割的整体被提交全民公决的,投赞成票的人是《新人权宣言》草案的当然的支持者,而投反对票的人却并不都是这一草案的反对者。由于宪法本文草案确定的政权组织形式是议会制,一院制的国民议会成为主要的和最高的权力机关,"它所行使的权力几乎不受任何限制",而内阁和总统基本上处于无权地位。正是对这种单一议院至高无上的权力的恐惧,促使不少人投了反对票。

其次,《新人权宣言》草案对1789年人权宣言的补充和扩展,不仅在1946年10月13日生效的法兰西第四共和国宪法序言中被大部分保留下来,而且也得到1958年9月28日生效的法兰西第五共和国宪法即法国现行宪法序言的再度肯定:"法国人民庄严宣告忠于1789年人权宣言所肯定的以及为1946年宪法序言所确认并加以补充的各项人权。"可见,新人权宣言的历史地位和影响是客观存在,是不可忽视的。

《人权宣言》具有深远的历史意义。法国大革命时期颁发的《人权宣言》揭示了天赋人权、自由平等的原则,否定了封建等级制度,体现了摧毁封建君主专制的要求,成为资产阶级夺取政权和巩固政权的思想武器,它实际上宣告了旧封建王权的灭亡和资产阶级政治制度的诞生。

《人权宣言》的公布表明,法国资产阶级用以法律为基础的资产阶级权利取代了君主个人意志为标志的封建特权。这在政治和法律领域带有根本性的变化。作为资产阶级革命的纲领性文件,它将启蒙思想发扬光大并用法律的形式固定下来,起到承前启后、继往开来的巨大作用,特别对欧美的资产阶级革命或改革都产生了广泛而深远的影响。它还推动了其他很多国家民主思想的发展,推动了世界资产阶级民主化的进程。法国资产阶级革命思想和学说对亚洲和中国的革命都产生了不同程度的影响。

【史海泛舟】

法国是启蒙运动的核心。两百多年来,人权宣言的精神、原则和规范已融入到社会生活的各个方面,不但形成了法国宪政文化的鲜明特色,而且对西方近现代的历史产生了深刻的影响。从一定意义上可以说,法国人权宣言是西方国家人权宣言的集中代表。法国人权宣言的历史演变反映了整个西方世界人权观念演化的历程,而1946年法国《新人权宣言》草案则是联结近代与现代西方人权的中介和桥梁。因此,围绕《新人权宣言》草案展开对法国历史上不同时期人权宣言的比较研究,可以看到西方人权观念历史演变的清晰轨迹。作为大革命中第一个以启蒙思想为基础制定的纲领性文献,《人权宣言》从根本上否定了封建主义的君权、神权和特权。在其号召下,法国民众得到了最广泛的动员,人民的热情得到了最充分的激发,波澜壮阔的革命进程获得了最直接的推动,资产阶级夺取政权获得了最尖锐的思想武器。它彻底宣告了"旧制度的死亡"。《人权宣言》也是"新制度的诞生证书",是"引导法国走向近代资本主义的指针"。它以法律形式宣布了资产阶级借以立国的各项基本原则,使"人权""自由""平等""法治"这些启蒙思想家的基本主张成为新社会的奠基石。从此,"主权在民"取代了"主权在君",以法律为根基的公民社会取代了以特权为基础的贵族社会,公民的自我意识空前觉醒,人民在国家中的主体地位空前提高。《人权宣言》在世界民主化进程中具有极为重要的地位。它不仅直接引发了欧洲的资产阶级革命,而且对后世各国的成文宪法产生了深远影响,推动了民主思想的发展和人类文明的进步。它所确立的"人权"原则在今天已经成为了全人类共同的精神财富。诚如陈独秀在《法兰西与近世文明》中所言:"世界而无法兰西,今日之黑暗不识仍居何等。"正是在《人权宣言》这一理想之帆的鼓舞下,中国的仁人志士用"人权"做武器,以"民主"为归依,向旧制度旧思想发起了一次又一次艰难而悲壮的冲击。

四、社会主义运动

1. 科学社会主义的诞生

在马克思主义产生以前,社会主义作为人们的一种美好的理想,以空想的形式在世界上存在。代表人物有莫尔、欧文,前者于1516年写了《乌托邦》一书,后者于1844年写了《新道德世界》一书。他们抨击资本主义社会的贪婪,对未来理想社会做了详细的描绘。他们也看到了资本主义制度灭亡的必然,但无法找到通向理想社会的道路。莫尔还曾建立了一个"乌托邦"村,用以实验他的改造社会的理想,但由于一切努力都是建立在空想而不是科学基础上的,空想社会主义必然以失败告终。

在工业革命的推动之下,资本主义经济得到迅速发展,但是弊端也在日益暴露。比如1825年作为资本主义头号强国的英国爆发了第一次经济危机。这是资本主义制度的基本矛盾——生产社会化和生产资料私有化之间矛盾的必然结果。广大的工人为了改善恶劣的劳动条件和生活状况,同资本家展开了多种形式的斗争,工人运动逐渐兴起。其中1831、1834年的法国里昂工人起义、1836年开始的英国宪章运动和1844年的德意志西里西亚织工起义影响较大。因为这几次工人运动让无产阶级作为一只独立的政治力量开始登上历史的舞台。

在工人运动的浪潮中,马克思和恩格斯结成了伟大的友谊。马克思和恩格斯对德国古典哲学、英国古典政治经济学和英法的空想社会主义进行批判地继承,创立了马克思主义。随着《共产党宣言》的发表,马克思主义正式诞生了。从此,无产阶级的斗争有了科学理论的指导,社会主义运动开始蓬勃发展。

【史海泛舟】

世界社会主义影响最为深远的有三大流派,科学社会主义(又称马克思列宁主义)、民主社会主义(又称社会民主主义)和国家社会主义(又称拉萨尔主义)。民主社会主义实质上是资产阶级改良主义的变种,主张"博爱"也就是"阶级调和",主张劳资双方"互利共赢"也就是"阶级合作",主张以福利制度缓和阶级矛盾。国家社会主义认为,国家是代表一切阶级利益的超阶级的存在,实现社会主义不应该寄希望于革命,而应该企求国家的恩赐,所以他的要求是实行普选,国家扶持建立工人合作社,实行国有化等。

尽管科学社会主义和国家社会主义都提出了国有化的主张,但在科学社会主义看来,国有化不过是资本主义走向崩溃时所必然导致的结果,而国家社会主义却将它看作救世良方。

2. 国际社会主义运动的发展

马克思、恩格斯继续总结各国工人运动经验,进行深入的理论研究,为建立新的国际工人组织准备了条件。1864年,新的国际工人组织——"国际工人协会"在伦敦成立,史称第一国际。国际工人协会是马克思主义与工人运动相结合的产物,它的成立推动了国际社会主义运动进入一个新的阶段。

1870年左右,法国在与普鲁士的战争中失败,激化了国内矛盾和民族矛盾。加之当时的临时政府对外妥协、对内镇压,引起了无产阶级的强烈不满。在马克思主义的鼓舞下,人民迫切需要建立一个无产阶级专政的政府。于是巴黎公社应运而生,它是第一个无产阶级政权的雏形。但是,由于建立无产阶级专政的条件还不足,普法反动势力相勾结,力量强大;又加之公社脱离了最应该团结的人民群众,导致了孤军奋战。最终,巴黎公社被扼杀在血泊之中。

巴黎公社的历史意义在于,它是无产阶级推翻资产阶级的统治,建立无产阶级专政的一次伟大尝试。它的实践,丰富了马克思主义关于无产阶级革命和无产阶级专政的学说,是国际社会主义运动的宝贵财富。

1917年,人类历史上第一个社会主义国家在俄国诞生了。苏联无产阶级政权的建立和社会主义制度的建立,使社会主义也由理想变成了现实。第二次世界大战以后,社会主义由一国实践变成了多国实践并形成了社会主义阵营,从而结束了资本主义一统天下的局面。这个阶段是社会主义由理想变成现实的初创阶段。

但是,苏联模式的社会主义经过半个多世纪的发展,并没有充分显示出自身的优越性,反而陷入僵化和教条的桎梏而裹足不前。资本主义势力纠集在一起,对社会主义国家发动"和平演变",进行经济战、政治战和文化战,在国内外复杂因素的作用下,苏联解体,东欧剧变,国际共产主义运动遭受了有史以来的最大挫折。

苏联的解体和东欧的剧变,并没有吓倒中国共产党人。就在西方国家"社会主义失败了,资本主义胜利了"的一片欢呼声中,以邓小平为代表的中国共产党人临危不惧,冷静观察,沉稳应对,成功地找出了适合本国国情的新的发展道路。今天的中国共产党人立足于中国社会主义改革和发展实际,吸取了其他社会主义国家在社会主义建设中的经验教训,探索出了社会主义新的发展模式,即中国特色社会主义发展道路。从某种意义上说,中国特色社会主义事业的成功将标志着世界社会主义运动进入了复兴阶段。

【史海泛舟】

19世纪70年代,西学东渐,"社会主义"一词才开始在日本、中国书刊中出现。日本学者加藤弘之于1870年在《真政大意》中用日文片假名音译西方"社会主义"一词。福地源一郎于1878年6月《东京每日新闻》上第一次用汉字意译为"社会主义"。中国的《西洋杂志》于1878年音译为"索昔阿利司",《万国公报》于1899年意译为"安民新学""养民学",康有为、梁启超从1901年至1902年意译为"人群之说""人群主义"。梁启超从1902年9月25日出版的《新民丛报》第18期开始,把当时日本人通用的"社会主义"一词移植过来。从此,"社会主义"一词在中国书刊中逐步得到使用。

练习与探究

1. 卢梭的"主权在民"学说和社会契约论在当时最主要的政治意义是_____。 (   )
   A. 代表并反映了小资产阶级和广大下层群众的利益和要求
   B. 把欧洲启蒙运动推向高峰,进一步解放了人们的思想
   C. 成为资产阶级反对封建专制制度的思想武器,为推翻专制提供了理论依据
   D. 对欧洲、北美洲和亚洲产生了极其深远的历史影响

2. 英国《权利法案》、法国《人权宣言》和美国《独立宣言》三部资产阶级革命文献的内容的相同点体现在_____。 (   )
   A. 反对封建专制制度,提倡权利平等   B. 反对压迫,要求自由、民主
   C. 反对殖民压迫,实现民族独立   D. 建立资产阶级法制社会

3. 1889年在巴黎召开的国际社会主义者代表大会_____。 (   )
   A. 宣告了第一国际的成立   B. 通过了每年庆祝五一国际劳动节的决议
   C. 成立了国际社会主义执行局   D. 确定了八小时工作制

4. 从背景、核心思想、影响、实践四个方面比较洛克与卢梭的民主思想有哪些相同点和不同点。

第二十四章 历史人物

一、英国"护国主"克伦威尔

1. 走向政坛

1599年4月25日,奥利弗·克伦威尔降生在英国的一个农业小镇亨廷顿。他的父亲是小镇上的一个中等乡绅。克伦威尔的整个家庭环境完全是清教徒式的,他从小就受到清教徒的熏陶。亨廷顿小学也同样充满了严肃的清教徒气氛,这一切在克伦威尔心中留下了深刻的印象。孩提时代的克伦威尔,粗鲁、狂野、喜欢喧闹,热衷于踢球、舞棒和骑马。1616年17岁的奥利弗·克伦威尔进入剑桥大学。由于克伦威尔的父亲故去,中断了他在大学里的学习。

1617年夏天,18岁的克伦威尔不得不辍学回家帮助母亲料理农庄。为了成为一名治安法官,克伦威尔去伦敦学习法律,与当时的政治家、商人和金融家过从甚密。1620年8月克伦威尔同伦敦一个商人的女儿结了婚。婚后不久,克伦威尔回到家乡,开始全力以赴经营农业。凭借实干和家产,克伦威尔很快成为当地一名有重要影响力的人物。

克伦威尔(1599—1658)

当时英国正处于詹姆士一世昏庸统治时期,王权和议会间的裂痕逐渐加大。1621年第三届议会上因下议院反对詹姆士同西班牙结亲,詹姆士更加嫉恨,宣布禁止议会议论内外政策。1625年查理当了国王,查理一世的欺骗与伪善破坏了人们对他的信任。仅仅4年过后,国王与议会彻底决裂。由于在对西班牙战争的态度上国王与议会发生严重的分歧,议会被解散。

1626年,由于急需资金迫使查理国王重新召集议会,加之宠臣白金汉的对外政策接连失败,国内气氛越来越紧张。国内形势的变化也使克伦威尔在不断探索自己的立场,考虑自己的使命。当国王命令在亨廷顿选举两名代表出席他的第三届议会时,克伦威尔如愿以偿,成了一名议员,从此他的道路发生了根本性的变化。议会于1628年3月在威斯敏斯特召开。克伦威尔第一次走进了下院,下院成了他学习政治斗争的一所好学校。在议会中,克伦威尔看到了许多优秀演说家、反对派领袖。议会和国王的斗争激烈,在暂时休会四个月后,议会第二次会议开幕,议会的主题也转向清教徒十分担心的宗教问题。清教徒的典型人物克伦威尔请求发言,克伦威尔的第一次发言简短而有力,猛烈地抨击了受宫廷保护的天主教,主张保卫清教徒的利益。这次发言产生了很大影响,下院多数议员拒绝服从国王命令并且通过《三项决议》提案,反对天主教,反对国王任意征税。国王查理一世惊恐万状迅速调集军队强行解散议会。作为议员的克伦威尔一开始就坚决违抗国王的旨意。

解散议会后,查理一世开始了11年的漫长独裁统治。一系列独裁政策引起人民强烈不满,危机四伏,起义思潮蔓延,骚乱层出不穷,英国革命形势渐趋成熟。1628年议会解散后,克伦威尔回到亨廷顿做起了绅士。1636年克伦威尔迁到伊里城居住,成为该郡的最大乡绅之一。这几年里,克伦威尔成了剑桥郡及邻郡最受欢迎的人物。克伦威尔赢得声望是同他确立的同专制制度斗争的思想分不开的。国王查理一世的权威不断强化，人们的反抗情绪也不断高涨，最后终于导致了起义，迫使查理一世再次召集议会，克伦威尔信心十足地再次走进下院。1638年苏格兰人民举行了起义。为了募集到钱镇压起义，查理一世不得不于1640年重新召集议会，这届议会中的激进派认定：公开反对王权专横的时刻到了。来自剑桥郡的议员克伦威尔成了这一想法的领袖人物。很快，议会成为反对英国王权的领导中心，它的召开是英国资产阶级革命开始的标志。此后，查理一世同资产阶级和新贵族经过反复较量，最终在1642年，挑起内战。

2. 领导革命

1642年7月，克伦威尔肃清了剑桥郡的王党，使剑桥郡成了议会的坚强支柱。1642年8月，英国内战爆发。9月，克伦威尔以上尉军衔统率一支60名志愿者组成的骑兵团，这支骑兵团是克伦威尔自己出钱组织的。士兵从信奉清教的自耕农中选出，这些人吃苦耐劳，痛恨封建制度，虔诚地信仰上帝，愿意为议会献身。在战场上，他们能够克制自己的物质欲望，不去抢夺战利品。克伦威尔坚持根据勇敢和忠诚提拔军官，废弃只有骑兵和贵族才能充任军官的陈规，许多出身低微却很有才干的人，投到他的麾下，这些人犹如新鲜血液，使军队充满活力。为了严肃军纪，克伦威尔还对军队约法三章：对侵犯和平居民、盗窃、酗酒者严惩不贷；哨兵执勤时偷懒睡觉要被枪毙；巡逻时酗酒要处于死刑；盗窃和抢劫者处死；抛弃武器者处死。这些为数不多的自耕农后来成了赫赫有名的"铁骑"的核心。这一时期的活动很快把克伦威尔推到了革命的前台。

克伦威尔在战场上

1643年初，埃吉山之役的克伦威尔从名不见经传的骑兵上尉越升为骑兵团首脑，经过努力，一支新型军队"铁骑"建立起来了。"东部联盟"部队最初几次战斗，都是小规模的冲突，从5月到10月间进行了三次战斗——格兰萨姆之战、盖恩斯巴勒之战和温斯比之战，克伦威尔在这些战斗中立了赫赫战功，起了显著作用。但克伦威尔在议会中依然还没有起多大作用，占绝对多数的长老会派一直主和，结果导致初期议会军失利。在这种情况下，议会开始重用克伦威尔。在议会的支持下，在马斯顿荒原战役中，克伦威尔有机会发挥了他卓越的统帅才能。

1644年7月克伦威尔率领议会军左突右击，重挫王军大获全胜。马斯顿荒原一役，最终树立了克伦威尔的军威，"铁骑军"的称号也广为传播。不久克伦威尔成立了"新模范军"，克伦威尔的"铁骑"成了核心，他自己后来也成了统帅。1645年6月14日，克伦威尔率"新模范军"大败王军，战役以胜利告终。

1646年5月,国王查理秘密离开牛津投奔苏格兰人,内战结束。

1848年,国王反扑,挑起了第二次内战。不久,克伦威尔平定了王党叛乱,又一次结束内战。

1649年1月30日,查理一世被斩首处死,结束了封建王朝的统治,资产阶级共和国在英国建立。

克伦威尔在邓巴战役中

3. 走向独裁

早在共和国建立之初,乘英国革命之机,爱尔兰就宣布了独立。查理一世被处死后,苏格兰的封建贵族拥戴查理一世的儿子为国王,称查理二世,发动了反对共和国的暴乱。克伦威尔率领军队,远征爱尔兰和苏格兰。最终,将这两个地方并入英国。此时克伦威尔的声威达到了顶点并且远震国外。

共和国成立之初,领导权落入克伦威尔等高级军官手里。1653年4月,克伦威尔率领一支火枪队,驱散了不够驯服的议会。新的议会代表由克伦威尔亲自圈定,人数较少,成为"小议会"。"小议会"并没有按照克伦威尔的意愿行事,所以很快被解散,全部政权移交给克伦威尔。克伦威尔被拥立为终身护国主,建立起军事独裁统治。他不仅是英格兰、苏格兰和爱尔兰的陆海军总司令,还掌握了国家最高行政机关,他的命令具有法律效力。不久,他把全国分为11个军事行政区,各区派少将一人,对克伦威尔直接负责。这些少将具有统辖民兵、征税和监督居民行为的一切大权。

1651年,克伦威尔颁布《航海条例》,排斥荷兰的中转贸易。荷兰拒绝接受,英荷战争爆发。最终,荷兰失去了海上霸权。战争期间,一手拿着宝剑,另一只手拿着祈祷书的克伦威尔充分施展了外交才干,分别同当时的强国——瑞典、丹麦、葡萄牙等国,签订商约,巩固了英国的海上霸权与商业利益。

仅做了五年护国主的克伦威尔,在全国建立起了有序的行政机构。他改善了法律,对文化教育进行了扶持,提倡宗教信仰自由,积极建立工商业。这一时期,英国工业生产超过革命前的水平。1658年,克伦威尔因患疟疾在伦敦去世。他的长子继承护国主,但统治时间极为短暂。

两年后,斯图亚特王朝复辟,克伦威尔的遗体被掘出来,鞭尸斩首,悬头示众。复辟王朝最终被1688年的"光荣革命"推翻。英国确立了君主立宪制。

二、美国国父华盛顿

1. 维农山庄的主人

乔治·华盛顿1732年出生于弗吉尼亚的一个大种植园主家庭，从童年开始，父母就在接人待物等方面对华盛顿严格要求，从小培养起华盛顿诚实、勇敢、理性又善于冒险等优秀品质。

华盛顿（1732—1799）

华盛顿11岁时，父亲去世了。在母亲的严格管教下，他掌握了土地测量、牲畜饲养等技术，学会用自己的技能去挣钱。20岁左右华盛顿继承了哥哥的维农山庄。1753年到1758年期间华盛顿在军中服役，积极参加了英法在东海岸的战争，从而获得了军事经验和威望；1758年解甲回到弗吉尼亚，不久便与一位带有两个孩子的富孀——玛莎·丹德利居·卡斯蒂斯结了婚，使得他的财产大增，到30岁时就经营着弗吉尼亚最大的种植园。在这前后，他加入了英国殖民者弗吉尼亚民团并参加了七年战争【七年战争是指1756—1763年英法为争夺海外殖民地而进行的战争，通过这场战争，法国的海外殖民地大部分被英国占领。在北美，英国夺取了法国整个圣劳伦斯河流域以及密西西比河以东的广大土地。这场战争后，英国一跃成为世界上最大的殖民强国】。在与法国人的斗争中他表现出众，职位从少校副官升为民兵司令。这是华盛顿的早期民兵生涯，他的作战经验和领导艺术也在这时候积累起来。但是由于对为英国殖民者作战的前景感到失望，他还是回到维农山庄，做了农庄的主人。

2. 大陆军总司令

七年战争后，英国改变了对北美殖民地的政策，先后出台一些税收法令，以加重对北美人民的剥削，因而引起北美人民的不满。1773年发生了波士顿倾茶事件，英国对北美施加报复，又颁布了一些高压法令，北美人民与英国殖民者的矛盾日益激化。这时，华盛顿也参加到反英斗争中来，他宣告，将由自己出钱，带领1000名战士，前去援助波士顿。不久，第一届大陆会议召开，华盛顿被推举为参加会议的弗吉尼亚代表。

战斗中身先士卒的华盛顿

1775年4月，在莱克星顿北美人民打响了反抗英国殖民者的第一枪，北美独立战争从此开始。随后，第二届大陆会议在费城召开。会议决定组建大陆军，与会代表一致推选华盛顿任总司令。他军事经验丰富，家产万贯，闻名遐迩，指挥才能卓越，尤其他坚忍不拔的性格使他成为统帅的理所当然的人选。在整个战争期间，他忠诚效劳，分文不取，廉洁奉公，堪称楷模。

刚刚组建的大陆军,实际上是由几个殖民地的民兵联合而成的一支部队。士兵衣衫褴褛,装备很差;各部分军队各自为战,指挥难以统一。华盛顿对这支军队重新编制,制定了严明的纪律并努力改进部队的装备,招募新兵。经过一段时间的整顿,大陆军的面貌大有改观。后来,华盛顿还请来了一位普鲁士军官,帮助他训练正规军。在以后的作战中,正规军与民兵相结合,使大陆军作战更具有灵活机动性,对保证战争的最后胜利起到了重要作用。

1776年初,围攻波士顿是华盛顿率领大陆军进行的首次军事行动。在被围困的一个月后,英军被迫从这座城市逃走,大陆军不费一兵一卒解放了波士顿,这是北美人民取得的首次重大胜利。战场上的胜利推进了北美独立进程,1776年7月4日,第二届大陆会议正式通过了《独立宣言》,宣告美利坚合众国的成立。

围攻波士顿胜利后,华盛顿率领的大陆军一度受挫。但是,他又指挥大陆军袭击特伦敦和普林斯顿的英军并取得了胜利。在战斗中,华盛顿身先士卒,置身枪林弹雨中,为士兵做出了表率。两次传奇性的胜利也大大鼓舞了各地的爱国者,使他们对胜利充满了希望。

1777年10月,北美大陆军在萨拉托加将柏高英率领的5000名英军包围并俘虏,取得了萨拉托加大捷。这次胜利成为美国独立战争的转折点。此后,法国同意与北美人民共同作战,而西班牙、荷兰等国也先后对英国宣战,到1780年,美英战争扩大为国际性的战争,英国完全陷于孤立。1781年,华盛顿率领大陆军将康华丽将军所率领的英军围在约克镇。在美法联军的进攻下,10月康华丽将军和7000名英军向美军投降。这次胜利是华盛顿戎马生涯最辉煌的时刻,也标志着北美战场上战争的结束,北美人民取得了最后胜利。1783年,美英在巴黎签订和约,英国承认美利坚合众国为自由、民主、独立的国家。

华盛顿在约克镇接受英军投降

3. 从制宪到总统

军事胜利后,华盛顿的威望如日中天。北美人民把他视为神明和救星,而军队一些人则蠢蠢欲动,准备将华盛顿推向国王的宝座,华盛顿坚决反对封建专制制度,对此严词拒绝。他郑重地把大陆军总司令的任命书交还回去,告别昔日的部下,回乡务农。

在退居家乡的日子里,除了经营自己的庄园,华盛顿还在关注着国家政治的变化。独立后的美国仍处于一片混乱状态。1781年3月开始生效的《联邦条例》,确定美利坚合众国为一个联邦国家,实际上只是由13个州构成的松散联盟,各州保持相对独立,联邦政府无权干涉各州内政。1786年,在马萨诸塞发生了退伍军人谢司领导的起义,这次起义虽然以失败告终,但是震动了整个统治集团,他们不约而同地认识到强化中央权力的必要性和迫切性。华盛顿也为联邦政府的软弱无能担忧,1787年5月在费城召开了制宪会议,德高望重的华盛顿被推举为会议主席。

1787年5月25日费城制宪会议

经过激烈争论,会议最后通过了一部宪法——《联邦宪法》,以取代《联邦条例》。它规定美国是一个联邦制国家。国家元首为总统,实行三权分立等等。1787年宪法确立了一个真正的全国政府,它用一个名副其实的国家法代替《联邦条例》下松散的联盟,对内有利于市场的形成,对外则有能力保卫国家的安全。1788年夏,宪法最终获得通过。华盛顿怀着喜悦的心情再次踏上归程。

根据新宪法规定,将进行总统选举,华盛顿成为国内各派都能接受的人选,众望所归。他再一次离开维农山庄,来到纽约。1789年4月30日,美国历史上第一次总统就职仪式在纽约隆重举行。尽管广场上欢声雷动,华盛顿却表情沉重。新诞生的美国面临着重重困难:联邦政府实力不足,因战争而债务累累,陆海军名不副实,等等。

很快,华盛顿就发挥了卓越的领导才能,他先以周全的考虑网络人才,他组织机构精干的联邦政府,使南方、北方,保守派和民主派等集团的意见在政府中都有反映,力求各个方面之间保持平衡。他颁布司法条例,成立联邦最高法院。他支持汉密尔顿关于成立国家银行的计划,组建了国家银行,巩固了国家信用,稳定了货币,活跃了国民经济。他批准杰斐逊所支持的公共土地法案,奠定了西部自由土地制度的基础。在外交上,他极力改善同英国的关系,与周边的印第安人签订友好条约,以保证国家的和平。华盛顿还在第一任总统任期中创立了总统否决权制度。身为首任总统,他恰当地行使自己的权力,既维护了国家的民主制度,又在各个方面完善了总统制。

1793年,意欲隐退的华盛顿再次被推举为总统。在第二任期内,除巩固第一任期内的成果外,华盛顿在欧洲英法开战的情况下,宣布"严守中立"政策,从而使美国避免介入欧洲战事之中。在这个时期,美国的西进运动也在不断开展。到第二任期结束时,华盛顿基本实现了自己的目标,他决然隐退。

1796年,华盛顿在报纸上公开发表了告别辞,总结了自己一生的政治经验,对后继者提出了谆谆告诫。他告诫大家,要维护联邦的统一,尊重宪法和各项法律,摒弃党派偏见,弘扬道德和宗教。在外交政策上,他指出美欧具有不同的利益,不要感情用事地同外国进行友谊的结合或敌对的冲突。这篇告别辞,被后来者视为美国孤立主义的先导,孤立主义外交政策在长时期内为美国历任统治者所遵循和发展。1797年3月4日,华盛顿向他的继任者约翰·亚当斯和平移交了权力,从而在这个新国度里创立了有条不紊地和平移交最高权力的范例,并由以后历届去职总统所信守。64岁的华盛顿急流勇退,辞官回家,不当终身总统,这为美国历任总统连任不得超过两届的制度创立了范例,赢得了美国人民的衷心拥护。

1799年12月13日,一场风寒后华盛顿病逝。几天后,美国人民为自己爱戴的英雄举行了葬礼。一连数月,全国人民都沉浸在极度的悲痛之中。

华盛顿的一生,将国家利益、民族利益置于个人幸福之上,不恋官位,不慕权势,坚持民主,警惕专制,他的精神与他所确立的原则在美国的政治生活中发挥着极大的作用。华盛顿为美国的建立和国家的民主建设做出了卓越贡献,无愧于美国国父的称号。

1927 年到 1941 年,雕刻家在美国的南达科他州拉什莫尔山的巨石上雕刻了美国历史上的四位著名总统的雕像,其中排在第一位的就是美国开国总统华盛顿的半身雕像(其他三位为杰弗逊、罗斯福、林肯)。他目光锐利,凝视前方,若有所思。这四座雕像被视为美国的象征。

三、一代雄狮拿破仑

1. 初露锋芒

拿破仑·波拿巴 1769 年出生在科西嘉岛的阿雅克肖城,他的家族是一个意大利贵族世家,科西嘉岛刚刚被卖给法兰西王国,法王承认其父亲为法兰西王国贵族。家道破落的父母对拿破仑寄予厚望,取名"拿破仑",意为"荒野雄狮"。少时的拿破仑沉默寡言,英勇好斗。在父亲卡洛·波拿巴的安排下,拿破仑 10 岁时就到法国布里埃纳军校接受教育。在那里他发奋学习,古希腊、罗马的英雄,特别是亚历山大、恺撒等人的辉煌业绩使他神往,卢梭、孟德斯鸠、伏尔泰等启蒙学者的著作让他着迷。1784 年,拿破仑以优异成绩毕业后,被选送到法国声望最高的军校——巴黎军事学院学院,专攻炮兵学。第二年父亲去世,他被迫停学,被授予少尉军衔,派往炮兵团服役。

1789 年法国大革命爆发,当时法国政局变幻莫测,形势风起云涌。大革命初期,代表大资产阶级和自由派贵族利益的君主立宪派掌握了政权,他们建立了君主立宪制。1791 年,国王路易十六勾结外国反动势力,结果阴谋败露,王政被废除。1792 年,代表大工商业资产阶级的吉伦特派上台执政,9 月 22 日,法兰西王国改成法兰西共和国。1793 年初路易十六被处死,英国等国组成第一次反法同盟,法国革命面临严重的危机。

1793 年 6 月,以罗伯斯庇尔为首的代表中小资产阶级的民主派雅各宾派掌握了政权,法国大革命达到了高潮。善于利用时势的拿破仑拥护雅各宾派。7 月,已经是少校的拿破仑带兵攻下了保王党的堡垒——土伦,因此受到雅各宾派的赏识,被破格升为准将,是欧洲军事史上的首次破例。1794 年热月政变中拿破仑由于和罗伯斯庇尔兄弟关系亲密而受到调查,后因拒绝到意大利军团的步兵部队服役而被免去准将军衔,一时困居巴黎。1795 年巴黎发生保王党人叛乱。拿破仑受巴黎督政官巴拉斯之托成功平定保王党武装叛乱,拿破仑一夜之间荣升为陆军中将兼巴黎卫戍司令,开始在军界和政界崭露头角。

2. 南征北战

拿破仑是一名出色的军事家,对当时的军事知识深有研究,善于将各种军事策略运用于实战之中,尤其是主张将火炮集中使用以及充分发挥骑兵的机动作用。1796 年 3 月 2 日,26 岁的拿破仑被任命为法兰西共和国意大利方面军总司令。在意大利,拿破仑统帅的军队多次击退了奥地利帝国的维尔姆泽将军与撒丁王国组成的第一次反法同盟联军,最后迫使对方签署了有利于法兰西共和国的停战条约。这是拿破仑军事史的杰作。

取得意大利之役的胜利后,拿破仑的威信越来越高,他成为法兰西共和国人民的新英雄。而他的崛起令督政府感觉受到威胁,因此任命他为法兰西共和国阿拉伯埃及共和国军(东方军)司令,派往东方以抑制英国在该地区势力的扩张。1798 年远征埃及本身并非良策,虽然拿破仑指挥法军在陆地上取得了全盘胜利,但是拿破仑的舰队被英国的海军中将纳尔逊完全摧毁,部队被困在埃及。1799 年回国时,400 艘军舰只剩下 2 只小舰,人员损失惨重,原本侵略印度的计划受阻。

此时欧洲反法联盟逐渐形成,而法兰西共和国国内保王党势力则渐渐上升。1799 年 8 月,得到消息的拿破仑最终决定赶回巴黎。1799 年 10 月,回到法国的拿破仑被当作"救星"来欢迎。11 月 9 日,拿破仑发动了雾月政变并获得成功,成为法兰西共和国第一执政,实际为独裁者。

拿破仑之后进行了多项政治、教育、司法、行政、立法、经济方面的重大改革,包括直到今天依然有重要影响的《拿破仑法典》。《拿破仑法典》,把革命时期有利于资产阶级的成果,用法律条文确定下来,这部法典成为资本主义世界的经典,传播到整个欧洲大陆,还传到美洲、亚洲和非洲地区。另外,拿破仑还确定了保留至今的国民教育制度以及法国荣誉军团制度。

拿破仑的军队在埃及作战

3. 加冕称帝

1802年8月,拿破仑修改共和八年宪法,改为终身执政。1804年11月6日,公民投票通过共和十二年宪法,法兰西共和国改为法兰西帝国,拿破仑·波拿巴为法兰西人的皇帝,称拿破仑一世。同年12月2日正式加冕。

从1803年开始,拿破仑就开始构思通过法国海军穿越英吉利海峡以图侵略英国,从此他的战争,逐步从正义的自卫战争转变成为大资产阶级谋夺利益的非正义的侵略战争。在1805年的特拉法尔加海战中,法军指挥官维尔纳夫被俘,从此法国丧失了和英国在海上的争霸权。但是,拿破仑已经没有时间去管这种事了,因为英国为了解海上之围,已经挑动奥地利和俄国等欧洲大陆国家组成了第三次反法同盟,拿破仑只得放弃侵略英国的作战计划。1805年8月,奥地利、英国、俄国组成了第三次反法同盟,拿破仑于9月24日离开巴黎,亲自挥师东进,到10月12日法军已经占领了慕尼黑。10月17日法兰西第一帝国和奥地利帝国在乌尔姆激战后,反法同盟投降。之后法兰西第一帝国又在12月2日,即拿破仑加冕一周年纪念日以7万人的弱势兵力打败了9万俄奥联军的强势兵力,取得了奥斯特里茨战役的胜利,反法同盟再度瓦解并且迫使奥地利帝国取消了神圣罗马帝国的称号。拿破仑随后联合了德国境内各诸侯国组成"莱茵邦联",把它置于自己的保护之下。

次年秋天,大不列颠及爱尔兰联合王国、俄国、普鲁士组成了第四次反法同盟。在奥尔斯泰特,法国的达武元帅的2万法军劣势兵力遭遇了普鲁士国王亲自统率的5万人的主力,达武元帅奋力指挥这2万人马击溃了普鲁士军队,普军几乎全军覆没,普王和王后仓皇逃命。拿破仑因此取得了德国大部分地区。

1807年6月法军又在波兰在艾劳会战和弗里德兰战役中大败俄国军队,拿破仑与俄国沙皇亚历山大一世会面,双方签订了和平条约,自此,法兰西第一帝国在欧洲大陆的霸主地位得到了确立。拿破仑一世兼任意大利国王、莱茵联邦的保护者、瑞士联邦的仲裁者。他还分别封他的兄弟约瑟夫、路易、热罗姆为那不勒斯、荷兰、威斯特伐利亚王国的统治者。

拿破仑称帝

1809年初第五次反法同盟组成。奥地利帝国在背后偷袭法国在德国的领土,拿破仑率军东征。法军在4月19—23日五战五捷,于5月13日占领维也纳,拿破仑与卡尔大公指挥自己的军队在阿斯珀恩－埃斯灵会战中交锋,法军大败,拉纳元帅阵亡,法军被迫撤回至洛鲍岛,死伤和被俘3万余人,奥军伤亡2万余人。这是拿破仑亲自统兵以来打的第一次败仗,但是拿破仑后来仍转败为胜,在7月5－6日的瓦格拉姆战役中法军夺得了决定性的胜利,迫使奥地利签订维也纳和约,再次割让土地。次年,拿破仑娶奥地利公主玛丽·路易丝为妻,法奥结成同盟,法兰西第一帝国达到全盛。拿破仑成为欧洲不可一世的霸主,成为与凯撒大帝、亚历山大大帝齐名的拿破仑大帝。拿破仑持续不断的对外战争,扫荡了欧洲封建势力,捍卫了法国大革命的成果和资产阶级的利益,将法国资产阶级革命的成果不同程度地传播到法军所到之处。

4. 走向末日

1806年11月,拿破仑在柏林颁布了"大陆封锁令",绝对禁止欧洲大陆与英国人通商。这一双刃剑既打击了英国,也葬送了法国。法国经济实力大大落后于英国,拿破仑却无视这一事实。

对欧洲大陆的另一个劲敌俄国,拿破仑也不放过。1812年,拿破仑亲率60万大军,渡过涅曼河进军俄国。俄国人民坚壁清野,莫斯科寒冷的冬天,法军后方供应的不足,使拿破仑军队陷入绝境,被迫撤退。

1813年大不列颠及北爱尔兰联合王国、俄国、普鲁士和瑞典组成了第六次反法同盟。拿破仑同反法同盟,在莱比锡进行大会战。双方共投入兵力60万。联军方面有大量的增援部队。战斗最激烈的时候,拿破仑军队中的雇佣兵突然倒戈,法军损失惨重。各附庸国及诸小邦趁机摆脱法国控制,拿破仑陷入四面楚歌的境地。

1814年,欧洲反法盟军攻进巴黎,法兰西第一帝国覆灭,在资产阶级革命中被推翻的波旁王朝复辟。

拿破仑被流放到地中海的厄尔巴岛上。但是他并不甘心失败,伺机卷土重来。1815年,拿破仑从戒备森严的厄尔巴岛逃出,率领1000人于3月1日回到法国。本来被派来阻止他的法兰西王国军队转而继续支持拿破仑。3月20日拿破仑回到巴黎,此时他已经拥有一个14万人的正规军和20万人的志愿军,路易十八逃跑,百日王朝开始。

拿破仑的复位,令欧洲各国君主大为震惊,英、俄、普、奥等国迅速组成第七次反法同盟。他们纠集了七八十万军队,兵分几路向法国扑来。一场决战在滑铁卢展开。由于双方力量对比悬殊,法军战败。6月22日,拿破仑被流放到南大西洋的圣赫勒拿岛。1821年5月5日,拿破仑在岛上去世。依照拿破仑的遗嘱,人们后来将他的遗体安放在法国塞纳河畔。

滑铁卢战役

拿破仑墓

拿破仑是一名出色的军事家,他一生亲自参加的战役达到60多个,而他指挥的多个战役直到今天在军事史上依然有重要意义。但是他的征战打破了欧洲的权力均衡,导致其他欧洲强权7次组成反法同盟,最终彻底击败拿破仑。在拿破仑战败后的维也纳会议上,新的欧洲秩序与均衡被很快重新建立起来。这种秩序被称为"维也纳体系"直到后来的"凡尔赛—华盛顿体系"。

四、印度民族独立运动的领袖甘地

1. "坚持真理"

1869年10月2日,莫罕达斯·卡拉姆昌德·甘地出生在印度西部的港口城市博尔本德尔(当时是印度的一个土邦,今属古吉拉特邦管辖),成长在一个虔诚信奉仁爱、不杀生、素食、苦行的印度教的家庭。他的父亲卡拉姆昌德·甘地(Karamchand Gandhi)是当时的土邦首相,他的母亲Putlibai是父亲的第四任妻子,他们是商人的后代("甘地"的意思是食品商人)。从他的祖父开始他的家庭才弃商从政。

童年时代的甘地,身材瘦小、腼腆、羞怯、循规蹈矩,怯于交往,从小学到中学,甘地一直平庸无奇。少年时代虽受当时革新之风的感染,曾经尝试打破素食以强身健体、振兴民族国家,终因摆脱不了从小所受的教育,半途而废。

甘地(1869—1948)

18岁时,出于对前途的考虑,他不惜被开除种姓身份,远涉重洋,前往英国伦敦大学学习法律。异域的文明曾令甘地产生过深刻的自卑而拜倒在它的脚下,宗教陈规的约束使他在一个全新环境里无所适从。短时的迷惘与摸索之后,他终于放弃了对西方文明的盲目模仿,坚持了原有的宗教信仰并兼收并蓄其他宗教教义。在伦敦期间,他恪守着离开印度时母亲对他的教诲,不吃荤和不酗酒。尽管他试图英国化,例如,上舞蹈课程,但是他却不吃房东太太给他的羊肉和卷心菜。她给他介绍了一家伦敦的素食餐馆,在那里,甘地了解并且成为了一个素食主义者。这可以认为是他有意识选择非暴力的第一步。他参加了素食社团并且当选执行委员会委员,他还成立了一个地方分会。

在伦敦期间,他阅读了许多有关宗教方面的书籍,其中《圣经》中关于不要与恶人作对的教训,给甘地以深刻的印象。在这里他接受了英国法制思想的教育,取得了伦敦大学学院的律师资格。学成归国后,他开始在孟买从事律师业务,却屡遭挫折。第一次替人打官司就因临阵怯场而砸锅。半年后打道回府,在家乡拉奇科特靠兄长和亲友的资助维持律师业务。律师业务的毫无起色及令人窒息的环境使他倍感苦闷压抑。当有个来自南非的印度人的案子要他处理时,他便义无反顾地踏上了前往南非的旅程。

在南非这个种族歧视根深蒂固、无所不及的英国殖民地,他看到印度移民在南非的公民自由和政治权利在很大程度上被剥夺的现状,很是气愤。这些移民主要是契约佣工和个体商人。于是他开始抗议和游说,反对针对南非印度人的法律和种族歧视。有人因此批评他没有将抗议的对象扩展到针对全体非洲人的法律。1903年6月,甘地组织了一场针对"黑法令"(The Black Act)的抗议运动,这个法令强制所有在南非的亚洲人接受登记。1913年9月,他参加了一场抗议不按照天主教仪式结婚就无效的运动。

1913年11月6日,甘地被捕,当时他正领导一群印度矿工在南非游行。1914年,政府允诺减少在南非对印度人的歧视。在南非的这些年里,甘地从《薄伽梵歌》和列夫·托尔斯泰的作品中汲取灵感。甘地还受到美国作家亨利·戴维·梭罗作品《论公民的不服从》的启发。总之,在南非的岁月是甘地作为一个社会政治活动家逐步成长的时期。此时公民不服从以及非暴力抵抗的概念开始形成。

甘地最初用"消极抵抗"来说明他在南非的斗争,后来他认为"消极抵抗"与"坚持真理"是两回事儿。后者才是强者的武器。甘地用"坚持真理"这个概念进行的政治斗争,就是人们常说的"非暴力抵抗运动"。

2. 非暴力不合作运动

19世纪中叶,印度完全沦为英国的殖民地。第一次世界大战结束后,英国在印度一方面继续制造种姓之间的矛盾,另一方面采用镇压和欺骗相结合的两面策略,印度社会反英情绪迅速增长。在此背景下,甘地举起非暴力不合作的旗帜,人民群众看到了光明和希望,纷纷投入到摆脱殖民奴役、争取民族独立的斗争中。

1915年,甘地回到印度。回国初年,他坐三等车游历印度各地,以深入了解他久别的祖国。一年以后,他开始发表演讲,宣传自己的主张,从事非暴力斗争,试验并发展了非暴力学说。他对当时正在进行的战争予以支持,希望以此换取英国的开恩,给予印度自治。"一战"后殖民当局的种种作为使甘地由一个英帝国的忠实追随者变成了不合作者。1919年英国殖民当局颁布了一个损害印度人民民主权利的法案——罗拉特法。为抗议反动的"罗拉特法",他发起全国性的非暴力抵抗运动,由于殖民当局的血腥镇压和群众的暴力反抗,甘地一度宣布暂缓非暴力抵抗运动,试图与政府合作,但英国政府继续在哈里发与旁遮普问题上倒行逆施,打破了甘地的幻想。在印度全民反英斗争高涨的形势下,甘地的不合作思想趋于成熟并率先在哈里发运动中发起群众性的抵制殖民政府的非暴力不合作运动,进而推广为全民反帝斗争形式。

1920年9月,国大党加尔各答特别会议和12月的那普尔年会正式通过了甘地的非暴力不合作计划及甘地起草的党纲,使非暴力不合作成为国大党的指导思想;争取"印度自治"成为国大党的现实斗争目标;国大党也因此由一个少数上层分子主要依靠宪政手段从事活动的团体变成一个有广泛群众基础、依靠群众性直接斗争进行全面反帝斗争的现代资产阶级政党。甘地在国大党内的领导地位也因此确立。此后,不论甘地是否在国大党内任职,他始终是国大党的"灵魂",左右着印度民族解放运动发展的方向。1922年2月,因运动中出现暴力事件,甘地宣布停止第一次非暴力不合作运动,挫伤了士气,引起国大党内的思想混乱,甘地也身陷囹圄。出狱后甘地致力于重振民心士气。

甘地在纺纱

1929年12月31日,国大党拉合尔年会通过争取印度独立的决议并授权甘地领导新的不合作运动。1930年3月他率领78位志愿队员开始"食盐长征",揭开了第二次非暴力不合作运动的序幕,给英国殖民主义者以巨大打击。运动进行中甘地又与总督谈判并出席圆桌会议,群众运动因此而松懈,被英国残酷镇压下去。1934年10月,甘地因与国大党领导层再次出现严重分歧而宣布退党,但仍在关键问题上指导国大党的工作。1939年9月3日,英国代表印度宣战后,甘地的极端非暴力立场与国大党领导机构的有条件支持战争的主张发生尖锐冲突,以致他两次被免职,又因英国政府顽固不肯满足国大党的要求,国大党两次请甘地复出。

1930年3月卡拉狄总部举行示威活动声援甘地

1942年4月,在印度国内广大群众反英情绪高涨和日本侵略者迫近印度的形势下,甘地提出了英国"退出印度"的口号并先后发起了1940—1941年第三次不合作运动和准备发动第四次不合作运动,均被英国镇压下去。甘地入狱直到1944年5月。战争结束后,处于内外交困的英国政府慑于印度民族解放运动再起的压力,答应印度独立的要求。但因印、穆两教的分歧对立由来已久,加之英国分而治之政策的影响,印、巴分治已成定局。甘地为维护印度统一不懈努力,终无回天之力,只好接受分治。

独立后,甘地获得了印度人民和国大党的崇高敬意,但他却大权旁落,其终身为之奋斗的非暴力理想也被束之高阁。对分治以后的宗教仇杀与混乱,甘地殚精竭虑,利用自己的威望与绝食帮助平息了大规模教派仇杀,自己却成了教派冲突的牺牲品。1948年初,79岁的甘地在德里做晚祷时,被一名印度教极端分子枪击,中弹的瞬间,甘地还以手势表示宽容凶手并为刺死他的人祝福。

五、无产阶级革命导师马克思和恩格斯

1. 不凡的青年

卡尔·海因里希马克思,1818年5月5日生于德意志联邦普鲁士王国莱茵省(现属于德国莱茵兰-普法尔茨州)特里尔城一个律师家庭。他的父亲希尔舍·卡尔·马克思(后改名亨利希·马克思)是犹太人,母亲是荷兰人。马克思天资过人,从小学习勤奋,成绩优秀。1830年10月,12岁的马克思进入特里尔中学。1835年,马克思进入波恩大学,一年后转学到柏林大学学习法律,但他大部分的学习焦点却摆在哲学和历史上。他先是接受了康德、费希特的主观唯心主义,后来又倾心于黑格尔的客观唯心主。他以黑格尔的革命的辩证法思想为起点,把理想与现实、哲学与世界联系起来,开始了自己新世界观的历程。1840年,普鲁士新国王腓特烈·威廉四世即位,迫害自由主义民主人士,要求所有出版物都必须通过严格审查,大学失去学术自由。马克思博士论文里哲学高过神学的立场不可能被反黑格尔的教授所接受,所以马克思将博士论文改寄给萨克森-魏玛-艾森纳赫大公国的耶拿大学(Jena)审查博士资格。1841年马克思以论文《德谟克利特的自然哲学和伊壁鸠鲁的自然哲学之区别》申请学位,因该论文得到委员会一致认可,马克思未做进一步答辩而顺利获得耶拿大学哲学博士。

马克思本想到波恩大学任教,做一名学者,但是由于普鲁士政府加紧对进步知识分子的迫害而未能如愿。于是他转向政治。从1842年4月起,马克思的一篇篇思维敏捷、笔锋犀利的文章频频出现在《莱茵报》上。半年后,他被聘为《莱茵报》的主编。在他主持下,《莱茵报》成了民主进步人士的代言人,发行量直线上升。对于《莱茵报》所发表的观点,普鲁士政府非常气愤,他们立刻派人查封了《莱茵报》,迫使它停止印刷。马克思一气之下辞去了报纸的主编职务。马克思对自己的所作所为毫不后悔,相反,他更认清了反动政府的丑恶本质。在此期间,他认识了恩格斯,两人的伟大友谊从此开始。

恩格斯比马克思小两岁,他1820年11月28日出生于德国莱茵省巴门市(今乌培塔尔市)一个纺织厂主家庭。少年时就学于巴门市立学校,1834年转入爱北斐特理科中学。在父亲的强迫下,恩格斯中学未毕业就辍学经商。 1838年7月至1841年3月,在不莱梅一家贸易公司实习经商,业余刻苦自学哲学、文学方面的知识,由于较早踏入社会,他较早地了解到社会的各种问题,开始发表文章揭露社会的罪恶。1841年9月,经商三年后,恩格斯到柏林服兵役。在此期间,他坚持旁听柏林大学的哲学讲座,参加青年黑格尔派的活动。他先后发表了《谢林论黑格尔》《谢林和启示》以及《谢林——基督教的哲学家》等小册子,尖锐批判了宣扬"天启哲学"的唯心主义哲学家谢林,他还著文揭露以德皇威廉四世为代表的德国封建专制制度,成为一个坚定的革命民主主义者。《莱茵报》出版后,他开始为该报撰稿。1842年11月,恩格斯在英国曼彻斯特"欧门——恩格斯"纺织公司当办事员,在这里,他参加宪章派活动,结识了正义者同盟的活动家并深入研究历史、哲学、政治经济学和社会主义理论,开始了从唯心主义向唯物主义、从革命民主主义向科学共产主义的转变。1844年8月,恩格斯从英国回德国,特意绕道巴黎去和马克思会晤,他们在一起畅谈了十天,从此,两位无产阶级的伟大导师和领袖为无产阶级的解放事业并肩战斗,结下了毕生的友谊。

这时的马克思在直接投身法国工人运动中发现了工人阶级的伟大作用,在理论和实践上逐步转向了

无产阶级的立场,完成了由唯心主义到唯物主义、由革命民主主义向无产阶级的飞跃。这时的恩格斯也通过对工人阶级的考察完成了思想的转变,就这样两个志向不凡的德国青年走到了一起。从此他们为全人类的解放事业,携手合作,并肩战斗。

马克思与恩格斯在一起

2.《共产党宣言》的发表

马克思和恩格斯合作的第一件事就是合写《神圣家族》一书,这本书于1845年2月出版。在书中,他们对曾经信奉的青年黑格尔的唯心史观进行了彻底的清算。接着两人开始合写哲学专著《德意志意识形态》。书中批判了黑格尔的辩证法并对费尔巴哈唯物主义的不彻底性进行了分析,从而第一次系统地阐述了他们所创立的历史唯物主义,明确提出无产阶级夺取政权的历史任务,为社会主义由空想到科学奠定了初步理论基础。1846年初,马克思和恩格斯建立布鲁塞尔【1845年,马克思参与编写《前进周刊》,在其中对德国的专制主义进行了尖锐的批评。普鲁士政府对此非常不满并要求法国政府驱逐马克思。同年秋,马克思被迫来到比利时布鲁塞尔】共产主义通讯委员会。广泛传播科学共产主义理论,为创立无产阶级政党做思想准备。1847年,马克思和恩格斯应邀参加正义者同盟。1847年6月,改组同盟并更名为共产主义者同盟。这是世界上第一个国际性的无产阶级政党。在半年后召开的共产主义同盟第二次代表大会上,他们受大会委托"起草了一个准备公布的周详的理论和实践的纲领"。恩格斯认为,这个纲领要把共产主义"作为一个世界历史观表现出来""应当是一部永垂不朽的作品"。马克思完全赞同。在两个月中,这个"作品"被他们反复斟酌讨论,终于在1848年2月,在伦敦首次以单行本形式发表了。这就是德文版的《共产党宣言》,发表后很快就被译成多种欧洲文字。

【史海泛舟】

"正义者同盟"是1836年由德国流亡者同盟中分裂出来的左翼激进分子在巴黎成立的秘密革命组织,领导人有魏特林等。1839年在巴黎参加了布朗基领导的四季社发动的起义。失败后,许多领导人被捕和被驱逐。1840年在伦敦恢复组织并发展成国际性工人组织。后在马克思、恩格斯帮助下,接受科学社会主义。1847年改组为共产主义者同盟。

《共产党宣言》是科学社会主义的第一个纲领性文件,是马克思主义第一次系统完整的表述。《共产党宣言》贯穿着一个基本思想:每个时代的经济生产以及必然自此产生的社会结构,是该时代政治和精神的基础;从原始公社解体以来,人类的全部历史都是阶级斗争的历史;而阶级斗争的历史发展到现代,无产阶级用暴力推翻资产阶级和建立自己的统治,已成为历史的必然。《共产党宣言》的发表标志着马克思主义的诞生和科学社会主义的创立,开创了世界无产阶级用科学社会主义理论指导革命的新纪元。

德文版《共产党宣言》

3. 投身革命实践

马克思和恩格斯不仅合作创建革命理论和无产阶级政党,还积极参加无产阶级的革命斗争,在斗争中总结经验,将经验理论化,再用理论指导革命实践。

在《共产党宣言》发表时,欧洲革命爆发了。这是一场资产阶级领导的民主革命运动,尚不成熟的无产阶级只能作为革命的参与者发挥作用,但是,马克思和恩格斯依然以极大的革命热情投身革命的洪流之中。马克思从父亲的遗产中拿出几千万法郎给法国等国家工人购买武器,为此他遭到了比利时政府的驱逐。德国3月革命爆发后,马克思和恩格斯一同回国参加革命。在莱茵省的中心城市科隆创办了"民主派机关报"——《新莱茵报》。恩格斯担任《新莱茵报》编辑,协助马克思主持该报编辑部工作。《新莱茵报》作为革命的舆论阵地指导革命和鼓舞无产阶级群众参加革命,这是当时民主运动中唯一代表无产阶级观点的报纸。他们还积极参加科隆工人联合会与民主协会的活动,恩格斯甚至直接参加了革命最后阶段的巴登——普法尔茨起义。革命失败后,马克思和恩格斯在伦敦着手重建共产主义者同盟的地方组织和中央委员会。随后,他们又分别撰写了《1848年至1850年的法兰西阶级斗争》《德国的革命与反革命》等著作。及时总结了1848年革命的经验教训,把马克思主义,特别是无产阶级革命的理论,推向一个新阶段。

19世纪50年代末60年代初,欧洲的民族民主运动和工人运动出现了新的高潮。马克思积极投身其中。1864年9月,马克思参与创建的国际性工人组织——国际工人协会在伦敦诞生,这就是著名的"第一国际"。马克思亲自为协会起草了《成立宣言》和《临时章程》等文件,还被选举为总委员会的委员。在协会存在的整个时期,他始终是协会的领袖和灵魂。恩格斯也积极参与协会的领导工作,同马克思一道在"第一国际"内部领导了反对工联主义、蒲鲁东主义、拉萨尔主义的斗争。在国际后期,马克思和恩格斯又集中力量同巴枯宁主义作斗争。通过上述斗争扩大了科学共产主义在国际范围的影响,提高了各国工人运动水平,为马克思主义在国际工人运动中的主导地位奠定了基础,为后来各国无产阶级政党培养了一批骨干力量。

【史海泛舟】

工联主义是国际工人运动中一种改良主义思潮,因最早出现于英国工人联合会而得名。工联主义主张阶级调和,主张进行纯经济的斗争,不要求推翻资产阶级的统治。蒲鲁东主义是19世纪50—60年代广

马克思和恩格斯在《新莱茵报》编辑部工作的情景

泛流行于西欧国家并颇具影响的小资产阶级社会主义和无政府主义思潮,因其创始人蒲鲁东(1809—1865)而得名。蒲鲁东主义宣扬阶级调和与和平革命,反对暴力革命和无产阶级专政;鼓吹个人绝对自由,反对任何国家和政府,反对一切权威。拉萨尔主义是19世纪德国工人运动中的机会主义思潮,以拉萨尔为主要代表。拉萨尔主义认为无产阶级只要通过和平的合法的斗争,争得普选权,就可以把君主专制国家变为自由的人民国家,否认无产阶级进行经济和政治斗争的必要性。巴枯宁主义是19世纪中叶的无政府主义思潮,以巴枯宁为主要代表,宣扬绝对的个人自由,否认任何权威,反对一切国家,反对无产阶级专政;主张建立绝对自由的无政府状态的社会。

1871年法国爆发了巴黎公社革命。马克思虽然远在伦敦,但是尽力帮助公社领导制定正确的政策,动员各国工人声援巴黎公社。巴黎公社失败后,为总结公社经验,马克思受第一国际总委员会委托起草一个宣言,即《法兰西内战》,这份由国际工人协会向欧洲和美国全体会员发布的宣言,深刻揭露了法国梯也尔政府的反革命实质,高度赞扬了巴黎无产阶级的革命精神,系统总结了巴黎公社的经验和教训,有力回击了阶级敌人对公社事业的造谣诽谤。这个宣言被视为马克思主义最辉煌的文件之一。

4. 不朽的著作

在马克思的所有著作中,《资本论》是他花费时间和心血最多的传世杰作。从马克思最初研究政治经济学,到《资本论》第一卷的出版,前后长达25年。25年间,贫困几乎一直伴随他的左右,租不起房,靠典当度日,甚至到了身无分文的地步。生活条件的恶劣,加上长期的过度劳累,很早就摧毁了他的身体,眼疾、风湿、肝病,他几乎就是在同贫困和疾病的斗争中没日没夜地工作而完成这部著作的。1861年他正式开始了《资本论》的写作,1867年《资本论》德文版第一卷面世。接着他又开始撰写第二卷、第三卷。恩格斯在《资本论》的出版方面发挥了很大作用。马克思病逝后,《资本论》的第二卷和第三卷经恩格斯整理分别于1885年和1894年出版。

《资本论》这部不朽的著作具有划时代的意义,是政治经济学中的一次革命。它从分析商品这一资本主义的经济细胞出发,论述了资本主义社会的经济运行规律,揭露了资本主义的内在矛盾,揭示出资本家对工人剥削的秘密在于占有工人的剩余价值,科学地论证了资本主义的必然灭亡和社会主义的必然胜利,从而把马克思主义的社会主义学说置于牢固的科学基础上。

马克思的《资本论》是为无产阶级提供的解放全人类和自身的理论武器,有"工人阶级的圣经"之誉。

5. 伟大的友谊

马克思与恩格斯这两位革命巨人之间的友谊是世界上的许多友谊都没法比的。对于马克思与恩格斯之间的友谊,列宁做出过恰如其分的评价:"欧洲无产阶级可以说,它的科学是由两位学者和战士创造的,他们的关系超过了古代人类关于人类友谊的一切最动人的传说。"

马克思对恩格斯的才能十分敬佩,说自己总是踏着恩格斯的脚印走。而恩格斯总是认为马克思的才能要超过自己,在他们的共同事业中,马克思是第一提琴手而自己是第二提琴手。

1848年大革命失败后,恩格斯不得不回到曼彻斯特营业所,从事商务活动。这使恩格斯十分懊恼,他曾不止一次地把它称作是"该死的生意经"。并且不止一次地下决心:永远摆脱这些事,去干他喜爱的政治活动和科学研究。然而,当恩格斯想到:被迫流亡英国伦敦的马克思一家经常以面包和土豆充饥、过着贫困的生活时,他就抛开弃商念头,咬紧牙关,坚持下去并取得了成功。这样做,为的是能在物质上帮助马克思,从而使朋友、也使共产主义运动最优秀的思想家得到保存。于是,每个月,有时甚至是每个星期,都有一张张一英镑、二英镑、五英镑或十英镑的汇票从曼彻斯特寄往伦敦。1864年,恩格斯成为曼彻斯特欧门——恩格斯公司的合伙人,开始对马克思大力援助。几年后,他把公司合伙股权卖出以后,每年赠给马克思350英镑。这些钱加起来大大超过恩格斯的家庭开支。从马克思来说,也正是为了对刚刚兴起的科学社会主义进行有效的指导,为了揭露资本主义的根本缺陷,才接受了恩格斯这种帮助。

马克思和恩格斯是亲密无间的朋友,他们所有的一切,无论是金钱或是学问,都是不分彼此的。虽然他们分开了20年,但他们在思想上的共同生活并没有终止。他们每天要通信,谈论政治和科学问题。在一段时间,马克思把阅读恩格斯的来信看作是最愉快的事情。他常常拿着信自言自语,好像正在和恩格斯交谈似的。

马克思和恩格斯是那样地相互尊重,在他们看来,任何人对他们的思想和著作的批评都不及他们彼此交换意见那样意义重大。于是,一有机会,恩格斯便摆脱商务,跑回伦敦。他俩天天见面,不是在这个家里,就是在那个家里。讨论问题时,他们在屋子里,各自沿着一条对角走来走去,一连谈上几个钟头。有时两人一前一后,半晌不吭一声地踱步,直到取得一致的意见为止。于是,两人就放声大笑起来。

【史海泛舟】

1867年8月16日,这是一个值得纪念的日子。这天凌晨两点,马克思向他的战友报告说,《资本论》第一卷所有印张(一共49个印张)的校对工作都已结束。他兴奋极了,写信对恩格斯说:

"这一卷能够完成,只是得力于你!没有你为我而作的牺牲,这样三大卷的大部头著作,是我不能完成的,我拥抱你,感激之至!"《资本论》于1867年9月14日在德国汉堡出版,这是整个国际工人运动中具有伟大意义的大事,也是两位巨人友谊的结晶。

这种友谊是那样深厚,甚至一直延续到马克思逝世之后。马克思在病重期间,曾告诉女儿爱琳娜说,希望恩格斯能为他尚未出版的《资本论》第二卷和第三卷"做出点什么"来。当然,即使马克思没有提出这样的要求,恩格斯也会去做的。从1883年马克思逝世时起,整整十年,恩格斯放下自己的工作,尽力从事《资本论》后两卷手稿的整理、出版,补充了许多材料,重新撰写了一些篇章,使《资本论》第二卷和第三卷得以在1885年和1894年问世。可以说,没有恩格斯,《资本论》不可能得到完整的出版。《资本论》不仅是一座伟大的理论丰碑,也是一座伟大友谊的丰碑。

6. 巨大的影响

第一次世界大战后,列宁领导了十月革命,建立起世界上第一个社会主义国家。第二次世界大战后,东欧和亚洲许多国家也相继走上了人民民主道路和社会主义道路。这是马克思、恩格斯的革命思想在实践上取得的伟大胜利。20世纪80年代末90年代初,东欧剧变、苏联解体,社会主义事业遭到重大挫折,但这并不意味着马克思主义遭到失败,它依然闪烁着真理的光芒。

1998年,为了纪念《共产党宣言》发表150周年,在巴黎举行的有60多个国家和地区的1500多人参加的学术会议上,与会者一致认为尽管《共产党宣言》已经发表了一个半世纪,世界形势发生了翻天覆地的变化,但是马克思主义的基本原理没有过时,它仍然是分析资本主义最有力的思想武器。

1999年,英国广播公司(BBC)通过全球范围的网上投票,评选1000年来最伟大的10位思想家,马克思以绝对的优势荣登榜首。这表明世人公认马克思是过去一千年中最伟大的思想家,马克思主义无疑是迄今为止最科学、最有生命力的理论体系。马克思、恩格斯关于社会主义必将取代资本主义的预言一定能实现。

练习与探究

1. 英国共和国建立之初,功名显赫的军事领袖克伦威尔任终身护国主,实行军事独裁。其主要原因是_____。   ( )

  A. 受封建专制主义的影响   B. 克伦威尔在军队中威望较高
  C. 巩固新政权的需要   D. 托利党力量单薄

2. 华盛顿被美国人民尊称为"国父",受到人民的尊敬,主要因为_____。   ( )

  ① 赢得独立战争的胜利 ② 开创美国近代民主制度 ③ 出任美国第一任总统 ④ 重国家利益不贪恋权位

  A. ①②③④   B. ①②④   C. ②③④   D. ①④

3. 拿破仑在近代欧洲历史上具有极大的影响,以下对拿破仑的评价正确的是_____。   ( )

  A. 重建君主制度导致大革命成果付之东流
  B. 对于近代法律制度的建设做出了重大贡献
  C. 发动侵略战争阻碍了各国人民的反封建斗争
  D. 宣扬"民族主义"造成欧洲国家的分裂

4. "非暴力不合作"运动的措施中,体现了甘地经济思想的是_____。   ( )

  A. 放弃英国殖民当局给予的官职头衔   B. 恢复手工纺织,抵制英国货物
  C. 拒绝上英国人办的学校   D. 拒绝给英国殖民当局服兵役

5. 1883年3月14日,马克思在工作室的椅子上与世长辞。恩格斯评价他时说:"人类失去了一个头脑,而且是它在当代所拥有的最重要的一个头脑。"下列各项能够印证恩格斯这一观点的是_____。   ( )

  ① 马克思创立了科学社会主义理论 ② 马克思创建了第一国际,促成了国际工人的联合
  ③ 马克思撰写了《资本论》 ④ 马克思指导了第二国际反对修正主义的斗争

  A. ①②③   B. ②③④   C. ①②④   D. ①③④

6. 从背景、贡献、局限性、影响四个方面比较克伦威尔、华盛顿和拿破仑的异同点。